LIZ GREENE

NOSTRADAMUS

Magier und Prophet

Roman

Aus dem Englischen
von Uta McKechneay

Deutsche Erstausgabe

WILHELM HEYNE VERLAG
MÜNCHEN

HEYNE ALLGEMEINE REIHE
Nr. 01/9272

Titel der Originalausgabe
THE DREAMER OF THE VINE

Dieser Band erschien bereits in der
Allgemeinen Reihe mit der Band-Nr. 01/6027.

2. Auflage
1. Auflage dieser Ausgabe

ISBN 3-453-08480-2

INHALT

Am Ende all unseres Suchens langen wir wieder am Ausgangspunkt an und erkennen ihn jetzt erst richtig.

T.S. Eliot

Est unus deus et una dea. Sed sunt multa uti numina ita et nomina... Sed haec cave enunties. Sunt enim occulta silentio tamquam Eleusinarium dearum mysteria. Utendum est fabulis atque enigmatum integumentis in re sacra.

Mutianus Rufus

1. Teil

DER TRÄUMER

(1503-1525)

Ein Kind, das zur Schule geht und lernt, schämt sich seiner kindlichen Werke und zerstört sie, wenn es ein würdevolleres Alter erreicht hat. So wird es auch deinen Werken ergehen. Denn die Zeit lehrt und gibt davon Kenntnis, daß nicht jede Perle eine echte Perle ist, wenn sie dir auch als solche erscheinen mag. Daher soll eine Hand auf deine Werke fallen, die dich in Stücke reißt.

Paracelsus

I

Als ich fünf Jahre alt war, träumte mir zum erstenmal von der Dame am Teich. Auch in wachem Zustand stand mir der Traum so deutlich vor Augen, als hätte ich einen in lebhaften Farben und Formen gehaltenen Gobelin vor mir, weitaus lebendiger als die reale Welt und St. Rémy, wo ich aufwuchs. Den ganzen nächsten Tag ging ich erwartungsvoll einher und rechnete damit, daß meine Mutter mir berichten würde, wir gingen bald auf Reisen.

Die Zeit war nicht günstig für solche Aussichten. Mein Vater war den ganzen Nachmittag über fortgewesen, um beim Erwerb von einem Stück Land außerhalb der Stadt zugegen zu sein, das einer der reichen Bürger der Stadt zu kaufen gedachte. Als er endlich heimkehrte, war der Kohl schon fast zerkocht und das Stew eine breiige Masse.

»Natürlich hat er dich gut bezahlt«, sagte meine Mutter mit matter Stimme und schob ihm gereizt die Holzschüssel mit dem Stew hin, nachdem er sich erschöpft zu Tisch gesetzt hatte.

»Er wird mir zwei Gulden zahlen«, murmelte der Vater in seinen Bart und stopfte sich Brot in den Mund.

»So, wird er?« fauchte meine Mutter und wirbelte herum, daß die Sauce von dem großen Löffel tropfte und über meinem Kopf an die Wand spritzte. »Soll das heißen, daß du dich wieder einmal von einem dieser Reichen übers Ohr hast hauen lassen? Weil du zu feige bist, deine Gebühr zu verlangen? Weil du dich schämst, ein Jude zu sein?«

»Du weißt doch, daß ich einen Gentleman nicht verärgern möchte«, erwiderte mein Vater mit einem schwachen Seufzer. »Er wird mich bezahlen. Sie zahlen immer.«

»Ja, vielleicht in zwei Wochen, vielleicht aber auch erst in zwei Monaten. Und wovon sollen wir Essen kaufen und Steuern zahlen? Außerdem ist Michel schon wieder aus seinen Schuhen herausgewachsen.«

Sie stritten sich wie bei jeder Mahlzeit. Zwei Dinge aus meinen frühen Kinderjahren werden mir wohl immer im Gedächtnis bleiben. Ich sehe noch immer unser kleines Gäßchen vor mir, in das kein Sonnenstrahl drang und wo es immer nach Urin und zerkochtem Kohl gerochen hatte. Auch die hitzigen Auseinandersetzungen zwischen meinen Eltern habe ich noch im Ohr. Allabendlich fanden sie einen Grund, sich zu beschimpfen. Wenn es sich meiner Kenntnis auch entzog, worum es bei diesen Streitigkeiten ging, so trat doch deutlich zutage, welche Gefühle meine Eltern bewegten.

Sieben Jahre zuvor hatte König Ludwig XII. ein Edikt erlassen, das unter Androhung der Todesstrafe besagte, daß sich die Juden der Provence taufen lassen müßten, um dann in den Schoß der Heiligen Kirche aufgenommen zu werden und deren Schutz zu genießen. Meinen Vater hatte seitdem ständig das Gewissen geplagt. Er hatte eine wunderschöne Schrift und speicherte Fakten und Zahlen so wohlgeordnet und beschriftet in einem geheimen Fach seines Gehirns, daß er nie etwas vergaß. So hatte er ständig alles parat. Und weil er ein ordnungsliebender Mensch war und viel auf Formen gab, war auch für Gott eine kleine Schublade reserviert. Da diese Schublade jedoch falsch beschriftet war, fand er keinen Frieden. Er fürchtete, der Allmächtige könne ihn dafür zur Rechenschaft ziehen und bekam auch in seiner bescheidenen Anwaltspraxis immer wieder deutlich zu spüren, daß er in Ungnade gefallen war.

Meine Mutter sah darin abwechselnd Faulheit, Feigheit, Dummheit, Mangel an Ehrgeiz oder unterstellte meinem Vater, daß er sie strafen wollte. Sie war mit Geschichten vom goldenen Hof des guten Königs René großgeworden, mit Visionen von Weinbergen und Pfauen, sonnenbeschienenen Gärten, in denen Jasmin und Flieder blühten – mit Turnieren, Maskenbällen und italienischen Schauspielertruppen, mit Orangenhainen, wo goldgelbe Früchte wie Juwelen prangten. Sie war nicht gewillt, die bescheidene Behausung, die aus Angst geborenen Kniefälle und das ewige Aneinanderschlagen der Perlen des Rosenkranzes klaglos hinzunehmen.

Zwar gab sie ihrer Verbitterung meist hinsichtlich der Geld-angelegenheiten Ausdruck, doch die wahren Gründe lagen tiefer.

In dieser gespannten Atmosphäre erschien es mir unangebracht, den Teich, die Dame mit den Ringen oder die geheimnisvolle Abtei zur Sprache zu bringen. Nach ein paar Tagen gab ich die Hoffnung auf und erwartete nichts mehr. Törichterweise sagte ich mir, daß ich das alles wohl geträumt haben mußte.

Nun sitze ich hier ganz friedlich in Salon in meinem kleinen Arbeitszimmer im Dachgeschoß eines behaglichen Hauses. Die Sonne wärmt meine arthritischen, alten Knochen, und Bücherstaub steigt mir in die Nase. Ich fühle den vertrauten, dumpfen Schmerz, der sich nun für immer in meinem schwerfälligen Körper eingenistet hat und mich – wenn mich meine Berechnungen nicht trügen – bald über jene Schwelle befördern wird, vor deren Überschreiten ich mich im Gegensatz zu den meisten Menschen niemals gefürchtet habe. Wenn ich an die Traumerscheinung denke, kennt meine Verwunderung darüber keine Grenzen, daß auch damals schon alles bekannt und vorausgeplant war.

Zu meinen Lebzeiten habe ich mitangesehen, wie inmitten von Folterqualen und dem Gestank verkohlter Leichen, inmitten von trotz Pestgestank sowie trotz der tragischen Farce sinnloser Kriege, nach unziemlichen Schurkereien von Königen und Päpsten, eine neue Welt in den Ehebetten Europas entstand – eine Welt, in der der unerschütterlich starke Fels, die Kirche, ins Wanken geraten ist und nicht mehr der einzige Weg zu Gott zu sein scheint.

Ein neuer Kontinent ist entdeckt worden, während man bis dahin glaubte, die flache Welt ende in der Weite des Weltalls. Stoffe werden jetzt nicht mehr von Hand gewebt, sondern auf großen Maschinen. Bücher erscheinen gedruckt und nicht mehr handgeschrieben, und Uhren künden statt Sonnenuhren von der Zeit. All das ist vorausgesagt worden. Im Laufe meines langen Lebens hat man mich verleumdet und geschmäht, verlacht und gefürchtet; man hat mich Scharlatan und Hexenmeister, Ketzer, Heiliger und Prophet genannt. Doch nichts von alledem ändert etwas am unabänderlichen Lauf der Dinge.

Die einzig wahre Kunst, die ich beherrsche und die man keinen Menschen lehren kann, ist das Träumen. Die Mysterien des Himmels, die Bahnen, die die Sterne ziehen und deren Bedeutung, die Weisheit aus Jahrhunderten menschlichen Lebens und Sterbens, entnommen den Schriften der Griechen, Araber, Ägypter und Juden – all das kann man lehren. Doch kann man niemanden lehren, so zu träumen, wie ich es tue.

Auch andere Menschen träumen, und ich bin oft gebeten worden, diese nächtlichen Reisen durchs Land der Träume zu deuten. Doch sind diese Träume oft banal, kindisch und nichtssagend, voller Pathos und von finsteren Frustationen des Blutes geprägt. Oft erzählen mir auch Könige und Königinnen ihre Träume. Sie sind genauso niedrig und gemein wie die anderer Menschen. Das darf man ihnen natürlich nicht sagen – ebensowenig wie man ihnen ins Ohr flüstern kann, welche Lebensspanne ihnen zugemessen ist. Ich bin noch am Leben und führe das sorglose Leben eines reichen Mannes, weil ich es gelernt habe, vorsichtig zu sein und meine Zunge im Zaum zu halten, wenn es um die Träume anderer geht.

Meine Träume waren immer klar und deutlich, verhängnisvoll und voll schlimmer Vorahnungen. Ich habe nie in Erfahrung bringen können, woher diese Träume rührten und weshalb ich sie träumte. Einst wurde ich nur nachts von ihnen heimgesucht, und ich verstand sie nicht. Ich schleppte sie angstgepeinigt wie schwere Embryos mit mir herum. Jetzt, da ich wissend bin, kann ich diese Visionen im Feuer und in ruhigen Gewässern sehen. Sie umspannen Jahrhunderte und scheinen in mir nur kurz zu nächtigen wie fremde Vögel, die sich auf einem bequemen Hausdach niederlassen, bevor sie sich wieder in die Lüfte schwingen und ihre Reise ins Unbekannte antreten. Ich glaube, wenn ich erwache und von diesem aufgedunsenen und schmerzgeplagten Körper befreit bin, den ich nicht mehr zu heilen vermag, obwohl ich Arzt bin, werde ich feststellen, daß ich Michel de Notredame nur geträumt habe. Im willkommenen, unmenschlichen Licht dieses Morgens wird es scheinen, als sei auch dieser Traum vorausbestimmt gewesen.

Zuerst sah ich nur den Wasserlauf, der in Kaskaden sachte über bemooste Felsen floß, bis er sich von seiner eigenen Leichtfertigkeit ermüdet in einen kleinen See ergoß. Ich erkannte das dichte Unterholz und Bäume, die ich nicht kannte, ließen ermattet den Kopf hängen wie weinende alte Frauen. Alles vereinigte sich zu einer unbekannten Landschaft, die keine Ähnlichkeit mit den sanften Hügeln der Provence hatte. Der Himmel senkte sich auf mich herab wie eine Schutzhülle – grau, desinteressiert und kalt. Unangetastet von Wind, Vögeln oder Insekten lastete bedrückendes Schweigen undurchdringlich auf der Welt und hüllte sie wie in Watte ein. Ein sonderbares Licht schien auf den Teich und verlieh ihm eine milchig-grüne Färbung. Mir war bewußt, daß ich mich fürchtete und auf etwas wartete – ganz so, als verberge sich in dem Teich etwas Unaussprechliches, jedoch nichts Böses. Ich weiß nicht, wie ich diese Angst beschreiben soll, aber ich habe sie an geweihten Orten oft empfunden; wenn auch nicht an Orten, die dem Christentum heilig sind. Und in diesem Traum schien es meinen Kinderaugen, als sollte ich etwas Erschreckendes und doch Heiliges zu Gesicht bekommen. Ich fürchtete mich.

Ich weiß jetzt, wer sie ist oder war; denn ihre Gestalt bewegte sich schon vor fünfhundert Jahren unter der Sonne. Völlig geräuschlos glitt sie an den Rand des Teiches und neigte sich über das Wasser, um ihr Spiegelbild darin zu betrachten. Ich erkannte den weichen Flor des rotbraunen Samtkleides, das sie trug und sah genau, wie die Leinenhaube auf ihrem Kopf drapiert war. Darunter schimmerte eine Spur Gold hervor. Sehnsüchtig beugte sie sich über das Wasser und drehte dabei die Ringe an ihren Fingern hin und her. Sie zog sie nacheinander ab, drehte sie in den Händen und steckte sie dann wieder an. An jedem Finger ihrer schneeweißen Hände glitzerte Gold.

Selbst im Traum dachte ich, daß ihr Gesicht wohl viele Geheimnisse barg. Inzwischen weiß ich, was für Geheimnisse.

Manchmal läßt mich ihre schreckliche Last immer noch um diese fromme, christliche Welt zittern, die sich ihres Glaubens so sicher ist und des reinen, unbefleckten Erlösers harrt. Ich habe niemals etwas darüber verlauten lassen – außer Menschen gegenüber, die Kenntnis davon haben; denn in meinen Adern fließt das Blut meiner Rasse, und ich bin froh, noch am Leben zu sein. Aber im Traum erschien mir nur eine wunderschöne, majestätische Frau, der geheime Sorgen im Gesicht geschrieben standen. Sie hatte mit ihren Ringen gespielt, obwohl die Sorgen schwer auf ihr zu lasten schienen.

Ein Goldreif mit einem massiven Rubin, der einem Blutstropfen glich, glitt ihr vom Finger und versank mit einem leisen Plätschern im Teich. Die erdrückende Atmosphäre legte sich mir auf die Stirn wie feuchter Nebel. Ich glaubte ersticken zu müssen. Etwas hatte ein Opfer gefordert. Ich wollte schreien, fürchtete mich aber vor der Frau ebenso wie vor dem Teich. Das matte, perlmuttfarbene Licht verblaßte allmählich, und der Teich lag schwärzlich schimmernd da. Die Frau saß ganz still, und ich sah, daß sie ihre weißen Hände über der Brust gefaltet hielt und die Augen geschlossen hatte. Sie betete lange. Dann durchbrach etwas die immer noch spiegelglatte Wasseroberfläche. Etwas Unbekanntes. Es stieg aus dem Wasser auf. Wellen schlugen hoch und Blasen schäumten auf, als es sich aus der Tiefe heraufkämpfte. Entsetzt hielt ich mir die Augen zu und wandte mich ab.

Als ich wieder aufzusehen wagte, war es dunkel geworden. Ich drehte mich um. Die Frau war verschwunden, der Teich ein schweigendes, schwarzes Loch. Über mir erhob sich der sanfte Hügel mit seinem Gewirr von jungen, efeuumrankten Eichen, Brombeersträuchern und wildwucherndem Gras. Hoch oben auf dem steilen Abhang waren die vagen Umrisse einer Abtei zu erkennen. Kein Licht leuchtete dort. Sie schien aus der Erde gewachsen zu sein. Massiv, geduckt und gedrungen kauerte sie da, wie es der Bauweise von vor fünfhundert Jahren entsprach. Unergründlich wirkte die Abtei da oben auf dem Hügel – geheimnisumwittert, ein heiliger Ort; und doch irgendwie unheilig.

In der Ferne bewegte sich langsam eine Prozession. Die Menschen erklommen den Hügel auf einem gewundenen Pfad, der hinauf zu den uralten, geborstenen Säulen führte, die einmal die Pforte der Abtei gewesen waren. Die Pilger waren in lange Gewänder mit Kapuzen gehüllt. Ich konnte ihre Gesichter nicht erkennen, obwohl die Gestalt an der Spitze des Zuges eine Laterne in den Falten ihres Gewandes verborgen trug. Sie bewegten sich langsam und so geräuschlos, als seien sie körperlose, völlig vergeistigte Wesen. Das bleiche Licht der versteckt getragenen Laterne erhellte schwach den Weg und beleuchtete auch, was sich zwischen Felsgestein und Brombeersträuchern befand.

Halb im Unterholz verdeckt erglänzten matt die Zacken goldener Kronen. Schädel mit leeren Augenhöhlen starrten ausdruckslos vor sich hin, und ich erkannte juwelenbesetzte Schwertgriffe. Hier blitzte ein halbvergrabener Schild auf, dort ein Streitkolben. Ich erblickte helleuchtende, seidene Banner und goldene Münzen. Aufstieg und Fall von tausend Jahren zuckten und flackerten vor mir auf. Langsam verschlang der wuchernde Pflanzenwuchs alles. Ich sah zerbrochene, gesplitterte Kreuze, Heiligenbilder und Reliquien, verblaßte Ikonen von Heiligen mit traurigen Augen, obszöne Darstellungen der Paarung von Tieren und steinerne Statuen nackter Frauen.

Das alles leuchtete immer nur kurz auf, wenn es von der Laterne in Licht gebadet wurde, und versank dann wieder in Dunkelheit. Schließlich war der schlafwandlerische Zug vorübergezogen und im Schatten der Abtei verschwunden. Es herrschte völlige Stille. Obwohl niemand zu sehen war, schien es von lautlosen, geisterhaften Wesen zu wimmeln. Ich hörte den traurigen, eintönigen Klang einer Glocke. Dann wachte ich auf. Aber obwohl ich noch ein kleines Kind war und zitternd unter den rauhen Laken und Pelzdecken in meinem engen Schrankbett lag, wußte ich, daß mich die Glocke gerufen hatte.

II

Als ich sechs Jahre alt war, wurde ich zu meinem Großvater Jean de St. Rémy, dem Vater meiner Mutter, geschickt. Meine Mutter erklärte mir, er sei ein hochgebildeter und gelehrter Mann und könne mich weit besser unterrichten als sie. Sie sprach auch von meinem Bruder, der noch ein Säugling war, und von der Verantwortung, die schwer auf ihren Schultern lastete. Das Haus hatte nicht genug Raum für uns alle; denn auch der Vater meines Vaters lebte bei uns. Wohin ich mich auch flüchtete, um in Ruhe spielen zu können – ich war immer irgend jemandem im Wege.

Später erfuhr ich, daß mein Großvater beharrlich darauf gedrängt hatte, mich zu sich nehmen zu dürfen. Und erst viel später begriff ich, daß der Grund dafür in dem Horoskop lag, das er am Tage meiner Geburt für mich erstellt hatte. Soweit ich mich erinnere, fiel mir der Abschied von meinem Elternhaus nicht schwer.

Die Frau, die in den Diensten meines Großvaters stand, hieß Madeleine und war taub. Dadurch wirkte ihr Gebahren sehr seltsam auf mich; denn wenn jemand sprach, achtete sie genau darauf, wie sich dessen Lippen bewegten. Aber sie war groß und gutmütig und führte mich freundlich in den kleinen Empfangsraum, in dem uns mein Großvater erwartete.

»Du wirst dich also um ihn kümmern und für ihn sorgen«, konstatierte meine Mutter. Dies schien ihr weiter keine Kopfschmerzen zu bereiten. Ihr Gesicht drückte deutlich Erleichterung aus.

»Sei gegrüßt, mein Junge«, sagte mein Großvater und legte mir die Hände auf die Schultern. Mein Großvater soll ein so ausgezeichneter Arzt und großer Gelehrter gewesen sein, daß er in der besonderen Gunst des ›bon roi René‹ stand. Dieser beliebte Dienstherr war nun schon seit neunundzwanzig Jahren tot. Er hatte sein Land und sein Vermögen eingebüßt, seinen einzigen Sohn hatte man vergiftet, seine Tochter siechte im Kerker dahin.

Doch Auftreten und Verhaltensweise meines Großvaters

zeugten immer noch von seiner glorreichen Vergangenheit – der Zeit, als er mit seinem geliebten Herrn inmitten des idyllischen, arkadisch üppigen Hofstaates durch dessen ausgedehnten Herrschaftsbereich gereist war. Jean de St. Rémy war auch Astrologe und Kabbalist. Das begriff ich natürlich damals noch nicht. Und noch etwas wußte ich nicht. Erst nachdem dreißig Jahre verstrichen waren, erfuhr ich, wer dieser geheimnisvolle und lange betrauerte königliche Herr und Meister eigentlich war – König René, Herzog von Anjou, Bar und Maine, Graf der Provence und Piemonts, Herzog von Lothringen, König ohne Reich von Neapel, Jerusalem und Sizilien. Ich ahnte auch nicht, welches Geheimnis er barg. Und wußte nicht, daß die Schicksalsfäden seines Herrscherhauses wie Weinreben mit den meinen verflochten waren.

Ich sah nur, daß mein Großvater Jean das Auftreten eines bei Hofe hochgeachteten Menschen hatte. Obwohl er recht schäbig gekleidet war, erschien er mir damals mit sechs Jahren überaus elegant, zumindest eleganter als mein Vater, der Notar.

»Was kannst du den schon alles?« fragte mich mein Großvater. »Kannst du zählen und rechnen?«

»Ja, Monsieur. Und auch etwas lesen und schreiben.«

»Gut.« Erstaunt sah er mich an. Nicht etwa wegen meiner armseligen Kenntnisse, sondern weil ihn mein Blick gefangengenommen hatte.

Zwischen uns herrschte sofort ein tiefes Einverständnis, und ich begriff sogleich, daß es schön sein würde, bei ihm zu leben. Es war, als würden auf einer Laute zwei Töne in völligem Gleichklang gespielt.

»Wir werden schon dafür sorgen, daß du deinen Weg machst, mein Junge. Nun, was meinst du?«

»Ausgezeichnet, Monsieur. Ich möchte ein geachteter Herr bei Hofe sein.«

Da lachte er so schallend, daß sein Bart auf der Brust auf- und abhüpfte. Er trug immer noch den weitfallenden, schwarzen Mantel des Juden, um den Hals jedoch ein kleines goldenes Kruzifix an einer dünnen Kette. Er war hochgewachsen und hielt sich trotz seines Alters noch immer kerzengerade.

»Keine Angst, kleiner Michel. Eines Tages wird dein Herzenswunsch in Erfüllung gehen.«

Er hatte natürlich die Wahrheit gesprochen. Damals ahnte ich aber noch nicht, um welchen Preis dies geschehen sollte und welche seltsamen Träume und Visionen mich eines Tages dorthin führen würden. Ich konnte auch noch nicht wissen, welchem Geschlecht königlichen Geblüts ich schließlich huldigen würde.

Ich ließ mich ruhig vor dem Kamin nieder, und er und meine Mutter unterhielten sich noch eine Weile. Sie sprachen über König Ludwigs sinnlose Kriege in Italien und das kostbare Gold, das unter der heißen Sonne der Halbinsel so rasch dahinschmolz. Sicherlich würde schon bald eine neue Steuer erhoben werden, um die Schatzkammern wieder zu füllen. Ein unerträglicher Gedanke, meinte meine Mutter. Hatten wir unter dem Hause Valois nicht schon genug zu leiden gehabt?

Sie kam vom Hundertsten ins Tausendste, schweifte ab und kam schließlich auf die Frau des Pelzhändlers, die Gemüsepreise, ihre Rückenschmerzen und den schlimmen Rheumaanfall zu sprechen, an dem mein Bruder Jean gelitten hatte. Dann küßte sie mich zum Abschied und ging.

Lange saßen wir einfach nur so da – ich, das sechsjährige Kind, und er mit seinem wallenden, grauen, von weißen Fäden durchsponnenen Bart und den rauhen, gichtigen Händen. Auch sein schwarzes Haar hatte schon weiße Strähnen. Tiefe Falten hatten sich in seine Stirn eingegraben. Rechts und links seiner langen, gebogenen Adlernase gruben sich ebenfalls Furchen bis zu den Mundwinkeln ein. Wir nahmen einander in Augenschein.

»Du scheinst ja ein recht gesunder Bursche zu sein«, bemerkte er und bezog sich damit zweifellos auf meine stets roten Wangen und meine stämmige Gestalt, schon damals ein ständiges Ärgernis für mich. Als Kind muß ich ausgesehen haben wie ein rosiges Klößchen.

»Es gibt noch eine Menge zu tun«, schniefte er. »Und bald

gibt es Abendessen.« Auf mysteriöse Weise erschien genau in diesem Augenblick die Hausangestellte Madeleine und brachte mich in mein Zimmer. Ich begriff nicht, woher sie wußte, daß unser Gespräch beendet war, da sie doch taub war. Mein Vater hatte im Laufe des Tages meinen Koffer hergebracht. Meine Kleidung hing schon ordentlich an Haken, und neben meinem Bett brannte eine Kerze, denn es wurde bereits dunkel. Ich war erschöpft. Etwas war zu Ende gegangen. Jetzt begann ein neuer Lebensabschnitt. Die Hülle meines früheren Lebens fiel so leicht von mir ab wie bei der Larve, die sich als Schmetterling entpuppt, der noch einen Augenblick innehält, um seine Flügel trocknen zu lassen, bevor er sich in die Lüfte erhebt. Ich legte mich auf das Bett und sank alsbald in einen traumlosen Schlaf bis Madeleine erschien, um mich zum Essen zu holen.

Inzwischen bin ich ein berühmter Mann geworden, und die unwissenden Menschen hier in Salon erzählen merkwürdige Dinge über mich: Ich hätte einen Pakt mit dem Teufel geschlossen, um diese Macht zu besitzen, oder ich sei auserwählt, als Sprachrohr Gottes zu agieren. Die Wahrheit ist jedoch, daß mein Großvater Jean den Grundstein zu dem gelegt hat, was später aus mir geworden ist. Er formte den Ton, wie es auf der Töpferscheibe nicht besser möglich wäre – mit einer Weisheit, Güte und Geduld, die von dem Wissen darum herrührte, was schließlich aus mir werden konnte und wem ich am Ende gehören würde. Alles, was ich über die Sterne lernte, gründete sich auf das, was mein Großvater mich als erster lehrte. Auch alles, was ich von der Heilung Kranker weiß, nahm bei ihm seinen Anfang. Ich konnte mir damals nicht vorstellen, wo er sein Wissen erworben hatte. Und erst viel später, als ich in Avignon studierte, wurde mir klar, wieviel mehr er wußte als andere.

Mit brachte ich ihm meine einzige, noch völlig ungeformte Begabung. Schon immer habe ich bereits bei der ersten Begegnung die Menschen durchschaut. So lange ich mich erinnern kann, habe ich hinter der Fassade eines Menschen sein wahres Wesen erkannt – genauso deutlich wie die äußere Gestalt, die sich unter den sie verhüllenden Kleidungsstücken abzeichnet. Doch das allein hätte nicht ausgereicht. Allein damit hätte ich es nie soweit bringen können. Dazu war noch eine andere Art von Erleuchtung nötig. Etwas Pulsierendes, schwer zu Erfassendes, eine Art verzehrenden Feuers. Diese Flamme, die blendete, an der ich mich versengte und die mich oft quälte, ist zu allererst von diesem liebenswerten, alten Mann entfacht worden.

Er nahm lebhaften Anteil an allem, was um ihn herum vorging und verstand es daher auch, mein Interesse daran zu erwecken.

Zusammen gingen wir durch die Straßen und Gassen von St. Rémy an der alten, mit Zinnen bewehrten Stadtmauer entlang und durch das Stadttor hinaus. Er erklärte mir alles, erzählte mir die Geschichte von allem, woran wir vorbeikamen. Er zeigte mir die Überreste des römischen Triumphbogens und die alten Grabstätten jenseits der Mauern, die jetzt dem Verfall preisgegeben, vermoderten, wo die heißen, dürren Felder begannen. Er liebte die Vergangenheit und erweckte sie für mich wieder zum Leben. Er lehrte mich die Namen der Blumen, Bäume und Gräser und ihre Eigenschaften. Er fühlte sich eins mit der Natur. Sein Vorrat an alten Legenden, seltsamen Erzählungen, Liedern vom Rittertum, Liebesliedern und Todesgesängen war schier unerschöpflich. Allmählich begann ich zu erkennen, was sich an Geschichte hinter oder vielmehr unter dieser kleinen Stadt verbarg, die jetzt unter der glühendheißen, provenzalischen Sonne dahindämmerte. Insgeheim pulsierten immer noch lebhafte Erinnerungen an längst vergangene Zeiten. Die Zikaden zirpten in den Ruinen, und vor meinen Augen wurde die Vergangenheit wieder lebendig.

Eines Tages ritten wir auf einem Maultier nach Tarascon, um uns das große Schloß anzusehen, das sich hoch über der Rhône erhebt.

In diesem Schloß hatte König René die letzten Jahre seines Lebens verbracht. Jetzt lebte hier der vom König eingesetzte Statthalter der Provence. Aber ich konnte mir gut vorstellen, wie es einmal gewesen war. Die Schwindler und Wucherer hatten sich ins Fäustchen gelacht, während König Renés edle

Ordensritter auf ihren großen Streitrössern mit rotgoldenen Schabracken auf dem Rücken über die alte Zugbrücke paradierten.

Er lehrte mich sowohl Mathematik als auch Griechisch, Latein und Hebräisch. Sobald mein wacher Geist diese Dinge zu verarbeiten in der Lage war, brachte er mir die großen Denker vergangener Zeiten nahe. Er las mit mir Aristoteles, Plato, Tacitus, Homer und Virgil. Und er sorgte auch dafür, daß ich niemals meine Abstammung vergaß.

»Die Kinder Israels stehen unter dem Einfluß des Saturn«, erklärte er mir immer wieder mit gerunzelter Stirn, und sah dabei auf seine Hände. »Wir sind das auserwählte Volk, und doch müssen wir als Sündenbock für alles herhalten. Der Mensch muß immer irgendwo einen Schatten werfen, um schließlich zu entdecken, daß der Schatten sozusagen mit ihm verwachsen ist. Unser Leidensweg hat vor undenklichen Zeiten begonnen und ist noch nicht zu Ende. Denn Saturn ist der *Rex Mundi*, der Herr der Welt, und wir sind seine Kinder.«

Dann pflegte er zu lächeln, um den tiefen Ernst, mit dem er gesprochen hatte, zu mildern. Dabei legte er mir immer die Hände auf die Schultern.

»Wenn du klug bist, Michel, gehst du jeden Morgen zur Messe und trägst ein Kruzifix auf der Brust. Die Anrufung der Heiligen muß dir stets leicht über die Lippen kommen. Wenn du dich einem Altar oder Würdenträgern der Heiligen Kirche näherst, darfst du nicht vergessen, den Blick fromm und voller Demut zu senken. Denn das ist der Preis, den Saturn von seinen Kindern fordert – verkleidet durchs Leben zu gehen, damit dir der Reichtum deiner Umwelt zu Füßen liegt und niemand um dein Geheimnis weiß.«

Nach dem Edikt König Ludwigs war mein Großvater Christ geworden. Zwar war er konvertiert, doch nahm er das nicht weiter schwer. Er hielt sich nicht an die Formen. Die Riten der Kirche, mit denen Gott verehrt wurde, berührten ihn nicht. Er hatte nicht das Gefühl, Gott oder seine Ahnen durch die Taufe, die Gebete oder den kleinen Hausaltar mit der Statue der goldblonden Madonna mit den eingelegten Lapislazuli-Augen zu verraten, die dem Eintretenden heiter lächelnd entgegenblickte.

»Es ist nicht wichtig, welchen Namen man Gott gibt«, pflegte er mir zu erklären; denn sein Geist bewegte sich in jenen Sphären, wo das nicht mehr zählte. Dieser Mann, der alles verloren hatte und doch nichts verloren zu haben schien, setzte mich in Erstaunen.

Obgleich ich meine Eltern jeden Sonntag beim Essen und jeden Morgen in der Kirche sah, hatte ich schon bald vergessen, daß ich auch noch einen anderen Vater hatte. Die Liebe, die ich für meinen Großvater empfand und die er erwiderte, vertiefte sich zusehends. Ich strahlte vor Glück, lachte viel, und meine Kindheit verlief während dieser Zeit wie die anderer Kinder auch. Ich wußte nicht, daß dieses Glück von so kurzer Dauer sein sollte. Aber vielleicht war die mir vergönnte Zeitspanne lang genug und erfüllte ihren Zweck.

Als ich zehn Jahre alt war, zeigte er mir sein Astrolabium. In meinen Augen war es das Schönste, was ich je zu sehen bekommen hatte. Es war aus Messing und glänzte wie Gold, weil er es liebevoll polierte. Er zeigte mir die Sonnenbahn, die Pole und den rings um die Erde verlaufenden Äquator. Er erklärte mir, daß die Erde rund sei und man mit diesem astronomischen Instrument Winkelmessungen an der Himmelssphäre vornehmen könne. Zuerst betrachtete ich das Astrolabium nur als Spielzeug, doch ich lernte rasch, und es wurde für mich das Kostbarste.

Oft schritten wir im grellen Sonnenschein dahin, und er sprach über die Sonne, das Große Licht – und die verborgene Sonne, die jeder Mensch im Herzen trägt. Er sprach auf solchen Spaziergängen auch vom Mond, dem blasseren Himmelslicht und seinen Mysterien, von Ebbe und Flut, von Blut, Lymphe und Samenflüssigkeit, erklärte mir, wie alles auf geheimnisvolle Weise durch die schweigenden Gänge unseres Körpers floß. Er erzählte mir, jeder Stern, der am Himmel seine Bahn zog, sei ein Gott und jeder Gott manifestiere sich auch als Farbe, Musiknote, Metall, Edelstein und blühende Blume. Ich lernte Nachbarn und Passanten ins Gesicht zu sehen und lernte so die cholerischen Kinder des Mars von den sanguinischen Kindern Merkurs und der Venus, den melancholischen Kindern Saturns und den phlegmatischen des Mondes zu unterscheiden.

Einmal sagte er zu mir: »Michel, ich will dir ein Geheimnis verraten. Die kristallinischen Sphären im Äther, von denen die Menschen behaupten, daß sie unsere Erde im Weltall umgeben, sind eine Ausgeburt der Fantasie. Die Menschen sind überheblich und möchten gern glauben, daß das Universum nichts im Sinn hat als ihre Weiterentwicklung. Doch in Wahrheit kreist die Erde im Weltraum genau wie die anderen Planeten. Mittelpunkt und Herz des gesamten Universums ist die Sonne.«

Das leuchtete mir ein; denn die Sonne war ja für jedermann deutlich sichtbar der größte Himmelskörper. Als ich nach Avignon kam, mußte ich feststellen, daß noch niemand darauf verfallen war. Man hielt mich für verrückt, begriff nicht, wie ich so eine Möglichkeit auch nur in Betracht ziehen konnte. Wenn sich die Erde um die Sonne drehte, meinten sie, was hinderte sie dann daran, einfach herunterzufallen und in die schwarze Unendlichkeit zu entschwinden? Viele Jahre später erfuhr ich, daß ein Mann namens Kopernikus hinsichtlich dieses Phänomens eine große Entdeckung gemacht hatte. Er erklärte die Sonne zum Mittelpunkt des Planetensystems. Doch das hatte mir mein Großvater schon gesagt, als ich erst elf Jahre alt war.

Obwohl er nicht mehr als Arzt der Reichen praktizierte, half ich ihm bei der Zubereitung des Balsams, der Salben, Tinkturen und Pulver, die er ohne Bezahlung an die Armen der Stadt verteilte. Ich lernte von ihm, wie man einen gebrochenen Knochen wieder richtet, eine klaffende Wunde mit dem feinsten Seidengarn zunäht und mit einem Breiumschlag aus schimmligem Brot und Spinnweben einer übelriechenden Schwäre den Eiter entzieht und diese sozusagen trockenlegt.

Später erzählte er mir von Zohar, von den himmlischen Heerscharen vor Gottes Thron, vom urgewaltigen Reich der Natur und dem Lebensbaum. Kaum konnte ich all dieses Wissen in mich aufnehmen. Ganz erfüllt von den Wundern des Lebens nahm ich begierig an allem Anteil, sog alles in mich ein, wurde größer und verlangte nach mehr. Es wurde mir zuteil. Oft bat ich meinen Großvater, mir Geschichten vom Hof König Renés zu erzählen. Am meisten aber liebte ich die Sterne – und die Hände meines Großvaters, die immer wieder Schmerzen linderten und den gebrochenen Flügel eines Vogels mit solchem Zartgefühl schienten, daß ich mir keine Stickerin vorstellen konnte, die ihre Hände so zierlich und mit solchem Geschick zu bewegen verstand.

Manchmal begleitete ich meinen Großvater, wenn er Kranke besuchte. Wir wurden höflich begrüßt, und ich bekam ein Stück Kuchen oder Marzipan, während ich dasaß und zusah, wie mein Großvater seine Patienten behandelte. Wenn wir nach einem solchen Krankenbesuch nach Hause zurückgekehrt waren, pflegte mein Großvater seine Bücher hervorzuholen und mit Hilfe seines Astrolabiums das Horoskop des Kranken zu errechnen. Manchmal wartete er den günstigsten Augenblick für die Behandlung ab. Es geschah aber auch, daß er traurig den Kopf schüttelte. Dann wußte ich, daß dieser Mensch am Ende seines Lebensweges angelangt war.

Eine solche Kindheit mag manch einem seltsam erscheinen. Der Gefährte meiner Kindheit war ein alter Mann, die Mysterien und Wunder des Lebens waren mein täglich Brot. Ich gab mich keiner der Beschäftigungen hin, an denen Jungen zumeist Gefallen finden. Um nichts in der Welt hätte ich gewollt, daß sich meine Kindheit anders gestaltete.

Eines Tages entrollte mein Großvater mit großem Zeremoniell mein Horoskop vor mir, als sei das ein Geburtstagsgeschenk. Er hatte es am Tage meiner Geburt sorgfältig aufgezeichnet – auf ein hauchfeines Blatt Pergament. Er hatte es zusammengerollt und mit einem roten Band umwunden. Fasziniert betrachtete ich die sonderbaren Zeichen. Kopfschüttelnd sah er mich an – keineswegs unfreundlich, aber mit einer Art scheuer Ehrfurcht und von Trauer erfüllt.

»Du wirst es einmal weiter bringen, als es mir je gelungen ist«, erklärte er mir. »Du wirst sehr hoch aufsteigen, kleiner Michel, ungeheuer hoch. Siehst du, dieser Kreis mit dem

Punkt in der Mitte ist die Sonne, das Lebenslicht. Sie steht hoch am Himmel im Zeichen des Steinbocks. Das bedeutet Vorsicht, Beständigkeit und Scharfsinn sowie Feinheit. Und Ehrgeiz, wodurch du zu Ruhm und Ehren gelangen wirst. Du wirst dir einen Namen machen, der auch nach deinem Tode noch in aller Munde sein wird.«

Das gefiel mir, doch ich fühlte nichtsdestoweniger, daß ihn irgend etwas bedrückte. »Und dies hier?« fragte ich ihn und wies auf den Halbkreis, der den Mond darstellen sollte.

Er wollte sich nicht dazu äußern. Schließlich sagte er: »Du wirst schon noch lernen, dies richtig zu deuten.«

»Was siehst du da, Großvater? Sag es mir bitte, ich fürchte mich nicht.«

Wieder sah er mich mit diesem sonderbaren Blick an. »Du wirst hochgeehrt werden, doch ich fürchte, dein Leben wird sehr einsam sein. Der Tod wird dir auf Schritt und Tritt folgen. Hier steht der Mond im Zeichen des Skorpions, im Hause des Todes in Quadratur zur Venus. Es ist der Tod der Menschen, die du am innigsten liebst, der dich nicht zur Ruhe kommen läßt. Tod und schwere Sorgen, die du jedoch für dich behalten mußt. Lerne zu schweigen, Michel.«

Mehr wollte er mir nicht verraten. Mir war nicht bange vor meiner Zukunft. Doch die Traurigkeit meines Großvaters betrübte mich.

»Wir beide können gar nicht allein sein«, sagte ich, um ihn zu trösten. Doch er wandte sich nur betrübt ab. Natürlich wußte er, daß uns nur noch eine kurze, gemeinsame Zeitspanne bemessen war.

Als ich sechs Jahre bei meinem Großvater Jean gelebt hatte, starb König Ludwig XII., und sein Neffe, der Herzog von Angoulême trat seine Nachfolge als König von Frankreich unter dem Namen Franz I. an. Mich berührte das nicht sonderlich; denn in den Augen eines Zwölfjährigen ist ein König wie der andere – abgesehen von dem Pomp und den Festlichkeiten sowie den herrlichen Gelagen, die eine solche Inthronisation mit sich bringt.

Schon wenige Monate nach seiner Thronbesteigung erklärte König Franz I. Kaiser Maximilian den Krieg und fiel in Italien ein. Ein Besucher kam heimlich nach St. Rémy, erschien spät nachts bei meinem Großvater und verschwand so heimlich, wie er gekommen war.

Ich war an diesem Abend schon früh zu Bett gegangen; denn Großvater und ich hatten einen ausgedehnten Spaziergang gemacht. Anschließend hatte ich eine schwere Mahlzeit zu mir genommen. Ich erwachte nicht vom Klappern der Pferdehufe, sondern wurde wach, als jemand leise an die Tür klopfte. Als ich aus dem kleinen Fensterchen blickte, sah ich, daß an einem Pfosten vor dem Haus ein schwarzes Pferd angebunden war.

Das war noch nicht weiter verwunderlich; denn mein Großvater bekam oft Besuch von den Reichen, mit denen er noch von seiner Zeit bei Hofe her in Verbindung stand. Manche kamen auch wegen seiner Salben und Tinkturen. Aber aus unerfindlichen Gründen erschrak ich beim Anblick des schwarzen Pferdes. Ein seltsames Gefühl beschlich mich. Ich kroch aus dem Bett, verließ das Zimmer und versteckte mich oben an der Treppe. Ich begriff gar nicht, warum ich so verstohlen im Hause meines Großvaters herumschlich, gehorchte aber damit einem untrüglichen Instinkt, der mich warnte und mir sagte, daß ich von diesem nächtlichen Besucher nichts wissen durfte. Ich hätte nicht sagen können, wie spät es war. Ich hatte die Kirchenglocken nicht gehört. Aber draußen war es stockfinster, und ich hatte den Eindruck, als hätte ich schon lange geschlafen.

Aus dem Empfangszimmer unten drang das Gemurmel von Stimmen zu mir herauf. Reglos stand ich über das Treppengeländer gebeugt und lauschte. Das Treppenhaus lag im Dunkeln, und das gelbe Licht der Wachskerzen zeichnete einen schwankenden, sich ständig verschiebenden Kreis auf den Fußboden des Zimmers, in dem mein Großvater mit seinem Gast saß. Von meinem Standpunkt aus sah ich den Besucher in einem Sessel am Kamin sitzen. Er war noch jung und trug einen schwarzen Umhang um die Schultern, der staubig, fleckig und bespritzt war, und von einem langen Ritt durch sumpfige Gegenden zeugte. Zu dem Mantel aus teurem Stoff trug der dunkelhaarige Mann die passende Samtkappe, ein Barett.

Ich hielt den Fremden für einen reichen Kaufmann oder Reisenden, der die Dienste meines Großvaters in Anspruch zu nehmen wünschte, da ein Familienmitglied erkrankt war. Sie sprachen so leise, daß sie schon fast flüsterten. Ich hörte das Rascheln von Pergament und wußte, daß das nur die Horoskope sein konnten, die mein Großvater eingerollt, in seinem Schreibtisch verschlossen, aufbewahrte. Ich konnte mich des Gefühls nicht erwehren, daß hier über geheime Dinge verhandelt wurde, von denen ich nichts erfahren sollte.

Ich vernahm das dumpfe Aneinanderschlagen von Trinkbechern. Mein Großvater hatte Wein eingeschenkt. Dann erhob der Fremde seine Stimme, und ich verstand die letzten Worte seiner Rede.

»... gegen Mailand in den Krieg ziehen«, hörte ich ihn sagen. »Wenn Ihr sicher seid, daß er am Leben bleibt...« Ich sah, wie er den Becher erhob, um einen Toast auszubringen. Ich konnte ihn jetzt gut verstehen.

»Auf den Herrn Grafen«, sagte er und leerte den Becher in einem Zug. Als er ihn hob, erkannte ich das farbenprächtige Wappen auf dem Ärmel: drei silberne Flügel auf einem diagonalen, karmesinroten Querriegel, grell abstechend gegen das goldfarbene Feld. Er beugte sich vor, dämpfte die Stimme, und sie unterhielten sich wieder im Flüsterton. Nach etwa fünfzehn Minuten erhob sich der Besucher, hüllte sich in seinen Umhang – er war ganz schwarz gekleidet – schüttelte meinem Großvater die Hand und wandte sich zum Gehen. Ich sah sie nebeneinander zur Tür schreiten.

»Ihr habt nichts zu befürchten«, sagte mein Großvater. »Er wird in Italien nur verwundet werden. Große Ehre wird Euch zuteil werden.«

»Und der Junge?« erkundigte sich der Fremde. »Wollt Ihr ihm davon erzählen?«

»Nein«, erwiderte mein Großvater. »Er muß es selbst herausfinden, wenn die Zeit gekommen ist. Dann werde ich nicht mehr unter den Lebenden weilen. Ihn kann man nicht leiten und führen. Er ist schwierig, zurückhaltend und eigensinnig. Er muß ganz aus eigener Kraft darauf kommen.«

Der Fremde schwang sich in den Sattel und ritt davon. Ich hörte, wie das Pferdegetrappel immer leiser wurde. Ich kroch wieder ins Bett, lag bis zum Morgengrauen wach und starrte auf die knorrigen, geschwärzten Deckenbalken. Stundenlang bemühte ich mich vergebens, die Lösung des Rätsels zu finden. Mein Großvater hat den Besucher mir gegenüber niemals erwähnt, und ich brachte es aus einer angeborenen Zurückhaltung heraus auch nicht fertig, ihn danach zu fragen. Erst jetzt, wo ich weiß, wer ihn in jener Nacht aufsuchte, erkenne ich das volle Ausmaß seiner Weisheit. Ich mußte in der Tat aus freiem Entschluß und eigener Kraft darauf kommen, wenn es so etwas wie den Willen überhaupt gibt.

Im Hause meines Großvaters träumte ich nur noch ein einziges Mal von dem Teich. Da war ich fünfzehn Jahre alt. Ich war schon früh am Morgen mit meiner Mutter in der Messe gewesen. Meine Gedanken waren abgeschweift, von den Weihrauchschwaden und dem monotonen, lateinischen Singsang eingelullt. Bald hatte ich das Gefühl, als sei ich, aus meinem Körper entflohen, durch das Kirchenschiff der kleinen Peterskirche gehuscht und als schwebte ich inmitten von Luftgeistern in den Wolken, fröhlich und ausgelassen und bar aller irdischen Sorgen. Meine Mutter stieß mir den Ellenbogen in die Rippen. Erschrocken kam ich wieder zu mir und sah, daß mich der Geistliche wütend anstarrte. Doch er fuhr mit seiner Predigt fort, und ich hielt den Blick gesenkt, bis die Messe aus war und wir uns erhoben.

In der darauffolgenden Nacht wiederholte sich der Traum. Ich erinnerte mich sogleich an den Ort. Die schwere Hülle des Schweigens hielt mich gefangen. Ich spürte genau, daß etwas Erschreckendes zugegen war. Aber ich war inzwischen älter geworden und fragte mich im Traum, was hier wohl leben und in der unergründlichen Tiefe dieses dunklen, schweigenden Teiches hausen mochte. Ich wartete auf die Frau mit den Ringen, doch sie trat nicht wieder in Erscheinung. Ich wartete mutterseelenallein, während das Licht immer mehr verblaßte, die Finsternis Einzug hielt und der Teich schwärzlich schimmerte.

Ich drehte den Kopf und sah die Abtei. Die gleiche wie beim ersten Mal, in Schatten gehüllt, lichtlos und finster brütend. Auch die Glocke hörte ich wieder, aber diesmal läutete sie nicht nur einmal. Sie läutete siebenmal. Da wußte ich, daß jemand gestorben war, und die Glocke läutete, während die Seele des Toten zu Gott aufstieg.

Auf der Hügelkuppe stand einer der Mönche, von einem Licht erleuchtet, dessen Quelle ich nicht ausmachen konnte. Er trug eine lange Kutte mit Kapuze. Er stand so reglos da, daß er mit dem schwarzen Stein der Abtei zu verschmelzen schien – ein Schatten vor einem Hintergrund noch schwärzerer Schatten. Ich starrte ihn an und hatte das Gefühl, ihn zu kennen. Obwohl ich sein Gesicht nicht erkennen konnte, leuchteten seine Augen strahlend blau in der Düsternis wie zwei unerbittlich auf mich gerichtete, geisterhaft bleiche Saphire.

Ich erwachte mit schmerzendem Schädel, einem scharfen, beißenden Geschmack im Mund und so verängstigt, daß mir ganz übel war. Ich muß wohl im Delirium gewesen sein; denn ich kann mich an den darauffolgenden Morgen und den ganzen nächsten Tag nicht mehr erinnern. Madeleine brachte mir heiße Milch mit Wein. Sie wirkte völlig erschöpft, gequält und zerfurcht, kam hereingeschneit und entfernte sich wieder wie ein bleiches Gespenst. Doch ich konnte nicht sprechen. Ich hatte nicht nur Kopfschmerzen, sondern verspürte auch ein schreckliches Brennen im Hals. Meine Haut fühlte sich heiß und trocken an. Später brachte ich in Erfahrung, daß ich zwei Tage mit Fieberfantasien zu Bett gelegen hatte und immer wieder vor mich hinmurmelte, sie würden mich bald holen. Als ich endlich wieder zu mir kam, die Augen öffnete und keine Schmerzen mehr empfand, betrat meine Mutter weinend und mit tiefen Schatten unter den Augen das Zimmer. Sie trug Trauerkleidung und verkündete mir, daß mein Großvater gestorben war, während ich krank darniederlag.

III

Meine Mutter kehrte mit mir in die Rue de Barri zurück, und ich bezog wieder meine kleine Kammer unter dem Dach, die jetzt vollgestopft war mit den Büchern und Manuskripten, die mir mein Großvater hinterlassen hatte.

Nichts hatte sich während meiner Abwesenheit geändert. Mein Vater redete wie immer unaufhörlich über Parzellen, Gulden, Dokumente und Getreidepreise. Ich fühlte mich wie ein wilder Vogel im Netz eines Vogelfängers. Während der Zeit, die ich mit meinem Großvater verbracht hatte, war ich zu ungeahnten Höhen aufgestiegen, hatte die klare, durchsichtige Höhenluft geatmet und einen Blick auf ferne Sonnen und Sterne erhascht. Dieses graue, freudlose Erdenleben, das mir jeden Fluchtweg abschnitt und meinen Geist zu töten drohte, erstickte mich. Ich zog mich ganz in mich selbst zurück. Ich versenkte mich in die Bücher und Manuskripte meines Großvaters. Außer diesen Büchern war nichts mehr von ihm übriggeblieben. Ich nutzte die Stille, die im Hause herrschte, nachdem sich alle zur Ruhe begeben hatten. Dann versank ich bei flackerndem Kerzenlicht die ganze Nacht hindurch in den Büchern und versuchte mit aller Kraft, mich aus dem dicken Panzer herauszukämpfen, in dem ich gefangensaß, um wieder frei atmen zu können.

Etwa drei Wochen nach meiner Heimkehr sagte meine Mutter zu meinem Vater: »Wir müssen uns um die Erziehung und Ausbildung des Jungen kümmern. Er kann sich nicht Tag und Nacht in dieser Dachkammer vergraben. Er wird davon noch krank werden.«

Es folgten endlose Diskussionen, Streitigkeiten und Debatten; denn es hatte ganz den Anschein, als zöge ich tote Bücher meiner höchst lebendigen Familie und Freunden vor. Mein Vater erzählte seinem Vater, Pierre de Notredame, von seinen Sorgen.

Mein Großvater Pierre war seit frühester Jugend eng mit meinem Großvater Jean befreundet gewesen. Er hatte einen stark ausgeprägten Sinn fürs Praktische und war einmal Getreidehändler gewesen. Aus ihm sprach die Weisheit des

Alters. Seine Lebenserfahrung sollte mir nun zugute kommen.

»Laßt den Jungen in Avignon studieren«, schlug er vor.

So wurde ich im Alter von fünfzehn Jahren in die Stadt der Päpste geschickte. Ich stellte mir eine fantastische, fremdartige Stadt vor, einen Zufluchtsort, eine goldene Stadt mit Zauberschlössern und verborgenen Schätzen. Ich sehnte mich so verzweifelt danach, allem zu entfliehen, daß ich nicht im entferntesten ahnte, daß ich nur ein Gefängnis gegen ein anderes eintauschte.

Ich wohnte im Hause meiner Tante Marguerite, der Schwester meines Vaters, und ihres Gatten Thibaut de Mirecour. Zusammen mit meinem Vetter Jaume besuchte ich die Hochschule an der Place des Etudes und belegte dort Geisteswissenschaften. Schon sehr bald begann ich Avignon zu hassen. Die Träume vom Zufluchtsort voller Zauber zerbrachen in Tausende winzigkleiner Splitter und wurden im Staub zertreten. Avignon erwies sich als laute, schmutzige Stadt, ständig überschäumend und aufgewühlt wie eine riesige Schüssel dickflüssiger, übelriechender Suppe. Schreiende Farben und Geräusche überall, die mich abstießen. Ebenso zuwider waren mir die ewigen Prozessionen mit ihrem vulgären Pomp. Ständig kamen Prälaten zu Besuch und strömten in Scharen in den großen Papstpalast, der sich wuchtig inmitten der engen Straßen und Gäßchen erhob. Der Kardinal von Clermont herrschte hier als päpstlicher Legat und regierte Avignon wie ein engstirniger Kleingeist. Den ganzen Tag ließ er seine Schweizer Garde wie grellfarbige Gliederpuppen marktschreierisch durch die Straßen paradieren, um die Bürger der Stadt stets daran zu erinnern, daß die Allmacht Gottes nicht auf Gebote und gute Werke beschränkt war. Einen krassen Gegensatz zu dem Glanz der Kirche bildeten die Bankrotteure und Verbrecher, die in ungesunden, finsteren Gassen hofhielten. Hier trafen Flüchtlinge aus allen Teilen Frankreichs zusammen, die nach Avignon gekommen waren, weil es ihnen Schutz und Asyl gewährte. Avignon lag jenseits der Grenzen der Gerichtsbarkeit durch den Thron.

Ich vergrub mich noch tiefer in meine Bücher. Bald stand ich in dem Ruf, ein zwar brillanter, doch höchst sonderbarer Bursche zu sein. Als brillant galt ich, weil mich mein Gedächtnis niemals im Stich ließ, und man sagte mir nach, ich sei sehr bewandert in der Philosophie der Klassiker sowie in allen Fragen der Astrologie. Als seltsamer Vogel galt ich, weil ich ein Einzelgänger war, der über ein geheimes Wissen zu verfügen schien.

Meine Tante Marguerite war eine feinsinnige, ruhige Frau. Sie erschien mir sanft und nachgiebig, fast schon demütig. Lautlos glitt sie mit gesenktem Kopf durch das Haus, das dunkle Haar sittsam unter einer untadeligen Haube versteckt, wie sie Matronen zu tragen pflegten. Sie goß uns Wein ein, servierte das Essen und spielte gedankenlos mit dem Kruzifix, das an einer Kette zwischen ihren Brüsten herabhing. Außer Jaume hatte sie kein Kind lebend zur Welt gebracht. Sie hatte vier Fehlgeburten gehabt. Wie Jaume mir eines Tages erzählte, schliefen seine Eltern seitdem getrennt und hatten nie wieder versucht, ein Kind zu zeugen; denn ein weiteres Kind hätte seiner Mutter möglicherweise das Leben gekostet. Jaume ließ durchblicken, es sei der ausdrückliche Wunsch seiner Mutter gewesen, getrennt von ihrem Manne zu schlafen.

Mit meinem Cousin verband mich eine laue, halbherzige Freundschaft, die diesen Namen kaum verdient. Ich bemühte mich, ihn in die Astrologie einzuführen, eine Wissenschaft, die in seinen Augen zumindest barer Unsinn – wenn nicht gar Hexerei – war. Ich sprach zu ihm davon, daß mein Großvater der Überzeugung gewesen war, die Erde sei eine Kugel, die die Sonne umkreise. Er schüttelte den Kopf und grinste hämisch. Er hatte mir statt dessen nichts anzubieten, als seine praktischen Kenntnisse, die er bei einem kleinen Küchenmädchen erworben hatte. Er schwor, sie würde durchaus nicht abgeneigt sein, mich in die Freuden der Liebe einzuführen.

»Du bist zu alt, um noch wie ein Priester im Zölibat zu leben«, behauptete er und sah mich mit dem Blick eines Verschwörers an. »Wenn du erst einmal eine schneeweiße Brust betastest, wirst du rasch vergessen, ob es die Erde, die Sonne oder dein eigener Kopf ist, was sich im Weltall dreht – das kann ich beschwören.«

Nach diesem unfruchtbaren Gespräch behielt ich meine Gedanken für mich. Mein Cousin begegnete mir von da an mit tiefem Mißtrauen, warf mir immer wieder abschätzende Blicke zu und vermied es tunlichst, mir körperlich allzu nahe zu kommen. Der Gedanke belustigte mich, daß er mich offenbar des widernatürlichen Geschlechtsverkehrs für fähig hielt. Doch blieb mir dadurch zumindest erspart, die Fantasien mit ihm diskutieren zu müssen, die mich allnächtlich quälten. Es hatte ganz den Anschein, als sei ich völlig normal. Doch stand mir der Sinn mehr nach verboteneren Früchten als den plumper, kleiner Alys aus der Küche.

Eines Abends suchte Jaume zusammen mit seinem Vater einen anderen Cousin auf, der in einem abgelegenen Stadtteil wohnte. Es hieß, sie wollten über Nacht dort bleiben. Eilig aß ich auf und rannte dann wie gejagt in mein Zimmer zurück, von der Angst verfolgt, meine Träume seien auf wundersame Weise Wirklichkeit geworden, wonach ich mich insgeheim sehnte. Ich nahm Zuflucht zu Galen und Hippokrates, um dadurch meiner Stimmung Herr zu werden.

An jenem Nachmittag hatte ein Student an der Hochschule den Professor gefragt, ob man nicht mehr über das Wesen und die Beschaffenheit des Menschen erführe, wenn man Leichen seziere, anstatt sich abstrakt in philosophischen Diskursen über den menschlichen Körper auszulassen. Der Professor war totenbleich geworden und hatte mit dröhnender Stimme geschrien, er würde sofort Bericht erstatten, sollten ihm solche ketzerischen Worte je wieder zu Ohren kommen. Auf dem ganzen Heimweg hatte ich an nichts anderes denken können. Bilder verfolgten mich – im Geiste sah ich dunkle, in weite Mäntel gehüllte Gestalten in totenstille Friedhöfe eindringen – unter den Mänteln Säcke mit Schaufeln und Hacken verborgen. Ich sah überdeutlich vor mir, wie sie gerade erst Begrabene exhumierten und die Leichen im Schein blakender Kerzen in irgendeinem dunklen Versteck untersuchten, um eifrig die verbotenen Mysterien von

Knochen, Blut und lebenswichtigen Organen zu studieren. Ich saß da und starrte wie ein Blinder in die vor mir ausgebreiteten Bücher, während ein Bild das andere jagte. Ich sah Marguerite vor mir, wie sie langsam ihr feines, wollenes Gewand und duftendes Unterkleid aus Leinen über den Kopf zog. Dann sah ich ihren Leib bei Kerzenlicht auf dem Tisch ausgestreckt daliegen – Marguerite als Leichnam – der lebendige Leib erhob sich weiß und glänzend aus einem gerade erst zugeschaufelten Grab...

Meine Kerze flackerte im Luftzug. Reglos saß ich wie in Trance da, während die finsteren Visionen von meinem Geist und Körper Besitz ergriffen. Da kratzte jemand ganz zart an der Tür und brach so das Schweigen. Von blankem Schrecken erfüllt wartete ich schweigend und völlig passiv.

Ich versuchte, die Sache realistisch zu betrachten. Warum eigentlich nicht? Da ihr Gatte sie zurückwies und sozusagen verstoßen hatte, war es ganz allein ihre Angelegenheit, welchen Zerstreuungen sie sich neben dieser Ehe überließ. Bei dem Gedanken an ein Kind packte mich jedoch eiskaltes Entsetzen. Diese dunkle, verbotene Liebesaffäre würde für mich mit einer schrecklichen Strafe enden, wenn es nicht gar zu einer wütenden Fehde zwischen den beiden Familien käme. Es durfte nicht sein. Morgen würde ich anfangen, Alys in der Küche den Hof zu machen, die Augen schließen und mir einreden, daß ihr goldblondes Haar schwarz sei wie die Schwärze meiner Fantasien, die trüben, blauen Augen dunkel und unergründlich wie die schweigende Tiefe schwärzlich schimmernder Teiche... Doch da wurde die Tür geöffnet und Marguerite stand vor mir. Hinter ihr war alles dunkel, und auch sie erschien mir wie ein Schattenwesen. Sie trug eine lange Kerze in der Hand, deren Schein die ganze Szene noch unwirklicher erscheinen ließ. Unendlich zart strich sie mir mit den Fingerspitzen über die empfindliche Haut des Nackens und der Wangen – ganz so, als streichelte sie mit ihren schlanken, sinnlichen Händen eine der Katzen draußen im Hof. Als ich in ihre umschatteten Augen blickte, in denen sich das Kerzenlicht spiegelte, war es, als züngelten Flammen darin. Erschrocken und fasziniert zugleich erkannte ich, daß sie alles wußte. Sie kannte meine Träume und dunklen Visionen und wußte, wie sie mich von dem Dämon befreien konnte. Sie ließ keine Gnade gelten. Ihre Lippen öffneten sich zu einem Lächeln. Sie schien sich über mich lustig zu machen, doch sprach auch ihre Begierde aus diesem Lächeln und die Macht, die sie über mich hatte. Ich öffnete den Mund, um zu protestieren und sie anzuflehen, mich in Ruhe zu lassen, doch sie legte mir die Arme um den Hals, zog mich an sich und versiegelte meine Lippen mit einem leidenschaftlichen Kuß.

Am Morgen lag ich noch lange im Bett und überließ mich meinen wirren Träumereien, während die Sonne wie geschmolzenes Gold durch das Fenster hereinquoll, und alles in ihren Glanz hüllte. Rein mechanisch gesehen war mir natürlich geläufig, wie sich der Geschlechtsakt abspielte. Man erreicht nicht das reife Alter von fünfzehn Jahren, ohne sich aus dem, was man hier und da aufschnappt, und aus den hinter vorgehaltener Hand geflüsterten Andeutungen der Klassenkameraden und anderen Studenten zusammenzureimen, was es damit auf sich hat. In der Theorie war mir der Geschlechtsakt also kein Geheimnis mehr gewesen.

Das Mysterium und das Entsetzen kamen in den Gefühlen zum Ausdruck, die aus mir hervorgebrochen waren. Eine quälende, nicht mehr zu unterdrückende Begierde ließ mich wüten und in Tränen ausbrechen. Etwas Unergründliches hatte tief in meinem Innern geschlummert und sich in jener denkwürdigen Nacht mit Gewalt an die Oberfläche gedrängt. Etwas Fremdes grinste mich an – ich erkannte mich selbst kaum wieder. Mit den zarten Gefühlen und der Liebe, die in den Minneliedern der Troubadoure zum Ausdruck kommt, hatte diese Begierde nichts zu tun. Ich hegte weder zarte Empfindungen, noch war ich um Marguerite besorgt. Was ich fühlte, war überaus heftig und roch nach Tod und Verwesung. Sie hatte mit meinen Gefühlen gespielt, darüber gelacht, mich gequält und geneckt, mich bis zum Wahnsinn erregt und meine Annäherungsversuche immer wieder vereitelt, bis ich soweit war, daß ich ihr am liebsten die Augen herausgerissen, die Lippen zerfetzt und ihr Blut getrunken hätte. Ich war in die Schwärze ihrer Umarmung eingetaucht wie ein Schwimmer, der in einem trüben, undurchsichtigen Gewässer untergeht, wo Schmerz und Lust nicht mehr zu unterscheiden sind und zu einem furchterregenden Tanz verschmelzen. Als ich schaudernd wieder auftauchte, hätte ich nicht sagen können, wo ich gewesen war.

Ich hatte Angst und verachtete mich zutiefst. Ich haßte Marguerite dafür, daß sie ans Tageslicht gezerrt hatte, was bis dahin tief in mir verborgen gewesen war. Doch ich wußte, daß ich dem nun verfallen war.

IV

An einem schönen Frühlingsmorgen ging ich zusammen mit meinem Cousin Jaume zur Place des Etudes. Meine Bücher trug ich in einem Beutel über der Schulter. Meine Augen lagen schwer wie Blei in den Höhlen und brannten. Ich hatte einer meiner nächtlichen Zusammenkünfte gefrönt und war erst kurz vor Tagesanbruch für eine oder zwei Stunden entschlafen. Vor meinem inneren Auge tanzten unaufhörlich die irritierenden Bilder der Nacht. Ich verschloß meine Ohren vor Jaumes allgegenwärtigem Geschwätz, während wir durch die engen Gäßchen gingen. In den Straßen wimmelte es nur so von Menschen; denn eine lange Prozession wand sich geräuschvoll durch die Stadt zum Papstpalast. Die Leute kamen aus ihren Geschäften und Wohnhäusern geströmt, um einen Blick auf irgendeinen hohen, kirchlichen Würdenträger werfen zu können. Er war überaus reich gekleidet, trug Karmesinrot und Gold und wurde in einer Sänfte zu dem großen, alten, steinernen Palast getragen.

Ich war nicht im geringsten an diesen Prozessionen interessiert, die zu Ehren von Prälaten veranstaltet wurden, die der Stadt einen Besuch abstatteten. Für mich standen solche Prozessionen in dem Geruch der Heuchelei. Mit dieser Pracht und dem so ostentativ zur Schau gestellten Reichtum wollte man die abergläubischen Massen beeindrucken. Ich mußte nur daran denken, daß man mit diesem sinnlos vergeudeten Geld die Armen der Stadt mindestens ein Jahr lang hätte ernähren können. Die überquellenden Schatztruhen der Kirche wären dadurch kaum leerer geworden. Auch der Papstpalast war mir verhaßt. Er schien sich mit seinen beiden verzierten Türmen wie mit Hörnern in den Himmel bohren zu wollen. Auf mich wirkte er grausam und bedrückend. Wann immer ich mich ihm näherte, wurde mir ganz trübselig zumute, als röche das Gemäuer noch immer nach dem Blut vergangener Zeiten, als der längst verblichene Papst Clemens V. eine unheilige Allianz mit Philipp, dem Schönen, eingegangen war, und fünftausend Tempelritter hatte foltern und auf dem Scheiterhaufen verbrennen lassen. Der Rauch und Gestank verkohlter Leiber war zum Himmel aufgestiegen, und der letzte Großmeister des Ordens, Jacques de Molay – damals schon ein alter Mann – hatte den Papst, den König und das französische Herrscherhaus verflucht. Das sollte fatale Folgen für ihn haben.

Jaume jedoch liebte prunkvolle Prozessionen, wie er auch weibliches Hauspersonal liebte. An jenem Morgen blieb uns noch Zeit. Die Glocke von St. Didier hatte noch nicht geläutet, um uns zu den Büchern zu rufen. Daher bestand er darauf, daß wir zum Palast gingen, um uns die Prozession anzusehen. Wir wurden sofort von der Menge mitgerissen, geschoben, gestoßen, herumgeworfen und fortgespült wie Treibgut auf einem reißenden Strom. Schließlich erblickten wir an der Spitze des Zuges die kleine Gruppe der Herolde in glänzenden, silbernen Heroldsröcken und fahnenschwingende Junker. Dahinter schritt mit glänzenden Hellebarden die Schweizer Garde in roter, blauer und leuchtend orangefarbener Livree, dahinter Ritter hoch zu Roß – dann kam ein endloses Gefolge von Fackelträgern und Pagen, die Weihrauchgefäße schwangen. Der ganze in Samt und Seide gekleidete Hofstaat bildete den Schluß.

Jaume stieß mich in die Rippen! »Sieh dir das an!« rief er dicht an meinem Ohr, so laut, daß ich taub zu werden glaubte.

Wir kämpften uns durch die Menge bis ganz nach vorn.

Zwei in schneeweiße Seide gekleidete Pagen trugen ein großes, goldenes, mit Juwelen besetztes Kreuz vor der Sänfte her.

Es war halb so groß wie ein ausgewachsener Mensch und mußte Tausende von Talern wert sein. Hinter diesen Kreuzträgern gingen wiederum zwei Pagen mit einem noch viel größeren Kreuz. Es war aus massivem Silber, hatte zwei Querbalken und war über und über mit geheimnisvollen Symbolen bedeckt. Zu Füßen des gekreuzigten Heilands wand sich eine Schlange um ein Ei. Neben den ausgestreckten Händen des Gekreuzigten erkannte ich Sol und Luna, die Sonne und den Mond. Über seinem Haupt schwebte die Hand Gottes – Zeigefinger und Mittelfinger zu einer mir unbekannten, segnenden Gebärde hochgehalten.

»Was ist das für ein Emblem?« fragte ich Jaume. Langsam erwachte mein Interesse; denn dieses fremdartige Kreuz war wirklich wunderschön und ein wahres Kunstwerk.

Er zuckte die Achseln. Der neben mir stehende Mann hatte meine Frage gehört und wandte sich mir zu.

»Das ist das Kreuz von Jerusalem«, rief er und schrie über den Klang der Hörner und den Lärm der Menge: »Diese Prozession findet zu Ehren des neuen Kardinals Jean von Lothringen statt. Er ist erst zwanzig Jahre alt. Dort in der Sänfte könnt Ihr ihn sehen.«

Ich sah hin. In der Ferne erblickte ich einen noch sehr jungen Mann, in scharlachfarbene Seide gekleidet. Sein goldblondes Haar und edles, feingeschnittenes Gesicht erschienen mir für einen Geistlichen fast zu schön. Lächelnd verneigte er sich vor der Menge, als sei er der König der Welt. Immer wieder hob er die schneeweiße Hand mit den kostbaren, juwelenbesetzten Ringen zu einer segnenden Geste. Die Menschen starrten ihn neugierig und voller Bewunderung an.

Da ließ mein Interesse wieder nach. Er war doch nur ein verwöhnter Sproß aus reichem Hause, dem aufgrund der politischen Bedeutung seiner Familie solche Ehren zuteil wurden, obwohl er kaum der Kindheit entwachsen war. Ich zog Jaume am Wams, um ihn zum Gehen zu bewegen.

Doch dann fiel mein Blick auf die bestickten Banner, die das Gefolge hochhielt, das hinter der Sänfte dahintrieb wie Möwen im Kielwasser eines großen Schiffes. Ich sah viergeteilte Lilien, goldfarben auf blauem Untergrund, und karmesinrote Querstreifen auf silbernem Grund, dann wieder das sonderbare Kreuz mit den zwei Querbalken, goldfarben auf weißem Grund wie ein Sonnenstrahl, der ganz plötzlich das Schneetreiben durchbricht. Und schließlich erkannte ich auch noch drei silberfarbene Adlerschwingen, karmesinrot gegen eine Fläche von reinstem Gold abgesetzt.

Schweigend stand ich inmitten der wogenden Menge, wurde immer wieder angerempelt und hatte das Jubelgeschrei in den Ohren. Die Sänfte wurde ganz dicht an mir vorbeigetragen, doch ich achtete gar nicht darauf, so tief war ich in Gedanken. Das ist also des Rätsels Lösung, sagte ich mir. Was sollte es? Es betraf mich nicht. Lothringen war nicht einmal ein französisches Herrschergeschlecht.

Ich tippte dem Mann auf die Schulter, der mich zuvor schon einmal angesprochen hatte. »Wer ist dieser neue Kardinal?« fragte ich ihn.

Hocherfreut, den neuesten Klatsch an mich weitergeben zu können, neigte sich der Mann vertraulich zu mir herüber. Schon zu dieser frühen Morgenstunde roch sein Atem nach Wein.

»Das ist Jean von Lothringen, der Bruder von Antoine, dem Herzog von Lothringen, und Claude, dem Grafen von Guise. Der Graf von Guise hat heldenhaft unter König Franz in der Schlacht von Marignano gekämpft, ist zweiundzwanzigmal verwundet worden und wäre fast gestorben. Doch wie durch ein Wunder ist er wieder gesund geworden. Er steht dem König sehr nahe. Sein Haus ist hoch geehrt worden.«

Ein ungutes Gefühl überkam mich. Ich packte Jaume an der Schulter und wollte ihn näherziehen. Doch in diesem Augenblick wurde die Sänfte vorbeigetragen, und die Menschen preßten sich dicht an die Häuser, um die Prozession vorbeizulassen. Die Frauen seufzten sehnsüchtig. Ein bewunderndes Gemurmel erhob sich – denn die Jugend,

Schönheit und Anmut des Jean von Lothringen verzauberte alle und ließ sie wieder an Märchen glauben. Es ist nicht anzunehmen, dachte ich verwirrt, daß dieser Kardinal sein Leben im Zölibat zubringen wird.

Die Ritter und Soldaten ritten so dicht an mir vorbei, daß mir die Pferde fast auf die Füße traten. Der Rauch der Weihrauchfässer nahm mir die Sicht, und die goldenen Quasten der von den Pagen vorübergetragenen Banner streiften mich. Ich starrte den jungen Mann an, der entspannt in den Samtkissen lehnte und immer noch lächelnd die Menge segnete. Da blickte er zur Seite, und unsere Blicke trafen sich für den Bruchteil einer Sekunde. Augenblicklich flammte Erkennen in mir auf, als hätte ich dieses Gesicht schon zuvor gesehen – im Traum oder vor langer, langer Zeit. Mein Herz tat einen Sprung, obwohl der Kardinal den Blick sofort wieder abwandte. Er hatte kornblumenblaue Augen, die er nun weiter über die Menge schweifen ließ, als die Sänfte weitergetragen wurde. Ich eilte fort und schleifte den heftig protestierenden Jaume hinter mir her. An der Place des Etudes angelangt, krampfte sich alles in mir zusammen. Ich war zu Tode erschrocken und konnte nicht sagen worüber.

Als ich am Abend nach Hause zurückkehrte, erwartete mich Marguerite schon. Sofort schwand die Erinnerung an alles, was ich tagsüber gesehen hatte – die viergeteilten Lilien von Anjou und Sizilien, die karmesinroten Querbalken Ungarns, das Kreuz von Jerusalem und die Adlerschwingen Lothringens. Ich vergrub meinen Kopf in einer Wolke dunklen Haars und schmiegte mich an sie, um die seidenweiche Haut ihres Halses und ihrer Brüste zu spüren.

Nachdem ich nun schon so viele Jahre hier in Salon zugebracht habe, sollte man doch – einmal abgesehen von meinen einzigartigen Talenten – wirklich meinen, daß ich genau wie jeder andere eine Stütze der Gesellschaft bin. Ich führe den Titel eines Leibarztes des Königs von Frankreich; ich spende der Kirche und den Armen reichlich Goldtaler. Ich habe Adam de Craponne beim Bau seines Kanals zur Bewässerung der Städte in der Steinwüste von Crau unterstützt. Meine

Gattin ist eine vermögende Frau, meine Söhne sind kräftig und gesund. Und wenn dieses Haus auch nicht prahlerisch prunkvoll ist, so doch bequem und geräumig und auf bewundernswerte Weise den Bedürfnissen eines alten Mannes angepaßt, mit dessen Gesundheit es nicht mehr zum besten steht.

Aber ich lernte erst spät die Kunst, mich der zivilisierten Welt anzupassen, bis ich wie ein grauer Stein zwischen anderen Steinen war. Man hat mich das gelehrt; denn es mußte sein. Doch tief im Herzen bin ich unter der Tünche meiner christlichen Gebete und meines soliden Hauswesens immer ein Wanderer und Ausgestoßener gewesen. Während meiner einsam in der geschäftigen Stadt Avignon verbrachten Jahre wurde mir klar, daß keine Macht der Welt und keine himmlische Macht mich zum Ebenbild meiner Mitmenschen umformen konnte.

Während dieser Zeit deutete alles darauf hin, daß die Welt bald bersten würde wie ein überreifer Granatapfel. Die Hauptakteure und Drahtzieher bei diesem Werk der Zerstörung hatten bereits die Bühne betreten. Auf allen lastete erdrückend die schreckliche Angst vor den Qualen der Hölle. Ebensogroß war die Angst vor den Folterqualen, die die Ketzer von seiten der Heiligen Kirche zu erwarten hatten. Ein Mönch namens Luther hatte gerade seine 95 Thesen an der Schloßkirche zu Wittenberg angeschlagen. Das sollte schließlich in ganz Europa die schlimmsten Gewalttaten und blutigsten Unruhen auslösen. Rückblickend erscheint es mir jetzt, als hätte ich das unterirdische Grummeln schon lange vorher gehört. Kaiser Maximilian starb, und sein feinsinniger, kluger Enkel Karl wurde Herrscher über halb Europa, Kaiser des riesigen, habsburgischen Reiches, zu dem außer Österreich auch Spanien, Holland, Belgien und Burgund gehörten. Es hatte nicht lange gedauert, da war der junge Sproß des Hauses Habsburg trotz aller Bemühungen und horrenden Ausgaben von König Franz Herrscher über das gesamte Heilige Römische Reich. Der leerstehende Thron schien ihm zuzuwinken, und er hatte ihn bestiegen. Frankreich lag zwischen Spanien, den Niederlanden und dem Deutschen Reich eingeklemmt wie eine große Nuß, die darauf wartete, geknackt zu werden. Suleiman der Prächtige bestieg den Thron und wurde Herrscher über das türkische Reich. Bald darauf fiel er in den Balkanländern ein. An allen Straßenecken von Avignon bekam man zu hören, das Ende der Welt sei nahe und der Antichrist würde nicht mehr lange auf sich warten lassen.

Die Astrologen der Stadt starrten ängstlich auf ihre Berechnungen und warteten voller Grauen auf das Zustandekommen der großen Konjunktion – sechs Himmelskörper im Zeichen der Fische in drei Jahren, also im Jahre des Herrn 1524. Ich war nicht ihrer Meinung, was das Schicksal Frankreichs anging. König Franz war ein gerechter Mann – tapfer, gütig, ritterlich, ansehnlich, ein großer Förderer der Künste, Sammler von alten Meistern und jungen Mätressen. Der Glanz seines Hofes überzog das ganze Christentum mit einer romantischen Patina. Aber alles war schon von Fäulnis angekränkelt. Die Verzweiflung machte sich breit und nahm so überhand, daß Risse entstanden und das sorglose Dasein schließlich durch nichts mehr zu rechtfertigen war. Die Fäulnis wurde für alle sichtbar.

Die Menschen in Avignon wurden immer lauter, die Straßen immer schmutziger. Was kann ein Mensch auch tun, wenn sich der Schlund der Hölle zu seiner Linken öffnet und die lähmende Erlösung durch die Heilige Kirche zu seiner Rechten darauf wartet, seiner Seele habhaft zu werden? Was soll aus seinem Glauben, seinen moralischen Überzeugungen werden, wenn diejenigen, die in geistiger Hinsicht seine guten Hirten sein sollten, selbst in ihrem eigenen Schafmist versinken? Man kann tun, was mein Cousin Jaume getan hat: den Problemen, die die Theologie aufwirft, aus dem Wege gehen, indem man willigen Frauen in die weichen Arme sinkt, sich betrinkt, singt und die Verdammnis verflucht. Man kann auch zu dem Mittel greifen, das meine Tante Marguerite schließlich für das Alleinseligmachende hielt: wie besessen die Erlösung durch Gott herbeisehnen – ein passender Ersatz für diejenigen, die von der Fleischeslust besessen sind, was paradoxerweise vielleicht sogar das gleiche ist.

Man kann aber auch handeln wie Calvin und Luther: versuchen, den eigenen Schatten wiederaufzurichten, indem man den Schatten der Kirche wiederaufrichtet, bei deren Aufbau man selbst mitgewirkt hat. Und dabei nicht erkennen, daß nicht die Natur der Dogmen des Menschen das Problem ist, sondern die Natur des Menschen selbst.

Oder man kann tun, was ich in meinem achtzehnten Lebensjahr in der großen päpstlichen Konklave Avignon tat. Man kann den einsamen Weg nach innen antreten, ohne zu wissen, wohin er führt; Stillschweigen bewahren, über den Andeutungen und Omen brüten, die aus den Träumen aufsteigen – die manchmal dunkle Abgründe und dann wieder die glorreiche Erlösung verkünden. Man kann in der Stille der Nacht weinen, weil man so jämmerlich allein ist und dann auch wieder voller Menschenverachtung genau auf das stolz sein, was den Ausgestoßenen vor allen anderen auszeichnet. Man kann auch stundenlang dasitzen und darüber nachgrübeln, wieso einem die kornblumenblauen Augen eines Menschen so sonderbar vertraut erscheinen. Man kann an die goldene Fahne mit den drei silberfarbenen, aufgestickten Adlerschwingen auf einem karmesinroten Querbalken denken – oder an ein schwarzes Pferd, an einen schwärzlich schimmernden Teich, der wie verzaubert daliegt, und an eine Frau mit einem goldenen Ring mit einem Rubin, der an einen Blutstropfen erinnert. Auch an eine kaum auszumachende Abtei im Schatten der Dunkelheit, die einen selbst umgibt. Und man kann warten und warten – auf ein Zeichen, eine Stimme, ein Omen, auf irgend etwas, das die vor einem liegende Straße beleuchtet. Niemals weiß man, ob man nicht schon auf dem richtigen Weg ist. Es gibt kein Entkommen – der Begegnung mit dem eigenen Ich entgeht man nicht.

V

Eines Nachts kam Marguerite totenbleich in meine Kammer getaumelt. Schweißtropfen perlten von ihrer Stirn, und sie ließ sich händeringend auf einen Stuhl sinken.

»Meine Monatsregel ist ausgeblieben«, flüsterte sie.

Später stellte sich heraus, daß es sich nur um eine Unpäßlichkeit handelte. In dieser Nacht jedoch starb ich tausend Tode – zunächst in ihren Armen und dann bei jedem verzweifelten Versuch, einen Ausweg aus diesem Dilemma zu finden. Wir dachten an Medikamente, die den schwangeren Leib zwingen würden, die unerwünschte Frucht vorzeitig wieder auszuspeien. Das Schuldbewußtsein drohte mich zu erdrücken. Wir beratschlagten auch die Möglichkeit, einfach einen unbekannten Liebhaber zu nennen – einen Dienstboten oder reichen Kaufmann auf der Durchreise vorzuschieben. Wieder überfiel mich Todesangst bei dem Gedanken, daß die Wahrheit ja unbedingt ans Licht kommen mußte, wenn das Kind zur Welt kam. Wir überlegten, ob sie nicht für eine Weile fortgehen konnte. Da wiederum war mir sterbenselend, wenn ich daran dachte, daß unserer blutschänderischen Verbindung dann ein lebendiges Wesen entspringen und mir bis an mein Lebensende auf Schritt und Tritt folgen würde.

Wir entschieden uns für die erste Möglichkeit. Doch als sie die alte Frau konsultierte, die außerhalb der Stadtmauer lebte, stellte sich heraus, daß Marguerite nur an einer Krankheit litt, die ihren Unterleib in Mitleidenschaft gezogen hatte. Die alte Frau gab ihr ein Mittel, und ihre Regel setzte wieder ein. Doch unser Liebesverhältnis nahmen wir nicht wieder auf. Ich wollte ein solches Risiko nicht noch einmal eingehen. Fortan lebte ich wieder ganz keusch und wandte mich meinen Büchern zu. Ich hatte beschlossen, wie mein Großvater Arzt zu werden.

Ich schrieb an meinen Vater, um ihm meine Entscheidung mitzuteilen. Bald erhielt ich einen wütenden Antwortbrief, in dem er mir vorrechnete, wie kostspielig es wäre, mich an einer der großen Universitäten Medizin studieren zu lassen.

Aber ich wußte, daß mein Großvater Pierre mich in meinem Vorhaben unterstützen würde. Eine Woche nach dem ersten Brief erhielt ich einen zweiten. Mein Großvater hatte sich bereiterklärt, für das Medizinstudium an der Universität von Montpellier aufzukommen.

Im Alter von neunzehn Jahren kam ich nach Montpellier. Drei Dinge hatte ich gelernt: Geduld, Verschwiegenheit und Vorsicht Frauen gegenüber. Drei Studienjahre verbrachte ich in Montpellier. Die ganze Zeit über bemühte ich mich, mein Leben so kühl, rein und unberührt wie frischgefallenen Schnee auf einem fernen Berggipfel zu halten. Ich wartete immer noch auf ein Zeichen.

Im Jahre unseres Herrn 1522 beschloß ihre christliche Majestät König Franz, Kaiser Karl den Krieg zu erklären, da ihn seine Mätressen, Poeten und Maler inzwischen nur noch langweilten. Zu Beginn seiner Regierungszeit hatte er die verbotenen Früchte bereits gekostet und war in Italien auf den Geschmack gekommen; daher verlangte es ihn jetzt nach mehr. Verträge wurden abgeschlossen, wieder für nichtig erklärt und tauchten in abgeänderter Form wieder auf wie Blasen an der Oberfläche eines stehenden Gewässers. Frankreich schloß ein Bündnis mit der Schweiz gegen Venedig, Spanien, England und den Papst. Frankreich und England verbündeten sich mit dem Papst gegen Venedig, Spanien und den Kaiser. Frankreich ging mit dem Kaiser ein Bündnis gegen die Türken ein.

So ging das stetig hin und her, den würdevollen Schritten eines von Elefanten getanzten *saltarello* vergleichbar, bei dem die Partner wechseln und ständig ausgetauscht werden, so daß man niemals zwei Tänzer über längere Zeit hinweg beisammen sieht.

Im Jahr darauf machte ein neues Gerücht die Runde bei den Klatschmäulern. Hinter vorgehaltener Hand erzählte man sich brühwarm die neuesten Skandale bei Hofe. Es hieß, ein schändliches Debakel sei über Charles, den Herzog von Bourbon und Konnetabel der Armeen Frankreichs hereingebrochen. In Montpellier wußte man nicht einmal, wie Charles de Bourbon überhaupt aussah. Aber die Leute redeten über ihn, als sei er irgendein Fleischhauer, den man in einem fremden Bett erwischt hatte.

Charles war ein blendend aussehender, stolzer und ungeheuer reicher, junger Mann königlichen Geblüts. Er hatte ein Auge auf die alternde Königinmutter Luise von Savoyen geworfen. Eine ganze Weile waren sie ein Liebespaar. Doch wie es das Unglück wollte, machte diese hochgestellte Dame dem arroganten, jungen Herzog einen plumpen Heiratsantrag, noch bevor dessen leidende Gattin im Sarg erkaltet war. Der Herzog wies sie daraufhin auf seine anmaßende Art ab. Sie übte Vergeltung, indem sie ihn mit Zustimmung des Königs seines Landes und all seiner Besitztümer beraubte und ihn von seinem Familienbesitz in Moulins vertrieb, von wo aus er mit der Prachtentfaltung eines Monarchen über das Herzogtum von Bourbon regiert hatte.

Charles von Bourbon wiederum hatte sich an dem König und der Königinmutter gerächt, indem er mit Kaiser Karl verhandelte. Es hieß, daß er von den Soldaten des Königs verfolgt verkleidet die Lande durchziehe – die Auvergne, Burgund, Beaujolais, Vienne, Languedoc und Dauphiné auf gewundenen Wegen und manchmal im Kreise durchquere, um seinen Verfolgern zu entgehen. Er sei unterwegs nach Italien, wo ihn sein neuer Herr und Meister, der Kaiser, erwarte. Wenn König Franz dann in Italien einfiele, würde ihm nicht irgendein deutscher oder spanischer General entgegentreten, sondern die kaiserliche Armee, angeführt von dem größten Soldaten Frankreichs.

Nur die wenigsten Bürger von Montpellier stellten das Verhalten des Königs und der Königinmutter in Frage. Die meisten verziehen es Charles, dem Prinzen königlichen Geblüts, nicht, daß er zum Verräter geworden und geflohen war. Sie waren rasch damit bei der Hand, den jungen Herzog mit allen nur irgend denkbaren, verleumderischen Schimpfwörtern zu belegen. War denn nicht der König der von Gott gesalbte Vertreter auf Erden, dem das weltliche Leben seines Volkes anvertraut worden war wie dem Papst das geistliche?

Charles von Bourbon galt als der große Ketzer. Es gehörte

zu den allabendlichen Lieblingsbeschäftigungen der Bürger der Stadt, sich zusammenzufinden und über die möglichen Foltermethoden zu sprechen, die bei diesem Manne zum Tode führen würden. Mir dagegen schien es, als habe er angesichts des ungerechtfertigten und demütigenden, völligen Ruins das einzig richtige getan. Ich sagte mir, daß ich an seiner Stelle genauso gehandelt hätte. Wenn sich aber ein Mann – aus was für Gründen auch immer – von der Herde entfernt und sich so verhält wie es jeder täte, wenn ihn nicht die äußeren Umstände und die Selbstgerechtigkeit davor bewahrten, so bleibt es nicht aus, daß man ihn zum Sündenbock macht. So braucht man sich seine eigene Mitschuld nicht einzugestehen.

Mir fiel ein, daß mein Großvater Jean mir erklärt hatte, die Juden würden von Saturn beherrscht und deshalb für die dunklen Triebe in anderen Menschen verantwortlich gemacht. Ich begann, mich zu fragen, ob der oberste Heerführer von Bourbon nicht vielleicht auch unter dem Einfluß von Saturn stand. Und immer wieder wunderte ich mich darüber, daß meine Sympathien von Anfang an in die Richtung gedeutet hatten, die jeder Franzose als Verrat auslegen würde.

Im Gehäuse des berstenden Granatapfels saß ich wie auf einer abgeschiedenen Insel und studierte wie ein Besessener. Dem Treiben meiner Kommilitonen entzog ich mich tunlichst, ganz gleich ob es um Straßenkämpfe oder die Entführung von Frauen und Töchtern der ortsansässigen Kaufleute ging. Sie warfen Fenster ein, plünderten Kaufläden, veranstalteten Saufgelage und ließen sich mit Dirnen ein. Es lag mir fern, mich daran zu beteiligen. Ich wartete auf ein Omen.

Gelegentlich trank ich ein Glas mit meinen Kameraden. Wir trafen uns in einer kleinen Schenke, die sich ›Les Joies du Paradis‹ nannte. Doch von paradiesischen Freuden konnte kaum die Rede sein; denn der Wein, den uns der Wirt kredenzte, war so sauer, daß sich uns die Eingeweide zusammenzogen und wir heftige Kopfschmerzen davontrugen. Doch hin und wieder mußte auch ich die mir selbst auferlegten Fesseln der Einsamkeit abstreifen, und so trank ich alle paar Wochen ein oder zwei Gläschen mit meinen Kommilitonen. Die Frauen, die in der Schenke herumlungerten, mied ich jedoch wie die Pest; denn ich hatte eine Todesangst davor, mir bei ihnen möglicherweise die Syphilis zu holen.

Im ›Les Joies du Paradis‹ begegnete ich dann Monsieur Plantard, wie er sich nannte. Seinen richtigen Namen wollte er mir nicht verraten. In der Schenke war es immer ziemlich dunkel, mehr als voll, und es stank nach den Ausdünstungen menschlicher Leiber, die auf engem Raum zusammengedrängt sind. An jenem Abend, als ich meinen Büchern den Rücken kehrte und meine Kommilitonen dorthin begleitete, roch es dort besonders schal und muffig. Die Stammgäste waren herbeigeströmt, um den fahrenden Sänger aus Carcassonne zu hören. Es wurde behauptet, er kenne alle die alten Lieder der Troubadoure sowie auch die beliebten *chansons* von des Près und Janequin und verstehe es, die Estampida, die tanzartigen Lieder der Troubadoure, so gekonnt aus dem Stegreif zu improvisieren, daß die Zuhörer wie gebannt lauschen würden.

Die Stammgäste und Serviermädchen standen an die Wände der überfüllten, kleinen Schenke gepreßt. Tische und Bänke waren beiseite geräumt worden, damit der Künstler genug Platz hatte. Als ich in der Schenke eintraf, war er schon dabei, seine Laute zu stimmen. Er hatte den Kopf gesenkt, so daß ich sein Gesicht nicht erkennen konnte. Er trug ein verschossenes Wams, das einmal bessere Tage gesehen haben mußte. Jetzt war der Samt jedoch an vielen Stellen durchgescheuert und erinnerte an kahle Stellen im Fell eines räudigen Hundes. Trotzdem war das Wams noch immer mit den Überresten einer Reihe von Perlen besetzt, die jetzt nur noch vereinzelt traurig von Brust und Ärmeln herabbaumelten. Die Ärmel waren eingeschlitzt und mit verblichenem Satin unterlegt. Er hatte seinen kurzen Umhang über eine Bank gelegt oder vielmehr malerisch drapiert. Darauf kniete er nun wie auf einem Podium. Der übliche Singsang und das Stimmengewirr machten einem leisen Gemurmel Platz. Viele Gäste waren schon betrunken, doch selbst sie spitzten die Ohren, um sich das zarte Zupfen der dünnen Saiten nicht entgehen zu lassen.

Mit gesenktem Kopf spielte er zunächst eine zweihundert Jahre alte *estampie*. Es folgten zwei Stücke von des Près und dann eine sehr alte Motette, deren erschreckende, atonale Tonkaskaden an das Jammern eines erdgebundenen Geistes erinnerten, der nach Befreiung lechzt. Dank seines großen Stimmumfangs erreichte er mühelos die tiefsten Tiefen und erkletterte die höchsten Höhen, einem Vogel gleich, der sich in die Lüfte erhebt und in steilem Sturzflug wieder hinabtaucht. Ergriffen lauschte ich mit offenem Munde. Durch die von seinen Zauberhänden hervorgebrachten süßen und traurigen Klänge fühlte ich mich wie verwandelt.

Als er eine Pause einlegte, um sich mit einem Glas Bier zu erfrischen, hob er endlich den Kopf, und ich blickte in ein junges, doch zugleich uraltes Gesicht. Über die Menschenmenge hinweg, die sich im Schankraum drängte, sah er mir durch den stickigen Brodem direkt in die Augen und betrachtete mich mit bittersüßem Lächeln. Zischend sog ich die Luft ein. Wieder überflutete mich dieses unerklärliche Gefühl des Wiedererkennens, das mich drei Jahre zuvor angesichts des jungen Kardinals von Lothringen – Jean – schon einmal befallen hatte. Auch diesen hatte ich, anläßlich der Prozession durch Avignon, wiederzuerkennen geglaubt.

Dies waren die gleichen tiefblauen Augen. Kluge Augen, offen wie Blumen – Augen in einem stolzen, empfindsamen, von Sorgen gezeichneten Gesicht. Er sah nicht älter als fünfunddreißig Jahre aus, konnte aber ebensogut auch viel jünger oder viel älter gewesen sein. Es war das Gesicht eines gütigen, feinsinnigen Menschen, von tiefer Verzweiflung gezeichnet. Ich konnte darauf geschrieben sehen, daß er die Liebe in all ihren Varianten kennengelernt hatte, doch es mußte wohl sehr häufig eine unglückliche Liebe gewesen sein.

Er war offensichtlich ebenso einsam wie ich, und ich fühlte mich so zu ihm hingezogen, daß ich mich erhob und ihm einen Humpen Bier brachte. Ich hatte das nicht zu unterdrückende Bedürfnis, mit ihm zu sprechen. Ich versuchte, mich zur Ordnung zu rufen, da ich doch wußte, wieviel Klatsch und Gerede diese Geste bei meinen Kommilitonen auslösen würde.

Doch ich konnte nicht widerstehen; der Drang war zu stark. Ich fühlte eine geistige Verwandtschaft mit diesem einsamen Fremdling, als seien wir Brüder, und ich sehnte mich danach, mich einer verwandten Seele mitzuteilen, bevor sich unsere Wege wieder trennten. Nie hatte ich einen Freund gehabt, mit dem ich die entsetzliche Bürde meiner Träume, meine bösen Vorahnungen und Ängste hätte teilen können. Nun gab ich mich der wilden Hoffnung hin, daß es bei diesem Manne möglich sei.

Dankbar nahm er meine Gabe an, und obwohl eine ganze Anzahl von Leuten versuchte, mit ihm ins Gespräch zu kommen, entzog er sich ihnen mit höflichen Worten und setzte sich zu mir an den Tisch. Aus den Augenwinkeln sah ich, was sich meine Kommilitonen für Blicke zuwarfen. Ich wußte, daß ich von nun an in Montpellier als Wüstling gelten würde, der sich mit Männern einließ. Doch das berührte mich nicht. Dieser stolze, gütige Mann, der seine Traurigkeit wie einen Mantel mit sich führte, war mir unbegreiflicherweise wichtiger als irgend etwas sonst auf der Welt. Ich mußte ihn kennenlernen.

»Woher kommt Ihr?« fragte ich ihn.

»Ich bin in Carcassonne gewesen und habe dort für den Bischof gespielt«, entgegnete er und umging damit geschickt meine Frage. Wieder sah er mich mit einem traurigen Lächeln an. »Auch in Arkadien bin ich gewesen.«

Es war, als seien seine klugen Augen von Schleiern überzogen – den durchsichtigen Flügeln des Schmetterlings oder den zarten Schleiern vergleichbar, die die Frauen im Orient vor dem Gesicht tragen.

»Und wohin wird Euch der Weg von Montpellier aus führen?«

»Die Sterne und mein Schicksal werden mir den Weg weisen.« Er schwieg eine ganze Weile. »Oder der Krieg wird meinen weiteren Weg bestimmen«, fuhr er dann leise fort, »denn bald wird das Kriegsgetümmel über diese friedlichen, sonnigen Landstriche – über das Languedoc und die Provence – hereinbrechen.«

Ich hielt das für höchst unwahrscheinlich, widersprach ihm jedoch nicht. König und Kaiser mochten ihren absurden Tanz zwar in Italien vollführen, doch konnte ich mir kaum vorstellen, daß auch im Süden Frankreichs Krieg ausbrechen würde.

»Doch wird ein Troubadour sicherlich nicht zu den Waffen gerufen«, meinte ich. »Er ist kein todbringender Kämpfer, ihm obliegt es vielmehr, Liebeslieder zu singen.«

Wieder lächelte er mir zu. »Manchmal verträgt und ergänzt sich beides. Darf ich fragen, mit wem ich die Ehre habe?«

»Ich bin Michel de Notredame, meines Zeichens Student an der Universität von Montpellier.«

»Ach, richtig – die ungehobelten, künftigen Mediziner. Doch Ihr scheint mir nicht aus demselben Holz geschnitzt zu sein, Michel de Notredame.«

»Ich bin selten Gast in dieser Schenke. Doch hätte es mich heute abend nicht unwiderstehlich hierhergezogen, so hätte ich Eure Musik versäumt.«

»Mein Spiel gefällt Euch also?« fragte er in aller Bescheidenheit.

»Ihr spielt und singt über die Maßen schön!«

»Dann ist mein Leben vielleicht doch nicht ganz vergeudet.« Höflich neigte er den Kopf und dankte damit für das Kompliment. »Ich nenne mich Plantard. Zu diesem Namen habe ich mich entschlossen, weil das Wachsen der Liebe dem Wachsen des Rebstocks gleicht. Erst muß der Same gesät werden, aus dem sich dann die reife Pflanze entwickelt. Doch muß man sie nähren und schützen. Und manchmal muß ein kräftigerer Trieb aufgepfropft werden. Wenn dann nach der Weinlese der Wein gekeltert ist und wir ihn schließlich genießerisch trinken, schmecken wir die Seele des Samens heraus. Das Samenkorn ist die Seele Gottes.«

Verwirrt lauschte ich seiner Rede. Ich sagte mir, daß er ja ein Troubadour war, dem es zweifellos lag, in Gleichnissen zu sprechen.

Ein Blick seiner rätselhaften Augen traf mich. »Wenn mich mein Instinkt nicht trügt, so befaßt auch Ihr Euch mit Mysterien.«

»Ist meine Einsamkeit so offensichtlich?«

»Ja«, gab er offen zu. »Genau wie die meine.«

»Ich studiere Himmelskunde.«

»Das ist es also. Vielleicht werde ich Euch eines Tages bitten, Euch mit dem Horoskop eines armen, fahrenden Sängers zu befassen, der seiner Ehre verlustig gegangen ist und dem nichts geblieben ist als seine Laute und sein Schicksal.« Wieder traf mich ein Blick seiner verschleierten Augen. »Ihr wart so freundlich, meine armselige Musik zu loben«, sagte Monsieur Plantard, und ein bittersüßes Lächeln umspielte wieder seine Lippen. »Daher will ich das Stück, das ich jetzt spielen werde, Euch widmen. Aber hört genau hin; denn die Worte bergen Geheimnisse.«

Da hätte ich erkennen müssen, daß dies das Zeichen war, auf das ich so lange gewartet hatte. Doch solche Weisheit war mir noch nicht zuteilgeworden. Ich hielt das für eine ganz unschuldige Bemerkung und sah voller Erwartung und Vorfreude, wie er zu seinem Platz in der Mitte des Raumes zurückkehrte und sein Instrument stimmte. Er war von kräftiger Gestalt und hielt sich kerzengerade – einem Soldaten ähnlicher als einem fahrenden Sänger. Die lauten Gespräche, das Klirren von Gläsern und Flaschen verstummten, und die herrliche Stimme erhob sich und sprudelte dahin wie Wasser über bemoostes Felsgestein.

›Fruit de la nature
De très noble naissance,
Ida règnera
Dans la justice et la sainteté.

A la légitime comtesse de Bologne,
Avec un encens brûlant,
Chantons de purs chants,
Et aussi au Duc de Lorraine,
Le fondateur de la dynastie,

La Fleur de l'esprit chevaleresque,
Godefroi, l'honneur du cœur.‹

In der Tat geheimnisvoll, dachte ich verwirrt. Wer war dieser
Mann, der mir wie einen hübschen Blumenstrauß den Namen des Hauses zuwarf, das mich nicht mehr losließ, wie ein
drohender Schatten auf mir lag und mich Schlimmes ahnen
ließ? Ich mußte wieder an die lebhaften, blauen Augen des
Kardinals von Lothringen denken. Ich blickte Monsieur Plantard in die wie mit Schleiern überzogenen, blauen Augen,
während er seine klangvolle Stimme wieder erhob, um eine
alte Motette zum besten zu geben.

›Eustache était le premier,
Le second, le noble Godefroi,
Puis vint, comme nous le lisons, Bauduin.
Ils traversèrent la mer
Pour soumettre les païens,
Pour trouver
Le sépulchre de Dieu
Et libérer Jérusalem.‹

Von Zeit zu Zeit richtete er beim Singen seinen geheimnisvollen Blick auf mich. Ich sagte mir wieder, daß ich es gewesen
war, der sich ihm genähert hatte. Wäre er zu mir gekommen,
wenn ich die Schenke nicht aufgesucht und ihm einen Krug
Bier gebracht hätte? Ich konnte mir keinen Reim darauf machen. Es war wohl eine zufällige Begegnung. Einer dieser Zu-
fälle des Lebens, aus denen nur die Abergläubischen einen
Wink des Schicksals herauszulesen glauben. Es hatte gar
nichts zu bedeuten. Das konnte nicht sein.

›Enterrés dans des tombes voisines,
Recouvertes de plantes forissantes,
Ils peuvent être vus par beaucoup.
Ils conquerent une vie
Eternelle, paisible et pleine de grâce.

Puissons-nous, séparés
Par la prison de la chair affaible,
Etre enlevés de ce monde
Dans la gloire du ciel
Et les joies du paradis.‹

Das Publikum bedankte sich mit stürmischem Applaus, und
ein wahrer Regen von Münzen ging neben ihm nieder. Der
wunderbare Gesang hatte es den Leuten ebenso angetan wie
die geniale Art und Weise, in der er der Schenke Tribut ge-
zollt hatte. Ich hatte am Schluß andere Gefühle als die von
der Kirche vorgeschriebenen herausgehört. Seine Verse at-
meten die Ketzerei der asketischen Sekte der Albigenser,
nach deren Lehre der Geist auf einen guten Leib und die Materie auf einen bösen Schöpfer zurückgehen. Doch war diese
Sekte schon vor dreihundert Jahren zum Tode verurteilt worden. Ich rief mir ins Gedächtnis zurück, daß die alten Troubadoure des Languedoc unbedingt Katharer gewesen waren,
die unter anderem Priestertum, Hierarchie und auch weltliche Obrigkeit verwarfen. Dies war eines ihrer Lieder.

Monsieur Plantard spielte noch eine Weile auf der Laute,
legte dann eine Pause ein und ließ sich wieder an meinem
Tisch nieder. Ich betrachtete ihn eine ganze Weile ohne ein
Wort und versuchte, die Schleier zu durchdringen, die über
seinen sonderbar traurigen Augen lagen.

Ich war drauf und dran, ihm meine Ängste zu enthüllen,
hielt mich aber zurück.

»Warum habt Ihr dieses Lied für mich gesungen?« drang
ich in ihn.

»Hat es Euch nicht gefallen? Es ist eine alte Motette für die
heilige Ida, die Gilles de Pusieux vor hundertfünfzig Jahren
geschrieben hat. Ich finde sie wunderschön.«

»Aber warum habt Ihr es für mich gesungen?«

»Ihr stellt viele Fragen, Michel de Notredame. Ich habe es
gesungen und gespielt, weil es gespielt werden wollte. Ich
konnte mich diesem Wunsch nicht widersetzen. Wußtet Ihr
nicht, daß Lieder eine Seele haben, die danach verlangt, kraft
der menschlichen Stimme und der Hände Gestalt anzuneh-

men? Auch die Seele eines Liedes sehnt sich danach, einen kurzen Augenblick im hellen Licht zu stehen, bevor sie wieder in die Leere eingeht.«

Er langte über den Tisch hinweg mit einer zarten Bewegung nach dem kleinen silbernen Kreuz, das ich an einer Kette um den Hals trug, um die Form zu wahren.

»Ihr dürft dem keine zu große Bedeutung beimessen«, sagte er ruhig und lächelte traurig. »Es ist noch zu jung. Michel von Unserer Lieben Frau«, übersetzte er meinen Namen, »*am Anfang und Ende war Unsere Liebe Frau ... Es gab sie schon lange vor den Gebirgen und den Weltmeeren ...* Vielleicht werde ich daraus eines Tages ein Lied machen.«

Ich schüttelte den Kopf. Dieser Mann mußte verrückt sein. Doch das ist nicht weiter verwunderlich, sagte ich mir. Er macht wunderschöne Musik, und seine Hände gleichen denen eines Engels. Vielleicht mußte man etwas verrückt sein, wenn man ein solches Talent sein eigen nannte.

Monsieur Plantard kehrte zu seiner Laute zurück. Den rätselhaften Blick auf mich gerichtet, sang er ein florentinisches Scherzlied.

> ›Io son l'occello che non pò volare
> Non me essendo rimasto piuma alcuna;
> Io son quel segno dove a saltare
> Ve sforzano le stelle aduna aduna;
> Io son stancho nochier in alto mare
> Tempestato dal ciel e da fortuna;
> Io son con lui che più de nulla cura
> Poi che dal ciel ogni una ha sua ventura.‹

> (›Ich bin ein Vogel, der nicht fliegen kann.
> Keine einzige Feder ist mir geblieben;
> Den Sternen auf Gedeih und Verderb ausgeliefert.
> Ein müder Seemann auf hoher See,
> Vom Himmel und vom Glück gebeutelt.
> Nichts kümmert mich mehr;
> Denn das Schicksal des Menschen wird vom Himmel
> bestimmt.‹)

Eine unerklärliche Trauer und Erschöpfung nahm mich gefangen und hüllte mich wie in einen feuchten Nebelschleier ein. Ich erhob mich und nahm alles Geld aus meiner Börse. Die Gulden, die mich eine Woche lang hätten ernähren sollen, legte ich neben ihn. Ich spürte den Blick seiner von Schleiern überzogenen Augen im Rücken, als ich die Schenke verließ und langsam zu meinem kleinen Kämmerchen zurückging.

Eine Saite in mir war in Schwingung versetzt worden. Ich hätte jedoch nicht sagen können, ob der Mann das mit seiner Musik oder mit seiner Rede bewirkt hatte. Plötzlich glaubte ich meine Isolation nicht mehr ertragen zu können. Diese Begegnung war schicksalhaft.

Etwas Dunkles, Uraltes und Übermächtiges war an mich herangetreten und hatte die zarten Fühler nach mir ausgestreckt. Ich konnte in dieser Nacht keinen Schlaf finden und warf mich ruhelos im Bett herum. Immer wieder stellte ich mir die Frage, warum ich im letzten Augenblick doch noch davor zurückgeschreckt war, mich ihm mitzuteilen und ihm zu sagen, was aus meinem Munde hervordrängen wollte wie ein gefangener Vogel. Ich fand keine Antwort auf diese Frage, so sehr ich auch darüber nachgrübelte.

Schließlich erhob ich mich und sah durch das winzige Fensterchen meiner Kammer hinaus. Der Mond hatte die Dächer der Stadt mit schimmerndem Licht überflutet, goldene Teiche auf die Stadt herabgegossen. Die Kirchenglocke schlug zur ersten Morgenstunde. Ich war von einer so unsagbaren Trauer erfüllt, daß mir zum Weinen zumute war. Ich wußte selbst nicht weshalb. Der Gram zerfraß mich und brannte wie Feuer. Wer bin ich, fragte ich mich verstört, und wohin wird mich mein Weg noch führen? Die hellen, traurigen Augen des fahrenden Sängers und Spielmanns schienen mich zu verfolgen und nicht mehr loslassen zu wollen. Unergründliche Geheimnisse spiegelten sich darin. Ob ich nicht in Wahrheit das war, was sie mir zuzuraunen schienen? Doch ich wußte mit untrüglicher Sicherheit, daß ich wie unter einem inneren Zwang gehandelt hatte, als ich mich ihm näherte, sobald sich eine Gelegenheit bot. Jedoch aus anderen Gründen.

Mir war so elend, als wolle mein Herz vor Kummer zerspringen. Ich zog mich wieder an und trat auf die dunkle Straße hinaus. Um diese Zeit war niemand mehr unterwegs. Das einzige, was mich von meinem Unglück ablenken konnte, war eine Frau. Aber wo sollte ich zu dieser nächtlichen Stunde eine Frau finden? Ich lenkte meine Schritte zu dem Elendsviertel der Stadt; denn hier würde ich gewiß jemanden – irgend jemanden – finden, mit dem ich die letzten dunklen Stunden bis Tagesanbruch verbringen konnte. Wie niedrig und gemein, wie traurig die Kopulation auch immer sein mochte, so wäre sie doch auf jeden Fall leichter zu ertragen als die verzehrende Sehnsucht, die die zarten Klänge einer Laute in mir wachgerufen hatte.

Ich kehrte nicht wieder in der Schenke ›Les Joies‹ du Paradis ein. Einen oder zwei Tage später erfuhr ich, daß der wundersame Spielmann, Monsieur Plantard, nach Toulouse weitergezogen war. Daraufhin widmete ich mich noch intensiver meinen Studien; denn ich stand kurz vor dem Examen. Ich mußte diese schwere Prüfung bestehen, um mir selbst, wenn schon niemandem sonst, zu beweisen, daß ich genau wie andere Männer meinen Weg machen und ein ehrenhaftes Leben führen würde. In der großen Leere, die mich ergriffen hatte, hatte ich durch die mir selbst auferlegte Isolation die Fähigkeit, zwischenmenschliche Beziehungen zu pflegen, im Keim erstickt. Doch nun meldete sich der Ehrgeiz zu Wort.

Ich bestand das Examen ohne Schwierigkeiten und erhielt meine Approbation anläßlich einer feierlichen Zeremonie in der Kirche Notre Dame oder vielmehr in der St. Michaelskapelle. Das erschien mir als ein gutes Omen. Nun durfte ich praktizieren und konnte mir auf die gleiche Weise wie mein Großvater meinen Lebensunterhalt verdienen. Wenn ich mich entschließen würde, in Montpellier zu bleiben und zu promovieren, würde mir nichts mehr im Wege stehen. Ich beschloß, noch drei Jahre weiterzustudieren, um wirklich ein qualifizierter Arzt zu werden. Es würde auch nicht schwierig sein, hier einen Lehrstuhl zu bekommen. Und doch konnte ich das merkwürdige Gefühl nicht loswerden, daß ich damit irgend etwas verdrängte und aufschob – als hielt die Zukunft Dinge für mich bereit, an die ich nicht einmal zu denken wagte.

Schließlich war das Jahr herangekommen, für das die Astrologen das Erscheinen des Antichristen vorausgesagt hatten. Nach Ansicht der Menschen hatte dies sich nicht bewahrheitet, auch die erwartete große Sintflut blieb aus. Aber die Bevölkerung zögerte nicht, den obersten Heerführer, den Herzog von Bourbon, mit dem Beinamen ›Prinz der Dunkelheit‹ zu belegen. Diesem war es inzwischen gelungen, sich auf Schleichwegen aus Frankreich zu stehlen und die Grenze nach Italien zu überschreiten – oder zu Kaiser Karl zu gelangen, der sich offenbar die merkwürdige Konstellation der Planeten zunutze gemacht und ein ganzes Heer in Richtung Lothringen in Marsch gesetzt hatte, um in der Champagne einzufallen. Uns kam zu Ohren, daß die feindliche Armee nach Lothringen zurückgedrängt worden und unter dem brillanten, jungen General des Königs, Claude von Lothringen, dem Grafen von Guise, vor der Stadtmauer von Neufchâtel aufgestöbert und gestellt worden war.

Um für die Beleidigung durch den Kaiser Vergeltung zu üben, entsandte König Franz wiederum ein Heer, das Mailand einnehmen sollte. Es wurde gnadenlos von den kaiserlichen Truppen zermalmt, die von dem feurigen, beherzten, dichterisch hochbegabten, Verrat übenden Charles, dem obersten Heerführer von Bourbon, angeführt wurden. Ich wunderte mich darüber, daß der König so dumm gewesen war, den Grafen von Guise nicht gegen den Herzog von Bourbon ins Feld ziehen zu lassen. Aber aus unerfindlichen Gründen wurde Claude von Guise nicht nach Italien geschickt.

Und im Juli erfuhren wir dann, daß Charles von Bourbon mit einer Armee von achtzehntausend Soldaten in der Provence eingefallen war. Er arbeitete sich jetzt mit klirrenden Waffen zur Rhône vor, als sei der Süden Frankreichs ein Stück Fleisch auf seinem Teller. Das Unmögliche war eingetreten.

Sogleich begann ich, mich um meine Familie zu sorgen.

Obwohl mich keine sehr engen Bande mit ihr verknüpften, wäre ich doch untröstlich gewesen, wenn sie diesem absurden Krieg zum Opfer gefallen wäre, der in meinen Augen eher ein Wettkampf zwischen verfeindeten Adelsfamilien war als ein ernsthafter Konflikt zwischen zwei Nationen. Der Herzog von Bourbon wurde jedoch schließlich von König Franz nach Italien zurückgedrängt. Die Einwohner von Montpellier verbrannten in den Straßen Abbilder des Herzogs und schrien, der Teufel sei aus dem Felde geschlagen worden. Wie alle Franzosen war ich entsetzt gewesen darüber, daß das Land Gefahr lief, vom Feind verwüstet zu werden. Auch ich war erleichtert, daß der König die Eindringlinge erfolgreich zurückgeschlagen hatte. Doch konnte ich nicht umhin, insgeheim auch diesen Edelmann zu bewundern, der noch ein paar Monate zuvor ein von allen Hunden gehetzter Flüchtling ohne Hab und Gut gewesen war und dem es nichtsdestotrotz gelungen war, den König in einem kühnen Geniestreich zu demütigen.

König Franz hatte den Feind unterschätzt. Das königliche Heer, vom *roi chevalier* selbst angeführt, stieß schließlich auf einem freien Feld vor Pavia im Norden von Bologna auf die kaiserlichen Truppen mit dem Konnetabel von Bourbon an der Spitze. Die Franzosen wurden vernichtend geschlagen, die Niederlage war vollkommen. Die halbe *noblesse* Frankreichs lag unter der glühenden Sonne Italiens, als sei ein Orkan über sie hinweggebraust. Charles von Bourbon, ein entschlußfreudiger, romantischer, jedoch auch anmaßender und tollkühner Mann, nahm den König gefangen, band ihn wie ein Rebhuhn und überreichte ihn dem Kaiser als Geburtstagsgeschenk. Es hatte ganz den Anschein, als triebe der Antichrist sein Unwesen, wenn er auch nicht deutlich sichtbar in Erscheinung trat. Die Zukunft Frankreichs stand auf dem Spiel. Das Land stand plötzlich ohne König da.

Während man noch inmitten dieser Wirren eiligst verhandelte und Verträge abzuschließen suchte, um die Allerheiligste Majestät wieder freizukaufen, traf das gebeutelte Land ein weiterer Schlag.

Diese furchtbare Heimsuchung, gegen die der Krieg wie eine Lappalie erschien, sah ich im Traum voraus. So erhielt ich Kunde von dem unaussprechlichen Grauen.

Wieder stand ich am Fuße des dunklen, dichtbewaldeten Hügels und starrte auf den Teich, der schweigend wie ein schwarzes Kleinod im rasch schwindenden Tageslicht dalag. Die Luft war erfüllt von schwachen, unverbildeten Klängen, als sänge der Teich fast unhörbar eine tonlose Melodie – eine Tonfolge, die diesen Namen kaum verdiente. Meine Nerven waren zum Zerreißen gespannt. Denn ich selbst schien das Instrument zu sein, auf dem gespielt wurde. Tiefstes Schweigen ringsum. Drohend erhoben sich die Eichen, Wildwuchs überall. Die Wasserfläche schimmerte wie Onyx. Dann erblickte ich schließlich am Ufer des Teiches eine schattenhafte Gestalt, die ins Wasser blickte, als wolle sie das Geheimnis des Teiches ergründen.

In dem trüben Licht konnte ich die Gestalt zunächst nicht erkennen. Die schattenhafte Gestalt hob sich kaum von den anderen Schatten ab. Doch dann wandte sich das Wesen urplötzlich um – so abrupt, als habe es meine Gegenwart gespürt, und ich erkannte den sonderbaren Troubadour aus Carcassonne, Monsieur Plantard. Er war ganz in schwarzen Damast gekleidet. Auf seinem dunklen Haar saß eine schwarze Samtkappe, über und über mit Perlen bestickt. Um die Schultern trug er einen schwarzen Umhang aus kostbarem Stoff. An seiner rechten Hand trug er einen breiten Goldring mit einem großen Rubin, der aussah wie ein Tropfen Blut.

Wie hatte er sich verändert! So prächtig gewandet war er natürlich kein armer Spielmann mehr, sondern ein Edelmann. Die tiefe Trauer, das Erschütternde schienen von ihm abgefallen zu sein. Stark, mutig und voller Stolz stand er da. Und doch sah er mich mit dem gleichen bittersüßen Lächeln an. Seine wie von einem Schleier überzogenen, kornblumenblauen Augen waren weit aufgerissen. Er starrte mich mit einer solchen Intensität an, daß ich nicht wußte, wie mir geschah. Dann ließ er seine Blicke über mich hinweg den Hügel hinaufschweifen, und das Lächeln verschwand langsam aus seinem Gesicht. Ich bemühte mich, zu erkennen, was er dort gesehen haben mochte, daß sein Lächeln so rasch verblaßt war. Auf der Hügelkuppe thronte die dunkle Abtei wie ein urweltliches Tier, von Schatten umwoben. Auch von der Abtei ging wie ein Summen diese eigenartige, fast unerträgliche Spannung aus. Alles in mir krampfte sich zusammen. Mein Kopf schmerzte zum Zerspringen, und meine Augen brannten wie Feuer.

Da stand ich mit Monsieur Plantard und sah, wie uns eine Gestalt aus dem Schatten entgegentrat. Es war jedoch nicht der geheimnisvolle Mönch, der mir erschienen war, als mein Großvater Jean starb, und tauchte auch nicht wie diese Erscheinung seinerzeit aus der Abtei auf. Zu meinem Entsetzen mußte ich mitansehen, wie sich uns ein gesichtsloses, formloses Etwas näherte – eine schwärzlich schimmernde, todbringende Wolke – flüchtig wie das Spiegelbild eines dunklen Untiers in dem aufgewühlten Teich. Da hatte die Inkarnation sämtlicher Nachtmahre Gestalt angenommen, die Erde und Luft erfüllen. Ich zitterte vor Furcht und Entsetzen, hatte ich doch mit untrüglicher Gewißheit erkannt, daß Thanatos gekommen war, um ein Opfer zu fordern.

Die Glocke der Abtei begann stürmisch zu läuten. Die dröhnenden Schläge versetzten das Himmelsgewölbe in Schwingung. Der Teich toste und wirbelte wie wild. Fontänen schossen hoch in die Luft und Blasen schäumten auf. Die Bäume rauschten, bogen und wanden sich wie in Krämpfen, als die nebelumwallte, dunkle, formlose Masse windgepeitscht vorbeibrauste, bis die Dunkelheit sie in der Ferne verschlang.

Angstschlotternd sah ich dem fahrenden Sänger ins Gesicht. In meinen Augen stand deutlich die Frage geschrieben, auf wen oder was dieses Grauen Jagd machte.

Die Antwort wurde mir durch den Wind und den aufgewühlten Teich zuteil – tonlos – wie die gerissene Saite einer Laute.

›Das Grauen macht Jagd auf Menschen!‹

Ich erwachte schweißgebadet, völlig verwirrt und zutiefst bestürzt. Das Grauen saß mir im Nacken und ließ mich nicht wieder los. Doch die Ursache wurde mir erst klar, als die Glocken der Kathedrale eine Stunde nach Tagesanbruch dröhnend zu läuten begannen. Ich hörte Jammern und Klagen, markerschütternde Schreie und eilige Schritte. In den Straßen der Stadt machte die Angst die Runde. Entsetzen hatte alle erfaßt. Und es dauerte nicht lange, da klopfte Guillaume, der im Zimmer mir gegenüber schlief, an meine Tür, um mir die Nachricht zu überbringen. Zwanzig Menschen waren draußen bereits umgesunken und wanden sich in Zuckungen. Dutzende irrten von Fieber gepeinigt umher und spien schwärzliches Blut aus.

Die Pest war über Montpellier hereingebrochen.

2. Teil

DER MEDICUS

(1525-1538)

Wenn du deine Ziele verfolgtest, auf deinen Ansprüchen beharrtest, darüber nachdächtest, wer dich ins Leben gerufen und wer dich alles gelehrt hat, was du anfingst, sollte sich alles von dir abwenden – wenn du dich und andere anerkennen würdest, so müßtest du ablassen von deinem Tun. Da du aber zu sein wünschst, was du nicht sein solltest, darfst du nicht mit deinem Treiben fortfahren; denn Er, dein Herr und Meister, wird deine Pläne verwerfen.

Paracelsus

VI

Im Jahre des Herrn 1525 wurde die Provence von einer Pest-
epidemie heimgesucht. Aber noch viel weiter und entsetzlicher griff die Angst um sich. Die Angst lauerte in den Straßen, den Häusern, den Läden und machte auch vor den Kirchen und Freudenhäusern nicht halt. Die nackte Angst verbreitete sich wie ein Krebsgeschwür und fraß sich in den Ge-
hirnen und Gedärmen der Menschen fest. Die Angst machte
aus kerngesunden, tatkräftigen und vernünftigen Bürgern
sabbernde Idioten, die sich von der Stadtmauer stürzten, sich
selbst fröhlich in ihre Laken nähten, um den Tod zu erwarten
oder mit weitoffenen Mündern und einem furchterregenden
Grinsen im leichenblassen Gesicht nackt im Schmutz der
Gosse tanzten, die geballten Fäuste drohend in den Himmel
gereckt, des Teufels spottend.

Noch vor kurzem hatten meine Professoren an der Universität über die tiefgründigen Theorien Galens gesprochen; mit
dem Scharfsinn und dem Vertrauen, das ihrem ehrfurchtge-
bietenden, unanfechtbaren Wissen entsprang. Sie hatten das
Wunderwerk des menschlichen Körpers säuberlich mit einer
Reihe von geometrischen Formeln erklärt, die selbst Pythagoras in die größte Verwirrung gestürzt hätten, Formeln, wonach man jede Krankheit in eine bestimmte Kategorie einordnen konnte, um ihrer Herr zu werden. Jetzt waren sie sehr
betroffen. Wie scharfsinnig Galens Theorien auch immer sein
mochten, sie konnten doch das Fieber, die konvulsivischen
Zuckungen, den Husten, das Blutspucken, die Beulen und
die furchtbaren Schmerzen in der Brust, im Magen und in
den Eingeweiden nicht hinwegzaubern.

Diese erlauchten Gelehrten und zukunftsweisenden Mediziner flohen nun mit ihren Geldsäcken, ihrem Silbergeschirr
und ihrem gesamten Hausrat in Scharen aus der Stadt. Sie
hasteten wie die Wahnsinnigen aufs Land hinaus oder bega-
ben sich eilig in andere Städte – suchten irgendwo Zuflucht

vor dem Miasma, das wie eine faulige Frucht voller Maden vom Himmel gefallen war. Sie fanden keine Erklärung für das Ausbrechen der Seuche. Manche ließen sich zu der Behauptung hinreißen, Gott habe die Pest zur Strafe für Luthers Ketzerei gesandt, die bereits begonnen hatte, die Gedanken der Menschen zu vergiften. Andererseits wurde auch die Korrumpierbarkeit und Verderbnis, der Geiz der Heiligen Kirche dafür verantwortlich gemacht – je nachdem, welchen Standpunkt man einnahm. Auf jeden Fall aber war die Pest eine tödliche Seuche.

Montpellier wurde jenen Schreckensbildern der Verdammnis immer ähnlicher, die uns aus den alptraumhaften Gemälden des flämischen Adamiten und Ketzers Hieronymus Bosch angrinsen. Ständig waren die Kirchen bis zum Bersten gefüllt mit Menschen, die sich auf die Knie, aufs Gesicht warfen, die Hände emporreckten und ins Leere griffen auf der vergeblichen Suche nach irgendeinem schutzbietenden, heiligen Bild. In der Luft hing der erstickende Qualm langer, dünner Wachskerzen, der betäubende Duft brennenden Weihrauchs, das Jammern, Klagen, Stöhnen, Singen und Flehen aus Hunderten von Kehlen. Ich sah ganze Familien durch die Straßen eilen, sah sie ausschwärmen, treten, beißen und kratzen, um sich dann ungehindert soweit vorzudrängen, bis sie der Statuen und heiligen Reliquien ansichtig wurden und ein Priester seine Hände segnend über sie hielt. Geistliche wurden mit ganzen Truhen voller Gold und Edelsteine, mit Rindern oder gar Frauen bestochen. Als Gegenleistung wurde mit einer Fürbitte gerechnet, die vor dem schändlichen, qualvollen Tod schützen sollte.

Sie beteten. Doch die Gebete halfen nicht. Aus der Angst geboren, wie ein abscheuliches Junges von einer tierischen Mutter, verursachte die Hysterie, in die die Stadt verfallen war, erste Risse in dem starken Fels, dem festen, strahlenden Gefüge, das auf Petrus zurückging. Zweifel an der Allmacht der Kirche wurden laut. Es entging den bis dahin Gläubigen nicht, daß auch die Geistlichen und Äbte sterbend inmitten des Unrats der Gosse lagen. Gott hatte ihnen seine hilfreiche Hand nicht hingestreckt, um sie zu erretten.

Mein Großvater hatte mich einfache Methoden der Heilung gelehrt. Durch ihn war ich zu der Überzeugung gelangt, daß die Natur auch wieder heilte, was auf die Natur zurückzuführen war. Ich vermied es daher tunlichst, wahllos Kranke zur Ader zu lassen, und hielt auch nichts von Beschwörungsformeln, unaufhörlichem Beten und geweihten Glücksbringern – wodurch ich mich bei meinen Kollegen höchst verdächtig machte. Ich behandelte die Kranken mit Hilfe der Kräuter, die ich zur Zeit der entsprechenden Mondphasen pflückte, wie es mich mein Großvater gelehrt hatte – immer in der Hoffnung, der schrecklichen Heimsuchung mittels der Kenntnisse, die ich mir während meiner Studienzeit angeeignet hatte, Herr zu werden. Ich wußte jedoch nur die elementarsten Dinge.

Die meisten Ärzte waren aus der Stadt geflohen. Die wenigen, die geblieben waren, begannen mir aus dem Weg zu gehen. In der Stadt sprach es sich rasch herum, daß es noch einen Heilkundigen gab, der sich nicht zu fürchten schien. Man belagerte mich förmlich und flehte mich an, den Kranken zu helfen. Ich sah mich schon als Helden, als Retter aus der Not, der diese gefürchtete Geißel der Menschheit gebannt hatte, während die neuesten Erkenntnisse der Wissenschaft jämmerlich versagt hatten. Ich träumte davon, mich über meine bescheidene Herkunft, meine Unerfahrenheit und Einsamkeit hinwegsetzen zu können und mich endlich einmal zu behaupten.

Ich mußte jedoch feststellen, daß es fast unmöglich war, bis zu den Betten der Kranken vorzudringen. Sie waren umringt von Scharen von Geistlichen, die Litaneien und Gebete murmelten und Weihrauchgefäße schwenkten. Der Rauch der qualmenden Fackeln kam noch hinzu, so daß über dem Krankenlager zumeist eine dichte Wolke beißenden Qualms hing, die zum Husten reizte. Wenn dann der Kranke seine Beichte abgelegt hatte und davon überzeugt worden war, daß er seinen Sünden diese schreckliche Krankheit verdanke, kam zumeist jede ärztliche Hilfe zu spät.

Die Astrologen von Montpellier behaupteten, der Tag des Jüngsten Gerichts sei gekommen. Dann ließen sie den Dingen ihren Lauf und gratulierten einander. Hatten sie nicht eine schreckliche Strafe als Vergeltungsmaßnahme für die ketzerischen Gedanken prophezeit, die in den Köpfen der Leute herumspukten? Die Stadtväter waren fassungslos und verstanden die Welt nicht mehr; denn in ihrer ehemals so sittenstrengen, soliden Stadt herrschten chaotische Zustände. Einstmals zivilisierte Menschen wurden zu rasenden Furien, kannten keine Zwänge mehr und wüteten völlig hemmungslos. Sie plünderten, taten Frauen Gewalt an und mordeten; denn es gab nichts mehr, was sie hätte zurückhalten können. Sie waren zu wilden Tieren geworden. Ein Großteil des Magistrats verließ eilends die Stadt. Die wenigen Verbleibenden ließen den Dingen einfach ihren Lauf. Für mich hatten bisher die filigranzarten Turmspitzen einer gotischen Kathedrale, die Schönheit eines Gemäldes oder der süße Klang eines Liedes immer das verkörpert, wozu der menschliche Geist in seinen Sternstunden fähig war. Nun bekam ich das Gegenteil zu sehen. Die Menschen hatten ihr soziales Gewissen eingebüßt, überließen sich schrankenlos ihren niedrigsten Instinkten und hatten es längst aufgegeben, gut sein zu wollen. Ich hatte glücklicherweise keine Religion zu verlieren.

Die Leichen türmten sich in den Straßen inmitten der Abfälle und fauligen Unrats zu Berge. Ich sah verlassene Säuglinge und Frauen, die sich jammernd über einen stinkenden Leichnam warfen. Und alles wurde übertönt von der großen Glocke der Kathedrale, die unablässig läutete – ein makabrer Kontrapunkt zu dem silberhellen Klang der Glöckchen an den Karren, auf denen die Toten fortgebracht wurden. Die Leiber wurden zu großen Gruben außerhalb der Stadt gekarrt, obgleich manche noch nicht einmal ihr Leben ausgehaucht hatten und sich noch in Qualen wanden. Vor der Stadt wurden sie ohne viel Federlesens in die dafür ausgehobene Grube gekippt.

Es war entsetzlich, mitansehen zu müssen, wie die Menschen von dieser unbesiegbaren Seuche dahingerafft wurden und starben wie die Fliegen. Ebenso schrecklich und wahrhaft erschütternd war der Verlust des Glaubens, der die Menschen an den Rand des Wahnsinns brachte. Die Lehren der

Kirche waren ihnen in Fleisch und Blut übergegangen. Nun hatten sich diese Lehren als falsch erwiesen. Ich dachte über das schwankende Gebäude nach, das die Kirche errichtet hatte, indem sie Gott für alles verantwortlich machte. Ich wußte, daß es sich bei dieser Pest, so fürchterlich sie auch war, um ein Naturereignis handelte, das möglicherweise durch astrologische Konstellationen beschleunigt worden, aber nichtsdestotrotz naturbedingt war. Und ich wußte, daß es irgendwo ein Naturheilmittel geben mußte.

Ich experimentierte mit brennenden, aromatischen Substanzen – Galmei, Aloe, Storax, Bernstein, Wacholder und Asche. Ich mischte Schwefel mit Antimon und Arsen. Ich zerstampfte und pulverisierte Koralle, Smaragde, Lapislazuli und Rosenblätter. Ich probierte alle Heilmittel aus, die man mich je gelehrt hatte, und gelangte allmählich zu der Erkenntnis, daß ich meine jugendliche Naivität für immer abgelegt hatte. Denn ich hatte begriffen, daß die Menschen nicht einmal ahnten, wie sie beschaffen waren.

Ich ertrug es nicht länger. In Montpellier konnte ich nichts lernen. Die Angst und die unbeholfenen Bemühungen meiner Standeskollegen machten es mir unmöglich, rechtzeitig zu den Kranken zu gelangen. Wenn sie nicht an der Pest gestorben waren, dann hatte menschliches Versagen – eine unbeschreibliche Ignoranz – sie das Leben gekostet. In mir erhärtete sich die Überzeugung, daß sich die Seuche durch den unglaublichen Schmutz verbreitete, daß sie durch den Schmutz und Unrat entstanden war. Fliegenschwärme stiegen aus dem Dreck und Kot auf, Ratten übertrugen die Seuche, bis sie so überhand nahm, daß sie eine ganze Stadt auszulöschen drohte. Meine Kollegen nannten mich einen Narren, lachten mich aus und hielten sich streng an ihre konventionellen Methoden. Ich konnte die Abfälle, die sich in den Straßen der Provence türmten, nicht mit bloßen Händen beseitigen.

Daher schnürte ich mein Bündel und schlug den Weg aufs Land hinaus ein. Ich folgte dem Lauf der Garonne und gelangte in Dörfer, wo ich die Kranken ungehindert und ohne Kritik behandeln konnte. Mein Ruf eilte mir voraus – die

Landbevölkerung erwartete mich schon. Man kannte mich als den jungen Medizinstudenten, der den Tod nicht fürchtete, der sich nicht ängstlich von den Betten der Kranken und Sterbenden fernhielt, der sich nicht in groteske Gewandungen hüllte und der nicht unentwegt betete.

Ich folgte dem Lauf der Flüsse durch die Dörfer der Provence und des Languedoc; denn die Seuche folgte ebenfalls dem Lauf der Flüsse – wie eine hauchzarte Libelle, die sich dahintreiben ließ, um ihre mörderische Jagd fortzusetzen. Die im Fluß treibenden, verseuchten Leichen trugen in der Tat die entsetzliche Krankheit von Stadt zu Stadt. Jeden Tag, wenn ich auf meinem Maultier am Flußufer entlangritt, sah ich die weißen Gesichter, vom Haar wie von Seetang umrahmt, die steifgewordenen Glieder weit von sich gestreckt. So trieben die Leichen von der sanften Strömung getragen langsam dahin.

Mein Horoskop besagte, daß ich nicht durch die Seuche mein Leben lassen müsse. Ein Mensch, der weiß, wann er sterben wird, mag den anderen mutig erscheinen. Er kann hingehen, wo sich niemand sonst hinwagt – in dem tröstlichen Bewußtsein, daß ihn das Schicksal vorerst vor jeglicher Unbill bewahren wird. Das konnten die Dorfbewohner natürlich nicht wissen. Sie glaubten, ich würde über Zauberkräfte verfügen, weil ich mich nicht davor fürchtete, sie zu berühren, zu untersuchen, zu waschen, zu pflegen, und weil es mir nichts ausmachte, die faulige, stickige Luft der Krankenstuben zu atmen. Ich stellte fest, daß mit dem Verschwinden der Angst oft das Verschwinden der Krankheit einherging. Es erwies sich, daß ein Kranker viel größere Überlebenschancen hatte, wenn man ihn peinlich sauber hielt. Unter den zahlreichen Kräutern, Pulvern und pulverisierten Substanzen, mit denen ich experimentierte, fanden sich manche, die auf geheimnisvolle Weise dazu beitrugen, die Krankheit einzudämmen.

Ich kam nach Narbonne und schließlich nach Toulouse. Auch hier hatten die Angst und der Wahnsinn Einzug gehalten, war die Luft erfüllt von den Schreien und dem Stöhnen der Sterbenden. Auch hier zogen endlose Prozessionen durch die Straßen zu den Kirchen, und die Leichen lagen überall herum. Sie lagen aufeinandergeschichtet, so daß es in den engen Gassen manchmal kaum ein Durchkommen gab. Niemand hätte mich hier etwas lehren können, nur von den Kranken konnte ich lernen.

Ich machte mich auf den Weg nach Bordeaux, wo die Beulenpest ganz furchtbar wütete und schon zahllose Menschen dahingerafft hatte. Darauf reagierten die Einwohner auf altbekannte Weise: sie suchten einen Sündenbock. Diese Tatsache setzte mich nicht in Erstaunen. Vielmehr wunderte ich mich darüber, daß es in den anderen Städten, in denen ich mich aufgehalten hatte, nicht ebenso gewesen war. Hatte man den vermeintlichen ›Schuldigen‹ gefunden, als da waren Aussätzige, Leprakranke, Lutheraner, Juden, Arme oder Ausgestoßene, so schlug das Schicksal unbarmherzig zu. Ich sah, wie Menschen auf offener Straße auf dem Scheiterhaufen verbrannt wurden, obwohl sich die Kadaver ohnehin schon übereinandertürmten. Andere Opfer wiederum wurden von den Türmen des Château Trompette hinabgeworfen und landeten zerschmettert auf dem Straßenpflaster. Immer höher wurden die Leichenberge, und die Angst wuchs mit jedem Tag. Ich arbeitete fieberhaft bis tief in die Nacht hinein. Ich wandte eine Paste aus Schwefel, Antimon und Arsen an, womit ich die Seuche eindämmen konnte, wie sich herausgestellt hatte.

In jeder der Städte, durch die ich kam, begann die Seuche allmählich zu verlöschen. Wie ein Raubtier, das soviel in sich hineingeschlungen hatte, wie es verkraften konnte, verweilte sie noch kurze Zeit, um schließlich gesättigt von dannen zu schleichen und in einer anderen Stadt wieder zuzuschlagen. Wie Soldaten, die nach einer entsetzlichen Schlacht verstümmelt und verwundet vom Schlachtfeld kriechen, so blickten die Bewohner der Provence auf die Trümmer ihres Lebens und machten sich dann wieder an die Arbeit. Und als die Pest ihren tödlichen Schatten nicht mehr auf Toulouse, Narbonne oder Bordeaux warf, beschloß ich, ihr auf ihrem Weg des Verderbens zu folgen. Ich war mir längst darüber im klaren, daß mir das Studium der Medizin in

Montpellier nicht viel eingebracht hatte. Ich mußte den Kampf mit dem Feind aufnehmen. Nur das allein war sinnvoll. Die Einsamkeit verzehrte mich nicht mehr, auch quälten mich keine Träume mehr, die mir Angst machten. Ich wurde gebraucht und konnte mich nützlich machen. Und wenn ich eine Methode fand, die Krankheit zu heilen, würde ich auch einen Weg finden, mit meinem Leben in Einsamkeit fertigzuwerden. Meine Erfolge rechtfertigten ein solches Leben.

VII

Ich folgte der Pest nach Carcassonne, der alten Stadt inmitten der einsamen Ebene. Vierzig Türme entlang der sie umschließenden Stadtmauer zeigten die Zähne, wenn man sich ihr näherte. Der Geist der verfolgten Katharer spukte hier noch. Hier bewahrheitete sich wieder einmal der schauerliche Alptraum: Überall lagen inmitten von Unrat die Leichen auf offener Straße herum, und die Pestglocke läutete ehern vom Dom als grimmiger Kontrapunkt zum Stöhnen und Jammern der Sterbenden und der Verwaisten. Es war überall das gleiche.

Es wurde mir zur unumstößlichen Gewißheit, daß die Seuche in engem Zusammenhang mit den schmutzstarrenden Straßen und Häusern stand. Aber genau wie in Montpellier, Toulouse, Narbonne und Bordeaux wollten mir auch die Ärzte hier in Carcassonne keinen Glauben schenken. Sie zitierten Galen und versicherten mir, der Ausbruch der Seuche beruhe auf der üblen Konstellation der Planeten, die Gott herbeigeführt habe, um sein Volk für die begangenen Sünden zu strafen und zu züchtigen.

Seit dem Ausbrechen der Krankheit hatte ich diesen Unsinn immer wieder zu hören bekommen. Ich konnte es kaum mehr ertragen. Ich versuchte, ihnen klarzumachen, daß unter den Menschen, die ich behandelt hatte, viele gut und ehrenwert gewesen waren und sich gewiß nichts hatten zuschulden kommen lassen. Trotzdem hielten die Menschen an dem Glauben fest, daß Gott, der in ihren Augen so allwissend und allmächtig war, daß er die Himmelskörper nach seinem Willen zu lenken verstand, irrtümlich die Schuldlosen zusammen mit den Schuldigen strafen konnte, weil seine Hand ein wenig unbeholfen war. Und außerdem – was hieß schon Sünde? Doch die Ärzte murmelten nur in ihre Bärte und sprachen von Ketzerei und Hexerei. Ich sah ein, daß ich diese Gedanken in Zukunft für mich behalten mußte, damit man mich nicht zum Sündenbock auserkor und wie die armen Opfer in Bordeaux auf dem Scheiterhaufen verbrannte.

Schließlich flaute die Beulenpest auch in Carcassonne ab und raste weiter auf ihrem Pfad des Verderbens auf der Suche nach frischem Blut. Ich blieb ein ganzes Jahr in Carcassonne, noch lange nachdem die übel mitgenommenen Hinterbliebenen ihre Toten begraben hatten. Denn in Carcassonne schloß ich auf merkwürdige Weise eine Freundschaft. Zunächst erschien mir das als Glücksfall und reiner Zufall. Im Nachhinein jedoch mußte ich mir eingestehen, daß ich mich meinem Schicksal nicht durch die vornehmen Pflichten des Arztes entziehen konnte – ebensowenig, wie mich die Zuflucht zu meinen Büchern vor meinem Schicksal bewahrte.

Ich stand inzwischen in einem sehr guten Ruf. Aussagen vom Lande hatten die Stadt erreicht. Man pries mich als talentierten Heilkundigen, der den Tod mit einer bloßen Handbewegung in seine Schranken zurückzuweisen verstand. Mein Selbstvertrauen war immer noch nicht genügend gefestigt, und so führte ich mir diese Lobeshymnen zu Gemüte, bis ich fast selbst daran glaubte. Die Ärzte von Carcassonne rasten vor Zorn, bezichtigten mich der Überheblichkeit und mußten tatenlos mitansehen, wie ihre reichen Patienten zu mir überliefen. Wie gewöhnlich verbreiteten auch sie das Gerücht, es handle sich um Ketzerei und Hexerei. Durch die schreckliche Ernüchterung war eine Wandlung in mir vorgegangen. Angesichts ihrer Feindseligkeit wurde ich von Tag zu Tag gerissener, berechnender und leider auch bestechlicher.

Ich hielt die Zeit für gekommen, mich mit einem hohen

Geistlichen anzufreunden, um mich in Sicherheit wiegen zu können. Kaum hatte ich diesen Entschluß gefaßt, als das, was ich für einen glücklichen Zufall hielt, mir direkt in die Hände spielte.

Als ich eines Tages nach der Frühmesse die Kirche St. Etienne verließ, trat der Priester an mich heran. Er erzählte mir, mein Ruf als Arzt sei dem Bischof von Carcassonne, Monsignore Ammamien de Foix, zu Ohren gekommen. Dieser wünsche nun meine Bekanntschaft zu machen und mich wegen eines geringfügigen Leidens zu konsultieren, das ihn beunruhige.

So wurde ich also zum erstenmal um meiner ärztlichen Kunst willen von einem hohen, geistlichen Würdenträger hinzugezogen. Ich nahm mir vor, alles zu tun, um diesen Mann zufriedenzustellen. Denn es würde sich für mich sehr nützlich erweisen, unter dem Schutz eines Bischofs zu stehen und dessen Gunst zu genießen, besonders in einer reichen, alten Stadt wie Carcassonne. Ich witterte guten Lohn. Sicher würde mich der Bischof auch an andere mächtige Kirchenfürsten in der ganzen Provinz des Languedocs weiterempfehlen. Ich nahm an, daß Monsignore de Foix an Podagra, Verstopfung oder einem Leberleiden litt. Die meisten Krankheiten hoher, geistlicher Würdenträger waren auf allzu reichliches Essen und Trinken zurückzuführen oder auch auf schlecht gewählte Partner für ihre erotischen Vergnügungen.

Natürlich behielt ich diese Gedanken für mich – denn sie waren dem ketzerischen Gedankengut Luthers nicht unähnlich, das sich wie eine Seuche über die Lande ausbreitete. Und das Entsetzen darüber stand dem Entsetzen angesichts der Pest nahe. Man war allgemein der Ansicht, daß der Ausbruch dieser zerstörerischen Lehre genau wie die Pest irgendwann auch wieder zum Stillstand kommen würde. Ich hegte da gewisse Zweifel. Ich hatte in den Gesichtern der Sterbenden allzu deutlich das Einstürzen der Mauern gesehen, die die Flut eindämmten. Aber mein plötzlicher gesellschaftlicher Aufstieg verdrängte diese finsteren Vermutungen zunächst ins Unterbewußtsein.

Wie sich herausstellte, hatte ich mit meinen Mutmaßungen nicht recht gehabt. Monsignore Ammamien de Foix litt weder an Podagra noch an Verstopfung oder Leberbeschwerden. Er war in der Tat kerngesund, ein stattlicher Mann mit rotem Gesicht. Seine dunklen Augen blickten warm und verrieten, daß er Sinn für Humor hatte. Er klagte lediglich darüber, daß ihn zuweilen eine seltsame Müdigkeit überfiel, die ihn impotent machte, so daß er seine Mätresse nicht zufriedenstellen konnte. Diese war allem Anschein nach erst siebzehn Jahre alt, die Tochter eines Hufschmieds und so unersättlich, daß auch der kräftigste Mann bald erschöpft gewesen wäre.

Ich konnte das Lachen kaum unterdrücken und versprach ihm einen Liebestrank, der ihn so kräftigen würde, daß er selbst einem Dutzend Mätressen Genüge leisten konnte. Ich hatte dieses Elexier in Montpellier kreiert. Es setzte sich aus Lapislazuli, Blattgold und pulverisiertem Hummerrogen zusammen. Es wirkte vermutlich ausschließlich dadurch, daß derjenige, der es einnahm, fest von seiner Wirksamkeit überzeugt war. Die Herstellung war mühselig und kostspielig. Kaum ein Käufer würde daher zu vermuten wagen, daß etwas so Kostbares nutzlos sein konnte.

Bereitwillig gab mir der Bischof Geld, damit ich die Ingredienzien in der Apotheke besorgen konnte. Entweder war es das Elexier, wahrscheinlich aber die Lebensweise und Ernährung, die ich ihm vorschrieb – mehr Schlaf und mehr Rind- und Hammelfleisch – was ihn heilte. Jedenfalls teilte mir der Bischof nach zwei Wochen hocherfreut mit, daß seine Müdigkeit wie weggeblasen sei und seine Mätresse nun nicht mehr klagen könne. Er entlohnte mich reichlich für meine Bemühungen, was mir sehr gut zustatten kam. Er versprach mir auch, sich bei den Reichen und Edelleuten der Stadt für mich einzusetzen.

Ich schloß daraus, daß mir das Glück hold war oder die Sterne günstig für mich standen. Ich hatte wirklich Glück gehabt, da ich doch erst frisch von der Universität kam und noch gar keinen Doktortitel hatte. Trotzdem unterstand ich jetzt dem Schutz eines so hohen Herrn. Nun konnte ich weiter nach wirksamen, wenn auch weniger lukrativen Methoden zur Heilung der schrecklichen Seuche suchen, die den Süden Frankreichs immer noch geißelte, wenn auch nicht mehr in gleichem Ausmaß.

Doch ich begriff bald, daß der Bischof von Carcassonne ein weit komplizierterer Mensch war, als es den Anschein hatte. Ich begann mich zu fragen, ob ihn vielleicht auch noch ein anderer Grund bewogen hatte, nach mir zu schicken. Er lud mich zum Essen ein, und verwundert stellte ich fest, daß dies ein ganz privates Stelldichein war. Sobald das Essen serviert war, schickte er alle Bediensteten fort, und wir befanden uns ganz allein in dem geräumigen Speisesaal seines luxuriösen Stadthauses.

Wir unterhielten uns zunächst über alle möglichen Staatsaffären Frankreich betreffend und sprachen dann über die schreckliche Plünderung Roms durch die kaiserlichen Truppen unter dem Herzog von Bourbon. Zu meinem Erstaunen schien der Bischof deswegen bei weitem nicht so niedergeschlagen zu sein, wie man es von einem hohen, geistlichen Würdenträger der katholischen Kirche hätte annehmen sollen. Charles von Bourbon war an der Stadtmauer der Ewigen Stadt, von einem Querschläger getroffen, verblutet. Ihrer Führung beraubt, waren die Soldaten wie die Wilden in die Stadt eingefallen und hatten sie geplündert. Sie waren dabei von den Truppen des Don Ferrante de Gonzaga, Fürst von Mantua, unterstützt worden. Der Papst war voller Entsetzen nach Orvieto geflohen und hatte den Kaiser angefleht, Frieden zu schließen. König Franz war in seinem düsteren, spanischen Gefängnis gegen seine beiden kleinen Söhne ausgetauscht und gegen ein Lösegeld freigelassen worden. Frankreich hatte seinen König wieder.

Wir kamen auch auf die Pest und die verschiedenen Theorien der Ärzte zu sprechen, was diese Krankheit anging. Er erkundigte sich eingehend nach meinen Ansichten in dieser Angelegenheit und zeigte großes Interesse an meiner Weltanschauung. Ich gestand ihm, daß ich noch sehr unerfahren sei, da ich ja erst drei Jahre Medizinstudium hinter mir hatte, als ich mich aufs Land wagte, um die Seuche zu bekämpfen.

Er lauschte meinen Worten sehr interessiert und respektierte meine Ideen sowie die Ergebnisse meiner Forschungsarbeit. Noch nie hatten mich meine Ärztekollegen wirklich angehört. Selbst die Höflichkeit hatten sie immer vermissen lassen.

Während des Gesprächs mit dem Monsignore stieg der Verdacht in mir auf, daß er in medizinischen Fragen weit besser bewandert war, als er mir eingestehen wollte. Ich geriet wegen des Liebestranks in immer größere Verlegenheit. Beschämt erkannte ich, daß er gewußt hatte, daß das teure Elixier lediglich zur Beruhigung seiner Nerven dienen sollte, während er in Wahrheit nur geheilt worden war, weil er eine Weile vernünftig und maßvoll gelebt hatte.

»Das Gewissen braucht Euch wegen des herrlichen Elixiers nicht zu plagen, Monsieur de Notredame, denn es hat mir auf andere Weise geholfen«, versuchte er mich zu trösten. »Ich habe mich der Alchimie befleißigt und damit herumexperimentiert. Dabei habe ich festgestellt, daß der Trank einen ganz bestimmten Zweck geradezu ideal erfüllt. Ich hatte zuvor schon alles mögliche versucht, doch ohne Erfolg. Nun bin ich Euch sehr zu Dank verpflichtet; denn Ihr habt mich auf die richtige Spur gebracht.«

Die Enthüllung, daß der Bischof Alchimist war, verschlug mir die Sprache. Die Tatsache an sich setzte mich nicht in Erstaunen. Sicher befaßten sich viele Geistliche mit obskuren, oft sogar ungesetzlichen Künsten, und das unter dem Schutzmantel der Kirche. Ich fragte mich jedoch verwundert, warum er ausgerechnet mich ins Vertrauen gezogen hatte, den er doch kaum kannte – und zwar zu einem Zeitpunkt, da die Gerüchte über Ketzerei überhandnahmen. Ein Gerücht jagte das andere.

Wieder schien er meine Gedanken erraten zu haben. Bestürzt mußte ich mir eingestehen, daß Monsignore Ammanien de Foix ein überaus kluger und feinsinniger Mensch war. Bisher hatte ich ihn verkannt und für oberflächlich und prosaisch gehalten, für aufmerksam, förmlich und recht gewöhnlich. Fantasie hätte ich ihm keinesfalls zugetraut. Inzwischen war mir jedoch klargeworden, daß das nur eine

Maske war – eine so vollkommene Maske, daß er mich wirklich hatte täuschen können.

Er lächelte belustigt und sagte: »Gewiß fragt Ihr Euch jetzt, warum ich Euch überhaupt konsultiert habe, wo ich mich doch ebensogut selbst hätte heilen können. Zunächst einmal muß ich gestehen, daß ich gar nicht krank war. Ich hoffe, Ihr werdet mir dieses kleine Täuschungsmanöver verzeihen. Ich wollte wissen, was für ein Mensch Ihr seid. Es ist sehr ungewöhnlich, daß ein so junger Mensch hier in der Stadt solche Aufmerksamkeit erregt. Es freut mich, feststellen zu können, daß Ihr ebenso skrupellos wie begabt seid. Die Kirche ist vermögend genug, um Euch zu protegieren.«

Ich wußte nicht, ob ich lachen oder vor Scham in den Erdboden versinken sollte. Zugleich aber fragte ich mich, ob dieser kluge Mann die durch die Pest hervorgerufene Auflehnung vieler Menschen gegen das scheinbar so unerschütterliche Gebäude spürte – die Institution der Kirche – der er angehörte. Ich wagte es jedoch nicht, ihn danach zu fragen – aus Angst, er könne wirklich fromm und seiner Kirche treu ergeben sein.

»Ihr vertretet in Fragen der Medizin einen herzerfrischend vernünftigen Standpunkt, Monsieur de Notredame«, sagte er. »Ich bin davon überzeugt, daß einmal ein sehr guter Arzt aus Euch wird. Nichts braucht Euch mehr peinlich zu sein. Ich möchte, daß Ihr Euch hier wohl fühlt. Zwar habe ich Euch zu Beginn getäuscht, doch steht Ihr mir darin in nichts nach. Wir haben uns also beide nichts mehr vorzuwerfen. Wollen wir nicht Freundschaft schließen? Wenn Euch daran gelegen ist, würde ich Euch gern mit den Grundregeln und Prinzipien der Alchimie bekanntmachen.«

Mir war sehr daran gelegen. Ich blieb daher in Carcassonne und suchte den Bischof tagtäglich in seinem vornehmen Stadthaus auf. Wir verbrachten viele Stunden emsig ins Gespräch vertieft und sprachen von dem Stein der Weisen, dem Lapis, dem großen Werk der Umwandlung und der Befreiung des Geistes aus dem Gefängnis verdichteter Materie. Wir unterhielten uns über die neuesten Erkenntnisse des Paracelsus, der zwei Jahre vor mir auf der Durchreise nach Montpellier gekommen war und den ich liebend gern eines Tages kennengelernt hätte. Allmählich dämmerte es mir, was es mit dieser Kunst auf sich hatte, bei der es niemals nur um die Gewinnung von Gold gegangen war. Die Alchimisten sehen ihre Aufgabe darin, den lebendigen Gott aus der Seele des Menschen wieder auferstehen zu lassen. Im Destillierkolben seines Fleisches ist der Mensch den verzehrenden Flammen und dem Zwang zur Umwandlung und Selbstreinigung ausgesetzt. Gelingt der Prozeß der Umwandlung, so bewahrheitet sich eine Vision: der Schleier über dem geheimnisvollen Wesen der Materie, aus der die Welt besteht, zerreißt und das Darunterliegende kommt zum Vorschein, nimmt Gestalt an und entfaltet sich am Himmel wie im Körper des Menschen. Sorgsam speicherte ich dieses kostbare Wissen in meinem Hirn zusammen mit dem Schatz an Erkenntnissen, die mir mein Großvater vermittelt hatte; denn auch dieses erworbene Wissen war ein Teil des großen Ganzen.

Ich wußte, daß ich Carcassonne würde verlassen müssen. Es trat immer klarer zutage, daß ich an der Universität den Doktorgrad erwerben mußte, wenn ich wollte, daß mich meine Kollegen als ihresgleichen betrachteten. Monsignore nahm dies auf eine Weise hin, die mir bewies, daß er meine Beweggründe verstand. Er versprach, mir beim Verlassen von Carcassonne eine ansehnliche Summe Goldes mitzugeben, die mir das Fortkommen erleichtern sollte. Und dann sprach er eine sonderbare Einladung aus.

Eines Tages saßen wir in seinem Studierzimmer und tranken Wein. Da sagte er: »In einigen Tagen mache ich eine Reise in Richtung Süden nach Rennes-les-Bains, um einen Freund zu besuchen. Auf dem Maultier ist das nur eine Tagesreise. Möchtet Ihr mich nicht begleiten?«

Dazu war ich gern bereit, da mir mein Gefährte ja inzwischen hinreichend bewiesen hatte, was für ein kluger und feinsinniger Mann er war. Er mußte also einen bestimmten Grund dafür haben, daß er mich aufgefordert hatte, ihn zu begleiten.

Wir logierten zusammen mit den Reitknechten und Dienern in einem kleinen Gasthof in Rennes-les-Bains. Den hier aus der Erde sprudelnden Quellen schrieb man wundersame Heilkräfte zu. Als der Bischof einen Herrn im Ort aufsuchte, machte ich mich daran, die Gegend zu erkunden. Ich ritt auf meinem Maultier. Die Landschaft beunruhigte mich zutiefst. Der Ort war rings von Bergen umgeben. Auf einem der Berggipfel erhoben sich drohend die Überreste eines Tempels, die einsam und gespenstisch in den herbstlichen Himmel ragten. Vieles erinnerte hier noch an die Templer und die Katharer, deren Blut einst die Erde getränkt hatte. Immer noch eiterte und schwärte es wie eine große Wunde, die nicht heilt. Selbst in der kalten Nachmittagssonne spürte man förmlich Geister hinter sich zucken und flattern. Mich schauderte; ich kehrte um und ritt in den Ort zurück.

Der Bischof wollte gern hören, wie die Landschaft auf mich gewirkt hatte.

Seine schönen, dunklen Augen glitzerten verdächtig, als er sagte: »Ihr habt also die Geister der Toten zu spüren bekommen. Ja, hier gibt es ihrer viele. Aber Ihr solltet nach Montségur reisen, wo die Katharer vor dem Massaker belagert wurden. Es heißt, man könne dort noch ihr Blut riechen und der Berg schreie nach Rache. Ihr habt die für Eure Rasse so charakteristische Empfindsamkeit mitbekommen, Monsieur de Notredame. Hoffentlich werdet Ihr hier nicht von Nachtmahren heimgesucht.«

Ich wollte etwas darauf erwidern, sagte mir dann aber, daß er ja nichts von meinen Träumen wissen konnte. Sicherlich hatte er sich nur über meine weibischen Ängste lustig gemacht.

Monsignore de Foix schwieg eine ganze Weile und sagte dann: »Um Mitternacht beginnt der dreizehnte Oktober. Sagt Euch dieses Datum irgend etwas?«

Ich schüttelte den Kopf. Ich hätte keinen Heiligen nennen können, dessen Namenstag man an diesem Tage feierte.

»Das ist der Tag, an dem Philipp, der Schöne, den Tempelbezirk überfiel, die Ritter des Templerordens gefangennehmen ließ. Er ließ sie foltern und auf dem Scheiterhaufen verbrennen, weil sie sich angeblich mehrerer Verbrechen schuldig gemacht hatten: der Sodomie, Gotteslästerung und Anbetung des Teufels. Das Seltsamste daran ist die Tatsache, daß die fünftausend Ritter, die zusammen weit stärker waren als irgendein Heer, das der König Frankreichs aufzustellen vermochte, sich bereitwillig und ohne Widerstreben in ihr Schicksal ergaben, als wüßten sie, daß sie ihm nicht entgehen konnten. Mit den Katharern war es ebenso. Hand in Hand marschierten sie singend von den Bergen von Montségur herab in die Flammen.«

Mir wurde immer unheimlicher zumute, als er davon berichtete. Etwas Unbegreifliches lag über diesem Ort, dieser Landschaft. Mir war, als führe mir jemand in schlängelnden Bewegungen mit dem Finger über die Haut. Alles in mir sträubte sich dagegen. Hätte ich den Bischof nur nicht nach Rennes-les-Bains begleitet.

Nach dem Abendessen gingen wir vor die Tür, um frische Luft zu schnappen. Die untergehende Sonne hatte den Himmel blutrot und rauchfarben gesprenkelt, und die Berggipfel erhoben sich ringsum wie dräuende, urweltliche Tiere, starr und träge zusammengerollt und doch sprungbereit.

»Nur ein einziger Tempelbezirk ist verschont geblieben«, erklärte mir der Bischof. »Seht Ihr, dort drüben im Südwesten zeichnet er sich deutlich gegen den Himmel ab. Das ist Bézu. Der Komtur dieses Tempelbezirks war ein Mann namens de Goth aus der Familie Blanchefort. Er war ein Cousin von Papst Clemens. Ob wohl die Blutbande diese Ritter vor den Soldaten des Königs geschützt haben? Oder gab es in Bézu ein Geheimnis, das selbst der Papst nicht zu entweihen wagte? Auf diese Frage wird man niemals eine Antwort finden.«

Ich sah auf und erblickte wieder die schroffen, geborstenen Zinnen, die mir schon am Nachmittag aufgefallen waren. Sie schienen zu grinsen wie eine Reihe fauliger Zahnstummel und zeichneten sich schwarz gegen den dunkler werdenden Himmel ab. Purpurfarbene Schatten überzogen den Abendhimmel und Kälte stieg von der Erde hoch. Ein weißer Nebelschleier legte sich sachte über die Felder und das Farnkraut und umhüllte den Fuß des Berges mit einem Leichentuch. Ich sehnte mich nach der Gesellschaft einfacher Menschen und der tröstlichen Wärme eines Kaminfeuers.

»Ich werde heute nacht zum Tempelbezirk von Bézu hinaufsteigen«, sagte Monsignore Ammamien de Foix. »Ich möchte um Mitternacht innerhalb der Tempelmauern sein.«

Mir verschlug es die Sprache. Ich konnte diesen kräftigen, energiegeladenen, blühenden Mann nur mit offenem Munde anstarren. Hatte ich mich bisher nur nicht sonderlich wohl in meiner Haut gefühlt, so erfaßte mich jetzt eine namenlose Angst.

»Es heißt, daß derjenige, der am Jahrestag der Zerstörung des Tempels nach Bézu hinaufsteigt, ein Wunder erlebt.« Der Bischof sah mich nachdenklich an. »Die Tempelritter von Bézu besaßen ein kleines, silbernes Glöckchen, eine heilige Glocke. Als sie wußten, daß ihre Stunde gekommen war, schleuderten sie diese Glocke in die Schlucht unterhalb der Tempelmauern hinab. Es geht die Sage, daß am Jahrestag der Zerstörung des Tempels und der Ausrottung des Ritterordens die Glocke wieder läutet und der Wind ihren lieblichen Klang über den Berg trägt. Ist man furchtlos und unerschrocken, so sieht man schemenhaft weißschimmernde Ritter mit dem großen, blutroten Kreuz auf der Brust. Und eine geisterhafte Stimme ruft: ›Wer wird den Tempel wieder aufbauen?‹ Die Köpfe der Toten erheben sich aus ihren Särgen und rufen dreimal im Chor: ›Niemand. Niemand. Niemand. Der Tempel wurde zerstört.‹«

Eiskalter Schweiß lief mir den Rücken hinunter. Ich wußte, was jetzt kommen würde. Ich brauchte nicht lange zu warten.

»Ihr sollt mich auf diesem Gang begleiten«, sagte Monsignore Ammamien de Foix, Bischof von Carcassonne, dieser liebenswürdige Mann, in dessen Gunst ich mich bisher recht gern gesonnt hatte. Jetzt hätte ich viel darum gegeben, ihm nie begegnet zu sein.

Ich schüttelte heftig den Kopf. »Das kann ich nicht, Monseigneur. Ich habe Angst. Mir graut vor diesem Ort. Der Hauch des Todes liegt über allem, und ich höre die Toten flüstern. Hier verbirgt sich ein Geheimnis. Ich würde es sehr bedauern, wenn Ihr mich jetzt für kindisch, für eine Memme hieltet. Doch ich wünsche das silberne Glöckchen nicht zu hören und die Auferstehung der längst verblichenen Ritter nicht zu erleben. Ich brauche nicht überzeugt zu werden.«

»Ich habe Euch nicht gebeten, mich auf diesem Gang zu begleiten, weil ich Euch überzeugen möchte, Monsieur de Notredame. Laßt Euch gesagt sein, daß Ihr bereits weit mehr darüber wißt, als Ihr glaubt. Es könnte sein, daß dieses Ereignis auch für Euch von großer Bedeutung ist.«

»Solche Dinge bedeuten mir nichts. Was vergangen ist, berührt mich nicht«, versuchte ich mich herauszureden. »Ich bin nur ein Student der Medizin, der danach trachtet, sein Handwerk zu erlernen. Ich flehe Euch an, dies nicht von mir zu verlangen. Ich fürchte mich unsäglich.«

»Ich verspreche Euch, daß Euch nichts geschehen wird.«

Schließlich trug er doch den Sieg davon. Das mochte an seiner Beharrlichkeit liegen, vielleicht wollte ich aber auch nicht für einen Feigling gehalten werden. Ich war in jenen Tagen eigentlich kein Mensch, der sich zu Dingen verleiten ließ, die ihm widerstrebten. Doch während ich noch darüber nachdachte, welche Ausreden ihn wohl überzeugen könnten, krabbelte ich schon auf allen vieren den felsigen Berghang von Bézu hinauf. Vor mir sah ich die dunkle Silhouette des Bischofs. Aufrecht und leichtfüßig wie eine Gemse ging er bergauf. Trotz seiner schwerfälligen Gestalt kam er rasch vorwärts. Schließlich befanden wir uns innerhalb der alten Mauern. Unter freiem Himmel setzten wir uns inmitten der düsteren Ruine nieder und tranken den mitgebrachten Wein. Hoch über uns zogen immer wieder Wolkenfetzen vorbei, verhüllten zeitweilig das Antlitz des Mondes und machten uns glauben, der Himmel zwinkere uns zu.

Es wurde immer kälter. Ich hüllte mich fest in meinen Umhang. Meine Zähne schlugen aufeinander. Ich hörte aus weiter Ferne, wie die Kirchenuhr unten im Ort die elfte Stunde schlug. Der Bischof schwieg. Inmitten all der Schatten, die die Mauern warfen, konnte ich ihn kaum erkennen. Hin und wieder erhellte ein besonders leuchtender Stern sein bleiches, silbrig schimmerndes Gesicht. Seine Augen erinnerten an schwärzlich glänzende Teiche in der Nacht. Ich wußte, daß er nicht zu sprechen wünschte und auch von mir erwartete, daß ich schwieg. Wie eine Litanei wiederholte ich mir unablässig, dies sei nichts als eine nächtliche Wanderung zu einer verfallenen Tempelruine. Ich versuchte mir einzureden, daß der Bischof nur ein exzentrischer Mensch mit einer Vorliebe für Geistergeschichten war. Zugegeben – mir war, als griffen die Verblichenen mit dürren Fingern nach mir. Sicher spielten mir meine überreizten Nerven einen Streich. Ich war auf der Hut. Aber silberne Glöckchen – wie heilig und geweiht sie auch sein mochten, würden gewiß nicht von selbst aus der Tiefe der Erde zu läuten anfangen. Ein Wind war aufgekommen und fuhr pfeifend und zischend zwischen den uralten Mauern hindurch. Am Himmel verdunkelten rasch dahinziehende Wolkenfetzen die Sterne. Am nächsten Morgen entdeckte ich Wunden in meinen Handflächen – so tief hatten sich meine Nägel dort eingegraben. Das muß ganz unbewußt geschehen sein; denn nachts hatte ich keinerlei Schmerzen verspürt.

Der Wind legte sich wieder. Die Glocke unten im Ort läutete noch ein letztesmal. Es klang erschreckend endgültig. Dann lastete die Stille wieder drückend auf uns. Monsignore de Foix legte den Finger auf die Lippen und zog mich am Arm, um mir aufzuhelfen. Ich werde wohl nie in Erfahrung bringen, ob das, was ich dann hörte, wirklich stattgefunden hatte oder nur meiner Angst oder meiner lebhaften Fantasie entsprungen war. Der Bischof hatte mir so anschaulich erzählt, was in dieser Nacht hier oben geschehen sollte, daß ich wirklich von irgendwoher ein ganz schwaches Summen zu hören glaubte. Einen irgendwie blassen, kaum hörbaren Laut, körperlos wie das sanfte Wehen des Windes, einen süßen, unwirklichen Ton.

Ich ertrug es nicht mehr. Ich warf mich zwischen zerbröckelnden Mauerresten auf die kalte Erde und hielt mir die Ohren zu, um diesen Laut nicht mehr hören zu müssen. Ich zitterte vor Angst. Nach einer Weile spürte ich, wie mich der Bischof unendlich sanft wieder aufrichtete. Er blickte mich mit seinen dunklen Augen voller Mitgefühl an. Die Stille hüllte uns ein wie ein dicker Kokon. Kein Laut war zu hören. Eine alte Ruine auf einem Berggipfel, nichts weiter. Wortlos machten wir uns an den langen Abstieg.

Erst kurz bevor er sich in sein Zimmer zurückzog, richtete er das Wort an mich. Er legte mir die Hand auf die Schulter und sah mich tieftraurig an.

»Vielleicht habe ich den Zeitpunkt nicht richtig gewählt«, sagte er. »Es war zu früh.«

Dieses Erlebnis hatte sich mir unauslöschlich eingeprägt. Noch in der gleichen Nacht erwachte ich aus einem furchterregenden Alptraum. Ich stand in einem großen Wald, wo uralte Eichen die Köpfe oder vielmehr die Baumkronen wie Verschwörer zusammensteckten, so daß kein Lichtstrahl hindurchdrang. Die Erde war feucht, schwer und tiefschwarz. Sie strotzte vor Leben. Mein Instinkt sagte mir, daß dies ein geweihter Ort war – ein heiliger Wald; denn die Geister der Bäume versuchten mich fortzudrängen, als sei ich ein Eindringling. Die Zweige über mir bildeten ein verschlungenes Muster wie Menschen, die sich an den Händen hielten. Ich befand mich in einem dunkelgrünen Kirchenschiff aus Laub und Moos. Da kniete ich nieder und neigte ehrerbietig den Kopf, bis meine Stirn die Erde berührte. Ich wußte nicht, wo ich mich befand. Doch ich erkannte eine uralte Macht, die nicht die Allmacht Gottes war.

Als ich mich wieder erhob, war der namenlose König in den Wald geritten. Sein langer Umhang aus weißem Damast fiel wie eine Schleppe bis auf die Erde hinab, und er trug eine goldene Krone. Langes Haar strömte über seinen Rücken. Vorn teilte es sich wie ein Vorhang über dem schmalen, bleichen, hohlwangigen Gesicht. Die unglaublich blauen Augen lagen tief in den Höhlen, die hohe Stirn war wie gemeißelt. Fünf Ritter waren in seiner Begleitung und ein Gefolgsmann, der ihm vom Pferd half und ihn zu einem bequemen Platz führte, wo er Rast machen konnte. Er ließ sich unter den hohen Bäumen nieder und lehnte sich an eine knorrige Eiche, einen mächtigen ausladenden Baum, der sicher schon mehrere hundert Jahre alt war. Er schloß erschöpft die Augen, und sein Gefolgsmann brachte ihm Wein in einem geschliffenen Becher aus Bergkristall, der in der grünen Düsternis matt schimmerte. Auch die Ritter waren zu Tode erschöpft und legten sich schlafen.

Doch sobald der König schläfrig wurde und die Augen geschlossen hatte, griff der Gefolgsmann nach einer Lanze und näherte sich seinem Herrn und Meister auf Zehenspitzen. Ich öffnete den Mund, um ihn anzurufen und zu warnen, doch ich konnte mich nicht rühren und auch nicht sprechen. Kein Laut kam über meine Lippen. Der Gefolgsmann holte weit aus und stach dem König die Lanze ins rechte Auge. Ein Blutschwall ergoß sich wie verschütteter Wein über seinen weißen Umhang, sprudelte in den kristallenen Becher, der ihm entglitten war und tränkte die schwarze Erde. Die uralten Bäume rauschten erregt, als sei ein Sturm in sie gefahren, der jeden Augenblick losbrechen konnte. Ich schrie aus Leibeskräften und erwachte. Zitternd saß ich im Dunkeln und wußte nicht, wo ich mich befand. Dann fielen mir die Schrecknisse des Berggipfels wieder ein, und ich erinnerte mich auch an die geisterhafte Glocke. Nun hielt es mich nicht mehr im Bett. Ich entzündete sämtliche Kerzen, deren ich habhaft wurde und saß dann zusammengekauert da, bis die Sonne aufging.

VIII

Nach vier, inmitten von Toten und Sterbenden verbrachten Jahren kehrte ich nach Montpellier zurück. Das Leben in der Stadt ging wieder seinen gewohnten Gang, wenn auch viele noch Trauerkleidung trugen und gequält vor sich hinblickten. Sie wirkten gehetzt, als fühlten sie sich verfolgt. Doch obwohl eine so unfaßbare Katastrophe über die Stadt hereingebrochen war, daß die Menschen vor Entsetzen wie gelähmt waren, kam doch der Tag, an dem der ewig gleiche Kreislauf von Leben und Sterben wieder Einzug hielt. Denn es ist wider die menschliche Natur, sich lebenslänglich von Tragödien niederdrücken zu lassen.

Man war nicht sonderlich erfreut über meine Rückkehr an die Universität. Mein Ruf war – genährt von der abergläubischen Scheu der dankbaren Landbevölkerung in der gesamten Provence und dem Languedoc – zu nahezu mythischen Dimensionen angeschwollen. Die Professoren, die einst voll des Lobes gewesen waren und meinen Fleiß und mein Geschick nicht genug hatten preisen können, brachten mir nur noch Mißtrauen entgegen. Überheblich wie ich war, hatte ich mich erdreistet, Mittel auszuprobieren und Methoden anzuwenden, die sie mich nicht gelehrt hatten. Ich hatte mit meinen Methoden Erfolg gehabt, die ihren hatten dagegen versagt.

Trotzdem konnten sie mir nichts anhaben. Ich lebte wieder so einsam und zurückgezogen wie vor der Pest, vergrub mich in meine Bücher und gönnte mir nur hin und wieder ein flüchtiges Abenteuer. Rein äußerlich hatte sich nichts geändert, doch ich war ein anderer geworden. Obwohl die Professoren eine starke Abneigung gegen mich hegten, die sich wie ein Gifthauch auf mich legte, bestand ich meine Examen mit Auszeichnung und erwarb nach drei Jahren meine Doktorwürde. Nun war ich ein qualifizierter, wenn nicht gar den anderen überlegener Arzt.

So konnte ich einen Schutzwall um mich errichten, der mich gegen die unversöhnliche Außenwelt abschirmte. Hinter dem Lob, das man mir zollte, stand ein tiefer, durch nichts zu beschwichtigender Groll. Ich empfand einen kläglichen Stolz und eine Art erbitterte Befriedigung.

Das Versteckspielen hatte ein Ende. Gelassen stand ich da, ließ mir den Wind um die Nase wehen und überlegte, wohin ich mich wenden sollte. Vor mir lag wie ein unbeschriebenes Blatt die unendliche, graue Weite. Die vagen Andeutungen meines Großvaters waren mein einziger Anhaltspunkt.

Du wirst es weiter bringen, als es mir jemals möglich war ...

Ich wußte nicht, wie mein Lebensweg verlaufen würde. Er wand und schlängelte sich um meine unbestimmten Ängste, Hirngespinste und Einbildungen herum und entschwand dann meinen Blicken. Ich schleppte eine zweifache Last mit mir herum, die mich zu erdrücken drohte: den eisernen Panzer meiner Einsamkeit, in dem ich festsaß und die Schrekkensvisionen, die mich immer wieder unversehens im Traum heimsuchten. Ich konnte mit keiner Menschenseele darüber sprechen. Der einzige Mensch, der mich verstanden hätte, war nur ganz kurz in mein Leben getreten – wie eine Flamme, die kurz aufflackert, eine geheimnisvolle Andeutung macht und wieder erlischt. Hatte sich dieser Spielmann über mich lustig gemacht, bevor er mit seinem Wunderinstrument wieder aus meinem Leben verschwand? Böse Vorahnungen plagten mich. Etwas Unsagbares zerrte unablässig heimtückisch an den Grenzen meines Bewußtseins, trat jedoch niemals offen zutage. Ich ahnte dunkel, daß es mit meinem Schicksal zu tun habe, ich mich auf die Suche machen müsse, etwas meiner harre. Manchmal sehnte ich mich danach, das Unerklärliche Gestalt annehmen zu sehen, das in dem leeren, und doch so bedeutungsschwangeren Raum zwischen Schlafen und Wachen über mir schwebte, wenn der Körper schon vollkommen entspannt, der Geist aber noch hellwach war. Doch immer wieder entzog es sich mir.

Ich wartete auf ein Zeichen. Ich wußte nicht, daß mir schon viermal ein Fingerzeig zuteil geworden war, den ich jedoch nicht zu deuten gewußt hatte. Ich vertiefte mich in mein Horoskop. Saturn, der Schicksalsplanet, näherte sich wieder dem Punkt, an dem er zum Zeitpunkt meiner Geburt gestanden hatte. Der Kreis schloß sich, ich war an einem Wendepunkt meines Lebens angelangt.

Die jüngeren Studenten in Montpellier, die ihr Studium gerade erst aufgenommen hatten, forderten lautstark meine Ernennung zum Professor. Zahlreiche Gegenstimmen wurden laut. Die mir schon vertrauten, hinter vorgehaltener Hand geflüsterten Anschuldigungen der Ketzerei und Zauberei kamen mir wieder zu Ohren – das ewige Mißtrauen von seiten der Gelehrten. Doch meine Heilerfolge ließen sich nicht verleugnen, das mußten selbst meine Widersacher zugeben. Selbst sie konnten es in ihrer Engstirnigkeit und ihrem kleinlichen Rivalitätsdenken nicht verantworten, mich abzulehnen, nur weil sie mir meine Erfolge neideten. So bekam ich einen Lehrstuhl an der ehrwürdigen Universität von

Montpellier, wo sich auch Paracelsus schon einmal kurz aufgehalten hatte.

Ich langweilte mich und wurde immer ruheloser. Ich litt an den Einschränkungen, die mir der von der Kirche vorgeschriebene Lehrstoff auferlegte, und zürnte darüber, denn sie versagten sowohl den Professoren wie den Studenten Gedanken- und Redefreiheit. Man erwartete von mir, daß ich mich bei meinen Vorlesungen streng an die Manuskripte hielt, die man mir vorlegte. Meine eigenen Ansichten konnte ich nicht anbringen, ohne mich der Gefahr einer strengen Strafe und den zwar allgegenwärtigen, aber doch noch unterschwelligen Anschuldigungen auszusetzen. Ich legte keinen Wert darauf, einer der ersten Märtyrer zu werden, und wollte nicht den schwarzen Geiern der Inquisition, die dem Ei Luthers entschlüpft waren, in die Fänge geraten.

Anfangs setze ich mich zur Wehr, dann zappelte ich nur noch hilflos und wurde immer unzufriedener. Eines Tages schnürte ich dann mein Bündel, veräußerte meine wenigen Habseligkeiten, kaufte mir ein Maultier, ritt zum Stadttor hinaus und kehrte Montpellier den Rücken:

> Io son l'occello che non pò volare,
> Non me essendo rimasto piuma alcuna;
> Io son quel segno dove a saltare
> Ve sforzano le stelle aduna aduna;
> Io son stancho nochier in alto mare
> Tempestato dal ciel e da fortuna;
> Io son con lui che più de nulla cura,
> Poi che dal ciel ogni uno ha sua ventura.

Ich war frei. Zumindest glaubte ich das, als ich den Blick auf die Straße richtete, die sich in der flimmernden Hitze der goldenen Sommersonne aufzulösen schien. Der Himmel über mir war strahlend blau. Alles schien darauf hinzuweisen, daß mir viele Möglichkeiten offenstanden. Meine Zukunft dünkte mir vielversprechend.

Ich machte mich wieder auf den Weg nach Narbonne und ritt dann nach La Rochelle. Ich suchte auch viele der Dörfer wieder auf, durch die ich gekommen war, während die Pest dort wütete. Die Landbevölkerung erinnerte sich meiner noch. Ich besuchte auch Avignon, wo ich einmal in einem früheren, dunkleren Leben unter dem Deckmantel der Nacht eine Frau in mein Bett aufgenommen hatte, mit der mich Blutsbande verbanden.

Dort hatte ich einst in einer Prozession einen schönen, fremdartigen Prinzen mit kornblumenblauen Augen gesehen, der mir seltsam vertraut erschien. Sein Gesicht tauchte immer wieder in meinen Träumen auf – es verfolgte mich geradezu. Ich kehrte nicht nach St. Rémy zurück. Meine Eltern und mein Großvater Pierre waren der Pest zum Opfer gefallen. Zwischen meinem Bruder und mir hatte schon immer ein sehr gespanntes Verhältnis geherrscht. Mit ihm verband mich nichts mehr.

Ich überlegte, ob ich nicht wieder nach Carcassonne reiten und Monsignore Ammamien de Foix aufsuchen sollte. Doch ich schob die Reise dorthin unter allen möglichen Vorwänden immer wieder auf. Ich gab vor, etwas anderes tun zu müssen oder ein anderes Ziel zu haben. Allmählich gelangte ich zu der Einsicht, daß mich die Angst daran hinderte, nach Carcassonne zurückzukehren. Eine schwarze Tür, die sich nicht öffnen ließ, versperrte mir den Weg. Ich versuchte, mir einzureden, daß ich ja nur infolge meiner Empfänglichkeit für diese gespenstische Geschichte einem Anfall von Hysterie erlegen war. Trotzdem schlug ich nicht den Weg in die alte Stadt ein, wo die Geister der Katharer immer noch im Schatten lauerten.

So wurde ich schließlich, was ich im Grunde meines Herzens schon immer gewesen war – der Ewige Jude, auf dem sein Wissen, seine Geheimnisse und die Rolle des Sündenbocks schwer lasteten, die er seit vielen hundert Jahren zu spielen gezwungen war. Er schleppt die Ängste der Menschheit auf dem Buckel mit sich herum wie der Gaukler seinen Sack voller Tand und Flitterkram. Die Sterne über ihm erhellen seinen Weg mit ihrem gelben Schein und führen ihn doch in die Irre – er wandert durchs Leben auf einer Reise ohne Anfang und Ende.

Zu gegebener Zeit kehrte ich dann nach Toulouse zurück, wo ich mich mit einigen Alchimisten und Kabbalisten anfreundete, die dort eine blühende Enklave gebildet hatten. Ich ließ mich als Arzt nieder und ließ verbreiten, daß ich Patienten empfing. Wieder war mir mein Ruf vorausgeeilt. Zum großen Leidwesen der in Toulouse approbierten Ärzte konnte ich über mangelnden Zulauf wahrhaftig nicht klagen. Wie immer demonstrierte ich meine Frömmigkeit, indem ich täglich zur Frühmesse eilte, um in der Kirche niederzuknien und zu beten und übelmeinenden Mitmenschen den Wind aus den Segeln zu nehmen.

Eines Tages erhielt ich einen Brief aus Agen an der Garonne, im Herzogtum Guyenne gelegen, das an Navarra angrenzt. Jules-César de l'Escale, der sich Scaliger nannte, hatte sich an mich gewandt. Er war ein großer Gelehrter, der im gesamten Süden Frankreichs als einer der größten Denker unserer Zeit galt. Der Bischof von Agen hatte ihm von mir berichtet. Nun lud der Gelehrte mich ein, ihn zu besuchen.

Diese Aufforderung war so recht geschaffen, meine Fantasie anzuregen. Ich sehnte mich nach geistiger Anregung wie Scaliger sie mir bieten konnte. Das Herzogtum Guyenne kannte ich noch nicht. Ich konnte mir jedoch vorstellen, daß es dort eine angenehme Stadt gab, in der ich seßhaft werden und mich als Arzt niederlassen konnte. Ich war inzwischen dreißig Jahre alt und begann, den Gedanken an eine Heirat in Erwägung zu ziehen.

Ich hatte mich schon oft gefragt, warum ich so gar keine Neigung verspürte, irgendwo seßhaft zu werden und eine Familie zu gründen. Nach den in Avignon gemachten Erfahrungen hatte ich meine Gefährtinnen der Nacht immer sorgfältig ausgewählt. Denen, die mich zu sehr erregten, ging ich tunlichst aus dem Weg. Sie hätten jene finstere Leidenschaft in mir entfesselt, die mich jede Selbstbeherrschung verlieren ließ. Ich hatte mir immer die gleiche Antwort auf diese Frage gegeben: die Zeit war noch nicht gekommen; ich mußte erst noch weitere Städte besuchen, noch viel mehr sehen und kennenlernen, die ganze Welt harrte meiner und es galt noch viele Fertigkeiten zu erwerben, bevor ich irgendwo Wurzeln schlagen konnte wie ein Baum.

Ich sagte mir, daß ich vielleicht in Agen heiraten würde.

Doch irgend etwas störte mich an dem Brief des Jules-César de l'Escale. Der Bischof von Agen hatte mich ihm empfohlen, was mir im ersten Augenblick recht harmlos erschien. Doch als ich Erkundigungen einzog, erfuhr ich, daß dieser Bischof kein einfacher Prälat, sondern ein einflußreicher Mann und hoher, geistlicher Würdenträger war; ein reicher Adeliger, der der Ratsversammlung des Königs angehörte und in ganz Frankreich eine Anzahl von reichen Diözesen innehatte. Agen war nur eine von zahlreichen Städten, deren Einkünfte wie ein goldener Wasserfall in seine stets weit geöffneten Schatztruhen hinabregneten. Der Bischof von Agen war nämlich kein anderer als Jean, der Kardinal von Lothringen.

Ich fühlte mich zwischen widerstreitenden Sehnsüchten hin- und hergerissen. Die Aussicht, mit Scaliger zusammenzutreffen, erschien mir sehr verlockend. Seine Bitte, mich bei ihm einzufinden, schmeichelte meinem Intellekt und kam meinem Ehrgeiz sehr entgegen; denn ein Mann mit seinen Verbindungen konnte mir die vornehmsten Patienten verschaffen und mich mit Mäzenen von Stand zusammenbringen. Obwohl ich ein ungutes Gefühl hatte, war ich doch auch neugierig auf Jean von Lothringen. Ich wollte wissen, was für ein Mensch er war. Was war des Rätsels Lösung?

Unentschlossen erwog ich das Für und Wider, wurde willenlos hin- und hergeworfen wie ein Schiff bei stürmischer See. Ich schlief immer schlechter und erwachte schweißgebadet aus Träumen, an die ich mich dann nur noch zur Hälfte erinnern konnte. Die Gesichter des Kardinals von Lothringen und des Spielmanns von Montpellier verschmolzen im Traum zu einem einzigen Gesicht, glitten wieder auseinander. Sie spotteten meiner, verschmolzen wiederum und verschwanden.

Und dann hatte ich einen ganz deutlichen Traum – wie die Träume in meiner Kindheit und Jugendzeit. Als ich erwachte, stand mein Entschluß fest.

Ich hatte geträumt, ich wanderte eine endlose staubige Straße entlang. Sie verlief pfeilgerade. Dunst lag über der Straße. In weiter Ferne wurde sie von diffusem Licht verschluckt. Sie erinnerte an eine alte, römische Heerstraße, die auf dem direktesten Wege wie eine Lanze Hügel und Täler, Felder und Wälder durchschnitt. Es war, als habe hier der Wille des Menschen trotz der Einwände der Natur seine Macht beweisen wollen. Die Sonne hüllte alles in blendendes Licht, als wolle sie sich rächen, das dürre Buschwerk und das Gras am Straßenrand waren völlig ausgedörrt und erinnerten mich an die spärliche Vegetation in der Steinwüste von Craux. Ganz in der Nähe hatte ich meine Kindheit verbracht. Ich lief und lief, ging immer weiter, und doch hatte es den Anschein, als käme ich nicht von der Stelle; denn nichts veränderte sich. Es war drückend schwül und staubig. Die Sonne hüllte alles in gleißendes Licht. Ein Dunstschleier lag über der Landschaft.

Ich fühlte mich immer schwächer werden; denn ich litt entsetzlichen Durst. Kein Wasser weit und breit. Das Land war rissig und ausgedörrt, von der Sonne ausgeblichen, fast schon weiß. Am Straßenrand wuchsen ein paar kümmerliche, magere Bäume, krumm und gebeugt von der ständigen Sonnenglut, hinkenden, alten Männern ähnlich, die nicht mehr lange zu leben hatten. Ich versuchte, in der Ferne etwas zu erkennen, sah jedoch nur die Straße am Horizont im Dunst verschwinden und über mir die weiße Sonnenscheibe.

Ich taumelte und stolperte vor mich hin. Einmal fiel ich kopfüber in den Staub, atmete ihn ein und hatte einen sandigen Geschmack im Mund. Er drang mir in die Augen und blendete mich, doch ich hatte keine Tränen mehr. Die unbarmherzige Sonne hatte meinen Körper ausgedörrt und ihn schon längst des letzten Tropfen Wassers beraubt.

Wieder stürzte ich. Als ich mich mühselig wieder aufrichtete, stand sie vor mir, eine schlanke, kleine Frau mit großen, tief in den Höhlen liegenden, dunklen Augen, den Augen eines fremdartigen Waldgeistes. Ihr bleiches, farbloses Gesicht wirkte unter dem Gewicht der schweren, dunklen Haarflechten zart und zerbrechlich. Die Flechten wanden sich schlangengleich über ihrer Stirn. Dieses wunderschöne, unendlich zarte Geschöpf hielt ein bis an den Rand gefülltes Weinglas aus dunkelrotem, geschliffenem Kristall in der Hand. Unsere Blicke trafen sich für einen kurzen Moment. Unendliches Mitgefühl und große Verzweiflung standen ihr ins Gesicht geschrieben, als ob sie eine schwere Last auf ihren Schultern trüge, als sei ihr ein großes Leid widerfahren, das sie zu verzehren drohte. Etwas schien unaufhörlich an ihr zu nagen, so daß ihre blaugeäderten Augenlider zuckten und flatterten. Ich glaubte zuerst, sie habe Kummer. Doch dann begriff ich, daß ihre Sorge und Verzweiflung, ihr ganzes Mitgefühl, mir galten.

Ich verspürte einen schmerzhaften Stich im Herzen. Die Angst schnürte mir die Kehle zu. Etwas Unsichtbares peitschte die Luft um mich mit lautlosen Schwingen und folgte mir auf Schritt und Tritt – ein Schatten, der sich im gleißendem Licht als Sonnenstrahl ausgab. Ich drehte mich blitzschnell um, doch hinter mir lag nur die endlose Straße. Da wandte ich mich wieder der Frau zu und sah, daß sie in der blendenden Sonne einen riesenhaften Schatten warf, der sich wie die gigantische Silhouette einer dunklen, gesichtslosen Göttin von ihren Füßen ausgehend, im weißen Staub der Straße erstreckte. Der Schatten schien mir Wirklichkeit, die Frau nur Schatten zu sein. Ich trank den Wein, fühlte mich ungeheuer erleichtert und schloß erschöpft die Augen. Als ich sie wieder aufschlug, war sie verschwunden, doch den roten Becher mit dem Bodensatz darin, hatte sie zurückgelassen.

Nach diesem Traum wußte ich, daß ich nach Agen mußte – war ich doch der festen Überzeugung, dort diese Frau wiederzutreffen. In meiner Verblendung hielt ich sie für die Frau, die einmal meine Gattin werden sollte. Ich bildete mir ein, sie sei ein lebendiger Mensch und hegte nicht die geringsten Zweifel. Ich glaubte, nun endlich Hochzeit feiern zu können, um mein ruheloses Wanderleben zu beenden. Doch Träume lügen nicht. Nur versteht sie der Träumende oft nicht richtig zu deuten.

IX

Als ich auf meinem Maultier durch das Stadttor von Agen
einritt, rechnete ich fest mit irgendeinem Vorboten – erwartete ein Zeichen, das mir bestätigte, daß hier meine Zukunft
lag. Wie ein abergläubischer Heide hielt ich Ausschau nach
einer zu Boden gleitenden Vogelfeder, einer Wolke, die sich
vor die Sonne schob und ließ meinen Blick gen Himmel
schweifen in der Hoffnung, eines Falken ansichtig zu werden, aus dessen Flug ich auf mein Schicksal schließen
konnte. Ich sehnte mich nach einem Zeichen, das meine
Ängste beschwichtigen und meine bösen Träume und Vorahnungen Lügen strafen würde. Agen lag scheu und spröde
wie ein Mädchen im heiratsfähigen Alter am Ufer der Garonne hingestreckt – blitzsauer, schneeweiß und fast schon
antiseptisch in der trockenen, belebenden Luft. Größe und
Eleganz der Häuser zeugten vom Reichtum der Stadt. Die Bewohner setzten offenbar ihren Stolz darein, die Straßen sauberzuhalten. Alles sprach für den Wohlstand der Bürger. Zufriedenheit spiegelte sich in ihren Gesichtern.

Das erwartete Omen blieb aus. Ich mietete mich in einem
Gasthof ein und horchte den Wirt aus, um von ihm etwas
über meinen künftigen Gastgeber zu erfahren.

Der Wirt berichtete, Scaliger habe die Stadt verlassen, als
sie das letztemal von der Pest heimgesucht wurde, und residiere jetzt in dem eleganten Landhaus der l'Escale außerhalb
der Stadtmauern, von dem aus man einen schönen Blick auf
den Fluß habe. Er war offenbar sehr begütert und so hochgeachtet, daß ihn die Bürger der Stadt zum Konsul ernannt hatten. Der Wirt nannte ihn einen wunderbaren Mann, einen
Weisen und großartigen Menschen. Alle Gelehrten von Guyenne, der Gascogne, dem Languedoc und Navarra würden
ihn stets auf dem Weg nach Nérac, Pau, Bordeaux, Toulouse,
Montpellier und Carcassonne in seinem Landgut aufzusuchen pflegen. Ein Edelmann, der einem Prinzen königlichen
Geblüts in nichts nachstehe, mit einer wunderschönen, jungen Frau verheiratet und Vater eines entzückenden, dreijährigen Sohnes.

Das klang wahrhaft ehrfurchtgebietend. Wenn ich dem Wirt Glauben schenken durfte, war dieser Mann einer der größten Geister unserer Zeit. Ich hielt mich für unwürdig, seine Bekanntschaft zu machen und fürchtete, seiner nicht wert zu sein. Was hatte ich ihm schon zu bieten? Reichten meine Talente aus, ihn zu meinem Mentor zu machen? In der trockenen, staubigen Luft von Agen suchte ich weiter nach Gründen, die mein Hiersein rechtfertigten.

Er überragte mich und verneigte sich vor mir mit theatralischer Geziertheit. Er hatte ein sicheres, stolzes Auftreten und war von kräftiger Gestalt. Seine wilde, schwarze Löwenmähne und sein lockiger Bart umrahmten in beabsichtigter Wirrnis sein mächtiges Haupt. Als er mich mit seinen kalten, hellgrauen Augen ansah, erkannte ich augenblicklich, daß er sich stets auf höchster, geistiger Ebene bewegte.

»Euer Besuch ehrt mich sehr, Maître de Notredame«, begrüßte er mich. Er sprach in angemessenem Ton. Selbst seine Stimme zeugte von seiner Kultiviertheit. Ich konnte nicht umhin, wie ein Kind mit ihm zu sprechen – als sei er mein gestrenger, angebeteter Vater.

Sein stolzes Auftreten war durchaus begründet: denn er nahm für sich in Anspruch, von einem erlauchten Hause in Verona abzustammen. Die einfache Landbevölkerung von Guyenne wußte nicht recht, was sie von diesem majestätischen, selbstherrlichen Manne mit dem unberechenbaren, italienischen Naturell, den plötzlichen Anfällen von Jähzorn oder Eiseskälte halten sollte. Er war in Agen hochgeachtet, doch die Leute fürchteten ihn.

»Sie wollen nicht einsehen, daß der Intellekt eines jeden Menschen Gott ist«, verkündete er mir. »Wir beide sind Brüder im Geiste. Wir haben die Gipfel des Berges erklommen und das reine Licht des Geistes erblickt – ungetrübt und unbefleckt von trivialen Emotionen, von banalen Sehnsüchten. Daher ist es ganz natürlich, wenn man mich fürchtet.« Er sah mich unter seinen dichten Brauen hervor eindringlich an. »Die Menschen fürchten immer, was sie nicht begreifen.«

Der zerbrechliche Glanz der Polemik war sein Lebenselixier. Sein Ruhm als Gelehrter beruhte zum Teil auf dem boshaften Briefwechsel mit Erasmus von Rotterdam. Die beiden Gelehrten waren sich hinsichtlich ihrer unterschiedlichen Auffassungen vom Humanismus immer wieder in die Haare geraten, hatten wissenschaftliche Abhandlungen in Latein veröffentlicht und einander in eleganter Prosa in Stücke gerissen. Ich war beeindruckt und fest davon überzeugt, bei diesem Manne hinreichend Anregung für den Rest meines Lebens finden zu können. Denn erst von einem größeren Geist inspiriert, schwingt sich mein Geist zu Höhenflügen auf.

Ich konnte mir beim besten Willen nicht vorstellen, warum diesem großen Manne daran gelegen war, meine Bekanntschaft zu machen. Auch er galt als hervorragender Arzt. Überall in Frankreich und Italien hatte er Freunde und Gefährten, die sich in geistiger Hinsicht mit ihm messen konnten. Sorgenvoll sagte ich mir, daß ja nicht Scalinger selbst, sondern Kardinal Jean von Lothringen unsere Begegnung herbeigeführt hatte.

Ich zog in sein Haus – vorübergehend, hieß es – bis ich mich als Arzt niedergelassen und mir selbst ein Haus gekauft haben würde. Mit einer für ihn ganz bezeichnenden, theatralischen Geste breitete er die Arme aus, als gedenke er seinen gesamten Besitz mit den Händen zu umfassen.

»Fühlt Euch hier ganz wie zu Hause. Alles steht Euch zu Diensten«, sagte er.

Scaligers junge Gemahlin, Andiette de la Roque-Loubéjac, zählte kaum zwanzig Jahre. Sie hielt sich bei ihren Eltern in der Gascogne auf, als ich in Agen eintraf. Ich stellte sie mir als unauffällige Frau von angenehmer Wesensart vor, farblos und nachgiebig. Obwohl ich bisher kaum einen Gedanken auf sie verwandt hatte, war ich ganz sicher, daß sie im Schatten dieses dominierenden Mannes mit seiner magnetischen Anziehungskraft ein ruhiges, ereignisloses Leben führte.

Doch als ich sie dann an der Abendtafel zu sehen bekam, konnte ich sie nur fassungslos anstarren. Ich hatte gerade mein Weinglas zum Mund führen wollen, doch meine Hand hielt mitten in der Bewegung inne. Sie war klein und schlank, überaus zartgliedrig, eine wunderschöne, zerbrechliche Frau mit bleichem Gesicht. Das Gewicht ihrer schweren, dunklen Haarflechten schien sie niederzudrücken, und aus ihren dunklen, tief in den Höhlen liegenden Augen sprach vollstes Verständnis und Mitgefühl. Das erkannte ich sogleich, als mich ihre dunklen Augen streiften, bevor ihr Blick weiterglitt wie Wasser über bemoostes Felsgestein.

Da schien mir höchste Eile geboten. Ich mußte so rasch wie möglich ein Haus in Agen erwerben und ein Mädchen aus der Stadt mit einer ausreichenden Mitgift zur Frau nehmen. Andernfalls wäre ich unrettbar verloren. Ich schalt mich wegen meiner Dummheit. War ich denn mit Blindheit geschlagen gewesen? Aber wie hätte ich auch ahnen sollen, daß die Frau, die mir im Traum erschienen war, die Lebensspenderin in einer ausgedörrten, sterbenden Landschaft, ausgerechnet Scaligers Frau war? Noch nie war mir ein Mann begegnet, dem ich solche Bewunderung zollte wie Jules-César de l'Escale. Ich war nicht bereit, die für mich so kostbare Bekanntschaft mit ihm wie wertlosen Tand wegzuwerfen, weil mich ein geheimnisvoller Zauber so an seine Gemahlin fesselte, daß ich mich unwiderstehlich zu ihr hingezogen fühlte. Doch war mir noch nie eine Frau begegnet, die ich so leidenschaftlich begehrte wie diese Zwanzigjährige.

Mein Ruhm war mir auch nach Agen vorausgeeilt. Die Bürger der Stadt konnten es kaum erwarten, sich dem berühmten Arzt aus der Provence anzuvertrauen, von dem es hieß, er sei der todbringenden Seuche buchstäblich ganz allein Herr geworden. Binnen kurzem hatte ich so großen Zulauf, daß meine Praxis ständig überfüllt war, und nahm soviel Gold ein, daß ich mir ein kleines Haus in der Rue de St. Georges gegenüber der wunderschönen, alten Kirche St. Hilaire kaufen konnte. Es ergab sich, daß die Umstände wieder einmal meinen geheimsten Wünschen entgegenkamen, über die ich mir wohl selbst nicht recht im klaren gewesen war. Das engmaschige Netz meines Schicksals zog sich immer enger um mich. Denn der Mann, dem das Grundstück mit dem Haus, das ich erwarb, gehörte, hatte eine junge Tochter namens Blanche. Er drang darauf, uns miteinander bekanntzumachen.

Er lud mich zu sich ein. Ich empfand sogleich Mitleid mit der jungen Frau, die wie eine Holzpuppe ausstaffiert und mit Schmuck behängt war. Offensichtlich hatte man sie mit dem Gerede über den berühmten Doktor, der ihr möglicherweise einen Heiratsantrag machen würde, in Angst und Schrecken versetzt. In ihrer Unschuld, ihrer Sanftmut und dem Bestreben, es allen recht zu machen, war sie wie gelähmt vor Scheu. Von einem auf rührende Weise zur Schau getragenen Stolz erfüllt, saß sie am Tisch, die Hände ineinander verkrampft, die graublauen Augen verschreckt aufgerissen. Mit durchgedrücktem Rückgrat und hocherhobenen Hauptes saß sie da, und litt Todesqualen. Ihre Knöchel traten schneeweiß hervor, als sie so verängstigt die Hände rang.

Unendlich behutsam versuchte ich, sie mit ins Gespräch zu ziehen, um zu sehen, was für ein Mensch sich hinter der anerzogenen Fassade verbarg. Ihr mußte eine sehr strenge Erziehung aufoktroiert worden sein. Ich erkannte bald, daß sie noch gänzlich ungeformt, sozusagen gestaltlos war wie ein unbeschriebenes Blatt. Ein maßloses, nicht zu unterdrückendes Mitleid erfaßte mich.

Eine innere Stimme warnte mich und gab mir zu bedenken, daß Mitleid nicht unbedingt die richtige Basis für eine Ehe sei, daß ich mit ihrer Hilfe lediglich der Begierde zu entfliehen suchte, der ich mich nicht zu stellen wagte. Ich brachte diese Stimme zum Schweigen, indem ich voller Bewunderung die Wolke hellen Haares, die glatte, weiße Haut ihres Nackens und ihrer Schultern, die noch kaum erblühten Rundungen ihres unschuldigen Leibes und den zarten Schwung ihrer Nase und ihrer Lippen betrachtete. Sie war ein seidener Kokon, ein Umhang aus zarten Federn, der mich vor der Kälte der Nacht schützte. Sie würde alles tun, worum ich sie bat und mich dafür noch lieben.

Ich fügte mich in mein Schicksal. Es machte mich stolz, daß ich solche Macht über sie besaß. Ich sonnte mich in dem Glück und der Freude, die aus ihren Augen strahlte, als sie sicher sein konnte, daß sie mir gefiel. Ich zog mich in den Kokon zurück und machte mich sogleich daran, alle Gedanken an Andiette de la Roque-Loubéjac aus meinem Bewußtsein zu tilgen. Als ich ihr im Hause von Scaliger wieder begegnete, vermied ich es, ihr in die Augen zu sehen. Ich konnte nicht in Erfahrung bringen, ob auch sie mich wiedererkannt, ob auch sie einen so heftigen Stich im Herzen verspürt hatte, als hacke ein Habicht mit dem Schnabel auf sie ein, als sie meiner zum erstenmal ansichtig wurde. Mit einer unendlichen Hybris, die ich fälschlicherweise für Klugheit hielt, redete ich mir ein, es sei mir gelungen, die bösen Vorzeichen zu überlisten.

Die ersten beiden Jahre nach meiner Heirat lebte ich glücklich und zufrieden. Es war die Ruhe in dem seidenen Kokon, die gedankenlose Betäubung und Erstarrung unter dem schützenden Mantel aus Federn. Alles was mich in meiner Jugend gequält und verfolgt hatte, schien endlich von mir abgefallen zu sein. Ich fühlte mich befreit und führte ein Leben wie andere Männer auch. Mit meiner Frau war ich sehr glücklich; denn sie war sanftmütig, nachgiebig und überaus liebevoll. Sie war mir unendlich dankbar dafür, daß ich sie zur Frau genommen hatte. Dadurch fühlte ich mich stark, und die dunklen Ströme der Leidenschaft, die einst in mir getost hatten, waren versiegt. Sie stellte niemals Fragen, nahm keinen Anstoß an meinen Launen und Stimmungen und ließ mich in Ruhe arbeiten. Sie beklagte sich auch nicht, wenn ich sie abends alleinließ, um Scaliger in seinem Hause aufzusuchen; denn sie hielt sich für unwürdig, in diesen Kreis von Gelehrten aufgenommen zu werden. Ein Jahr nach der Hochzeit schenkte sie mir einen Sohn.

Meine Arztpraxis ging glänzend. Das Geschäft blühte und mein Vermögen wuchs. Meine wenigen freien Stunden verbrachte ich zumeist in der Gesellschaft von Scaliger. Ich beobachtete fasziniert, wie sein brillanter Geist sich über jedes Thema ausließ, über das sich je ein Mensch Gedanken gemacht hatte – von Aristoteles, Galen und Hippokrates bis zu den Dogmen der Kirche, der korrupten Geistlichkeit, den ketzerischen Lehren Luthers und Calvins, von der Astrologie bis zur Philosophie, Rhetorik und klassischen Literatur. Ich lernte Geistesgrößen aus ganz Europa kennen, die eigens nach Agen gekommen waren, um den berühmten Gelehrten aufzusuchen. Ich erfuhr aus berufenem Munde, was es auf dem Gebiete der Medizin, Theologie, Architektur und der Poesie Neues gab und was bald eine Blütezeit erleben würde. Wie ein Verdurstender nahm ich alles in mich auf. Ich sog mich voll, schlang alles in mich hinein, war unersättlich und konnte nicht genug bekommen.

So verbrachte ich unzählige Abende in den Häusern des Geistesadels. Der Kreis um Scaliger war eine Brutstätte für theologische Streitgespräche. Aufgrund seines messerscharfen Verstandes machte es ihm Freude, Themen regelrecht zu sezieren, die strenggläubige Christen niemals angeschnitten hätten. Orthodox konnte man ihn wahrhaftig nicht nennen. Er empfing Besucher aus Calvins Enklave in Genf, aus Deutschland, Besucher vom Hofe der Königin Margarete von Navarra in Nérac jenseits der Garonne und aus anderen Gegenden Europas, wo noch Gedankenfreiheit herrschte. Ich mußte an die erstickende, starre Lehrmeinung zurückdenken, die man mir in Avignon und Montpellier aufgezwungen hatte. Dagegen fühlte ich mich hier wie im Himmel.

So verging auch das zweite Jahr. Nach Ablauf dieser Zeit brachte Blanche eine Tochter zur Welt, und meine Praxis war so überlaufen, daß ich gezwungen war, Leute abzuweisen. Ich aß so gut und reichhaltig, daß ich ganz behäbig wurde. Allmählich gelangte ich zu der Überzeugung, daß ich mein ganzes Leben hier in Agen zubringen würde – schlaftrunken, träge, gelassen, von der Sonne erwärmt, von meiner Gattin liebevoll umsorgt, vom Lächeln meiner Kinder begleitet. Geistige Anregung würde mir stets durch die edle Gesellschaft zuteil werden, die mich in ihre Mitte aufgenommen hatte.

Ich muß mich sogar jetzt noch über die Fähigkeit des Menschen wundern, sich den stärksten Bedürfnissen seiner Seele gegenüber blind und taub zu stellen, wenn diese seine Absichten vereiteln würden. Doch im Nachhinein ist das leicht gesagt.

X

Scaliger berichtete mir, er habe eine Einladung zum Diner im Schloß des Bischofs von Agen erhalten. Dieser befinde sich gerade auf einer seiner seltenen Rundreisen zu seinen weit verstreut liegenden Diözesen und Abteien und residiere daher vorübergehend in Agen. Jean von Lothringen zählte nun die Erzbistümer von Reims, Lyon, Narbonne, Metz, Toul, Verdun, Theroenne, Luçon, Albi, Valence, Nantes und Agen zu seinen Pfründen. Ferner die Abteien von Cluny, Marmoutiers, Saint-Ouen, Gorze und Fécamp. Er war der reichste Kirchenfürst Frankreichs.

Ich erschrak maßlos, als ich erfuhr, daß der Kardinal Scaliger aufgefordert hatte, mich zum Diner mitzubringen. Von schlimmsten Ahnungen erfüllt nahm ich die Einladung an. Es war nicht schwer zu erraten, warum Jean von Lothringen mich zu sehen wünschte. Mein Ruf als Arzt war auch bis zu ihm vorgedrungen. Und Scaliger hatte sich auf seinen Rat hin veranlaßt gesehen, mir zu schreiben. Doch ein ungutes Gefühl beschlich mich, drang durch meinen Kokon aus Seide und unter meinen schützenden Mantel aus Federn.

Der Kardinal von Lothringen war damals neununddreißig Jahre alt und stand in einem ungewöhnlichen Ruf. Es hieß, einen Verschwender wie ihn habe es unter den Kardinälen noch nie gegeben. Er pflegte die Einkünfte aus seinen Pfründen auf unverantwortliche Weise durchzubringen. Er feiere extravagante Feste, erstände von den ungeheuren Einkünften seltene Kunstwerke und erkaufe damit die Gunst seiner zahlreichen Mätressen. Bei Hofe gehörte er nicht nur der Ratsversammlung des Königs an, er betätige sich auch als Kuppler für den König. Dieser Aufgabe erledige er so gewissenhaft, daß er die ›Ware‹ stets zuvor selbst erprobe. Man sagte ihm nach, keine Frau sei vor ihm sicher, wenn er einmal ein Auge auf sie geworfen hatte.

Und der Blick seiner hellen Augen traf gleichermaßen junge Frauen wie Frauen in mittleren Jahren, verheiratete und ledige, schöne und weniger schöne Frauen. Ich sagte mir, daß dieses Bankett zumindest sehr lehrreich sein und mich um eine Erfahrung reicher machen würde, wenn es mir sonst schon nichts einbrachte. Noch nie war ich bei einem Adligen so hoher Abstammung zu Gast gewesen wie es dieser ausschweifende, liederlicher Urenkel von König René d'Anjou war.

Das Schloß von Agen war nicht sehr groß, doch ich hatte noch nie an ein und demselben Ort eine so große Sammlung erlesener Kunstschätze gesehen. Der große Saal, in dem das Bankett stattfand, schimmerte, glitzerte und strahlte im Glanze seiner Gobelins, Gemälde, Skulpturen, goldenen Kandelaber, Alabastervasen und Golddraperien. Der Schein von über hundert duftenden Wachskerzen erhellte die Freskomalereien an der Decke und ließ die seidenen Roben sowie die Juwelen der anwesenden Gäste aufleuchten.

Jean von Lothringen hatte nur zwölf Gäste geladen – angesichts der Zurschaustellung solchen Pomps eine lächerlich kleine Gesellschaft. Die meisten waren mir nicht bekannt. Sie gehörten wohl zum Gefolge des Kardinals oder zum Königshof von Navarra, wo er noch vor kurzem zu Gast gewesen war. Ich kannte nur Scaliger und Philibert Sarazin, einen Lehrer von Agen und berüchtigten Calvinisten. War der Kardinal auch ansonsten ein Ästhet, so wurde er doch in religiösen Dingen von keinerlei Skrupeln geplagt. Da war er weit großzügiger als in Geschmacksfragen. Er begrüßte Sarazin als alten Freund und bat ihn, an der großen Tafel ganz in seiner Nähe Platz zu nehmen.

Mein Platz war zwischen Madame Jeanne Musset de Moncille, einer Hofdame der Königin von Navarra und einem Dominikanermönch, der von dem Reichtum und der Ausgelassenheit ringsum nicht im geringsten beeindruckt zu sein schien. In aller Ruhe trank er seinen Wein. In seinen Mundwinkeln saß wie festgefroren ein höfliches Lächeln. Die Gespräche mit meinen beiden Tischnachbarn verliefen höflich und nichtssagend. Obwohl Madame de Musset eine anziehende, äußerst charmante Dame war, mußte ich immer wieder den Kardinal von Lothringen ansehen, dem mein ganzes Interesse galt. Er räkelte sich an der Spitze der Tafel in einem kunstvoll geschnitzten Sessel, lachte ununterbrochen und gab obszöne Geschichten zum besten. Zwischendurch steckte er der reichgekleideten Dame zu seiner Rechten kandierte Früchte in den Mund. Sie schmiegte sich hingebungsvoll an ihn.

Als wir einander vorgestellt worden waren, war ganz kurz Interesse in seinem Blick aufgeflackert. Doch bei Tisch ignorierte er mich dann geflissentlich. Ich begriff sein Verhalten nicht. Schließlich hatte er doch darauf bestanden, daß ich zu diesem Bankett geladen wurde. Beunruhigt betrachtete ich die großen in der Halle aufgestellten Fahnen – die viergeteilten Lilien von Anjou und Sizilien, die karmesinroten Querbalken Ungarns, das Kreuz Jerusalems, mit den zwei Querbalken und die silbernen Adlerschwingen Lothringens. Ich beschloß, mir den Abend nicht verderben zu lassen und das Mahl zu genießen.

Wir hatten bereits Torte, kalten Spargel, Gänseleber und Hirschbraten verspeist, als die Diener Tabletts mit Kapaunen und Tauben hereintrugen. Mir war schon ganz wirr im Kopf. Immer, wenn mein Wein zur Neige ging, wurde wie von Zauberhand von einem der Pagen wieder nachgeschenkt. Madame de Musset neigte sich mir zu und flüsterte mir etwas ins Ohr. Der Duft ihres Parfums stieg mir in die Nase – Rosenöl – und mischte sich mit dem Geruch von Wild, Gans, Kapaun und menschlichem Schweiß.

»Ist Euch bekannt«, sagte sie leise, »daß der Kardinal immer eine prallbestückte Börse bei sich trägt? Jeden Tag füllt er sie mit drei- oder vierhundert Talern. Und wann immer er auf einen Armen trifft, greift er in die Börse und gibt dem Armen, was er herauszieht, ohne auch nur nachzuzählen. Er soll der großzügigste Mensch auf der Welt sein. Als er einmal durch Rom wandelte, bat ihn ein armer Blinder um ein Almosen. Und wie es seine Gewohnheit war, reichte er ihm eine Handvoll Gold. Da rief der Blinde aus: ›Ihr müßt Christus sein – oder aber der Kardinal von Lothringen!‹ Ist das nicht eine allerliebste Geschichte?«

Ja, wirklich entzückend, dachte ich, während der bewundernde Blick der Dame auf dem goldblonden Kirchenfürsten ruhte. Er streckte sich gerade wollüstig, lachte aus vollem

Halse und rezitierte obsöne Verse. Einen Arm hatte er der Dame zu seiner Rechten um den Hals gelegt, die andere Hand war im Dekollete der Dame zu seiner Linken versunken. Er war offenbar schon stark angetrunken. Doch er ließ seine kornblumenblauen Augen immer wieder über die ausgelassene Tafelrunde schweifen, und ich stellte fest, daß ihm nichts entging. In seinem Blick lauerte eine versteckte Wachsamkeit, die alles registrierte. Er ließ keinen seiner Gäste auch nur eine Sekunde unbeobachtet. Doch das wäre kaum einem aufgefallen. Widerstrebend mußte ich mir eingestehen, daß ich mich in ihm getäuscht hatte. Er war ganz und gar nicht der eitle, angeheiterte Sybarit, als der er sich ausgab. Ich hielt nach Scaliger Ausschau, um ihn über unseren sonderbaren Gastgeber befragen zu können, doch mein Freund war in ein lebhaftes Gespräch mit seinem korpulenten Tischnachbarn vertieft. Mein Blick streifte den Kardinal, der im gleichen Augenblick aufsah. Er nickte mir freundlich zu und schenkte mir ein liebenswürdiges Lächeln. Dann wandte er sich wieder seinen Damen zu.

Ich spürte einen Stich und hatte ganz deutlich das Gefühl des Wiedererkennens wie schon einmal vor langer Zeit in Avignon, als er ein junger Mann von zwanzig und ich ein Junge von fünfzehn Jahren gewesen war. Dieser Mann besaß eine unfaßbare Macht. Wie gebannt starrte ich ihm ins Gesicht, um meinem Gedächtnis, das mich so schnöde im Stich ließ, wieder auf die Sprünge zu helfen. Das ausschweifende Leben, das er all die Jahre geführt hatte, war nicht spurlos an ihm vorübergegangen. Er hatte Säcke unter den Augen und war auch nicht mehr so schlank wie ehedem. Doch er sah immer noch blendend aus und strahlte einen unwiderstehlichen Charme aus.

Sein Blick traf den finsteren Dominikanermönch an meiner Seite. Es schien mir, als herrsche ein geheimes Einverständnis zwischen ihnen. Doch inzwischen hatten die Diener Spanferkel und Pfauen in weißer Sauce serviert. Die Musikanten standen wartend in der Halle. Ein paar der Gäste waren schon sinnlos betrunken. Andere wiederum benahmen sich immer roher und rüpelhafter je weiter der Abend fortschritt. Mein schwarzgewandeter Tischnachbar, der den ganzen Abend über kaum ein Wort gesagt hatte, dem jedoch offenbar nichts entgangen war, beschäftigte mich immer mehr.

Dieses erstaunliche Festmahl amüsierte ihn ganz offensichtlich. Sein dunkles Gesicht hatte sich aufgehellt, seine Augen glitzerten ironisch und ließen offene Bewunderung für den Kardinal erkennen. Sein Name war Mathieu Bandello. Er drückte sich unbeholfen aus und sprach mit starkem italienischem Akzent. Sein Gesicht war so ausgemergelt, daß es an einen Totenschädel erinnerte, und doch war er kein häßlicher Mann. Immer wieder verzogen sich seine dünnen Lippen zu einem makabren, höhnischen Grinsen, zog er Grimassen. Eine schneeweiße Narbe verlief von seiner Stirn über die hohen Wangenknochen bis zum Kinn hinab.

Ich spürte, daß er mich häufig prüfend betrachtete, doch lag keine Feindseligkeit in seinem Blick. Daher empfand ich ihn auch nicht als unangenehm. Ich fragte ihn, was ihn nach Agen geführt habe. Es stellte sich heraus, daß er im Hause von Costanza Fregosi, einer italienischen Adligen, logierte, die er nach der Schlacht von Pavia von Venedig aus hierher begleitet hatte. Man sagte ihm nach, er sei damals Agent der Franzosen gewesen. Er hatte mit dem gesamten Adel Italiens Verbindung und den beschwerlichen Weg über die Alpen regelmäßig zurückgelegt, um denjenigen Sendschreiben und Botschaften zu überbringen, in deren Diensten er stand. Er hatte auch den Ruf, ein begabter Poet zu sein. Scaliger war ihm einmal in Mantua begegnet.

Der Lautenspieler, der von einer Viole, einer Flöte und einer Pauke begleitet werden sollte, hatte sich inzwischen mit seinen Musikern auf die Galerie über uns begeben. Nun stimmte er sein Instrument. Ich konnte nicht umhin, voller Traurigkeit an den anderen Lautenspieler zu denken, den ich vor langer Zeit in Montpellier gehört hatte. Die tiefe Trauer, die aus seinen verschleierten Augen gesprochen hatte, würde ich wohl nie vergessen. – Alle Gespräche verstummten. Der Lautenspieler verneigte sich tief – erst vor dem Kardinal, dann vor der restlichen Tafelrunde. Schließlich begann er zu spielen.

Ich mußte wieder an den Kardinal denken, dem es so mühelos gelang, gleichzeitig Gott zu dienen und der Sinneslust zu frönen, ohne dabei in Gewissensnöte zu geraten. Doch während ich noch meinen Gedanken nachhing, wurde ich jäh in die Wirklichkeit zurückgerissen durch die klare, reine Stimme des Lautenspielers, die sich über das Gemurmel der Gäste erhob.

›Fruit de la nature
De très noble naissance,
Ida régnera
Dans la justice et la sainteté.

A la légitime comtesse de Bologne,
Avec un encens brûlant,
Chantons de pur chants,
Et aussi au Duc de Lorraine,
Le fondateur de la dynastie,
La Fleur de l'esprit chevaleresque,
Godefroi, l'honneur du cœur.‹

In meiner maßlosen Verwirrung warf ich mein Weinglas um. Der Wein bildete eine rote Lache auf dem Tischtuch, floß über den Tisch und ergoß sich über die Kante hinab auf meinen Schoß. Sogleich tauchte ein Page neben mir auf, um den Schaden zu beheben. Ich war so bestürzt, daß mir die abwegigsten Gedanken durch den Kopf gingen. Der Kardinal beobachtete den Lautenspieler aufmerksam, gab sich jedoch den Anschein, als schwatze er nur munter mit seinen Damen. Die Damen wiederum ließen den Kardinal nicht aus den Augen, und ich fühlte mich von Mathieu Bandello beobachtet, der die Mundwinkel zu einem schwachen Lächeln verzogen hatte.

Als der Lautenspieler seine Hymne beendete, begannen die Spielleute mit einem *chanson*. Da hat der Zufall seine Hand im Spiel gehabt, sagte ich mir – es kann gar nicht anders sein. Warum auch hätte er dieses alte Lied zu Ehren des Hauses Lothringen nicht spielen sollen? Ein zufälliges Zusammentreffen, das nichts zu bedeuten hat. Absolut nichts. Da wandte sich mir Mathieu Bandello mit einem liebenswürdigen Lächeln zu.

»Wenn Ihr Euch über die Alpen begebt«, meinte er leichthin, »so solltet Ihr nicht versäumen, dem Hof meines Herrn einen Besuch abzustatten.«

Ich wartete höflich darauf, daß er fortfuhr.

»Solche Vernunft herrscht an keinem anderen Hof in Italien«, erklärte er mir. »Die Gonzaga können auf vier Jahrhunderte in Ehren zurückblicken. Mein Herr, Don Ferrante de Gonzaga, der Graf von Guastalla, ist ein großartiger Heerführer. Doch auch ein Förderer der Künste, der sich stets mit Astrologen und Kabbalisten umgibt. Ihr würdet dort viele Gleichgesinnte antreffen.«

Wieder lächelte er freundlich. Aus unerfindlichen Gründen saß mir jedoch die Angst im Nacken. Etwas Unheilverkündendes lag in der Luft. Eine Woge des Grauens schlug über mir zusammen – zweifellos durch die Musik und die Erinnerungen, die sie in mir wachrief, ausgelöst. Ich versuchte, mit einem Scherz darauf zu erwidern.

»Soviel ich weiß, ist der Graf von Guastalla ein getreuer Untertan des Kaisers. Mich würde man wahrscheinlich als französischen Spion hängen, bevor ich auch nur Gelegenheit hätte, mein Astrolabium vorzuweisen.«

Natürlich hatte ich weder den Wunsch noch die Absicht, nach Mantua zu reisen. Ich lebte ganz zufrieden in der heiteren und einschläfernden Atmosphäre von Agen.

»Euch würde man willkommen heißen«, widersprach mir Mathieu Bandello. Er wartete gespannt auf meine Antwort. Mir wurde klar, daß er von mir erwartete, daß ich den Zusammenhang begriff. Ich sah jedoch keinen Zusammenhang. Verständnislos sah ich ihn an.

»In Mantua befinden sich viele heilige Reliquien«, erklärte der Mönch. »So auch eine Ampulle, die das Blut Unseres Herrn enthalten soll. Es heißt, der heilige Longinus habe es aufgefangen, als Unser Herr am Kreuze hing. Und mein Herr, der Graf von Gonzaga, besitzt einen bemerkenswerten, roten Porphyrkelch von außergewöhnlicher Schönheit und edler Herkunft, den ihm Antoine, Herzog von Lothringen, zum Geschenk gemacht hat. Dieser wiederum hat ihn von König René geerbt.«

Wieder schwieg er erwartungsvoll. Ich sagte nichts.

»Hat Euer Großvater Euch nie von König Renés heiligem Kelch erzählt?« fragte er mich.

»Ich habe nie von einem roten Porphyrkelch gehört«, erwiderte ich mit finsterer Miene. Der Kardinal von Lothringen betrachtete mich nachdenklich vom anderen Ende der Tafel aus. Wieder gönnte er mir ein so liebenswürdiges Lächeln, daß es war, als werfe mir ein junges Mädchen einen Blumenstrauß zu. Doch diesmal erwiderte ich es nicht.

Bandello machte eine Art Rückzug. Dieser finstere Dominikanermönch mit der häßlichen Narbe im Gesicht war ein ausgezeichneter Schachspieler. »Es soll der Kelch sein, in dem unser Herr auf der Hochzeit von Kanaan Wasser in Wein verwandelt hat.«

»Auch Frankreich ist reich an heiligen Reliquien«, erwiderte ich finster. »Ich brauche nicht nach Mantua zu reisen, um derlei Dinge zu sehen. Was wißt Ihr von meinem Großvater, Fra Bandello, und was wollt Ihr von mir?«

Er machte eine Geste, wie um seine Unschuld zu beteuern und lächelte mich wieder liebenswürdig an. »Ich weiß nur, daß Euer Großvater in König Renés Diensten stand«, sagte er achselzuckend.

Forschend sah ich in seine dunklen Augen. Er schien mir jedoch nichts verbergen zu wollen. Ruhig und mitfühlend erwiderte er meinen Blick. Die lange, weiße Narbe erschien mir als Naht, mit der die asketische Maske auf das darunterliegende, wahre Ich des Mönchs genäht war, das niemand kannte.

»Fra Bandello«, wandte ich mich an ihn, »ist Euch je ein fahrender Sänger und Spielmann begegnet, der sich Plantard nannte?«

Er sah mich mit einem ruhigen Blick voller Unschuld aus seinen sanften, dunklen Augen an. »Sagtet Ihr Plantard? Was für ein seltsamer Name. Ich glaube nicht, daß er mir je begegnet ist. Versteht er sein Handwerk?«

»Ich weiß nicht einmal, ob er noch am Leben ist. Es ist schon so lange her, seit ich ihn erleben durfte. Ich habe nie wieder einen so guten Lautenspieler gehört – und eine Stimme hatte er – wie flüssiges Gold.«

»Dann bedaure ich aufrichtig, daß mir dieser Mann niemals begegnet ist. Der Kardinal ist übrigens selbst ein sehr begabter Lautenspieler. Und mir ist zu Ohren gekommen, daß sein Neffe Charles de Guise – erst vierzehn Jahre alt – dieses Talent sogar in ganz außergewöhnlichem Maße besitzt. Er spielt dieses Instrument wie kein anderer.« Mathieu Bandello sah mir lächelnd in die Augen. »Aber der beste Lautenspieler soll Herzog Charles von Bourbon gewesen sein, der geflohene Heerführer, der den König bei Pavia geschlagen hat. Wer ihn spielen gehört hat, erklärt, er habe Hände wie ein Engel.«

Du weißt es, Michel – du weißt, wohin der fahrende Sänger und Spielmann entschwunden ist. Hört man die Klänge der Laute dort schweben, wo sein bleicher Geist an der Stadtmauer der Ewigen Stadt umherhuscht?

Eine Minute verging, dann noch eine. Die Musik und das Gemurmel und Stimmengewirr ringsum summten und dröhnten mir in den Ohren. Nein, dachte ich. Es ist unmöglich. Nein.

»Fra Bandello«, wandte ich mich wieder an den Mönch. Ich war jetzt noch mehr auf der Hut; denn ich war schon ziemlich angetrunken. »Fra Bandello, ich weiß, daß Ihr etwas von mir wollt. Doch ich verstehe Euch nicht. Wünscht Ihr, daß ich mich in das politische Geschehen in Mantua einmische? Oder vielleicht in Lothringen? Ich bin hier in Agen glücklich. Ich bin ein getreuer Diener der katholischen Kirche und Seiner Allerchristlichsten Majestät. Über das übliche Geschwätz hinaus, das jedermann zu Ohren kommt, will ich nichts von Herzögen oder Prinzen wissen. Offenbar hat man mich aus einem ganz bestimmten Grunde zu diesem Bankett geladen. Doch ich sage Euch, daß ich kein Interesse dafür aufbringe, was es auch sei. Ich habe eine entzückende, junge Frau und zwei Kinder, eine gutgehende Praxis und ein schönes Haus. Wir können über Astrologie, über Medizin oder auch über theologische Fragen reden, wenn Euch das lieber ist. Doch von dem, worauf Ihr anspielt, wünsche ich nichts zu wissen.«

Mathieu Bandellos Antwort darauf war perlendes Gelächer, womit er mich verspottete.

»Bei Gott, Ihr seid ein überaus empfindlicher Mann«, meinte er dann. »Ihr sagt schon nein, bevor Ihr überhaupt wißt, was ich Euch zu sagen habe. Von Politik war nicht die Rede.« Wieder verzogen sich seine Lippen zu einem Lächeln voller Ironie. »Aus Euren Worten spricht Stolz, doch kein Verständnis. Ihr wollt nicht begreifen, daß Ihr von Anbeginn an an etwas beteiligt wart, was Euer Fassungsvermögen übersteigt. Es gibt vieles, was ein alter Mann einem Kinde nicht erklären kann.«

»Ihr quält mich nur, Fra Bandello. Aus unerfindlichen Gründen wollt Ihr mich wohl in Versuchung führen und ködern. Versucht es doch lieber bei Scaliger, der schon in Mantua war und zweifellos aus dem heiligen Kelch des Don Ferrante de Gonzaga getrunken hat. Ganz gleich, wie Ihr zu meinem Großvater standet – einen Treueeid leiste ich nur auf eigenen Wunsch.«

Da schien Bandello zu kapitulieren und sich in sich selbst zurückzuziehen. Vielleicht war ich nicht so, wie er erwartet hatte. Er schien enttäuscht. Doch ich hatte während unseres Gesprächs keinen Augenblick den Eindruck gehabt, daß er mir zürnte oder einen Groll gegen mich hegte. Vielmehr hatte er einen besorgten Eindruck gemacht – ganz so, als versuche er behutsam, mich auf etwas hinzuweisen, was ich hätte wissen sollen. Doch schien ich so mit Blindheit geschlagen, daß ich es nicht erkannte. Er holte tief Luft und stieß einen langen Seufzer aus. Dann trank er noch einen Schluck Wein.

Mein Zorn verebbte rasch. Ich fühlte mich schuldig, als hätte ich ihn verletzt und verärgert.

»Ich werde mir merken, daß Ihr mir den Grafen von Guastalla so ans Herz gelegt habt«, sagte ich in versöhnlichem Ton. »Doch glaube ich kaum, daß ich so bald nach Italien reisen werde. Meine Kinder sind noch zu klein für so eine weite

Reise, und ich möchte meine Frau nicht so lange alleinlassen.«

»Nein, nein, natürlich nicht.« Er sah mir direkt in die Augen. Das Mitgefühl und die Einsamkeit, die seine dunklen Züge prägten, waren nicht zu übersehen. Er langte in eine in den Falten seiner voluminösen Mönchskutte verborgene Tasche und zog etwas daraus hervor, das im Kerzenschein schimmerte. Es war ein goldener Ring mit einem Wappen, in welches das Bild eines Bären eingeprägt war. Freundlich reichte er mir das Schmuckstück.

»Nehmt diesen Ring. Er ist Euer. Eine Belohnung, wenn Ihr so wollt. Denn ohne es zu wissen, habt Ihr einmal in Montpellier einem Freund einen unschätzbaren Dienst erwiesen, als dieser in Not war. Und solltet Ihr je nach Mantua reisen, so wählt den Weg über Chambéry und Savoyen, dann über den St. Bernhard Paß nach Mailand. Wenn Ihr in Mantua eintrefft, zeigt meinem Herrn, Don Ferrante de Gonzaga, diesen Ring. Dann wird er wissen, daß unsere Wege sich gekreuzt haben.«

Der Ring erglänzte in seiner Hand. Ich wollte ihn nicht entgegennehmen und schaute weg. Da bemerkte ich den Blick der kornblumenblauen Augen des Kardinals von Lothringen, eindringlich auf mich gerichtet. Ich sah wieder auf den Ring. Etwas sehr Bedeutsames spielte sich ab, doch ich ahnte nicht, was es war. Als der Blick des Kardinals sich mit dem meinen kreuzte, breitete sich zwischen uns trotz des Stimmengewirrs und der Musik von Laute, Viole und Flöte ein endloses Schweigen aus. Nichts schien uns zu trennen.

Woher nur kenne ich dich? Tausend Jahre schon kenne ich dieses Gesicht...

Obwohl sich alles in mir dagegen wehrte und eine innere Stimme mich warnte, streckte ich doch die Hand nach dem Ring aus. Wahrscheinlich werde ich keinen dieser Menschen je wiedersehen, sagte ich mir, um mich zu rechtfertigen. Der Kardinal ist ein seltener Gast in Agen, und Bandello wird nach Italien zurückkehren.

»Ich danke Euch und werde es nicht vergessen. Aber wollt

Ihr mir nicht verraten, weshalb Euch soviel daran liegt, daß ich nach Mantua reise?«

Lächelnd erklärte Bandello: »Es soll eine Pilgerfahrt werden, Maître de Notredame. Zu dem roten Porphyrkelch von König Renè d'Anjou.«

XI

Sorgfältig studierte ich mein Horoskop. Saturn näherte sich dem Punkt, wo er Venus gegenüberstehen würde. Das war ein schlechtes Zeichen. Ich versuchte mir einzureden, daß dies zweifellos eine Enttäuschung bezüglich des neuen Hauses andeutete, das ich außerhalb von Agen zu kaufen gedachte.

Dann warf ich lange keinen Blick mehr auf mein eigenes Horoskop, sondern richtete statt dessen mein Augenmerk auf die Horoskope meiner Patienten. Auch stellte ich nicht wie gewöhnlich astrologische Berechnungen für meine Gemahlin und meine Kinder an. Wie umnebelt lebte ich im Dunstkreis des Geschehens, lebte am Rande der Ereignisse dahin, ohne ihrer gewahr zu werden. Ich vergrub mich wie ein Maulwurf und streckte kaum je auch nur den Kopf heraus. Vielleicht gehen wir mit voller Absicht blind durchs Leben, um uns einreden zu können, daß wir aus freiem Willen handeln und selbst über unser Leben bestimmen. Auf diese Weise entziehen wir uns jeglicher Verantwortung.

Einen Monat nach dem Bankett, bei dem ich Mathieu Bandello begegnet war, geriet mein behagliches Dasein durch einen Brief ins Wanken. Dieser wurde mir von einem Boten in einfachem Rock und langem Umhang überbracht, der sich mir nicht zu erkennen geben wollte, mir das Pergament nur schweigend reichte, sich wieder auf sein Pferd schwang und eilends davonritt. Schon bald war das Klappern der Pferdehufe auf den Pflastersteinen nicht mehr zu hören. Der Brief war nur kurz, ließ aber an Deutlichkeit nichts zu wünschen übrig.

An Maître Michel de Notredame in Agen.
Von Kardinal Jean von Lothringen, St. Germain-en-Laye.
Grüße.

›Auf Befehl seiner Allerchristlichen Majestät, König François, ist Louis de Rochette, Inquisitor für die Provinz Languedoc und das Herzogtum Guyenne von Toulouse aus *en route*, um der Ketzer, die in der Stadt Seiner Majestät ihr Unwesen treiben, habhaft zu werden und sie mit Stumpf und Stiel auszurotten. Wenn Ihr klug seid, verlaßt Ihr Agen und begebt Euch auf eine kleine Reise.‹

Fassungslos starrte ich auf den Brief. Ich fragte mich nicht, was ich tun und wohin ich mich wenden sollte, sondern warum sich dieser immens reiche Edelmann und hohe Kirchenfürst meinetwegen überhaupt den Kopf zerbrach.

Es überraschte mich nicht, daß der Inquisitor in Agen Ketzerei witterte; denn die Stadt war in der Tat damit schon ganz verseucht. Fast jeder Bürger von Bedeutung einschließlich Scaliger war mit hineingezogen worden. Calvins Lehren hatten bereits die Runde durch die Stadt gemacht. Es war vorauszusehen, daß früher oder später jemanden das Gewissen plagen und er die höchsten Stellen benachrichtigen würde.

Den Rat des Kardinals befolgend, reiste ich nach Bordeaux, um meinen Freund Nicolas de Vicheray, den Alchimisten, zu besuchen. Blanche und die Kinder nahm ich mit, nur die Dienstboten ließ ich im Haus zurück. Ich hatte mir nichts vorzuwerfen, mein Gewissen war rein. Wie auch andernorts, so hatte ich in Agen ebenfalls immer darauf geachtet, stets eine uneingeschränkte Frömmigkeit bei allen kirchlichen Zeremonien und vor allen kirchlichen Würdenträgern unter Beweis zu stellen.

Einen Monat darauf kehrten wir wieder nach Agen zurück. Bis dahin hatte sich der Tumult wieder gelegt. Die Sache glich mehr einer Farce als einer Tragödie, was zweifellos auf die geheime Intervention des Kardinals zurückzuführen war.

Louis de Rochette war Anfang März in Agen erschienen und hatte in der Kirche St. Fiary in einer langen, flammenden Predigt Tod und Verderben auf die Ketzer herabbeschworen. Er hatte die Bewohner der Stadt gedrängt, die Ketzer in ihrer

Mitte zu denunzieren. Diejenigen, die dieser heiligen Pflicht nachkamen, sollten reich belohnt werden.

Wie nicht anders zu erwarten, kam es zu zahlreichen Anzeigen. Über siebzig Menschen wurden der Ketzerei bezichtigt. Diese hohe Zahl setzte mich in Erstaunen. Damals überraschte es mich noch, feststellen zu müssen, daß gewöhnliche Leute, in deren Mitte ich lebte, weit weniger vernünftig waren, als ich angenommen hätte. Unter anderem wurden auch Philibert Sarazin und Jules-César de l'Escale beschuldigt.

Viele Menschen wurden ins Gefängnis geworfen. So auch Philibert de Sarazin. Doch der Inquisitor selbst hegte wohl insgeheim Sympathien für die Ketzer; denn er ließ es zu, daß Sarazin aus dem Gefängnis entkommen und die Stadt ungehindert verlassen konnte. Doch eine Woche darauf wurde Louis de Rochette festgenommen. Man bezichtete ihn der Sodomie, warf ihm unzüchtige, widernatürliche Handlungen vor, zweifellos, um damit zu vertuschen, daß der Inquisitor selbst den Irrlehren erlegen war. Von einem waffenstarrenden Trupp geleitet, wurde dieser nach Toulouse zurückgebracht, wo er auf dem Scheiterhaufen sein Leben lassen mußte.

Ein Inquisitor namens Antoine Richard trat seine Nachfolge an. Zum Entsetzen des Tribunals in Toulouse ließ sich auch dieser Inquisitor von der Doktrin Calvins beeinflussen. Nur wenige Tage später wurde er festgenommen, dann auf dem Hauptplatz der Stadt verbrannt. Nach ihm wurde ein dritter Inquisitor ernannt, um die Ketzer unschädlich zu machen.

Scaliger hatte Glück. Er besaß genügend Verstand, um eine brillante, überzeugende Verteidigungsrede zu halten. Weit wichtiger aber war die Tatsache, daß er vor Geschworenen zu den Vorwürfen Stellung nehmen konnte, die aufgrund ihrer Kenntnisse und seines Rufes voreingenommen waren und auf seiner Seite standen. Dabei stärkte ihnen natürlich der überaus mächtige Kardinal von Lothringen den Rücken. Obgleich er nicht unmittelbar in das Geschehen eingreifen konnte, wenn der König eine Inquisition befohlen hatte, so stand es ihm als Bischof von Agen doch frei, diejenigen zu Richtern zu ernennen, von denen er annehmen durfte, daß sie die Verhandlung in seinem Sinne führen würden.

Als ich aus Bordeaux zurückkehrte, hatte sich der Aufruhr also wieder gelegt. Schreckliches hatte sich abgespielt – für manche recht kostspielig. Doch mußte außer den beiden Inquisitoren niemand sein Leben lassen.

Auch ich sollte verhört werden – hatte man mich doch oft genug im Hause Scaliger angetroffen, wo ich in diesem höchst verdächtigen Kreise theologische Theorien verbreitet hatte, die als Ketzerei gelten konnten. Doch niemandem in Agen war daran gelegen, mich zu bezichtigen. Der Gedanke, ich könne ein Ketzer sein, erschien allen, die mich kannten, so ungeheuerlich, daß man der Sache nicht weiter nachging. Mein Großvater wäre mit mir zufrieden gewesen.

Wieder glitten die Tage dahin wie ein sanft plätschernder Bach. Die Zeit von Sonnenaufgang bis Sonnenuntergang verschmolz zu einem goldenen Strom der Ruhe und Beschaulichkeit. Ich glaubte fest daran, daß das Leben nun wieder seinen normalen Gang ging. Als daher der zweite Schlag kam, traf er mich viel härter als der erste, weil er so völlig unerwartet erfolgte. Und wie die meisten Wendepunkte in meinem Leben, so kündigte sich auch dieses Ereignis durch die Wiederkehr des Traumes an.

Natürlich war ich auch von anderen Träumen heimgesucht worden, die ebenso seltsam waren und die ich ebensowenig begriff. Den dunklen Teich und die Abtei im Schatten der Hügelkuppe hatte ich dadurch schon gänzlich ins Unterbewußtsein verdrängt. Ich dachte kaum mehr an diesen Traum. Nur wenn ich in Melancholie versank, was wiederholt geschah, schrieb ich den Omen von Tod und Veränderung eine Bedeutung zu. Dann pflegte ich stundenlang dazusitzen und ins Feuer zu starren in dem Bemühen, mir den Ort und die Landschaft wieder ins Gedächtnis zu rufen, die ich nur im Traum zu sehen bekam, die mir in wachem Zustand jedoch verborgen blieben. Wenn ich dann aus solchen Stimmungen wieder auftauchte, wurde ich stets sehr rasch von anderen

Dingen abgelenkt. Mein Leben mit Blanche, mein Reichtum und all die Bequemlichkeiten, der Ruhm und die Ehren, die mir in zunehmendem Maße zuteil wurden, der warme Glanz, der von dem erlesenen Kreise um Scaliger ausging – all das war dazu angetan, den Traum zu verdrängen. Selbst die klügsten Menschen sind verletzlich, wenn sie wohlgenährt sind und ihr Stolz befriedigt wird.

Der Tag war zu meiner vollsten Zufriedenheit verlaufen. Ich hatte M. Castelan, den Notar, behandelt, der an schmerzhaftem Rheuma litt. Ich hatte Madame Duperron geholfen, ihr Kind zur Welt zu bringen. Am Abend zuvor hatte ich vor dem Kamin mit Jacques gespielt und ihm mein Astrolabium gezeigt. Das faszinierte ihn über alle Maßen. Ich hatte meine Frau geliebt und war mit ihrem Arm auf meiner Brust und ihrem warmen Atem an meiner Wange, von Spanferkel und Wein übersättigt, eingeschlafen.

Ich stand an dem Wasserlauf und starrte auf den Teich hinab. Alles erschien mir vertraut wie immer. Wieder empfand ich die Atmosphäre als äußerst bedrückend. Ich konnte kaum atmen. Und wieder spürte ich, wie mir die Angst im Nacken saß, so daß sich alles in mir zusammenkrampfte. Schweigend und bedrohlich kauerte die lichtlose Abtei auf dem Gipfel des Berges. Die Glocke begann zu läuten. Schwere, unheilverkündende Klänge erfüllten die Luft wie das angstvolle Pochen eines gigantischen Herzens. Die Pestglocke dröhnte wie seinerzeit in Narbonne, Bordeaux, Toulouse, Montpellier und Carcassonne.

Aus dem Schatten der Abtei rollte der Karren für die Toten. Sein kleines, silberhelles Glöckchen läutete gegen die dröhnende Pestglocke an. Dem von einem Ochsen gezogenen Karren folgte eine Gestalt in einer schwarzen Kutte mit Kapuze, die sich kaum von dem Dunkel abhob. Als die Gestalt an mir vorüberzog, hob sie den Kopf und lächelte mir zu. Das Gesicht war schon von Würmern und Maden zerfressen, in Fäulnis übergegangen. Wo die Nase gewesen war, klaffte nur noch ein Loch. Die Augen lagen tief in den dunklen Höhlen. Die Wangen waren so zersetzt, daß die Zähne freilagen. Diese schauerliche Gestalt hob die Hand zum Gruße. An einem der knöchernen Finger glänzte ein goldener Ring mit einem großen Rubin, der wie von innen heraus wie ein Feuerstrahl erglühte. Auf dem Karren häuften sich verwesende Leiber. Doch manche hatte der Tod noch nicht dahingerafft, und sie wanden sich in Qualen. Schon oft hatte ich das mitansehen müssen. Ein ekelerregender Gestank stieg mir in die Nase. Und dann entdeckte ich inmitten der sich zu Berge türmenden Leichen eine Gestalt, die mir auf gespenstische Weise vertraut erschien. Schulter und Arm, in den schwarzen Serge eines pelzverbrämten Arzthabits gewandet, ragten heraus. Die Gestalt lag mit dem Gesicht nach unten auf dem Karren. Auf dem kastanienbraunen Haar saß der Doktorhut... Ich stand wie angewurzelt und bleich vor Schrecken da, bis die Schatten den Karren verschluckt hatten. Mein eigener Leichnam hatte auf diesem schauerlichen Pestkarren gelegen. Ich sah zu dem einsamen Mönch auf dem Berggipfel hoch. Wenn ich auch sein Gesicht nicht sehen konnte, so wußte ich doch, daß er mich beobachtete. Mit einem Schrei fuhr ich aus den Armen meiner Frau hoch.

Da wurde mir klar, daß die Pest auch Agen nicht verschonen würde. Obwohl in meinem Horoskop nichts auf meinen baldigen Tod hinwies, war ich geneigt, diesem bösen Omen Glauben zu schenken. Mein Schicksal lag in Gottes Hand. Ich beschloß, heimlich mein Testament zu machen und es bei einem Notar zu hinterlegen. Ich wußte, daß Träume nicht lügen. Doch vergaß ich ganz, welch verschlungene Pfade der Tod zuweilen geht.

Gleich am nächsten Morgen machte ich mich auf, die Stadtväter zu warnen. Mein Ruf als Astrologe ließ sie dem Glauben schenken, was ich in den Sternen gelesen hatte. Bewegte ich mich damit noch innerhalb der Grenzen der Rechtgläubigkeit? Jedenfalls hatte ich nicht im Sinn, nun lauthals zu verkünden, was mir im Traum prophezeit worden war – nachdem die Inquisition erst eine Woche zuvor aus der Stadt abgezogen war. Erstaunlicherweise empfand ich keine Furcht. So muß es wohl sein, sagte ich mir: man macht seinen Frieden mit Gott und fügt sich in sein Schicksal.

Als ich von diesem Gang und meinen Hausbesuchen zurückkehrte, stürzte mir Monsieur Duperron aus meinem Hause entgegen. Er hatte überall verzweifelt nach mir gesucht. Ein Blick in sein angstverzerrtes Gesicht verriet mir, wessen Tod mir der Traum prophezeit hatte. Ich war fassungslos vor Entsetzen, vor Schmerz wie gelähmt.

Ich fand sie drinnen auf dem Bett ausgestreckt. Sie hustete, atmete keuchend und würgte zum Gotterbarmen. Ihre Stirn glühte vor Fieber, ihr Leib wand sich in Krämpfen. Sie spie soviel Blut, daß das Kissen schon ganz durchtränkt war. Es handelte sich um die Lungenpest, eine seltene Abart, die zu kurieren mir noch nicht gelungen war. Auch Jacques fand ich in seinem kleinen Kastenbett bereits im Delirium. Er lag in einer stinkenden Lache von Erbrochenem. Renée lag winzig klein in ihrer Wiege und war schon tot. Bei Einbruch der Dunkelheit waren alle drei dahingegangen. Die Krankheit war schon zu weit fortgeschritten gewesen, bis ich sie fand. Wäre ich früher heimgekommen, hätten sie vielleicht eine Chance gehabt. Aber es war alles vorherbestimmt, und meine berühmten Mittel, meine wunderbaren Heilmethoden, die mir in der ganzen Provence und im Languedoc zu Ruhm und Reichtum verholfen hatten, nützten hier nicht. Als meine Gemahlin rasselnd ihr Leben aushauchte, begann die große Kirchenglocke zu läuten. Meine Frau und meine Kinder waren die ersten Opfer.

An die Zeit, die darauf folgte, kann ich mich kaum erinnern, da ich nicht bei mir war. Ich sehe die Särge noch vor mir – ich weigerte mich, die mir so kostbaren, erbarmungswürdigen Leiber meiner Lieben auf dem Pestkarren abtransportieren zu lassen. Hastig wurden sie in aller Stille begraben. Ich weiß noch, wie ich Gott verfluchte, wie ich schrie und brüllte und alles zerschlug, mir die Fäuste an den Wänden wundschlug, als mich der Schmerz zu überwältigen drohte. Ich weinte, bis ich wie tot zu Boden sank. Mühsam hatte ich mich wieder erhoben, mich wie erstarrt gefühlt und mich betrunken, bis ich schließlich besinnungslos war. Irgendwann war ich wieder zu mir gekommen und fühlte den gleichen Schmerz. Ich weiß, wie ich Scaliger schluchzend in die Arme sank. Er war zu mir gekommen, um mir Trost zuzusprechen.

Ich erinnere mich noch an den mitleidigen Blick aus Andiettes dunklen Augen, als sie mir mit einem kühlen, feuchten Tuch über die Stirn fuhr und mich zwang, etwas zu mir zu nehmen. Irgendwann gelang es mir dann mit Scaligers Hilfe, mich zu erheben und auf ihn gestützt schwankend meine Krankenbesuche zu machen. Aber ich bewegte mich wie in Trance und sagte kein Wort.

Ich wußte, daß ich mein Leben weiterleben oder aus dem Leben scheiden mußte. Ich entschied mich für die erste Möglichkeit. Die war ein mühseliges Unterfangen, denn in mir war alles erstorben. Die Flammen hatten weit mehr verzehrt als mein bequemes, bürgerliches Leben. Ich witterte den Strom des Lebens, ahnte, was die Zukunft für mich bereithielt. Trotz meiner Blindheit und meiner Ausflüchte wartete das Schicksal geduldig. Es war wie der Salzgeruch, den der Wind vom Meer herüberträgt – lange bevor man es erblickt.

Mein Glaube an die Heilige Kirche, den ich angesichts neugieriger Blicke so lange genährt hatte, ließ mich jetzt im Stich. Es gab zu viele Götter, und nicht alle waren gütig. Die Einwohner der Stadt zeigten sich voller Mitleid. Ein paar begannen an meiner ärztlichen Kunst zu zweifeln, doch die meisten glaubten weiterhin an mich. Konnte ich nicht auf eine lange Reihe von Heilerfolgen zurückblicken? Es sei eine Tragödie, hieß es, aber das Leben gehe weiter.

Mein Glaube an mich war erschüttert. Was für ein Arzt war ich denn, wenn es mir nicht einmal gelang, meine eigene Familie zu heilen? Wozu waren meine astrologischen Kenntnisse gut, wenn ich diese Katastrophe nicht hatte voraussehen können? Ich klammerte mich an Scaliger, als müßte ich ertrinken, und war ihm unendlich dankbar dafür, daß er mir soviel Zeit widmete.

Zu den wenigen, die sich nun gegen mich wandten, gehörten auch die Eltern von Blanche. Ich verstand natürlich, daß sie verbittert waren, hätte sie jedoch nicht für engstirnige Kleingeister gehalten. Kaum zwei Wochen nach dem Tode ihrer Tochter strengten sie einen Prozeß gegen mich an, um die Mitgift, die sie in die Ehe eingebracht hatten, wieder einzuklagen. Dazu gehörte auch das Haus, in dem ich immer noch wohnte. So kam zu meiner Einsamkeit, dem unersetzlichen Verlust und den bösen Vorahnungen, was meine Zukunft betraf, auch die betrübliche Tatsache, daß mir nun Anwälte und Notare die Tür einrannten. Jedesmal, wenn ich den einen gerade durch vernünftige Argumente oder wüste Verwünschungen glücklichst losgeworden war, war bereits der nächste zur Stelle.

Dieser Rechtsstreit artete in eine schauerliche Farce aus und zog sich über Monate hin. Ich wußte ja, daß man mir mein Eigentum nicht entreißen konnte. Hätte diese Gefahr wirklich bestanden, so hätte ich mich an den Kardinal von Lothringen gewandt, um den Magistrat und die Richter zu bestechen. Allmählich empfand ich den Eltern von Blanche und der Stadt gegenüber große Erbitterung, obwohl dies vernunftwidrig war. Zwar wußte ich, daß ich meinem Schicksal nicht entrinnen konnte, doch ich wandte mich störrisch ab, ihm den Rücken zu kehren – so, wie der Ziegenbock immer wieder mit dem Kopf gegen die Wand anrennt, bis seine Stirn blutüberströmt und sein Schädel gespalten ist. Und doch glaubt er bis zum bitteren Ende, daß er mit Beharrlichkeit und Willenskraft schließlich doch noch den Sieg davontrüge.

Noch bevor das Trauerjahr um war, machten sich die Väter mit Töchtern im heiratsfähigen Alter Hoffnungen. Schließlich war ich einer der begehrtesten Männer der Stadt und eine wirklich gute Partie: ich war reich, galt als ehrenwerter Mann und genoß einen ausgezeichneten Ruf als Arzt. Meine Männlichkeit hatte ich durch einen gesunden Sohn und eine gesunde Tochter unter Beweis gestellt. Doch ich lehnte höflich ab.

Alle glaubten, ich wolle nichts von einer neuen Ehe wissen, weil ich noch um Blanche trauerte. Das entsprach natürlich der Wahrheit, war aber nicht der einzige Grund. Was nicht ausgelebt worden ist, erstirbt nicht so leicht. Nach dem Tode von Blanche gedieh die Saat, die ich so unbarmherzig unterdrückt und erstickt hatte, erschreckend schnell. Nachts träumte ich wieder von Andiette de la Roque-Loubéjac. Jetzt gab es kein sanftes, liebreizendes Wesen mehr, das mich stets willig vor meinen eigenen Begierden schützte.

Ich versuchte, dem entgegenzutreten, indem ich mich selbst herabsetzte und verunglimpfte. Ich konnte mir nicht vorstellen, daß diese zarte, kultivierte und empfindsame Frau mir Wohlwollen entgegenbringen würde. Ich dachte an Scaliger, der ein düsterer und doch sehr gut aussehender Mann war – groß, hager, mit klugen Augen und edlen Gesichtszügen. Er war ein geistvoller Mann mit einem beißenden Humor. Er hatte dunkles, lockiges Haar und einen mächtigen Bart. An seinen langen, schlanken Fingern glitzerten zahlreiche Ringe. Einem Vergleich mit diesem Manne hielt ich keinesfalls stand. Ich war plump und wohlgenährt, kaum mittelgroß, meine Wangen waren stets grotesk gerötet und meine stumpfen, groben Hände kaum geeignet, einer Frau den Hof zu machen und sie zu liebkosen.

Welche Ironie, daß ich einmal meinem Großvater gestanden hatte: *ich möchte ein großer Mann bei Hofe sein.* Kaum jemand schien mir für diese Rolle weniger geeignet.

Im Laufe der Zeit gelang es mir durch fast übermenschliche Willensanstrengung, Andiette aus meinem Denken zu verbannen. Ich war einsam, doch daran war ich seit langem gewöhnt. In der Gesellschaft Scaligers und seiner Freunde fühlte ich mich nach wie vor sehr wohl, und die unverkennbare Zuneigung der Bürger von Agen tat mir unendlich gut. Oft stellte ich mir die Frage, warum ich nicht einfach ein freundliches Mädchen aus der Stadt zu meiner Mätresse machte. Doch immer wieder mußte ich mir zugestehen, daß mir der Sinn einfach nicht danach stand. Ich konnte mit Stolz von mir behaupten, daß ich Herr meiner Triebe war und sie mich nicht zwangen, mich mit irgendeiner Schlampe einzulassen, um mir Erleichterung zu verschaffen. So verlief das ganze Jahr nach dem zweiten Ausbruch der Pest ziemlich ereignislos.

Ich hatte nicht voraussehen können, daß Andiette weit weniger Skrupel hatte als ich, und sich auch nichts vormachte. So kam der Tag, an dem ich in meinem leergewordenen Haus über meinen Berechnungen saß. Die letzten Strahlen der Nachmittagssonne drangen durch die Ritzen der geschlossenen Fensterläden. Da hörte ich jemanden an die Tür klopfen.

Draußen stand Andiette mit einem Korb am Arm und erklärte mir zu meiner großen Verwunderung, mich besuchen
zu wollen.

Ich war so verblüfft, daß ich keine Worte fand. Ich war ihr
noch nie irgendwo allein begegnet; denn Scaliger hatte sie
sich zu eigen gemacht wie einen kostbaren Kunstgegen-
stand. Immer war sie bei ihm oder zumindest von dienstbaren Geistern umgeben gewesen. Seit meiner Ankunft in
Agen hatte ich kaum ein Dutzend Worte mit ihr gewechselt.
Es überstieg mein Fassungsvermögen, warum sie ausgerechnet mich aufzusuchen wünschte. Was versprach sie sich von
meiner Gesellschaft? Ich bat sie, Platz zu nehmen, bot ihr
Wein an und lud sie zum Abendessen ein. Sie lehnte ab. Sie
setzte sich jedoch und drapierte ihre Röcke um sich herum.
Sie trug ein Kleid aus tiefblauem Stoff, das ihre Haut ganz
weiß erscheinen ließ. Mir fiel auf, daß ihre Selbstbeherrschung nur Fassade war. Sie hatte Angst und ihre Hände zitterten.

Während ich sie betrachtete, sah ich plötzlich die weiße,
staubige Straße vor mir, spürte die gnadenlos herniederbren-
nende Sonne und wunderte mich über den langen Schatten,
den ihre Gestalt warf. Ich sah den steinernen Becher, den roten Porphyrkelch, den Kelch...

Mit einem jähen Ruck kam ich wieder zu mir und fand ihre
empfindsamen Augen mit einem fragenden Ausdruck auf
mich gerichtet.

»Ihr seht nicht gut aus, Michel. Vielleicht solltet Ihr eine
Weile verreisen.«

»Ich fühle mich nicht allzu schlecht. Es wird nur noch eine
Weile dauern, bis ich mein seelisches Gleichgewicht wieder-
erlangt habe. Ihr dürft Euch keine Sorgen machen, wenn ich
Euch mürrisch, griesgrämig oder völlig vereinsamt erscheine. Das geht vorüber.«

Es war ein absurdes Traumgespräch – wie eine Zusam-
menstellung verschiedener Träume, die alle auf ein und den-
selben Punkt zuliefen. Ich hörte mich mit ihr sprechen, als
seien wir schon von Anbeginn an Freunde gewesen. Und
gleichzeitig stand ich irgendwie über den Dingen oder neben

mir selbst und starrte mit dem Blick einer Eule verwundert von hoch oben aus eisiger Kälte auf das Geschehen hinab.

»Das weiß ich. Davon war auch nicht die Rede. Ich spreche von Eurem Verhalten Scaliger gegenüber. Ihr verehrt ihn ja wie einen Gott. Ich habe Euren Gesichtsausdruck beobachtet, wenn er spricht, Ihr hängt dann förmlich an seinen Lippen und laßt Euch kein Wort entgegen. Er schmäht und verunglimpft Euch auf hinterhältige Weise, doch Ihr findet Euch damit ab, Ihr lächelt und nickt, als wärt Ihr ein Narr zu Füßen eines Heiligen. Seit dem schrecklichen Verlust, der Euch betroffen hat, ist es noch schlimmer geworden. Ihr folgt ihm überallhin wie ein Hund. Um zu gesunden, müßt Ihr Euch eine Weile von ihm fernhalten. Er hat sich Eurer bemächtigt, als Ihr nicht in der Lage wart, Euch dagegen zur Wehr zu setzen.«

Ihre Worte stürzten mich in die größte Verwirrung – nicht zuletzt, weil ich sie noch nie so lange hatte reden hören. Meine Empörung wuchs darüber, daß sie zu mir so geringschätzig von ihm sprach. Es machte mich zornig, daß sie sich über ihn beklagte, als wolle sie mich gegen ihn einnehmen. Gewiß war er arrogant, theatralisch, zeigte sich schwülstig und anmaßend. Doch meines Wissens hatte er sich mir gegenüber angesichts der Bewunderung, die ich für ihn hegte, niemals verächtlich gezeigt.

»Warum sprecht Ihr so über ihn?« fragte ich sie. »Wenn Ihr Eurem Gatten grollt, so habe ich damit nichts zu tun, und ich möchte auch nicht damit behelligt werden. Geht nach Hause, Andiette. Ich weiß nicht, warum Ihr überhaupt hierher gekommen seid. Euer Platz ist an seiner Seite, und es ist Eure Pflicht, ihm eine getreue Gattin zu sein.«

»Redet doch nicht so geschwollen, Michel. Ihr kommt mir vor wie ein anmaßender, kleiner Hahn, der auf einem Misthaufen herumstolziert. Ihr seid so verblendet, daß Ihr Euch gar nicht über Scaligers wahres Wesen im klaren seid. Ihr glaubt, er sei von einnehmender Wesensart und merkt nicht, daß er Eure Ideen als die seinen ausgibt. Ihr habt in seinem Beisein noch keinen Gedanken ausgesprochen, den er sich nicht sofort zu eigen gemacht hätte. Er ist neidisch auf Euch, und war es von Anfang an. Er weidet die Gehirne seiner Freunde aus wie ein Schakal, und Ihr fühlt Euch noch geehrt! Was seid Ihr doch für ein Narr!«

Ich schüttelte den Kopf, als könne ich dadurch wieder Klarheit gewinnen; denn meine Bestürzung nahm mit jedem ihrer wütenden Vorwürfe zu. Allmählich begann ich, trotz der mir selbst auferlegten Blindheit, klarer zu sehen. Der schläfrige Maulwurf scheute das Licht nicht mehr. Mir kam wieder in den Sinn, daß schon bei so manchem Abendessen im Verlaufe eines Gesprächs irgendeine von mir aufgestellte Behauptung höchst geistreich widerlegt, seziert und belacht worden war – um am darauffolgenden Abend aus seinem Munde erneut zu ertönen. Dann pflegten die Gäste beeindruckt zu nicken.

»Warum erzählt Ihr mir so etwas? Ich war der Überzeugung, daß Ihr eine glückliche Ehe führt«, sagte ich törichterweise.

Da rang sie nach Luft, lachte verächtlich und begann zu husten. »Ihr begreift aber auch gar nichts!« fauchte sie. »Was wißt Ihr schon von mir? Ihr seid so abgestumpft und gefühllos, daß Ihr noch mit zusammengekniffenen Augen aufgeblasen wie ein Rebhuhn dasitzen und Euch fragen würdet, wo der Lärm herrührt, wenn Euch das Dach auf den Kopf fiele.« Sie war außer sich vor Zorn, ihr Gesicht war hochrot und ihre Augen sprühten Funken.

»Warum nur zürnt Ihr mir so? Ich habe nichts getan, womit ich das verdient hätte. Selbst wenn Ihr recht haben solltet, spielt das gar keine Rolle; denn er ist mein Freund. Alles Gute, was mir hier in Agen widerfahren ist, verdanke ich ihm. Bevor ich ihm zum erstenmal begegnete, war ich unstet, ließ mich ziellos treiben und fühlte mich völlig verloren. Bei ihm habe ich eine Heimat gefunden, und als mich der Kummer zu überwältigen drohte, stand er mir zur Seite, bis es mir wieder besser ging. Und wenn ihn wirklich die Eifersucht plagt, ist er ein Narr, der sich zu gering einschätzt. Das gedenke ich ihm bei nächster Gelegenheit klarzumachen.«

»Ach Michel ...«, sagte sie, und ich sah zu meinem Schrekken, daß sie weinte. Blind war ich, blind, unglaublich blind...

Sie konnte die Augen nicht vor der Wahrheit verschließen. Als Frau war sie nicht bereit, ihrem Herzen Zwang anzutun, indem sie sich ihrem Schicksal zu entziehen suchte. Wie mußte sie gelitten haben. Wie lange schon? Während ich mir noch diese Frage stellte, erinnerte ich mich, wie ihr Blick wie Wasser von mir abgeglitten war.

Ich hielt sie fest, und sie zitterte wie ein verängstigtes Vögelchen. Sie klammerte sich einen Augenblick an mir fest, dann riß sie sich los.

»Damit ist uns nicht geholfen. Damit machen wir uns nur unglücklich. Ich habe Euch nur aufgesucht, um Euch zu bitten, Agen zu verlassen.«

»Agen den Rücken kehren? Von hier fortgehen? Ihr müßt von Sinnen sein! Das ist undenkbar. Ich kann doch jetzt nicht mehr fort – jetzt wo... Ich war wirklich mit Blindheit geschlagen, wie Ihr sagt; doch das liegt daran, daß... daß...«

»Daß Ihr nichts von Frauen versteht und Euch selbst nicht kennt. Wie oft habe ich nachts wachgelegen und das Schicksal verflucht, das mich den falschen Mann heiraten ließ. Sehr bald schon ist mir das klargeworden – lange bevor Ihr nach Agen kamt. Doch das ist nun nicht mehr zu ändern. Ihr müßt fort. Mein Gefühl sagt mir, daß etwas Schreckliches geschehen wird, wenn Ihr bleibt. Ich will niemandem mehr Schmerzen bereiten.« Sie hielt inne und atmete heftig. Als sie sich etwas beruhigt hatte, richtete sie sich wieder auf. »Ich weiß, was für eine Liebe Euch mit Blanche verband. Eine gute, sanfte Liebe verband Euch mit Ihr, und Ihr wart zufrieden. Ihr wart glücklich miteinander. Wir wären alle miteinander alt und grau geworden, und alles wäre seinen gewohnten Gang gelaufen. Doch seit sie gestorben ist, muß ich immer daran denken, daß Ihr nun ganz allein hier lebt und mitansehen, wie Ihr Euch im Schatten Scaligers bewegt. Ich ertrage es nicht länger.«

»Ich kann nicht fort.«

»Ich bin sicher, daß Scaliger alles weiß. Ich schließe das aus der Art und Weise, in der er uns beide beobachtet. Er gleicht einer großen, dunklen Spinne, die ihre Netze wirkt. Ihr glaubt, er sei ein strahlender Ritter. Seht Ihr denn nicht... Ihr könnt an einem anderen Ort neu beginnen – irgendwo. Ihr seid vermögend und habt Euch einen Namen gemacht. Jede Stadt in der Provence würde sich geehrt fühlen, Euch in ihren Mauern zu empfangen. Ihr könntet eine Frau kennenlernen, wieder heiraten und glücklich werden.«

Der Instinkt, der mich hatte überleben lassen und mir eingegeben hatte, in der Kirche niederzuknien und Gott und dem König auf die einzig erwünschte Weise zu dienen – auch wenn ich mich zum Lächeln zwingen mußte und im Grunde meines Herzens ganz anders empfand – dieser Instinkt ließ mich auch jenes Mal nicht im Stich und sagte mir, daß sie recht hatte. Ich konnte Unannehmlichkeiten aus dem Wege gehen, wenn ich Agen verlassen würde, solange noch Zeit dazu war. Zum Märtyrer fühlte ich mich nicht berufen.

»Ich werde es überdenken«, sagte ich. Doch schon im nächsten Augenblick sprang ich auf, küßte sie wie ein Verdurstender und spürte, wie sich ihre Lippen bereitwillig teilten. Dann lag diese schöne, zartgliedrige Frau mit dem schneeweißen Leib plötzlich auf meinem Bett und versenkte ihren Blick in den meinen. Ich zitterte am ganzen Leibe und wußte, daß mir eine dunkle Reise in nachtschwarze Tiefen bevorstand, aus denen ich weinend und zitternd auftauchen würde, ohne mich daran zu erinnern, was mir geschehen war. Doch diese Frau war nicht wie Marguerite. Sie war ein gütiger Mensch.

Hinterher sah sie mir lange in die Augen und sprach: »Nun begreife ich gut, warum Ihr Euch gefürchtet habt. Ergeht es Euch immer so?«

»Nein. Nur einmal, vor langer Zeit. Ich habe es nie verstanden. Doch Ihr macht es erträglich für mich.«

»Wohin nur entschwindet Ihr, Michel?« Sie streichelte mein Haar und fuhr mir zärtlich über das Gesicht.

»Wüßte ich das nur selbst! Ich fühle mich, als sei mir die Seele aus dem Leib gerissen worden, sei gestorben und wieder zum Leben erwacht, als sei ich gerade besessen gewesen.

Das erstemal bin ich maßlos erschrocken. Die Frau war mir nicht vertraut.«

»Wer war sie?«

»Die Schwester meines Vaters.«

Lange und eindringlich sah sie mich an. »Ihr steckt voller Überraschungen, Michel. Oft erscheint Ihr mir geheimnisumwittert. Ihr macht mich glauben, daß Euch ein seltsames Schicksal erwartet.«

Mich schauderte. Eine eiskalte Hand schien nach mir greifen zu wollen. Ich versuchte, den geisterhaften Gestalten, die mich auf Schritt und Tritt verfolgten, zu entfliehen, indem ich mein Gesicht in ihren schweren Haarflechten vergrub.

Am Morgen darauf zerbrach meine Welt in tausend Scherben. Ich erhielt einen Brief von Scaliger. In seinem besten Prosastil belegte er mich mit den schändlichsten Schimpfworten, die ihm zu Gebote standen. Er verfügte über ein sehr reichhaltiges Vokabular. Er warnte mich davor, mich je wieder in l'Escale blicken zu lassen.

Ich war hin- und hergerissen zwischen Scham, Wut und Angst um Andiette. Ich wußte, daß Scaliger sie furchtbar mißhandelt haben mußte; denn seine Wutausbrüche waren selbst dann überaus heftig und frappierend, wenn es nur um geringfügige Dinge ging. Ich erkannte, daß es mich kaum berührte, ihn als Freund zu verlieren.

Ich wußte nicht, wie ich mich verhalten sollte. Daher beschloß ich, zu warten, bis ich eine Nachricht von ihr erhielt. Sie meldete sich drei Wochen nicht bei mir.

Unser Streit machte rasch die Runde in der Stadt. Scaliger setzte das Gerücht in Umlauf, wir seien uns wegen religiöser Differenzen in die Haare geraten. Wir hatten häufig Streitgespräche über die neuen, ketzerischen Lehren geführt, daher erschien diese Erklärung allen plausibel. Der Klatsch blühte noch eine Weile, und die Leute schüttelten die Köpfe. Ein Jammer, meinten die Bürger, daß zwei so brillante Ärzte sich streiten wie Schuljungen. Doch unsere Auseinandersetzung verursachte kein langes Kopfzerbrechen; die Pest wütete immer noch und die Sorge der Leute galt ihren Kranken und Sterbenden. Eines Tages begegnete ich Scaliger zufällig auf der Straße. Abrupt wandte er sich ab.

In einer stürmischen, regnerischen Nacht, in der ein eiskalter Wind aufgekommen war, hörte ich jemanden an mein Fenster klopfen, als die Kirchturmuhr Mitternacht schlug. Sie kauerte im Hof, so dicht in ihren Mantel vermummt, daß ihr Gesicht im Dunkeln kaum zu erkennen war. Ich aber würde sie immer erkannt haben, an der Art, wie sie dastand und wie sich ihre zerbrechliche Gestalt unter dem schweren Umhang abzeichnete.

»Michel, Ihr müßt sofort aus Agen verschwinden. Was ich schon lange befürchtet habe, ist nun geschehen. Er hat beim Inquisitor in Toulouse gegen Euch ausgesagt und Euch der Ketzerei bezichtigt. Packt Eure Sachen und geht. Ihr müßt Agen sogleich verlassen. Schon am frühen Morgen wird der Bote erscheinen und Euch vor das Tribunal zitieren.«

Ich war maßlos erstaunt. »Man wirft mir Ketzerei vor? Was soll dieser Unsinn? Es gibt in Agen kaum jemanden, auf den dieser Vorwurf weniger zutrifft. Als Louis de Rochette hier auftauchte, bin ich doch von dieser Anklage freigesprochen worden.«

»Er hat Euch einen Fürsprecher Calvins genannt, der die Schuld daran trägt, daß sich die Doktrin hier in der Stadt ausbreiten konnte. Der Kardinal von Lothringen kann Euch nicht helfen, denn das Tribunal in Toulouse gehört nicht zu seinem Machtbereich. Ihr müßt also fort!«

»Großer Gott, ich kann einfach nicht glauben, daß er so tief gesunken sein soll.«

»Und doch ist es so. Zu solchen Mitteln pflegt er zu greifen, wann immer ihm das als Notwendigkeit erscheint. Ihr seid nicht der erste, dem er das antut. Ich habe Euch ja gesagt, daß Ihr völlig verblendet seid und ihn nicht richtig eingeschätzt habt.«

»Wie habt Ihr es geschafft, Euch davonzustehlen?«

»Ich habe mich durch den Küchentrakt hinausgeschlichen. Er wird mich wieder schlagen, wenn ich zurückkehre. Er wird es wissen, hat es immer gewußt. Aber das ist ohne Bedeutung. Geht, ich flehe Euch an! Man trachtet Euch nach dem Leben. Ihr seid in höchster Gefahr. Ich bete zu Gott, daß er Euch schützen und vor aller Unbill bewahren möge.« Sie fing an zu weinen, nahm jedoch gleich darauf wieder Haltung an. »Als Ihr nach Agen kamt, war es schon zu spät. Ich kann nicht gegen das Schicksal ankämpfen.«

»Was hat er Euch angetan?« fragte ich und umfaßte ihre Schultern. Sie zuckte zusammen, sagte kein einziges Wort. Da lockerte ich ihr Gewand und schob es ihr über die Schultern hinab. Was ich zu sehen bekam, entsetzte mich zutiefst. Ihr Rücken war mit Wunden übersät, ihre zarte, weiße Haut überall schrundig und aufgeplatzt. Vor Zorn und übergroßem Mitleid stiegen mir Tränen in die Augen.

»Ach, Liebste, wie furchtbar, es tut mir so leid...« Ich trug die Schuld daran.

Obwohl sie zumindest anfänglich fürchterliche Schmerzen gehabt haben mußte, paarten wir uns wie die Tiere, von einer verzweifelten Begierde erfüllt. Wir wußten beide, daß wir uns nie wiedersehen würden. Schließlich klammerten wir uns wie Ertrinkende schluchzend aneinander. Das furchtbare Schicksal, das mich auf Schritt und Tritt begleitete, und mich Folterqualen erleiden ließ, hatte wieder einmal zugeschlagen. Es gab kein Entrinnen.

Schon in den frühen Morgenstunden kam der Bote von der Inquisition völlig erschöpft angeritten. Die weiße, mit Silberlitzen verzierte Uniform des Kuriers war über und über mit Schlamm bespritzt. Er mußte sehr schnell geritten sein. Er teilte mir mit, daß ich mich in spätestens zwei Wochen vor dem Tribunal von Toulouse einzufinden hätte.

»Aber das muß ein Irrtum sein«, fuhr ich ihn an. »Was wirft man mir denn vor? Man kann mich doch nicht der Ketzerei bezichtigen!«

Da zog er ein Dokument aus der Tasche. Es ist dem Tribunal zu Ohren gekommen, daß Ihr ein Anhänger Calvins seid und lästerliche Dokumente und Schriften aus Genf erhaltet, die Ihr an die unschuldigen Bürger von Agen verteilt.«

»Das kann nicht Euer Ernst sein. Jeder hier wird Euch sagen, daß es in der Stadt keinen frömmeren Mann als mich gibt. Als der Inquisitor in Agen war, bin ich von jedem Verdacht freigesprochen worden.«

»Inzwischen hat das Tribunal jedoch anderslautende Auskünfte erhalten«, erklärte der Mann gelangweilt. Wie oft mochten ihm solche Einwände schon zu Ohren gekommen sein? Sicherlich hatte er auch schon oft miterlebt, wie die Protestierenden trotz der Beteuerung ihrer Unschuld gefoltert und verbrannt worden waren. »Ich überstelle Euch den Befehl, der besagt, daß Ihr Euch innerhalb von zwei Wochen bei dem Inquisitor einzufinden habt. Wenn ich Euch einen guten Rat geben darf: versucht nicht, Euch diesem durch Flucht zu entziehen, damit zu dem Anklagepunkt der Ketzerei nicht weitere Anschuldigungen hinzukommen. Der Inquisitor in Toulouse ist ein mitfühlender Mensch. Es kommt vor, daß er Gnade vor Recht ergehen läßt, wenn ein der Ketzerei Beschuldigter genügend Geld spendet, um seine Reue und Bußfertigkeit unter Beweis zu stellen.« Er verneigte sich kurz und ritt davon. Ich hörte, wie sich das Pferdegetrappel auf der schlammigen Straße entfernte.

Wie erstarrt stand ich am Fenster. Es würde also ganz von dem Inquisitor abhängen. Wenn er tolerant war, und ich über genügend Gold verfügte, würde ich kaum Unannehmlichkeiten haben und lediglich meiner Schätze beraubt werden. War er jedoch intolerant, und reichte mein Geld nicht aus – oder hatte er an dem Tag zufällig Kopfschmerzen, so konnte er mich foltern und töten lassen. Beides mißfiel mir in höchstem Maße. Ich löste mich also aus meiner Erstarrung und begann zu packen.

Ich brauchte drei Stunden. Ich beauftragte Monsieur Duperron, dem ich vertrauen konnte, mein Haus im Laufe der nächsten Monate unter größtmöglicher Geheimhaltung zu verkaufen, die Bibliothek meines Großvaters jedoch für mich aufzubewahren. Ich wollte mich dann von einem sicheren Ort aus mit ihm in Verbindung setzen, um den Erlös zu erhalten. Auch die Kleidung, Möbel und Haushaltsgegenstände mußten verkauft werden. Ich packte die Bücher ein, die mir am meisten bedeuteten, nahm meine Instrumente und mein Geld an mich und zog einen einfachen, grauen Reisemantel an. Nach Einbruch der Dunkelheit bestieg ich mein Maultier und ritt leise zum Stadttor hinaus ohne einen Blick zurückzuwerfen. Was ließ ich hier schon zurück? Nur Tod, Verbitterung und Frustrationen. Als der Morgen dämmerte, war ich schon ein gutes Stück von Agen entfernt. Auf Nebenstraßen ritt ich durch Guyenne in Richtung Osten. Ich wagte nicht, irgendwo haltzumachen. Erst am Abend erschien es mir ratsam, in einem Gasthof einzukehren, wo ich etwas zu mir nahm und um ein Zimmer bat. Als ich in meinem Beutel nach Münzen suchte, schlossen sich meine Finger um den goldenen Ring, den mir Mathieu Bandello vor mehr als einem Jahr auf dem Bankett des Kardinals von Lothringen geschenkt hatte. In dem düsteren, vollgepfropften kleinen Raum der Herberge schimmerte und funkelte der Ring in meiner Hand, während der Wind ums Haus heulte und die Schatten sich verstohlen überall einnisteten. Da begriff ich, daß er das alles vorausgesehen hatte.

Er oder hellsichtige Herren, denen er diente, hatten nicht nur jeden meiner Schritte verfolgt, sondern auch mein Horoskop im Auge behalten. Daraus hatten sie ersehen, daß mir Schlimmes bevorstand, während ich es in meiner Verblendung vorgezogen hatte, die Vorzeichen einfach zu ignorieren. Bandello war mir genau im richtigen Augenblick geschickt worden, um mir den Weg zu weisen.

Mich schauderte, als sich das Netz sachte immer tiefer auf mich herabsenkte. Ich hatte zu lange gezögert. Jetzt fühlte ich, wie sich etwas in mir verhärtete und sich herauskristallisierte. Nun gut, dachte ich bei mir, so werde ich euer Spielchen wohl mitspielen. Wir werden ja sehen, wer schließlich als Gewinner daraus hervorgeht.

Mathieu Bandellos ruhige Stimme klang mir noch in den Ohren: *Von Politik war keine Rede*. Um was aber ging es dann? Wenn sie mit der Alchemie, der Magie und den alten Ritualen des Tempels liebäugelten, bestand kein Grund für dieses Katz- und Maus-Spiel und diese Geheimnistuerei. Es war doch ganz offensichtlich, daß ich mich schon längst in die Geheimwissenschaften versenkt hatte, der Okkultismus kein Buch mit sieben Siegeln mehr für mich war. Ich erinnerte mich an das liebenswürdige Lächeln des Mönchs, spürte seinen mitfühlenden Blick. Natürlich konnte ich mit seiner Anteilnahme rechnen. Dieser empfindsame Mann hatte gewußt oder erraten, was mir bevorstand, und deshalb Mitleid mit mir empfunden.

Ich starrte auf den Ring. Mir wurde immer klarer, daß ich keine andere Wahl hatte, als nach Chambéry zu reisen. Ich wußte, mein Weg würde mich durch Savoyen führen und ich würde die Alpen überqueren, um nach Mantua zu gelangen.

3. Teil

DER EINGEWEIHTE

(1538-1543)

Ein Hochzeitsgewand ist dir nicht bestimmt. Die Magie hat dir das Herz geöffnet und sich dir erschlossen. Wie Gold und Silber von Makeln befreit, geprüft und in den Flammen des Tiegels von Schlacken gereinigt wird, so mußt auch du die Feuerprobe bestehen – doch siebenmal so gründlich. Das ist dir bestimmt. Dein vergänglicher Besitz gebührt anderen.

Paracelsus

XII

Auf dem Gipfel des gewaltigen Berges angelangt, blickte ich mich um und betrachtete noch einmal den beschwerlichen Weg, den ich zurückgelegt hatte. Was für ein mühseliger Aufstieg – und welch herrliche Aussicht von hier oben! Ringsum erhoben sich mächtige Felsmassive. Die Straße wand sich wie eine riesenhafte Schlange um einen Gipfel, verschwand dann hinter einem anderen und verlor sich schließlich in dem dunklen Gewirr zerklüfteter Felsspalten, als wolle sie ins Erdinnere eintauchen. Über mir glitzerte blendend weiß der ewige Schnee. Dort trieben die unendlich fernen Eis- und Felsgötter ihr Unwesen und ließen ihr Gelächter weithin erschallen.

Vor mir kauerte wie ein zartes Vögelchen auf dem Dach der Welt das kleine Kloster St. Bernhard auf der Paßhöhe, von der der Weg ins Aostatal und nach Mailand hinunterführte. Selbst die Luft schien hier vom Flattern der Luftgeister, Devas, der Wind- und Wolkengeister erfüllt zu sein.

Ich mußte mich ausruhen und etwas zu mir nehmen. Einen ganzen Monat hatte ich gebraucht, um Chambéry zu erreichen, und noch einmal drei Wochen, um die Paßhöhe zu erklimmen.

Ich ritt auf meinem Maultier auf das unscheinbare, geduckt daliegende, steinerne Geviert zu. Ganz oben auf dem einfachen Glockenturm befand sich ein Kreuz, das pechschwarz gegen das leuchtende Blau des Himmels abstach. Das Kloster erschien mir uralt und strahlte sehr viel Wärme aus, als es so im goldenen Sonnenlicht dalag. Ich freute mich schon auf die Begegnung mit den freundlichen, einfachen Mönchen, das schlichte, aber gute Essen, den Wein und den Strohsack, auf dem ich schlafen konnte. Doch sogar in dieser bizarren Felslandschaft, in der reinen Luft und dem kristallklaren, ewigen Eis und Schnee, unter der gleißenden Sonne – hier, wo die Streitigkeiten und das Gezänk von Königen, das Klirren und

Rasseln der Waffen, das blutige Gemetzel und die Pest zwar wie ein erschreckender, doch schon halb vergessener Alptraum anmuteten – selbst hier folgte mir der Dämon auf Schritt und Tritt.

Zunächst erschien mir alles im schönsten Licht. Die strahlende Sonne und die würzige Luft entzückten mich, und ich fühlte, wie meine Sorgen dank der freundlichen Bewirtung durch die weißgewandeten Mönche von mir abglitten. Der Prior erzählte mir, daß den ganzen Sommer über viele Reisende vorbeigekommen seien, die meisten von ihnen in wichtigen Geschäften unterwegs. Seit im Juni der neue Waffenstillstandspakt zwischen König Franz und dem Kaiser unterzeichnet worden war, ging der reinste Exodus vonstatten. Italiener flohen nach Frankreich und Franzosen nach Italien. Jeder war bemüht, seine Loyalität zum Staat vor dem nächsten Debakel unter Beweis zu stellen – bevor sich die beiden gekrönten Streithammel wieder in einen Krieg stürzten.

Ich hätte gern gewußt, wem dieses heimelige Kloster die Treue hielt, das so einladend auf der Paßhöhe lag. An wen gaben die Mönche die Auskünfte weiter, die die hier durchziehenden Reisenden betrafen. Wahrscheinlich an beide Seiten, sagte ich mir. Der Wein war ausgezeichnet – weit besser als der einfache Landwein, den man mir auf der Reise bisher vorgesetzt hatte. Das Essen war gut und reichhaltig. Die Pferde und Esel im Stall waren wohlgenährt und ihr Fell glänzte wie Seide. Das Kreuz im Studierzimmer des Priors war aus reinem Gold.

Ich hielt dem Prior die Schutzbriefe mit dem Siegel des Herzogs von Savoyen entgegen, die mir sicheres Geleit garantieren sollten und die man mir in Chambéry ausgestellt hatte. Mit einer freundlichen Geste wies er sie zurück.

»Das ist nicht notwendig, Maître de Notredame«, sagte er. »Wir haben schon seit zwei Wochen oder noch länger mit Euch gerechnet.«

»Nachrichten machen wohl in den Bergen schnell die Runde«, erwiderte ich mit finsterer Miene.

Da lächelte der Prior. »Die Luft ist hier dünner«, erklärte er.

Ich zog den goldenen Ring, den Mathieu Bandello mir gegeben hatte, aus meinem Beutel.

»Kennt Ihr den?« fragte ich ihn.

»Selbstverständlich. Ihr hättet ihn mir jedoch nicht zu zeigen brauchen. Ich weiß schon von Euren Geschäften mit dem Grafen von Guastalla. Ihr solltet diesen Ring jedoch versteckt aufbewahren, bis Ihr demjenigen, dem er gehört, von Angesicht zu Angesicht gegenübersteht.«

»Vielleicht verratet Ihr mir, in welcher Mission ich unterwegs bin, da ich es selbst nicht weiß.«

»Es steht mir nicht zu, mich in die Geheimnisse anderer einzumischen«, erklärte der Prior lächelnd.

Ich konnte ihn nicht bewegen, mir mehr zu verraten. Er war sehr höflich, überaus freundlich, jedoch verschwiegen. Nachdem er mir die kleine Zelle gezeigt hatte, in der ich die Nacht zubringen sollte, fragte er mich, ob ich mit ihm zusammen in seiner Privatkapelle beten wolle. Sicher wollte er mir damit eine besondere Ehre erweisen. Daher konnte ich sein Anerbieten schlecht ausschlagen. Es widerstrebte mir jedoch, diesem liebenswerten, alten Manne etwas vorzuheucheln.

Aber als ich das winzige Heiligtum betrat und gerade niederknien wollte, blieb ich wie angewurzelt stehen. Was ich sah, verschlug mir den Atem.

Von Weihrauch umschwebt, erglänzte im schwachen Licht einer einzigen Kerze die Gestalt der heiligen Jungfrau über dem kleinen Altar. Sie war schwarz, pechschwarz; aus uraltem Holz geschnitzt, so unglaublich alt, daß die Steinquader der Kapelle – nach fünfhundert Jahren des Betens und der Frömmigkeit auch schon reichlich in Mitleidenschaft gezogen – sich dagegen nagelneu und kaum abgenutzt ausnahmen. Das Holz war rissig und zerfurcht. Steif und in archaischer Haltung stand die Figur in ihrem streng gefältelten, geschnitzten Gewand da, ein heiteres, rätselhaftes Lächeln auf den Lippen. Die Augen blickten starr und geheimnisumwoben in die Ferne, und das Haar ringelte sich wie eine Schlan-

genbrut über die schmalen, geraden Schultern und die ausgebreiteten Arme.

Sie trug kein Kind.

Ich stand im Schatten, sah wie der Prior niederkniete, sich
bekreuzigte und hörte ihn mit seiner dünnen Altmänner-
stimme beten, während mir der Weihrauch Tränen in die Augen trieb. Die Kerze flackerte und erhellte das Düster nur
schwach.

Schließlich erhob er sich und sah sich nach mir um. »Ihr
habt nicht gebetet, Maître de Notredame.«

»Was ist das für eine Gestalt?« flüsterte ich erregt. »Zu
wem habt Ihr eben gebetet? Das ist nicht die Heilige Jungfrau. Das ist etwas Heidnisches aus uralten Zeiten.«

»Das ist Notre Dame«, widersprach mir der Prior. »Erkennt Ihr sie denn nicht, nach der Ihr benannt seid?«

Ich starrte ihn wortlos an. Sein Blick dagegen war jedoch
unverändert heiter. Aus weiter Ferne hörte ich den dünnen
Klang der Glocke, die die Mönche zur Vesper rief. Der betäubende Duft des Weihrauchs stieg mir in die Nase. Ich begann
zu husten.

Da trat der Prior ganz dicht vor mich hin und nahm das
kleine silberne Kruzifix, das ich an einer Kette um den Hals
trug, in seine gichtigen, alten Hände. Lächelnd blickte er zu
mir auf.

Aus den Augen dieses winzigkleinen, lieben, alten Mannes sprach seine Herzensgüte. Doch hinter dem Blick seiner dunklen Augen verbarg sich auch so manches Geheimnis.

»Vertraut nicht allzufest darauf«, flüsterte er mir zu, »denn
es ist noch zu jung.«

Bevor ich eine Antwort finden oder auch nur die wirren
Gedanken ordnen konnte, die mir im Kopf herumspukten,
war er wieder vor dem Altar in die Knie gesunken, um zu beten.

Leise verließ ich die Kapelle, ging zu meiner Zelle zurück
und warf mich auf das Strohlager, das man mir auf dem Erdboden ganz frisch bereitet hatte. Es duftete herrlich. Als mich
der Schlaf übermannte, schien sogleich die starre, uralte Fi-

gur über mir zu schweben und im Dunkeln zu schwanken, die Lippen zu einem geheimnisvollen Lächeln verzogen.

Kennt Ihr mich nicht? Ihr müßt Euch doch meiner entsinnen. Ich bin älter als die See und die Berge, als alles Leben auf Erden ... Vergeßt nicht, daß Ihr mein seid.

XIII

Als ich Turin erreichte, folgte ich dem gewundenen Lauf des Po, mied Mailand und quartierte mich stets in kleinen Dorfgasthöfen und Bauernhöfen ein. Überall Verwüstung, die der Krieg angerichtet hatte: niedergebrannte Bauernhöfe, kahle Felder, eingestürzte Türme, Ruinen. Doch obwohl feindliche Armeen jahrhundertelang immer wieder hier eingefallen waren und die schlimmsten Verheerungen angerichtet hatten, behielt die Natur immer Oberhand. Das Leben konnte nicht ausgelöscht werden. Die sanfte Hügellandschaft war unverändert schön. Pappeln und Zypressen krönten die Gipfel, der Himmel war wolkenlos, das Licht kristallklar. Silbrige Olivenhaine und Weinberge schimmerten in der Sonne. Immer wieder waren ocker-, sienna- und cremefarbene, reichverzierte Herrenhäuser erstanden.

Ich kam an dem Schlachtfeld von Pavia vorüber, wo der Herzog von Bourbon König François vernichtend geschlagen hatte. Welche Demütigung für den König! Jetzt grasten hier Ziegen, und die silbern schimmernden Blätter der Olivenbäume bewegten sich flimmernd im Wind.

Ich hatte Scaliger einmal gefragt, ob er glaube, daß Italien die ketzerischen Lehren Luthers und Calvins jemals annehmen könne.

»Italien? Niemals!« hatte er mit Donnerstimme gebrüllt. »Italien wird nie protestantisch werden. Italien ist ein christliches Land und wird diese Verkünder einer Irrlehre niemals mit offenen Armen empfangen; denn die Seele Italiens ist heidnisch und gehört den alten Göttern.«

Als ich so am Ufer des alten Flusses entlang und über die

bewaldeten Hügel ritt, gelangte ich zu der Einsicht, daß er wohl recht hatte. Hier unter der leuchtenden Sonne weilten die Götter in den Zypressen, im Wasser, in den Steinen und in der Erde, blieben dem menschlichen Auge jedoch verborgen.

Ich war auch in Arkadien.

Die Schönheit dieser friedlichen Landschaft milderte allmählich den Kummer, der mich seit dem Verlassen von Agen peinigte. Es gab Glücksmomente, in denen ich gar nicht mehr an Blanche und meine Kinder, an Scaliger und Andiette de la Roque-Loubéjac dachte. Ich vergaß vorübergehend, daß ich alles verloren hatte, was mir lieb und wert gewesen war. Nicht einmal an das Abenteuer dieser Reise dachte ich dann, nicht an das unbekannte Ziel, das zu erreichen mich ein Fremder aus unerfindlichen Gründen hatte verlocken wollen. Ich gab mich ganz dem Gesang der Vögel, der Schönheit der Olivenhaine und dem strahlenden Sonnenlicht hin. Manchmal warf ich mich zu Boden, vergrub mein Gesicht in dem duftenden Gras und streckte die Hände aus, um die Macht zu spüren, die die Erde ausströmte. Wie viele Nationen waren hier einmarschiert in dem vergeblichen Bemühen, Macht, Schätze und Geld an sich zu reißen!

Doch gab es auch Augenblicke, in denen die Trauer schwer auf mir lastete. In trübe Gedanken versunken, saß ich da und grübelte über mein Versagen und meine Blindheit nach. Der neben mir unaufhörlich dahinfließende, braune Strom schien mir auf einer ebenso sinnlosen Reise wie ich.

So wanderte ich weiter, ließ mich treiben wie der Fluß und schwankte zwischen wehmütiger Heiterkeit und dunkler Verzweiflung, genährt von dem Wunsch, dem Geheimnis auf die Spur zu kommen und Klarheit zu gewinnen. Schließlich erreichte ich die Stelle, wo sich der Po mit dem Mincio vereinigt, der vom Gardasee, dem Juwel in den Bergen, in die Ebene hinabfließt. Ich änderte die Richtung und folgte dem Lauf des kleineren Flusses nach Norden. Endlich, endlich erhoben sich am Horizont die Türme und Zinnen von Mantua, das von Seen umgeben ist. Die Sonne tauchte die ocker-, sienna- und cremefarbenen Häuser in goldenes Licht, ließ die große Kuppel der Basilika Sant'Andrea aufleuchten, so daß selbst der finstere, festungsartige Palast der Gonzaga, der geduckt wie ein uralter, riesiger Löwe die Stadt zu überschatten schien, in diesem Licht versöhnlicher wirkte.

Ich hatte damit gerechnet, zu dem Grafen von Guastalla oder seinem Bruder, dem Herzog Federigo, geführt zu werden. Zu meinem Erstaunen brachte man mich jedoch statt dessen in die *sala dello zodiaco*, den Audienzsaal der Donna Isabella d'Este, verwitwete Marquise von Mantua. Ich bewunderte die herrlichen Freskomalereien der Tierkreiszeichen. Unter der alles beherrschenden Gestalt des Saturn saß die Marquise in einem vergoldeten Sessel und fuhr mit den Fingern liebevoll über eine mit Gewürznelken gefüllte Duftkugel. Ihr zerfurchtes, runzliges Gesicht ließ immer noch ihre einstige Schönheit ahnen. Sie trug eine schwarze, juwelenbesetzte Haube auf dem schneeweißen Haar und besaß kluge, dunkle Augen. Sie empfing mich mit einem liebenswürdigen Lächeln.

Da begriff ich, warum Mantua, das kulturelle und geistige Zentrum Norditaliens, seinen Ruhm dieser winzigen, alten Dame verdanken sollte. Sie war in der Tat eine Persönlichkeit, die ihren Eindruck auf mich nicht verfehlte.

»Meine Söhne halten sich zur Zeit in Mailand auf«, sagte sie, und ihre Stimme erinnerte an das Flüstern des Windes in trockenem Laub. Ihre Haut war bleich und straff gespannt wie Pergament. Obwohl sie dem Tode sicher schon sehr nahe war, strahlten und leuchteten ihre Augen, und ihre Vitalität war kaum zu überbieten. »Der Graf kehrt noch heute abend oder aber morgen zurück. Bis dahin seid Ihr mein höchst willkommener Gast.«

Da reichte ich ihr den goldenen Ring, den mir Mathieu Bandello gegeben hatte.

»Der gebührt meinem Sohn«, erklärte sie. »Gebt ihn ihm bei seiner Rückkehr.«

Auf ihr Zeichen hin geleitete ein Diener einen Mann herein, der mir zunächst uralt erschien. Doch dann nahm ich ihn genauer in Augenschein. Sein Gesicht war schmerzverzerrt und von tiefen Linien durchzogen, von großen Qualen und tiefstem Leid gezeichnet. Obgleich er sicher kaum mehr als vierzig Jahre zählte, war er verkrüppelt. Er humpelte, gestützt auf zwei wunderschön geschnitzte Malakka-Stöcke mit Silberknauf.

»Maître de Notredame«, sagte sie in tadellosem Französisch, das sie fast akzentfrei sprach, »ich möchte Euch meinem Astrologen vorstellen. Sein Name ist Luc Gauricus. Ihr werdet Euch sicherlich viel zu sagen haben. Ihm will ich Euch anvertrauen; denn ich bin alt und krank und kann nicht soviel Zeit mit Euch verbringen, wie ich es gern täte.«

Wir verneigten uns höflich voreinander, Luc Gauricus und ich. Sein Name war in Frankreich wohlbekannt, galt er doch als der größte Astrologe seiner Zeit. Man rief ihn in sämtliche Herrscherhäuser Italiens. Auch König François hatte er schon geweissagt. Es hieß, er habe auch das Debakel von Pavia vorausgesagt, oder vielmehr vorausgesehen; denn er hatte es aus nur ihm bekannten Gründen unterlassen, den König zu warnen. Er hatte auch den Tod des Konnetabels von Bourbon prophezeit. Aber der tollkühne, unbesonnene Edelmann hatte alle Warnungen mißachtet und seinem Schicksal getrotzt. Er hatte sich Hals über Kopf ins Verderben gestürzt, bis ihn das Schicksal an der Stadtmauer Roms ereilte.

Luc Gauricus hatte für seine große Begabung teuer bezahlen müssen. Er war ein freimütiger Mensch und hatte sich niemals der Mühe unterzogen, sich in der Kunst der Diplomatie und höfischen Etikette zu üben. Törichterweise hatte er den Sturz und die Absetzung des Tyrannen von Bologna vorausgesagt. Das hatte ihm Bentivoglio mit haarsträubender Logik gedankt, indem er ihn der Folter auf dem *strappado* aussetzte. Die Prophezeiung des Gauricus' bewahrheitete sich – der Tyrann wurde vertrieben und ermordet. Doch Luc Gauricus erholte sich nicht wieder von seinen Leiden.

Ich konnte mir kaum vorstellen, daß dieser berühmte Mann schon von einem einfachen Arzt aus der Provence gehört haben sollte, der in seiner Heimat dadurch einen gewissen Ruf erworben hatte, daß er in vielen Fällen der Pest Herr geworden war. Doch zu meinem großen Erstaunen war ich ihm kein Unbekannter mehr.

»Ich freue mich, Eure Bekanntschaft machen zu dürfen, Maître de Notredame«, sagte er mit unerwartet wohltönender Stimme. »Ich habe Euch schon sehnsüchtig erwartet. Der Steinbock hat seinen langen Aufstieg zum Gipfel noch nicht begonnen. Ich sehe Euch jetzt nach der Tragödie, die Euch betroffen hat. Zur Zeit ist Euch das Glück nicht hold. Doch bald werdet Ihr alles begreifen.«

Erstaunt sah ich ihm in die dunklen Augen, die mich fesselten. Der ganze durchlittene Schmerz spiegelte sich darin. Sie schienen alles zu wissen. Ich dagegen wußte gar nichts.

Ich wandte mich an die Marquise. »Madame, kann ich Euch während meines Aufenthaltes in Mantua auf irgendeine Weise zu Diensten sein?«

Sie brach belustigt in ein brüchiges Gelächter aus. »Nein, Maître de Notredame, Ihr könnt nichts für mich tun. Ich warte sehnsüchtig auf den einzigen, der mir jetzt noch helfen kann; denn ich bin diesen kranken, nutzlosen Körper leid. Ich hoffe nur, daß Ihr Euch in Mantua wohl fühlen werdet. Es wäre mir eine große Freude, wenn Ihr hier von Eurem Kummer befreit werden könntet.«

Damit war die Audienz beendet. Ich zog mich mit Luc Gauricus in seine Gemächer zurück. Von ihm lernte ich an einem Tage mehr als von sämtlichen Astrologen und Okkultisten während meiner Reisen durch Frankreich. Ich sonnte mich in den Gärten der Reggia dei Gonzaga, trank den klaren, kräftigen Wein, aß Trauben, Oliven und Granatäpfel und beobachtete, wie die Pfauen ihr prächtiges Gefieder neben plätschernden Springbrunnen zum Rad ausbreiteten. Ich wandelte durch duftende, hängende Gärten, wo Vögel in goldenen Käfigen saßen. Luc Gauricus und ich sprachen über die Sterne, die Alchimie, Philosophie, die Magie und das Schicksal. Wir sprachen jedoch niemals darüber, warum ich nach Mantua gekommen war.

Noch am gleichen Abend nahm mich der Graf von Guastallo in Augenschein. Seinen schwarzen, undurchdringlichen Augen schien nichts zu entgehen. Er war ein hagerer, alles in allem faszinierender Mann.

»Willkommen in Mantua«, begrüßte er mich knapp und kurz wie ein Soldat. Wortlos nahm er den goldenen Ring entgegen und legte ihn in eine kleine, geschnitzte Dose.

Törichterweise nahm ich an, daß nun der Augenblick gekommen sei, wo ich auf des Rätsels Lösung stieße; der Schlüssel zu all den dunklen Geheimnissen meiner Reise hierher rücke greifbar nah. »Mein Herr und Gebieter«, sagte ich, »was wünscht Ihr von mir? Ihr wißt, daß Mathieu Bandello mich hierherbefohlen hat – ohne mir jedoch den Grund zu verraten.«

»Grund? Hierherbefohlen?« Er lachte mich aus. Dieser unerschrockene Glücksritter und unermüdliche Liebhaber von Frauen und jungen Männern, dieser Künstler, Sybarit und Okkultist war ein beeindruckender, furchteinflößender Mann. »Einen Grund sucht Ihr?« wiederholte er. Seine Zähne leuchteten blendend weiß in dem Gesicht mit der olivfarbenen Haut. »Ihr müßt doch wohl einen Grund gehabt haben, hierherzukommen. Ich wüßte nicht, warum ich Euch nach Mantua hätte rufen sollen.«

Ich starrte ihn fassungslos an. Ein unbändiger Zorn stieg in mir auf.

Ich hatte also diese lange Reise vergebens gemacht. Wochenlang war ich unterwegs gewesen, voller Erwartung, von wirren Träumen und wahnwitzigen Hoffnungen erfüllt. Drei Monate war ich auf dem Rücken eines Maultieres durch Frankreich, über die unwirtlichen, schroffen Berge, durch Savoyen nach Italien geritten. Und ganz umsonst. Ich konnte das einfach nicht glauben.

Während ich noch um Fassung rang, um mir meine unerhörte Wut nicht anmerken zu lassen, griff er mit einer eleganten Handbewegung nach einem Kelch, den er bis zum Rand mit Wein füllte. Es war ein riesiger Kelch, sehr alt, aus tiefrotem Porphyr, herrlich geschliffen, in Weiß, Oliv und Gold, blattartig geädert.

»Auf Unsere Liebe Frau«, sagte er lächelnd und sah mich über den Rand des roten Porphyrkelches an, während er trank. Seine dunklen Pupillen blieben unbeweglich, flackerten nicht einmal. Schwarz wie Tinte, wie Onyx bohrten sie sich in die Venen und Arterien unter meiner Haut, schlichen sich in meine Gedanken ein, drangen bis in meine Seele vor, um sie mir, dem Widerstrebenden, sich dagegen Wehrenden, durch die Augen aus dem Leib zu ziehen. Noch nie war ich einer solchen Prüfung unterzogen worden, noch nie hatte jemand bis auf den Grund meiner Seele geblickt. Ich konnte nur verächtlich zurückstarren. Doch mein Zorn erschien mir albern und sinnlos.

»Maître de Notredame«, sagte der Graf von Guastalla ganz unvermittelt, »lassen Sie uns Karten spielen.«

»Karten?« fragte ich verwundert.

Er nahm ein in zinnoberrote Seide eingeschlagenes, bemaltes Kartenspiel aus einer geschnitzten Mahagonischatulle mit Elfenbein- und Ebenholzintarsien. Er mischte die Karten gekonnt und sah sie dann durch, bis er die gesuchte Karte gefunden hatte. Diese legte er mit der Vorderseite nach oben auf den Tisch.

»Dies entspricht Eurem Wesen«, sagte er. »*El Gobbo.*«

Der alte Mann, der Ewige Jude, guckte mich von der Karte an, wunderschön gearbeitet, mit seinem Sack voller Geheimnisse auf dem krummen Buckel. Der Alte hielt seine knochige, durchscheinende Hand vor eine Laterne, die den schwachen Glanz des sechszackigen Sterns ausstrahlte. Ich selbst war es, der mir da von der Spielkarte entgegenstarrte. Der gemalte Mann und der lebendige sahen sich an. Vielleicht aber waren auch beide von der gleichen Hand gemalt – ich konnte es nicht mehr mit Sicherheit sagen.

Ferrante de Gonzaga hielt mir das Kartenspiel hin. »Wählt zehn Karten aus«, sagte er.

Blindlings griff ich zu. Anfänglich hatte ich das Spiel für einen Scherz gehalten, doch nun machte mir der Ausdruck seiner tiefschwarzen Augen Angst.

»Das gilt für Euch: *La Rotta.*«

Ihr seid ein von den Göttern und vom Schicksal gebeutelter Seefahrer . . . Ihr glaubtet, Michel, Ihr könntet mit Hilfe des fruchtbaren Leibes einer Frau und einem Haufen von Balken und Steinen zum

Bau eines Hauses über Zeit und Raum bestimmen – wie ein Bildhauer einem Gesicht ewige Züge verleiht, indem er es aus dem Stein herausarbeitet. Doch das Schicksal ist der vielgestaltige Liebling der Götter – man kann es nicht umwerben wie eine Frau noch unterdrücken wie einen dienstbaren Geist. Das Schicksal steckt voller launiger Einfälle wie ein munterer Fisch in einem unergründlichen Teich...

»Dies begegnet Euch auf Schritt und Tritt und durchkreuzt Eure Pläne. La Morte.«

Es ist der Tod der Menschen, die Ihr liebtet, der Euch so zu schaffen macht... Ihr glaubtet, den Tod zu verstehen, Michel. Tausendfach seid Ihr ihm begegnet in stinkenden Kadavern, Unrat, verbrannten Gebeinen. Aber das Leben nährt an seinem Busen die Saat des Todes ähnlich dem Kern in einer Frucht. Der Tod lauert allem Lebendigen auf; was das Leben einschließt, beinhaltet auch den Tod – ebenso wie die zugefrorene See im spiegelnden Eis den törichten Schwimmer festhält...

»Das übersteigt Eure Kraft. La Fortez.«

Ihr glaubtet, Michel, Stärke bedeute Überleben – mittels Schlauheit und der animalischen Gerissenheit des Sündenbocks, mit der Gewandtheit einer Gemse. Aber das weitaufgerissene Maul des Löwen schließt sich nicht kraft der Hufe, Hörner oder brüchigen Felsbrocken. Das bewirkt nur die Kraft der Wellen, die sanft die Formen des Lebens umspülen und sich der Umarmung des Todes willig überlassen. Denn Kraft ist nichts als die Kraft zum Sterben; sterben und dadurch neues Leben hervorbringen...

»Das liegt hinter Euch. La Sagitta.«

Ihr glaubtet, Michel, der Tod der Form bedeute Tod, doch der Tod der Form entläßt nur das Leben wieder ins Leben. Wie la maison de Dieu vom Blitz getroffen in Flammen aufgeht, so wird das Leben ins Leben entlassen, um in anderer Form wieder neu zu erstehen. Denn nur was sich selbst zerstören kann, ist wahrhaft lebendig...

»Über Euch erhaben: Il Bagatella.«

Ihr glaubtet, die Kniffe des Spielmanns zu beherrschen, Michel, weil Ihr die Namen der Heiligen aufsagen und aus Gold, Lapis und pulverisierter Koralle Salbe herstellen könnt. Doch ein wahrer Spielmann ist nur, wer zwischen der Form und dem Abgrund tanzt, zwischen der Maske und dem was sich darunter verbirgt. Denn alles ist

Paradoxon und Allegorie. Vielleicht ist das alchimistische Gold im Schmutz der Gosse zu finden . . .

»Das erwartet Euch: *Lo Impichato.*«

Ihr glaubtet, Euch mit Eurer Einsamkeit den Schlüssel zum goldenen Tor verdient zu haben, Michel. Ihr glaubtet, Euer Schmerz sei das Zünglein an der Waage und gäbe Euch das Recht, die Mysterien enträtselt zu sehen. Doch Ihr müßt mit den Füßen nach oben und dem Kopf nach unten ans Kreuz geschlagen werden, an das, was Ihr Wirklichkeit nennt, so daß Euch das Blut aus Mund und Augen fließt wie einst Petrus. Damit die Saat aufgeht, die in Eurem Kopfe keimt, der Same, aus dem der Weinstock wächst. Dieser wiederum trägt Früchte, welche die Saat Gottes enthalten . . .

»Sie fürchtet Ihr am meisten: *L'Amore.*«

Ihr glaubtet, Michel, Euch dem Erschauern beim Hinabtauchen, dem alles verschlingenden Dunkel entziehen zu können, dem wilden Tier, das sich in Eurem Leib, in Euren Eingeweiden eingenistet hat. Ihr habt noch nicht erfaßt, daß der Tod Leben hervorbringt und die ausgebreiteten Arme Eurer an der fernen schwarzsandigen Küste harren – warten und warten, weil Ihr noch nicht wagtet, den Schleier beiseite zu schieben, hinter dem sich Ihr Gesicht verbirgt. Ihr glaubtet, Sie könne Euch Eurer Männlichkeit berauben, doch in Wahrheit seid Ihr ohne Sie kein Mann . . .

»Euer sehnlichster Wunsch: *Imperator.*«

Ihr wolltet bei Hofe etwas darstellen. Ihr glaubtet, Michel, Ihr könntet die flüsternden Geister beschwichtigen, die Euch verfolgen, indem Ihr im Schatten von Rex Mundi, *dem Herrn der Welt, Euer Leben fristet. Doch er ist ein launischer Freund, bewacht nur den Eingang zum Tode. Wie im Garten Myriaden von Blumen blühen, so gibt es unzählige Formen der Macht. Doch die Macht, die Ihr anstrebt, ist nicht die Form der Macht, die das Schicksal für Euch bereithält. Ihr habt noch nicht begriffen, wer Euer wahrer Herr und Meister ist . . .*

»So sieht Euch die Welt: *El Mato.*«

Ihr glaubtet, weise zu sein, Michel, weil Ihr die Namen der Pflanzen und wandernden Sterne kennt. Der gottlose Narr begibt sich an den Rand des Abgrunds in dem irrigen Glauben, diesen mit Hilfe seiner Gelehrsamkeit überbrücken zu können. Der Heilige Narr tanzt am Rande des Abgrunds, sucht keine Brücke, stürzt sich hinab. Denn er weiß, daß der Abgrund, der Sturz und der Aufprall des Körpers auf Felsen und Wasser in seiner Seele nichts als ein Traum sind...

»Eure Zukunft: *La Papessa.*«

Erkennt Ihr mich immer noch nicht? Ihr müßt Euch doch meiner entsinnen; denn Ihr seid mein... mein... mein... mein... mein...

»Ich ertrage es nicht mehr«, flüsterte ich, und vergrub mein Gesicht in den Händen. Die nächsten Minuten verstrichen in völligem Schweigen. Als ich den Kopf wieder hob, saß er immer noch ganz ruhig da und trank Wein aus dem roten Porphyrkelch. Er ließ mich nicht aus den Augen.

»Wer seid Ihr?« murmelte ich.

»Ich bin der Graf von Guastalla«, erwiderte er kaltlächelnd.

»Und wer seid Ihr?«

Darauf wußte ich nichts zu sagen. Ich ließ meinen abgestumpften Blick, erschöpft wie ich war, durch das kleine Arbeitszimmer schweifen. Wie durch einen dunklen Schleier erkannte ich vage die Tapisserien, die Freskomalereien, die Statuen, das kostbare Mobiliar und den Reliquienschrein, der mit Rubinen besetzt war, die sich über mich lustig zu machen schienen und den großen Rubin am Zeigefinger seiner rechten Hand fast noch in den Schatten stellten.

Ein Gemälde in einem reichverzierten Goldrahmen stach mir besonders ins Auge. Immer wieder saugte sich mein Blick daran fest; denn vor diesem Bild lichtete sich der Nebel. Die zerbrechliche Gestalt der Madonna mit dem Kind hatte meine Aufmerksamkeit erregt. Sie winkten mir zu. Mutter und Kind waren umringt von kostbar gekleideten, reichgeschmückten Höflingen, die sie umschwirrten wie bunte Schmetterlinge. Die Madonna hatte blutrote, sinnliche Lippen. Schwere Lider senkten sich schläfrig über strahlend blaue Augen – kornblumenblaue Augen, von denen eine solche Faszination ausging, daß sie besser zu Magdalena als zur Muttergottes gepaßt hätten. Aus unerfindlichen Gründen begann meine Kopfhaut zu prickeln. Den Hintergrund bildeten zerbröckelnde Bogengänge und Säulenhallen, Pfeiler und Streben – alles dem Ruin preisgegeben. Ganz in der Ferne schimmerten bläulich schneebedeckte Berggipfel. Ich wandte den Blick ab. Doch dann betrachtete ich diese gebirgige Landschaft mit immer größer werdender Erregung. Vor dem Hintergrund des Berges, ganz zur Rechten, saß prahlerisch ein Pfau auf einer geborstenen Säule. Die verwitterten Mauern einer Festung ohne Dach formten einen gigantischen Nabel – einen zum Himmel hin offenen Kelch.

Ich wußte, daß ich hier keinem Irrtum unterlag. Dreimal hatte ich das schon zu Gesicht bekommen. Einmal vom Rükken meines Maultieres aus. Und dann wieder, als ich mit dem Bischof von Carcassonne vor einem kleinen Gasthof stand, die Sonne unterging und die Schatten uns in einen See von Dunkelheit tauchten. Das drittemal, als ich angstgepeinigt innerhalb der schwarzen Mauern am Boden kauerte, angestrengt lauschte und doch nichts hören wollte.

»Gefällt Euch das Gemälde?« fragte Ferrante de Gonzaga und unterbrach damit behutsam den Fluß meiner sich überstürzenden Gedanken. »Es ist ein Werk von Sandro Filipepi, besser bekannt unter dem Namen Botticelli.«

»Wunderschön«, murmelte ich beeindruckt und mied den spöttischen Blick seiner nachtschwarzen Augen.

»Die Landschaft beschwört alles mögliche herauf«, meinte er leichthin.

»Wäre ich kein so friedliebender Mann und kein Feigling«, knirschte ich zwischen zusammengebissenen Zähnen, »so würde ich Euch töten.«

Wieder lachte er mich aus. Seine strahlend weißen Zähne schimmerten in dem dunkelhäutigen Gesicht. Er hielt mir den roten Porphyrkelch hin.

»Trinkt«, sagte er. »Der Wein wird Euch aufheitern und Euer Mütchen kühlen. Dieser Becher ist schon sehr alt. Er soll magische Kräfte besitzen.«

»Vielleicht wird der Wein zu Wasser, sobald er meine Lippen berührt«, entgegnete ich erbittert, »da ich El Mato bin. Ich will Euren Wein nicht trinken. Ich möchte, daß Ihr meine Fragen beantwortet. Was wollt Ihr von mir? Was will das Haus Lothringen von mir? Warum hat Mathieu Bandello mich hierher geschickt? Was wißt Ihr über meinen Großvater, was ich nicht weiß?«

»So viele Fragen!« lachte der Graf von Guastalla. »Doch zürnt Ihr mir zu Unrecht. Ihr wart keineswegs verpflichtet, diese Reise nach Mantua anzutreten. Die Antwort auf Eure Fragen liegt möglicherweise in Euch selbst.«

»Sehr klug geantwortet, edler Herr, jedoch nicht zutreffend. Ich habe nicht um den goldenen Ring gebeten.«

»Schließen wir Frieden, Maître de Notredame. Ich will nichts von Euch, wollte Euch nur kennenlernen. Das ist jetzt geschehen. Ich muß zugeben, daß Ihr mir gefallt, obwohl Ihr keinen Hehl daraus macht, daß Ihr mir am liebsten die Kehle durchschneiden würdet. Ich hoffe, es wird Euch in Mantua gefallen.«

Ich seufzte. Er quälte mich unablässig, griff nach meiner Seele und marterte sie, um mir meine Wunden zu zeigen. Eine unsagbare Erschöpfung und Kraftlosigkeit bemächtigte sich meiner.

»Wenn Ihr dann genug habt von Mantua«, fuhr Don Ferrante de Gonzaga fort, »habe ich einen Auftrag für Euch. In meinem Besitz befindet sich ein Paket mit Briefen und wichtigen Dokumenten. Sie müssen dem Herzog von Lothringen in Nancy überbracht werden. Ich wünsche, daß Ihr sie für mich über die Alpen nach Lothringen befördert.«

»Ich habe mehr als genug von Mantua und auch von Lothringen«, erwiderte ich müde. »Aber da ich kein anderes Ziel habe, will ich tun, was Ihr verlangt.«

XIV

Ich folgte dem Lauf der Maas von Toul an, wie man mir geraten hatte. Immer wenn ich das Ziel meiner Reise nicht kannte, war ich dem Lauf der Flüsse gefolgt. Es war Regenzeit, und allmählich gewöhnte ich mich daran, von heftigen Schauern bis auf die Haut durchnäßt und mit dem gelben Schlamm des Flußufers bespritzt zu werden. Ich trieb mein vor Kälte zitterndes Maultier durch knöcheltiefe Schlaglöcher, durch grundlosen Morast und überschwemmte Uferwiesen und vertraute darauf, daß meine Gesundheit aufgrund meiner unverwüstlichen Konstitution dabei keinen Schaden nähme.

Manchmal traf ich tagelang keine Menschenseele. Ich vermied die großen Straßen und hielt mich dicht an dem Hochwasser führenden Fluß. Ich nächtigte in verlassenen Hütten und winzigen, nicht sehr einnehmenden Dorfgasthäusern. Zuweilen klopfte ich auch an die Tür eines einsam, inmitten überschwemmter Felder liegenden Bauernhauses. Niemand bekundete Neugier, was meine Vergangenheit oder mein Ziel betraf. Man gab mir zu essen, wies mir ein Lager für die Nacht an und stellte keine Fragen. Meine Gulden waren stets willkommen. Diese halb deutschen, halb französischen Bauern, zwischen zwei Ländern hin- und hergerissen, deren Regenten ständig miteinander im Krieg lagen, waren mißtrauische, schweigsame Leute.

Doch ich dachte nicht lange über die Geschichte der Gegend nach. Der geheimnisvolle Herzog von Lothringen, blond wie sein Bruder, der Kardinal, hatte mir in Nancy eine kurze Audienz gewährt – gerade lang genug, um mir gewisse Sendschreiben anzuvertrauen und mich nach Stenay und Orval zu schicken. Infolge seiner Zurückhaltung und seines barschen Benehmens mir gegenüber, widerstrebte es mir nun im höchsten Maße, mich mit in die Staatsaffären des Herzogtums hineinziehen zu lassen.

Ich hielt mich dicht an dem französischen Ufer des Flusses und sann darüber nach, daß sich die Geschichte vom Heiligen Gral hier in der Champagne abgespielt und von dem romantischen Hof zu Troyes seinen Ausgang genommen haben sollte. Wie konnte in diesem trostlosen, niederdrückenden Klima ein solches Juwel an visionärer Kraft und Schönheit erstehen? Ich muß allerdings sagen, daß ich diese Landschaft niemals im Sommer erlebt hatte, wenn überall Mohnblumen, Hahnenfuß und Senfgarbe in voller Blüte standen und die Trauben schwer von den Weinstöcken hingen.

Ich umging Verdun und kehrte zwei Tagesreisen später

nördlich davon an den Fluß zurück. Schließlich erreichte ich den großen Wald südlich von Stenay. Und zwar noch am hellichten Tage, doch die Bäume standen so dichtgedrängt, daß sie keinen Lichtstrahl hindurchließen. Die Finsternis bedrückte mich. Ich ritt wie durch einen unterirdischen Gang, in den sich nie ein lebendiges Wesen verirrt und in dem kein Laut zu hören ist.

Der Gedanke, die Nacht in diesem Forst verbringen zu müssen, behagte mir gar nicht; denn er war so sagenumwoben, daß man selbst in der Provence schon davon gehört hatte. Ich mußte jedoch hindurch, da er die Stadt im Süden, Osten und Westen meilenweit umgab. Es ärgerte mich, daß ich mich fürchtete und abergläubisch war. Der Wald nannte sich Forêt de Woevres, Schlangenwald. Sagen aus uralten Zeiten berichteten von diesem Gehölz. Es sollte ein heiliger, geweihter Ort gewesen sein. Unter den großen, uralten Eichen hatte man angeblich einst zur Göttin Rosemertha gebetet.

Ich redete mir wiederholt ein, daß dies ein Wald sei, nichts als ein Wald, und daß ich Vorräte an Brot, Käse, getrocknetem Fleisch und Wein im Beutel trüge, von denen ich zwei Tage zehren könnte. Das dichte, uralte Laubdach würde mich vor dem Regen schützen, ich hätte also einen ganz bequemen Ritt vor mir. Ich sagte es mir immer wieder, während ich mein Maultier zwischen den ersten Baumgruppen von Eichen, Birken und Pappeln hindurchtrieb. Der Modergeruch fauliger Blätter umfing uns. Manche der hohen Bäume waren noch kaum aus dem Winterschlaf erwacht und ganz kahl, andere wiederum wiesen schon dicke Knospen auf. Manche hatten sich mit zarten, jungen Trieben geschmückt, andere dagegen trugen Überreste des braungoldenen Herbstlaubes. Über mir waren die Äste ineinander verschlungen wie unzählige Hände, die sich nie wieder aus ihrer Umklammerung lösen können. Sie bildeten ein so dichtes Dach, daß kein Sonnenstrahl die braun-grüne Finsternis durchdrang. Ich war in einer irisierenden Schattenwelt gefangen wie im Innern eines Blattes oder Stammes – als sei ich gezwungen, die Blüte abzuwarten, bevor ich wieder freikam.

Als mir die Dämmerung ihre Kapuze überzog und sich der schmale Pfad vor mir im Dunkel verlor, war mir, als beträte ich einen uralten, geheiligten Tempel. Ich wußte, daß der Zorn, der immer noch in mir gärte, angesichts der Mächte, die hier herrschten, ein Affront war. Kein Lüftchen regte sich. Nichts hätte vermocht, die ineinander verschlungenen Zweige voneinander zu trennen. Doch manchmal fiel ein Ast ohne ersichtlichen Grund ganz leise zu Boden oder ein Tier rannte blitzschnell vorbei, um sich in Sicherheit zu bringen, vom saugenden Geräusch aufgeschreckt, das die Hufe meines Maultieres aufgrund der feuchten, schwarzen Erde auslösten.

Alles in mir krampfte sich zusammen. Auch mein Maultier spürte das. Es trabte immer langsamer einher, blieb schließlich stehen und lauschte mit zuckenden Ohren, die Nüstern gebläht. Es rollte furchtsam die Augen.

Es war Vollmond, er würde groß und rund am Himmel stehen, spät nachts. Ich schwamm in einem Meer von Finsternis. Da beschloß ich, anzuhalten und zu schlafen. Im Dunkeln wollte ich den schmalen Pfad nicht weiterverfolgen. Die Bäume schienen sich immer tiefer hinabzuneigen, und ich hatte das Gefühl, als atme etwas aus uralten Zeiten sachte hinter mir. Zwar wußte ich, daß es mir nicht feindlich gesinnt war, doch es ließ mir keinen Frieden. Vielleicht könnte ich Schlaf finden und so ein Weilchen zur Ruhe kommen. Ginge dann morgens die Sonne auf, würde dort nichts als ein gewöhnlicher Wald sein.

Ich band mein Maultier an einen Baum und breitete meinen Mantel auf der feuchten Erde aus. Es kostete mich große Mühe, ein Feuer zu entzünden, da mein Zunder bei den völlig durchnäßten, faulig riechenden Zweigen zunächst versagte. Ich trank einen halben Schlauch Wein und kauerte mich dicht am Feuer nieder. Mir war ganz wirr im Kopf. In dem Zustand völliger Erschöpfung, in dem ich mich befand, verfluchte ich insgeheim Mathieu Bandello, den Grafen von Guastalla und den Herzog von Lothringen. Schließlich übermannte mich die Müdigkeit und ich versank in einen tiefen, traumlosen Schlaf.

Obgleich mich keine quälenden Träume peinigten, erwachte ich zwei Stunden vor Tagesanbruch. Die silbrige, milchige Scheibe des Mondes leuchtete durch das Gitterwerk der Äste. Ich konnte vage die Bäume ausmachen, die das kleine, kalte Häufchen umstanden, das von meinem mühselig in Gang gebrachten Feuer übriggeblieben war. Irgend etwas an der Gruppierung der Bäume irritierte mich. Die Zweige über mir waren ineinander verwoben wie verschlungene Hände. Unmittelbar vor mir stand eine mächtige Eiche, so knorrig, dick und verkrümmt, daß sie schon viele hundert Jahre alt sein mußte. Furchtsam und von schlimmen Ahnungen erfüllt, starrte ich sie an; denn ich war an dem Ort angelangt, den ich in jener Nacht im Traum gesehen hatte, als ich mit dem Bischof von Carcassonne den Berg Bézu erstieg. Damals hatte ich auch die Glocke für die weißgewandeten Ritter läuten hören, die vor zweihundert Jahren ums Leben gekommen waren.

Ängstlich schaute ich mich im Dunkeln um, wo die uralten Eichen Wache hielten. Ich hatte in dem heiligen Hain geschlafen, in dem eine uralte, namenlose Macht, älter noch als Gottvater, zu Hause war. Kein gespenstischer, weißgewandeter König geisterte hoch zu Roß mit hinter ihm herwehendem Haar durch meine Träume, erschien mir auch nicht in wachem Zustand. Schon allein die düstere Eiche war schrecklich genug. Hier, wo ich mein Lager aufgeschlagen hatte, war sein Blut in Strömen geflossen und hatte die schwarze Erde getränkt.

Ich empfand ungeheure Erleichterung, als ich durch das Stadttor in die kleine Stadt Stenay einritt und mich der alten Kirche St. Dagobert näherte. Die merkwürdig schmucklosen, pockennarbig wirkenden Portale setzten mich in Erstaunen. Meine Erleichterung schwand, als ich erkannte, daß die Kirche nicht mehr besucht wurde. Sie war dem Verfall preisgegeben, und das schon seit vielen Jahren. Feuchter Modergeruch hüllte mich ein. Ich musterte die gedrungenen Säulen, das besudelte Gewölbe, das noch Spuren der Flammen aufwies, die bunten Glasscherben auf dem Boden, die von den berstenden Fenstern herabgeregnet waren. Auf dem verwüsteten Altar befand sich eine hölzerne Statue des Heiligen in der steifen, unnachgiebigen Haltung vergangener Zeiten. Sein Gesicht war so vom Zahn der Zeit benagt, daß es dem eines Leprakranken glich. In dieser leeren Ruine überkam mich eine solche Verzweiflung, daß ich mich wieder dem Ausgang zuwandte.

Da hörte ich ein Rascheln hinter mir. Der Curé der Kirche St. Dagobert in Stenay harrte meiner im Schatten des geborstenen Altars. Er war so urplötzlich in Erscheinung getreten, als sei er dem alten Gemäuer entstiegen.

Der Curé war ein verhutzeltes, kleines Männchen mit schneeweißem Haar. Sein braunes, von Runzeln gezeichnetes Gesicht glich einer Rosine. Der undurchdringliche Blick seiner schwarzen Augen erinnerte mich an die in Käfigen gehaltenen Äffchen in Avignon. Ihn umgab eine Aura, die mich zutiefst beunruhigte. Er entglitt mir, war nicht zu fassen. Es war, als tänzelte er davon, wenn ich mir über sein Wesen klarzuwerden versuchte. Er hatte eine dünne, monotone Stimme. Es war, als kratze jemand ein altes, eintöniges Lied auf einer Fiedel. Die Lippen des Curés bebten unentwegt, schienen sich zu einem verzerrten Lächeln verziehen zu wollen, das jedoch nicht zustandekam. Trotzdem konnte ich mich des Eindrucks nicht erwehren, er spotte meiner.

»Meines Wissens seid Ihr nach Norden unterwegs, zur Abtei Notre Dame in Orval«, sagte der Curé mit eigentümlichem Grinsen.

Ich nickte mit unbewegter Miene. Ich hatte es gründlich satt, mich ködern zu lassen.

»Bis dahin ist es nur ein halber Tagesritt«, bemerkte der Curé. »Bei weitem angenehmer, als durch den Wald zu reiten.«

Ich sagte nichts.

»Bevor Ihr Euch aber auf den Weg nach Orval macht, solltet Ihr Euch die Kirche genauer ansehen. Sie hat eine sehr interessante Geschichte. Der Herzog von Lothringen hat Euch natürlich davon erzählt?«

»Der Herzog von Lothringen hat mir nur befohlen, die Kirche St. Dagobert aufzusuchen, mir aber weiter nichts darüber gesagt.«

»Ihr solltet allerdings etwas über sie wissen«, sagte der Curé in seinem merkwürdigen Singsang, als spräche er zu sich selbst. »Jeder Ort hat eine Seele, ganz so wie ein Mensch. Man sollte diese Seele kennen, damit man Frieden mit ihr schließen kann. Vor langer Zeit hieß diese Stadt Satanicum.« Er begann mit monotoner Stimme einen alten Gesang zu intonieren und blinzelte mich dabei mit seinen schwarzen Affenaugen an.

›Corpus terra sublevatur,
Sathanacum deportatur,
Ac devote veneratur,
Per ejus confinia.

Martyr Christi praelecte,
Deo placens et perfecte,
Martyrio coelo vecte,
Duc nos ad celestia.

pisum votis collaudemus,
Voce, corde exultemus,
Ad beati suspiremus,
Dagoberti gaudia.‹

Ich schwieg. Auch hier wieder Hinweise, Nuancen, Folgerungen. Wieder fühlte ich einen unsinnigen, fruchtlosen Zorn in mir aufsteigen. Doch ich war fest entschlossen, meine Zunge im Zaum zu halten. Hätte ich offen gesprochen, wie im Angesicht des Grafen von Guastalla, so wäre ich doch nur mit zweideutigen Ausflüchten abgespeist worden.

»Unter dieser Kirche befinden sich die Ruinen eines alten Tempels zu Ehren Saturns, des *Rex Mundi*«, erklärte der Curé von Stenay. »Es ist ein geweihter Ort.«

»Zweifellos ist jeder Ort irgend jemandem geweiht«, sagte ich. Er zog es vor, meinen Sarkasmus zu ignorieren. »Kein guter Christ hält sich gern an einem solchen Ort auf. Deshalb ist die Kirche St. Dagobert auch dem Verfall preisgegeben. Niemand will sie betreten. Der Geist, der hier weht, macht allen Angst. Man fürchtet die Geister der toten Könige der Dynastie der Merovée, der ersten Dynastie der Könige Frankreichs – die Geister der langhaarigen Könige, der Hexenmeister, die hier immer noch umgehen sollen. Die Toten fürchtet man zurecht«, bemerkte der Curé leise kichernd, und glich in diesem Augenblick wieder sehr den Affen in Avignon. »Doch sind die Lebenden viel gefährlicher.«

Ich unterdrückte ein Schaudern. War ich unter der mächtigen Eiche Zeuge eines Opfers geworden?

»Kommt«, sagte er verheißungsvoll, und faßte mich mit seiner klauenartigen Hand am Ellenbogen. »Wir wollen in die Krypta hinabsteigen.«

»Sicherlich ist sie sehr interessant, Monseigneur, doch ich fürchte, ich muß mich jetzt auf den Weg nach Orval machen. Ich möchte noch vor Einbruch der Dunkelheit dort sein«, widersetzte ich mich.

»Keine Sorge, Maître de Notredame, Ihr werdet dort zweifellos noch vor dem Dunkelwerden eintreffen. Was ficht Euch an? Habt Ihr Angst vor einer alten Kirche? Oder erschreckt Euch der alte Curé?« Wieder lachte er boshaft.

Es fiel mir immer schwerer, Haltung zu bewahren und ihn nicht zu ohrfeigen. »Was hat es denn mit der Krypta unter der Kirche auf sich?«

»Es ist eine alte Kapelle der Ritter des Templerordens«, erklärte der Curé.

Mein erster Impuls war, sofort die Flucht zu ergreifen. »Nein«, wehrte ich ab, und trat ein paar Schritte zurück. »Das habe ich schon einmal durchgemacht. Mit den Ruinen des Tempels will ich nichts zu schaffen haben. Der Tempel ist zerstört worden.«

»Ist er das wirklich?« gab das kleine alte Männchen zurück – boshaft, gemein und von niederer Gesinnung wie so viele Alte, die zu nichts mehr nütze sind.

»Um Christi willen«, entfuhr es mir da, »warum nur müßt

Ihr mich alle so quälen? Könnt Ihr mir nicht einfach wie ehrliche Leute sagen, was Ihr von mir wollt, ohne mich ständig in Angst und Schrecken zu versetzen?«

Darüber wollte er sich rein ausschütten vor Lachen. Sein irres Gelächter hallte mir gespenstisch in den Ohren. Ich ging zur Tür und wandte mich dort noch einmal um.

»Wer seid Ihr?« fragte ich ihn.

»Ich bin der Torhüter, Maître de Notredame«, erwiderte er mit teuflischem Grinsen.

Angstgepeinigt, doch hocherhobenen Hauptes verließ ich die Kirche, kletterte auf mein Maultier und ritt zum Stadttor hinaus in Richtung Norden. Von Wind und Regen gepeitscht, glaubte ich auch nach mehreren Meilen noch das irrsinnige affenhafte Gekicher des Curés zu hören.

Wie gejagt ritt ich dahin, bis mein Ingrimm verraucht war. Erst, als wir in dem Waldstück eintrafen, welches mich noch von Orval trennte, hielt ich mein Maultier zu einer langsameren Gangart an. Mein Magen machte mir so zu schaffen, daß ich mich verkrümmt auf meinem Maultier wand. Die Alpträume jagten einander, nahmen Gestalt an und versetzten mich ständig in Angst und Schrecken; ganz so, als habe sich die Grenze zwischen Träumen und Wachen verwischt wie eine Sandbank bei Hochwasser. Ich wurde in ein Chaos geschleudert, wo die Vernunft nichts mehr galt.

Zu Tode erschöpft, tauchte ich wieder aus dem Wald auf. Ich zitterte vor Kälte, obgleich mir die Spätnachmittagssonne zaghaft auf den Rücken schien. Es hatte aufgehört zu regnen, von den Feldern stieg feuchter Dunst auf. Der Weg führte durch Gruppen von efeubewachsenen Eichen und Birken und wand sich dann verschlungen quer über eine ausgedehnte Wiese, der das gebrochene Licht ein fast übernatürliches, schwermütiges Gepräge verlieh. Ein paar höchst gewöhnliche Schafe weideten das Gras, das sich dadurch wie mit Pilzen gesprenkelt ausnahm. Die Strahlen der untergehenden Sonne brachen sich glitzernd auf einem rasch dahineilenden Flüßchen zur Linken des schlammigen Weges. Ein dicht bewaldeter, zerklüfteter Hügel lag wie ein düsterer Koloß vor mir und nahm mir die Sicht. Die Straße wand sich um den Hügel herum und verschwand dahinter.

Ich ritt noch zwanzig Schritte weiter, bis die Erkenntnis wie ein Donnerschlag über mich hereinbrach. Da war es, murmelte, kicherte und sprudelte sanft über bemooste Steine, harrte und spottete meiner, lachte seit dreißig Jahren sein langes, silbriges Lachen, bis es sich, von seinem eigenen Gelächter erschöpft, in den dunklen Teich ergoß. Im Osten lag hinter den verworrenen Silhouetten der dicht gedrängt stehenden Baumgruppen der Ort Orval. Im Westen erhob sich auf dem Kamm des Hügels eine Abtei.

Ein irritierender Gesang tönte in meinem Kopf: *Ich bin aus der wirklichen Welt herausgetreten und habe den Schleier gelüftet, der Träume gegen das Tageslicht abschirmt. Ich bin am Wegrand zusammengebrochen, liege hier hilflos auf dem durchweichten Boden, wälze mich im Fieber oder einer Seuche und träume, daß ich träume, daß ich träume...*

Aber es war nicht dieselbe Abtei. Die ich im Traum gesichtet hatte, war ein dunkles, geduckt daliegendes, geheimnisumwobenes Bauwerk gewesen, ein monströser Käfer, vom Alter geschwärzt. Jetzt dagegen wurde ich ein gotisches Juwel gewahr, das im ersterbenden Licht des Spätnachmittags erheiternd wirkte. Die Türme wiesen wie goldene Finger nach oben.

Wenn ich diesen Ort betrete, diesen endgültigen Schauplatz der Träume, werde ich vom Angesicht der Erde verschwinden, gefangen in einem Fragment der Vision, die durch die dunklen Abgründe des Weltraums wirbelt, dem Traumtode geweiht wie die von Bernstein umfangene Fliege...

Die Straße gabelte sich. Zur Rechten wurde sie schmäler, bis sie kaum breiter als ein Maultierpfad war. Sie führte zwischen zwei alten, geborstenen Säulen hindurch auf eine eiserne Pforte zu, die nur noch lose in den Angeln hing und mir einen spöttischen Willkommensgruß bot. Dann führte der Pfad hügelaufwärts durch einen Obstgarten zu der Abtei. Ich fragte mich, ob den Menschen am Scheidewege überhaupt eine Wahl blieb. Ich konnte ebensowenig kehrtmachen und nach Stenay zurückreiten, wie ich mich in ein Einhorn verwandeln und in die Wälder galoppieren konnte. Ich war mir nicht einmal mehr sicher, ob es Stenay überhaupt gegeben hatte, ob die alte Kirche St. Dagobert nicht nur ein Traumgebilde gewesen war.

Aber Ihr selbst habt beschlossen, hierherzukommen, Michel. Niemand hat Euch dazu gezwungen. Nur Eure eigenen Träume.

Ich passierte das Tor und ritt zwischen kahlen Apfelbäumen, die bald blühen würden, den Hügel hinauf. Aus der Abtei trat mir ein Mann entgegen. Zuerst erkannte ich ihn nur schemenhaft wie einen Geist. Er war ein Schatten, der sich aus dem Schatten des hinter mir liegenden Gebäudes löste. Ich brachte mein Maultier zum Stehen, sprang zu Boden und erwartete ihn wie in Trance. Ich sah, wie seine schwarze Kutte über den Boden schleifte und hörte die leichten Schritte seiner Füße, die in Sandalen steckten, auf dem feuchten Boden. Als er mich erreicht hatte, beschien das ersterbende Tageslicht schmeichelnd noch ein letztes Mal seine eingefallenen Wangen, die düsteren Augen und die feingeformten Lippen. Über eine Wange zog sich eine furchterregende weiße Narbe. Ich erkannte Mathieu Bandello.

»*Deo gratias*, mein Freund«, begrüßte er mich freundlich lächelnd, als seien nicht vier Jahre, sondern nur vier Tage vergangen, seit wir uns zuletzt getroffen hatten. »Ihr seid ohne Zweifel müde und durchfroren. Kommt herein und trinkt ein Glas Wein mit mir.«

Als die schmale Gestalt vor mir herschritt, überließ ich mich ganz meinen wirren Empfindungen. Erschöpfung, Furcht, Zorn und Erleichterung gärten in mir. In seinem Studierzimmer flackerte hell ein Feuer. An den Wänden hing ein Aufgebot der herrlichsten Tapisserien in den Schattierungen von Schmetterlingsflügeln oder Blütenblättern. Flammen züngelten hoch und ließen die bunten Glasfenster aufleuchten. Sie warfen fantastische, schwebende Muster auf den nackten Steinboden. Der betörende Duft von Zedern- und Sandelholz stieg mir in die Nase. Er zog die Tür zu und verriegelte sie. Dann schob er mir einen reichgeschnitzten Lehnstuhl hin, dessen Füße leise über die Bodenfliesen schabten.

»Nun sitze ich tatsächlich inmitten des Spinnennetzes gefangen. Ihr könnt mit mir anstellen, was Euch beliebt. Ich habe bei diesem fröhlichen Tänzchen bereitwillig Marionette gespielt. Ich war Euer Werkzeug. Nun bin ich zu müde, um mich noch gegen Euch zur Wehr zu setzen und viel zu durchgefroren, als daß mich die Rage, die ich gegen Euch hegen sollte, noch erwärmen könnte. Wünscht Ihr vielleicht ein Rezept für Quittengelee oder eine Salbe, die die weiße Haut Eurer Hände zart und geschmeidig erhält?«

»Ich habe nichts mit Euch vor, Maître de Notredame, was Ihr nicht selber wollt. Wie hat Euch mein Herr, der Graf von Gonzaga gefallen?«

»Ich war zu wütend auf ihn, um Gefallen an ihm zu finden, Fra Bandello. Ich fürchte, ich bin schon längst am Ende meiner Nachsicht angelangt, was Euch alle betrifft.«

»Das ist ein Jammer. Don Ferrante de Gonzaga ist ein nobler, hochgelehrter Mann.«

»Er besitzt ein sonderbares Kartenspiel.«

Bandello lächelte. »Und eine seltsame Gemäldesammlung.«

»Er hat mich zum Herzog von Lothringen geschickt. Der wiederum sandte mich nach Stenay, was Euch natürlich bekannt ist. Der Curé zeigte mir die Kirche St. Dagobert und erbot sich, mir den Weg in die Krypta des darunterliegenden Tempels zu weisen. Dies Anerbieten habe ich abgelehnt; auch bei ihm verlor ich die Geduld.«

»Auch das ist ein Jammer, Maître de Notredame. In jener Kapelle gibt es etwas, das Euch so manches erklärt hätte. Ich fürchte, Ihr müßt noch lernen, Euch besser im Zaum zu halten.«

»Dabei könntet Ihr mir gut helfen, wenn Ihr aufhören wolltet, mich als Lockvogel zu betrachten und doch über alles im unklaren zu lassen. Zweifellos hat es mit dem Tempel eine ganz bestimmte Bewandtnis, auch er ist ein Teil des großen Geheimnisses.«

»Ganz ohne Zweifel«, gab Bandello freundlich zurück, ohne meiner Feindseligkeit im geringsten Beachtung zu schenken. »Darf ich Euch unseren ausgezeichneten Wein kredenzen? Er stammt aus den Priavtbeständen des Herzogs von Guise, aus Joinville.«

Er reichte mir ein Glas, ein exquisit geschliffenes Kelchglas aus Bergkristall, in dem sich facettenreich der Feuerschein der Flammen brach. Fasziniert betrachtete ich es genauer und entdeckte die in das Kristall eingravierte Inschrift.

Qui bien beurra
Dieu voira.
Qui beurra tout d'une baleine
Voira Dieu et la Madeleine.

»Ich ahnte nicht, daß Ihr mit Zauberbechern Handel treibt«, sagte ich gereizt. »Ist es dieser Kelch oder der Wein des Herzogs von Guise, der mir eine Vision Gottes und Magdalenas vorgaukelt?«

Bandello lächelte schwach. »Mein Freund, es kommt ganz auf die Hand an, die den Kelch hält. Er gehört zu den Schätzen von König René, ein Vermächtnis an Orval.«

Meine Verärgerung wurde so übermächtig, daß ich nicht mehr an mich halten konnte. »Soll ich nun für den Rest meines Lebens mit König René und seinen verfluchten Pokalen gepeinigt werden?« Grob stellte ich das Glas ab und hoffte dabei insgeheim, daß es zersplittern würde. »Ich bin ein schlechter Schachspieler, Fra Bandello. Ihr sagtet mir zu, ich müsse nichts tun, was ich nicht will. Dann erklärt mir doch bitte ganz und ohne Arg und ohne irgendwelche Schlüsse daraus zu ziehen, was Ihr von mir wünscht. Ich habe mehr als genug von Omen, Hinweisen, Zeichen, Legenden und Symbolen.«

Mathieu Bandello legte sinnend die Fingerspitzen gegeneinander. Er hatte lange, schmale Gelehrtenhände. Erschrocken stellte ich fest, daß er den Ring wieder am Finger trug.

»Seid Ihr noch nicht zu müde für diese Geschichte?« fragte er mich. »Sie hat Zeit bis morgen.«

»Noch bin ich wach genug. Erzählt sie mir nur gleich jetzt. Wo ist der Abt dieses Klosters?«

»Geht seinen Pflichten als Abt nach. Sein Name ist Mathias Delvaux. Er ist mein Freund und ein großer Gelehrter. Wir werden ganz ungestört sein.«

»Obgleich ich eifrig bemüht bin, mir über die Bedeutung Eures so schlau eingefädelten Spiels klarzuwerden«, sagte ich vorsichtig, »ist mir dies noch nicht gelungen. Ich kann daher nur vermuten, daß es den Anspruch betrifft, den das Haus Lothringen auf die Gebiete erhebt, die einst König René gehörten und die ihm von König Ludwig abgerungen wurden.«

Ich wartete auf eine Bestätigung seinerseits, die jedoch nicht kam. Bandello sah mich nur ruhig und immer noch freundlich lächelnd an.

»Wenn ich auf der richtigen Spur bin«, fuhr ich unbeirrt fort, »so ist das die älteste Geschichte der Welt; der immer wiederkehrende Aufschrei der Beraubten, Enteigneten mischt sich mit dem ewigen Ruf nach Macht. Ich bin auch bereit zu glauben, daß mein Großvater damit zu tun hatte.«

»Euer Großvater hatte sehr viel damit zu tun, Maître de Notredame«, sagte Bandello.

»Wie ich Euch in Agen schon mitteilte, beschäftigte ich mich nicht mit Politik, Fra Bandello. Große Feudalstaaten wie zu Lebzeiten meines Großvaters gibt es nicht mehr. Jetzt haben wir neue Probleme. Luther und Calvin wissen nicht, was sie ausgelöst haben. Ich habe vorausgesehen, es werde in unserem Lande zu blutigen Religionskriegen kommen. Ich kann mir nicht denken, daß Eure Herren immer noch annehmen, sie könnten ihre verlorenen Herzogtümer dem König wieder abringen. Wenn es so ist, so sind sie Narren – wenn auch von edlem Geblüt – und dazu verdammt, sich selbst zu zerstören. Alles strömt in dieser Nation jetzt der Mitte zu. Die Zeit läßt sich nicht zurückdrehen.«

Doch Mathieu Bandello lachte mich aus und füllte den sonderbaren Pokal erneut mit Wein. Erst da wurde mir bewußt, wie rasch ich das Glas geleert hatte.

»Ihr seid ganz so, wie ich Euch in Erinnerung hatte, Maître de Notredame: stets bereit, voreilige Schlüsse zu ziehen, ohne zu wissen, wovon Ihr sprecht. Dies ist kein politischer

Racheakt und auch kein Versuch, eine längst vergangene Epoche wieder aufleben zu lassen. Politische Macht ist nur das Gewand, unter dem sich die Form verbirgt. Wir sind weder Sforzas noch Borgias, auch wenn wir vielleicht deren Mittel benutzen.«

Er erhob sich und durchmaß das enge Stübchen mit langen Schritten. Wie verzaubert folgte ich jeder Bewegung der hageren schwarzgekleideten Gestalt und versuchte, mir darüber klarzuwerden, was hier eigentlich mit mir geschah. Wie aus weiter Ferne hörte ich silberhell ein Glöckchen läuten. Das aromatische Holz zischte und sprühte Funken, während die Flammen an ihm leckten. Ein beißender Geruch stieg mir in die Nase.

»Ihr dürft mir glauben, auch ich verschwendete meine Zeit nicht, wäre ich nicht von unserem Anliegen überzeugt«, erklärte Bandello. »Mir ist mein Leben lieb und ich neige mehr zur Poesie und Philosophie, als mein Leben heroisch in den Dienst einer verlorenen Sache zu stellen. Nein, mein Freund, meine Herren erheben keinen Anspruch auf die Gebiete König Renés. Sie wollen nicht mehr und nicht weniger als den Thron Frankreichs einerseits und Rom andererseits. Was glaubt Ihr wohl, warum Claude de Guise und sein Bruder, der Kardinal, so beharrlich am Hofe von König François zugange sind? Es wird vielleicht noch Jahre oder gar Generationen dauern, doch wenn ein Fürst des Hauses Lothringen den Thron Frankreichs besteigt, kann er sich das Empire ebenso untertan machen, da er aus einem deutschen Herrschaftshaus stammt. Damit wäre ganz Europa unter einem Szepter vereinigt. Und ein Papst aus dem Hause Lothringen könnte ihn krönen... Wer würde sich mit Anjou und der Provence zufriedengeben, wenn er die gesamte Christenheit haben kann?«

Ich zuckte betont gleichgültig die Achseln und bemühte mich insgeheim, meiner Furcht Herr zu werden. Ich brauchte eine ganze Weile, um die Ungeheuerlichkeit der Ansprüche, die da geltend gemacht wurden, zu erfassen. Für mich selbst konnte das nur mit einer Katastrophe enden.

»Auch das ist eine alte Geschichte«, sagte ich schließlich

beklommen. »Der Anspruch Lothringens auf den Thron Frankreichs steht jedoch auf sehr wackeligen Beinen. Da wäre zuerst Prinz Henri, dessen Frau zudem seit kurzem schwanger ist. Den nächsten Platz in der Thronfolge nimmt das Haus Bourbon ein, das Herrscher von königlichem Geblüt stellt.«

»Ihr wißt nichts über die Ansprüche, die Lothringen geltend macht«, sagte Mathieu Bandello mit gleichbleibender Freundlichkeit.

»Mir ist nichts zu Ohren gekommen, das mich meine Meinung ändern ließe, Fra Bandello. Es behagt mir ganz und gar nicht, daß Ihr mich zum Mitwisser dieser Geheimnisse macht, obwohl Euch bekannt ist, daß ich keinerlei Sympathien für derlei Intrigen hege. Fast fürchte ich, daß Ihr nicht die Absicht habt, mich lebend von hier entkommen zu lassen, bestünde ich weiterhin auf meiner Weigerung.«

Da hörte er auf, hin- und herzugehen, und setzte sich wieder. Vielleicht fesselte mich etwas an seinem Gesichtsausdruck oder ich ging in Gedanken all dem nach, was mir auf meiner Reise schon widerfahren war. Jedenfalls konnte ich meinen Blick nicht von seinen dunklen Augen losreißen.

»Glaubt mir, Maître de Notredame, ich möchte Euch weder Leid zufügen noch möchte ich Euch in Gefahr bringen. Es fällt mir sehr schwer, von all dem zu sprechen. Euer Großvater hatte da die Hand im Spiel. Von Anbeginn an wart Ihr uns bestimmt. Doch mußten wir Euch eine Weile Euch selbst überlassen, um zu sehen, was aus Euch werden würde. Wir glaubten zunächst, Ihr wüßtet weit mehr als Ihr zu wissen vorgabt und übtet Zurückhaltung. Ich wußte nicht, was Euch in Agen widerfahren würde. Ich bin noch ein Neuling der Himmelskunde. Ich ahnte nur, daß Euch Gefahr drohte, Euch eine große Veränderung bevorstand. Um Eure Frau und die Kinder tut es mir aufrichtig leid.«

»So, leid tut Euch das?« fuhr ich ihn an. Viele Monate hindurch hatte ich meinen Schmerz in Zaum zu halten verstanden. Jetzt aber durchdrang er mich von neuem – wie eine Wunde, die wieder blutet, wenn man den Schorf entfernt. »Es hört sich so an, als spielten meine Gefühle oder meine

Wünsche auch nur die geringste Rolle. Ihr und mein Großvater sowie diejenigen, denen Ihr Euch verschrieben habt, Ihr habt mir mein Leben von vornherein vorgezeichnet. Was macht es da schon, ob jemand zu Tode kommt oder nicht – solange ich nur zur festgesetzten Zeit erscheine und wie ein Bär an der Kette alle Kunststücke bereitwillig vorführe?«

Da schüttelte Mathieu Bandello den Kopf und erhob sich. Begütigend legte er mir seine lange, schlanke Gelehrtenhand auf die Schulter. »Ihr habt mich falsch verstanden, mein Freund. Niemand hat Euch Euer Leben vorgezeichnet. Ihr lebt ganz so, wie Euer Herz es Euch eingibt. Wir haben nur hin und wieder versucht, Eure Aufmerksamkeit auf uns zu lenken. Doch die Zeit war noch nicht reif dafür. Vielleicht sehen andere, wohin Eure Reise führt, bevor Ihr selbst es erkennt.«

Einen Augenblick sah er mitleidig und leicht belustigt auf mich hinab.

»Meines Wissens hat sich auf Betreiben unseres Freundes Scaliger die Inquisition für Euch interessiert. Ihr hättet Euch größerer Diskretion befleißigen sollen, mein Freund. Doch nehmt Ihr ja Herzensdinge nicht auf die leichte Schulter wie der Kardinal von Lothringen.«

Ich biß die Zähne zusammen und funkelte ihn von ohnmächtigem Zorn erfüllt an. Es schien mir, als würde jedes Geheimnis hervorgezerrt wie ein Sack Knochen, die man den Hunden vorwirft.

Doch Mathieu Bandello übersah meinen unverhohlenen Ingrimm. »Ich möchte Euch etwas zeigen«, sagte er.

Er zog ein fein gezeichnetes Bild auf Pergament, einen Buchschmuck aus einer Schublade, saphierfarbene, schiefergraue und indigoblaue Schattierungen zeigten den strömenden Lauf eines Gewässers und einen Teich von purpurner Färbung, mit dunklen Schatten verhangen. Hoch am schwarzen Firmament stand der Mond wie ein weißschimmerndes Auge. Vollmond. In einem Winkel duckte sich der Hügel wie ein urweltliches Tier. Er war jedoch nicht von einer Abtei gekrönt. Am Ufer des Teiches leuchtete wie ein in Gold gefaßter Blutstropfen das rotbraune Gewand der Frau mit dem Ring.

Aus dem gekräuselten Wasser erhob sich ein Fisch, wie ich noch nie einen gesehen hatte – ein Zauberfisch in allen Farben des Regenbogens mit smaragdenen Augen, der im Maul einen goldenen Ring mit einem großen Rubin trug...

Fassungslos blickte ich auf und sah in Mathieu Bandellos neugierige Augen.

»Habt Ihr das schon einmal gesehen?«

»Nur im Traum«, entgegnete ich verbittert. »Immer und immer wieder, seit meiner Kindheit. Wer ist diese Frau?«

»Mathilde von Bologna, Marquise der Toscana, Gemahlin von Godefroi dem Buckeligen, Herr über Bouillon und Stenay, Graf der Champagne und Herzog von Lothringen. Vor über vierhundert Jahren lief sie von ihrem Schloß zu Stenay in den Wald von Merlanvaux, um Trost zu suchen; denn ihr Gatte war einem Meuchelmörder zum Opfer gefallen. Da entdeckte sie den Teich. Als sie den Ring ihres Gatten hineinfallen ließ, flehte sie Unsere Liebe Frau an, ein Wunder zu tun. Da sprang ein Fisch mit dem Ring im Maul aus dem Wasser. Erinnert Euch das nicht an eine andere Geschichte?«

»Das ist die Legende von König Salomon«, sagte ich langsam und zögernd. »Er fand den goldenen Ring im Bauch des Fisches und erwies sich damit als wahrer König Israels.«

»So ist es«, bestätigte mir Mathieu Bandello. »Ein Kreis von Eremiten war aus Kalabrien gekommen, ein merkwürdiger Kreis von Zaubermönchen, Sehern, Propheten, pythagoreischen Novizen. Sie siedelten sich im Walde an. Mathilde von Bologna überließ ihnen dieses Stück Land aus Dankbarkeit für das Wunder, auf das sie hier eine Abtei erbauen konnten. Sie nannte den Ort Val d'Or. Und sie überantwortete ihnen ihren Pflegesohn Gottfried von Bouillon, damit sie ihn in den Mysterien unterweisen konnten.«

Er erhob sich, nahm mir das Kunstwerk aus der Hand, legte es in die Schublade zurück und verschloß diese sorgfältig.

»In dem Walde lebte auch noch ein anderer Mönch«, fuhr er dann fort. »Er nannte sich Peter der Eremit. Er entflammte den Jungen Gottfried, den Erben des Herzogtums Lothringen, indem er ihm ein großes Geheimnis anvertraute. Sie unternahmen einen Kreuzzug, befreiten Jerusalem von den Sarazenen, und Gottfried wurde zum König gekrönt. Die Rebe rankt sich von Gottfried zu König René.«

»Was ist das für ein Geheimnis, von dem Ihr soeben gesprochen habt?«

»Daß König René von dem Hause Bouillon abstammt, ist allgemein bekannt«, erklärte Mathieu Bandello. »Doch weit interessanter noch ist der Ursprung dieser Linie.«

Seltsamerweise ergriff eine langsam schleichende Angst Besitz von mir, kroch über meine Hände die Arme hinauf, machte sich hinter meiner Stirn breit und nistete sich in meinem Nacken ein; die tödliche Angst angesichts des Traumes aus meinen Kindertagen, die Angst vor einer entsetzlichen Offenbarung, einem grauenvollen Geschöpf, das aus der Tiefe des schwarzen Teiches aufsteigen könnte. Es ist ja nur ein Fisch, sagte ich mir wider alle Vernunft. Ich ließ mich treiben. Zusammenhanglose Dinge gingen mir im Kopf herum. Mathieu Bandellos Stimme wurde zu einem wesenlosen Echo, sank zu einem Flüstern herab, es wurde dunkel im Raum, das Feuer erlosch, und die Gobelins und Tapisserien wurden eins mit der Düsternis.

Plötzlich umschwärmten mich die Geister der Toten und stachen mit ihren zarten, körperlosen Fingern auf mich ein. Ich glaubte mich bei ihnen im Wald zu befinden. Das ganze Studierzimmer atmete Waldesluft. Es roch nach feuchter, schwarzer Erde und fauligem Laub. Die finsteren Schatten der mächtigen Bäume schlossen sich über mir zusammen und ließen keinen Lichtstrahl hindurch. In dieser Vision befiel mich der andere Traum wieder, der Traum vom weißen König unter der mächtigen Eiche, der plötzlich von der Lanze durchbohrt wird und dessen Blut sich sprudelnd über die Erde ergießt. Ich griff nach dem Kristallglas König Renés und trank den Wein des Herzogs von Guise zu meiner Beruhigung.

»Das Haus Bouillon geht auf König Dagobert II. zurück, der vor achthundert Jahren ermordet wurde, der Letzte geweihten Blutes der Linie der Merovées«, fuhr Fra Bandello mit ruhiger Stimme fort, als sei nichts geschehen. »Die ersten

Könige Frankreichs, die Auserwählten, die Langhaarigen, die Zauberkönige, die Kinder der Sonne...«

Erschöpft wischte ich mir mit der Hand über die Augen. *Ihr wißt nicht, welchen Anspruch Lothringen geltend macht...*

»Rom hatte diesem Geschlecht den Treueeid geschworen, dem heiligen Blut, das in seinen Adern floß. Doch der Bischof von Rom entsandte einen Mörder, um König Dagobert noch einmal zu krönen. Der Mörder stieß ihm eine Lanze ins Auge. Vielleicht wußte er wie Judas nicht, was für ein ungeheuerliches, frevlerisches Verbrechen er mit dieser Untat begangen hatte. Er hatte *sangraal* gemordet. Aber der Sohn des Königs konnte heimlich entkommen. Er floh nach Languedoc, in die Berge südlich von Carcassonne, von wo aus sein Geschlecht sich weiter verbreitete... Was habt Ihr, mein Freund?«

Er streckte die Hand nach mir aus; denn meine Hände zitterten so, daß sich der Wein aus dem Pokal auf den Boden ergoß und dort einen blutroten See bildete.

»Habt Ihr auch davon geträumt?«

»Der weiße König, dem die Lanze ins Auge gestoßen wird... Aber wie ist es nur möglich, daß ich all das schon immer gewußt habe?« Ich konnte kaum sprechen; denn bunte Scherben begannen sich zu einem fantastischen Mosaik zu formen. *Sangraal*, sang royal, königliches Blut – der Gral, der das Blut Christi enthielt, von Wolfram von Eschenbach und Chrêtien de Troyes besungen und der ganzen Christenheit ans Herz gelegt. Ein Kelch, der kein gewöhnlicher Kelch war...

Dies ist mein Leib, dies ist mein Blut...

Jetzt sah ich alles ganz deutlich, erkannte mit einem Mal die Zusammenhänge. Der Schock war so gewaltig, daß ich nur noch zaghaft versuchte, eine andere Auslegung zu finden. Ich umklammerte den Kelch wie ein Ertrinkender.

»*Sangraal*, sang royal«, hörte ich mich sagen. Meine Stimme schwankte und brach schließlich wie bei einem Jungen in der Pubertät. Die Geister der Toten aus dem Walde umringten mich wieder, als wollten sie mir die Augäpfel, die

Stirn und die Kehle eindrücken. »Von welchem Geblüt waren die heiligen Könige?«

»Aber das wißt Ihr doch schon, Maître de Notredame«, sagte Mathieu Bandello mit sanfter Stimme. »Habt Ihr nicht Sandro Filipepis Gemälde gesehen? Sie ist wunderschön, nicht wahr? Es heißt, sie sei auf der langen Seereise von Jerusalem nach Marseille erblüht wie eine Göttin. Was habt Ihr denn geglaubt, welche Mutter und welches Kind Ihr da vor Euch saht? Betrachtet doch einmal den Kelch, den Ihr da in der Hand haltet. *Qui beurra tout d'une baleine, Voira Dieu et la Madeleine.* Wer den Kelch auf einen Zug leert, der sieht Gott und Magdalena.«

»Ihr müßt den Verstand verloren haben!« rief ich entsetzt, sprang vom Stuhl auf und packte ihn in meiner grenzenlosen Verwirrung am Arm. »Ihr seid wahnsinnig! Ich glaube Euch nicht. Ich kann das nicht glauben. Welchen Beweis habt Ihr für diese ungeheuerliche Geschichte?«

»Einen unwiderlegbaren Beweis, Maître de Notredame. Könnt Ihr wirklich glauben, daß wir eine solche Behauptung aufstellen, ohne sie beweisen zu können? Aus diesem Grunde sind die neun Armen Ritter, die später zu Tempelrittern wurden, nach Jerusalem aufgebrochen. Es ging darum, gewisse Dinge zurückzufordern, die dem Herrscherhaus und den Ahnen ihres Feudalherrn, dem Herzog von Lothringen zustanden. Mit genau diesen Dingen gedachte man Euch in Stenay zu überzeugen. Doch Ihr habt Euch geweigert, sie Euch anzusehen.«

»Aber Fra Bandello, das ist doch eine wahnwitzige Geschichte. Wie Ihr wohl wißt, bin ich kein Christ. Dies jedoch... Wißt Ihr überhaupt, was Ihr mir da zu verstehen gebt?« Ich war den Tränen nahe. »Wenn ich all das nicht schon viele Male geträumt hätte, wenn mich diese Dinge nicht mein Leben lang verfolgt hätten, würde ich Euch einfach auslachen und für einen leichtgläubigen Narren halten. Warum bin ich hierhergelockt worden? Muß ich sterben?«

»Nicht in dem Sinne, den Ihr meint, Maître de Notredame. Aber kommt es nicht dem Sterben und einer Wiedergeburt gleich, daß Ihr nun die Wahrheit kennt? Begreift Ihr jetzt, warum wir warten und warten, bis die Zeit reif ist? Dies ist die Wirklichkeit, alles andere sind nur verzerrte Schatten. Die zur reinen Form erstarrten Riten der Heiligen Kirche sind feingeschliffene Kelche, denen die kostbare Flüssigkeit entströmt ist. Ihre wahre Bedeutung ist entstellt worden und in Vergessenheit geraten. Der Kelch, die leere Hülle, macht aus dem Menschen weit weniger als ein Tier. Er ist zu der Überzeugung gelangt, daß er gezeugt wurde, als sich seine Eltern der Sünde der Fleischeslust hingaben, daß sein Leib vergiftet und besudelt ist und er durch Priester, die im Zölibat leben, versuchen muß, der Gnade Gottes teilhaftig zu werden... Vielleicht werdet Ihr jetzt König Renés Erbstücken gegenüber toleranter sein. Wahrhaftig, es ist der größte Witz aller Zeiten. Zuweilen überwältigt mich die Ironie des ganzen. Ist Euch nicht zum Weinen zumute?«

Da weinte ich schon, doch nicht über die Ironie des Schicksals. Dies war die ketzerischste Ketzerei, die man sich nur denken konnte, und doch beinhaltete sie eine kaum zu widerlegende Logik. Ich konnte meinen kritischen Verstand ansetzen, wo ich wollte, es mußte etwas Wahres daran sein. Alle Wege hatten auf diesen Punkt zugeführt. Ergeben senkte ich den Kopf.

Ein Bild jagte das andere. Vor meinem inneren Auge sah ich eine Unzahl schimmernder Fragmente – als rase die Welt, die Vergangenheit, mit ungeheurer Geschwindigkeit an mir vorbei. Meine Frau und meine Kinder wanden sich in Todeskrämpfen, mein heiterer Großvater mit seinem schneeweißen Bart und seinen gichtigen Händen saß vor seinen Büchern, die silbernen Adlerschwingen flatterten wie lebendige Wesen im Wind über der mit karmesinrotem, golddurchwirktem Stoff ausgeschlagenen Sänfte des Kardinals. Ein Spielmann blickte mich mit seinen verschleierten Augen über seine Laute hinweg prüfend an. Aus dem Innern einer mächtigen, heiligen Eiche läutete silberhell eine geisterhafte Glocke... Ein Wirbelwind von Bildern umflatterte mich wie Vögel, wie Fledermäuse, umnebelte mich wie Rauch. Und die sinnenfreudige Madonna mit den blauen Augen lächelte und lächelte und lächelte... Alles drehte sich um mich, mir wurde schwindlig, und eine Stimme, die abwechselnd schluchzte und irre kicherte, drang an mein Ohr. Schließlich erkannte ich sie als meine eigene.

Inmitten dieses Anfalls gelang es mir hervorzusprudeln: »Madame de Musset erzählte mir auf dem Bankett des Kardinals in Agen, daß er in Rom einem Blinden ein Almosen gab und der Blinde sagte... O, Fra Bandello, ich glaube, ich verliere den Verstand.«

Tränen strömten mir über die Wangen und ich lachte wie ein Wahnsinniger, als mir die Tragweite dessen, was ich soeben erfahren hatte, immer klarer wurde. Es war, als werfe man einen Stein ins Wasser, der immer größere Ringe zieht. Wie hätte ich mich jetzt noch verweigern können?

»Das reicht fürs erste«, sagte Mathieu Bandello. »Ihr solltet Euch jetzt zur Ruhe begeben. Morgen ist auch noch ein Tag. Im Laufe der nächsten Monate sollt Ihr dann alles erfahren. Dies ist erst der Anfang. Vielleicht könnt ihr mir vergeben, was Euch wie ein kindisches Spiel erscheinen muß. Aber ich war mir ganz sicher, daß Ihr etwas wußtet, etwas vorausgesehen habt. Ich habe mich bemüht, irgendeinen Anhaltspunkt zu finden, bei dem sich Eure Erinnerung regen würde. Doch jedesmal, wenn es schien, als verstündet Ihr, bäumtet Ihr Euch auf wie ein verschrecktes Pferd. Ihr wart der Wahrheit oft so nahe, doch seid Ihr immer wieder zurückgezuckt. Wir wollten Euch nicht quälen.«

Er lächelte freundlich, mit mitleidigem Gesichtsausdruck. »Ich weiß, was in Euch vorgeht. Auch ich habe das einst durchgemacht. Ihr müßt bedenken, daß ich Christ bin. Ich dachte, das Ende der Welt sei gekommen. Aber hat nicht in Wahrheit alles erst begonnen, Maître de Notredame?«

Er geleitete mich in eine kleine Kammer, einen kärglichen Raum mit einem schmalen Bett. Auf der Fensterbank des winzigen Fensters stand ein Krug mit blühenden Zweigen des Judasbaums, auf dem Tisch eine Schüssel mit Wasser, über dem Bett hing ein einfaches Holzkreuz mit einer geschnitzten Rose.

»Eines müßt Ihr mir noch verraten, Fra Bandello«, sagte ich. »Warum ich? Ich bin ein guter Arzt, aber das sind andere auch. Daß mein Großvater Euch gedient hat, kann doch nicht der einzige Grund sein.«

Er lachte. »Aber Maître de Notredame, habt Ihr Euch Euer eigenes Horoskop nicht angesehen? Aus Euch können wir mühelos den mächtigsten Astrologen und Propheten Frankreichs machen. Vieles bleibt unseren Blicken verborgen, was wir nur durch Eure Augen sehen können.«

»Warum habt Ihr Euch nicht an Luc Gauricus gewandt?« fragte ich ihn, sah jedoch im gleichen Augenblick ein, wie absurd diese Frage war.

»Morgen bei Tagesanbruch reiten wir nach Joinville zu meinem Herrn aus dem Geschlecht der Guise und seinen beiden ältesten Söhnen. Da könnt Ihr gleich etwas für uns tun, indem Ihr ergründet, was die Zukunft für diese beiden so überaus wichtigen Nachkommen bereithält. François, der Graf von Aumale, der eines Tages Herzog sein wird, ist dreiundzwanzig Jahre alt, Charles, der Erzbischof von Reims, erst achtzehn. Diese beiden sind unsere ganze Hoffnung. Zwei Generationen lang haben wir vorgeplant und nun trennt sie nur noch ein kleiner Schritt vom Thron Frankreichs.«

Ich möchte gern ein großer Mann bei Hofe sein ... Kein Wunder, daß mein Großvater mich ausgelacht hatte.

»Wir werden ja sehen, was folgen wird«, fuhr Bandello fort. »Ihr müßt bedenken, daß Ihr in Bereiche vordringen könnt, die allen anderen bei Hofe verschlossen bleiben. Astrologen kennen die geheimsten Gedanken der Könige. Für den Rest der Welt seid Ihr nur ein provençalischer Arzt, politisch ein unbeschriebenes Blatt, ein getreuer Untertan des Königs und ein frommer Christ. Doch seid Ihr ein glänzender Schauspieler und gewandter Redner, mein Freund. Ihr versteht Euch gut zu verkaufen. Wenn mich mein Instinkt nicht trügt, seid Ihr ein Meister der Verstellung. Wer weiß, was wirklich in Euch steckt? Ich habe Euch schon gesagt, daß wir seit hunderten von Jahren darauf warten, daß die Zeit reif für unser Vorhaben ist. Wer außer einem Astrologen könnte uns prophezeien, wann es soweit ist?«

XV

Als wir durch das Stadttor in die Stadt einritten, fiel unser Blick sogleich auf die trutzige Burg der Sieurs von Joinville, die bedrohlich auf einem bewaldeten Hügel thronte. Noch mächtiger als die gewaltigen Steinmassen, die in Tarascon Zeugnis von König René ablegten, schien sich diese Feste mit ihrem finster abweisenden Burgfried, ihren Bastionen, Türmen und mit Schießscharten versehenen Zinnen im sich rötenden Himmel festkrallen zu wollen.

In der spärlich erhellten, höhlenartigen Halle stand Claude von Lothringen, Herzog von Guise, reglos vor dem Feuer, während er auf uns wartete. Eine abergläubische Furcht, wie sie auch die aufgeklärtesten Menschen nicht verschont, hatte sich meiner bemächtigt. Ich mied zunächst seine Augen und betrachtete das herrliche, in lebhaften Farben gehaltene Muster eines byzantinischen Teppichs. Als ich schließlich aufzusehen wagte, erblickte ich einen wenig furchteinflößenden, gutaussehenden Mann. Er war damals sechsundvierzig Jahre alt, hellhäutig, mit weizenblondem Haar und Bart. Er war prächtig, doch nicht überreich gekleidet. Er trug ein Wams aus schwarzem Samt und darüber einen hermelinverbrämten Umhang. Sein strenges Gesicht war von den Narben alter Wunden gezeichnet, die ihm mit dem Schwert beigebracht worden waren. Ich blickte in schmale, blaßgrüne Augen unter schweren Lidern und sah einen schmallippigen Mund, der für ein berechnendes Wesen und große Diszipliniertheit sprach.

Im ganzen Lande kursierten Gerüchte über seine enge Freundschaft mit König Françoise. Man zollte ihm große Bewunderung. Die Klatschmäuler ahnten jedoch nicht, daß diese Freundschaft sehr geschickt und mit der größten Sorgfalt eingefädelt worden war – einem Schachspiel vergleichbar –, einer Partie, bei der die Figuren mit teuflischer List hin- und hergeschoben werden; nie hatte der Herzog von Guise dabei eine Eröffnung verfehlt, nie war ihm ein Fehler unterlaufen. Claude de Guise hatte seine Tapferkeit und Kunst der Kriegsführung in Spanien, Italien und bei den ständigen

Grenzkriegen unter Beweis gestellt, die seinen Herrschaftsbereich und den seines Bruders, des Herzogs von Lothringen, bedrohten. *Heureux et généreux* nannte man ihn, glücklich und hochherzig. Von meisterhafter Diplomatie zeugte auch die unromantische, aber für ihn sehr vorteilhafte Ehe, die er mit einer Tochter des Hauses Bourbon geschlossen hatte, als Thronanwärter an nächster Stelle stehend. Mit seinem entwaffnenden Charme war es ihm gelungen, dem König die Ehre abzuringen, vom Grafen zum Herzog von Guise erhoben zu werden. Damit war er rangmäßig jedem Edelmann in Frankreich mit Ausnahme des Dauphins gleichgestellt. Zusätzlich zu den von seinem Vater ererbten, ausgedehnten französischen Lehen hatte er seinem verblendeten Monarchen auch noch die Statthalterschaft der reichen Provinz Champagne abgewonnen, der Wiege zahlreicher Legenden und der Chronik vom Heiligen Gral.

Heureux et généreux. Er war nicht so anziehend wie sein Bruder Jean, der Kardinal von Lothringen, der das ausschweifende Leben eines Sybariten führte. Doch ging eine weit größere Macht von ihm aus – etwas Furchterregendes, Unzerstörbares, Unnachgiebiges.

Der Herzog schickte seine Diener hinaus. Wir blieben allein in der großen, düsteren Halle. Hier hielt er Hof wie ein König. Mit seinem verfeinerten, italienisch geprägten Geschmack hatte er die mächtige Festung in verschwenderischer Pracht einrichten lassen. Doch schien ihm im Grunde die strenge Einfachheit des Soldaten und Kriegers mehr zu liegen. In der Tat war er gerade dabei, sich erneut in einen Krieg zu stürzen. Der König hatte vor, Kaiser Karl nochmals herauszufordern. Gegen Mitte des Sommers würde eine Armee unter der Führung des Herzogs von Guise in Luxemburg einmarschieren. Als wir von Orval aus nach Süden geritten waren, hatten wir gesehen, wie sich ein langer Zug von Versorgungseinheiten und waffenstarrenden Soldaten langsam in Richtung Grenze durch die Straßen wälzte.

»Ist dieses alte Gemäuer nicht bedrückend?« eröffnete der Herzog von Guise in leichtem Ton das Gespräch. Ein einzelner, großer Rubin blinkte an seinem Halse und glänzte im

Schein des Feuers blutrot. Er betrachtete mich prüfend mit seinen schmalen Katzenaugen. »Unten im Tal lasse ich mir im Wald ein kleineres Haus bauen, das meinem Geschmack mehr entspricht. Ich habe Primaticcio beauftragt, die Pläne zu zeichnen. Er nennt es Chateau du Grand Jardin. Mausoleen aus der Zeit der Feudalherren sagen mir nicht zu.«

Er muß wohl gespürt haben, wie unbehaglich ich mich fühlte; denn er gab sich große Mühe, seinen Charme auf mich wirken zu lassen.

»Es ist an der Zeit, daß wir uns kennenlernen, Maître de Notredame«, sagte der Herzog. »Euer Ruf ist Euch bis hierher in die Champagne vorausgeeilt. Außerdem war Euer Großvater ein treuer Diener meines Urgroßvaters. Ein hohes Haus sollte diejenigen niemals vergessen, die ihm gedient haben. Unser Dominikaner hat Euch eine seltsame Geschichte erzählt, nicht wahr?« Er wirkte ganz entspannt, als ginge es nur um belanglosen Hofklatsch. »Was haltet Ihr davon?«

»Ich, Herr, ich weiß nicht, was ich davon halten soll. Vor zwei Tagen erst ist eine Welt für mich zusammengebrochen, alles ringsum in Trümmer gesunken. Ich versichere Euch, daß ich Euch zu Diensten stehen werde, sobald ich wieder imstande bin, klar zu denken. Vielleicht werde ich dann die Antwort wissen. Jedenfalls hoffe ich, mich Eures Vertrauens würdig erweisen zu können.«

Da lachte Claude de Guise. Er war wie verwandelt. Sein strenges Gesicht leuchtete auf, seine herrlichen weißen Zähne blitzten. Mit einemmal begriff ich den Zauber und das Charisma, das von ihm ausging und das ihn dem romantisch veranlagten König so lieb und wert machte. Jetzt, wo er so liebenswürdig lächelte, hatte er große Ähnlichkeit mit seinem bemerkenswerten Bruder.

»Das ist wohl kaum eine Sache des Vertrauens«, erwiderte er. »Wem solltet Ihr schon davon erzählen? Man würde Euch für verrückt erklären.«

»Ich fürchte, ich bin verrückt, Herr. Zumindest werde ich bald den Verstand verlieren. Doch das braucht Euch nicht zu beunruhigen. Man sagt uns Astrologen nach, daß wir weit mehr sehen, wenn wir um unseren gesunden Menschenverstand fürchten müssen. Womit kann ich Euch dienen?«

»Ich möchte, daß Ihr euch die Horoskope meiner beiden ältesten Söhne anseht. Ich verstehe mich selbst ganz leidlich auf diese Kunst. Doch habe ich mir sagen lassen, Ihr wäret auf diesem Gebiet nicht zu schlagen, wie schon Euer Großvater vor Euch. Ihr tätet mir daher einen großen Gefallen, wenn Ihr mir verraten wolltet, was diese beiden jungen Männer erwartet, die ich sehr liebe und auf deren Schultern jetzt eine große Bürde lastet.«

Mir war bekannt, daß sich François de Guise mit seinen dreiundzwanzig Jahren schon wiederholt als furchtloser, todesmutiger Kämpfer erwiesen hatte, der selbst seinen brillanten Vater in der Kunst der Kriegführung noch zu übertreffen versprach. Von dem jungen Charles wußte ich nur, daß er Laute spielte und eines Tages das Vermögen, die Pfründe und den Titel seines Onkels Jean, des Kardinals von Lothringen, erben würde. Militärisch gesehen wurden Claude und sein Sohn François unmerklich immer einflußreicher und mächtiger. Bald würden das Schicksal Frankreichs ganz auf ihren Schultern lasten. Auf den Schultern des Kardinals und seines Neffen Charles dagegen ruhten in verstärktem Maße die finanziellen und kirchlichen Angelegenheiten.

Zieh mit dem Springer, um dem König Schach zu bieten, aber schütze ihn durch einen Läufer... Wenn diese geschickten Spieler all ihre Winkelzüge getätigt hatten, gäbe es nichts mehr, was man unter dem Adel Frankreichs aufteilen könnte. Dann unterstünde alles dem Hause Lothringen.

»Ich will Euch jetzt meinen Söhnen vorstellen«, sagte Claude de Guise. »Wir wollen zu Abend essen. Anschließend dürft Ihr Euch in die Gemächer zurückziehen, die ich für Euch habe herrichten lassen. Und morgen früh wollen wir sorgfältig die Horoskope studieren. Nach Eurer ermüdenden Reise ist es heute zu spät dafür.«

Mathieu Bandello saß schweigend zur Linken des Herzogs. Eine starke Liebe verband den asketischen Mönch mit dem gestrengen Edelmann. Das nahm mich nicht Wunder. Er gehörte zweifellos zu den Menschen, die alle für sich einnahmen, obwohl er sich bisher sehr zurückhaltend gezeigt hatte. Ich empfand gar nichts, fühlte mich seltsam losgelöst von allem, ganz so, als würde ich als Zuschauer ein Gefecht beobachten, an dem ich selbst beteiligt war.

Doch dieser Zustand heiterer Ruhe sollte ein jähes Ende finden. Charles de Guise, der Erzbischof von Reims, betrat die Halle, gefolgt von seinem älteren Bruder, dem Grafen von Aumale. Wie gebannt starrte ich plötzlich in Augen, in denen die Weisheit, die Verschlagenheit und die uralte Zauberkraft einer Schlange tanzten und flackerten. Diesem Blick war ich schon begegnet. Das Wiedererkennen war ein so fürchterlicher Schock für mich, daß mir das Weinglas entglitt und auf dem Boden zersplitterte.

Es war ein engelsgleiches Gesicht wie von Sandro Filipepi gemalt, jedoch von einer schon frühzeitig korrumpierten Unschuld. Er erwiderte meinen Blick und sah mich mit seinen verwirrenden großen Augen an – blau wie Lapislazuli, geheimnisvoll, zynisch und weise zugleich, mit dichten, langen Wimpern. Wie sein Vater war er von hohem, schlankem Wuchs und voller Anmut und Würde, ein wahrer Adonis. Stirn und Nase erinnerten an eine griechische Statue, aus Marmor gemeißelt. Seine Haut war bleich, fast wächsern. Und doch hatte er etwas Erschreckendes an sich. Sein Mund war klein und vollkommen geformt, von einer tiefen, doch maßvollen Sinnlichkeit geprägt, die eher an Liebe und Geheimnisse als an Litaneien denken ließ. Seine leicht gekräuselten Lippen wiesen darauf hin, daß er ein eitler Mensch mit einem Hang zur Grausamkeit war. Auf Oberlippe und Kinn sproß schon der erste Flaum, nußbraun und elegant gelockt.

Ich konnte mich des unheimlichen Gefühls nicht erwehren, er läse meine Gedanken. Er gönnte mir ein wissendes und vertrauliches Lächeln, ließ sich wie ein schamloser Pfau an der langen Tafel nieder und sah bewundernd auf seine schmalen weißen Hände, als er sein Glas mit Wein füllte. *Séduisant* nannte man ihn später – unwiderstehlich, faszinierend, verwirrend, verführerisch. Dieses uralte Königsgeschlecht hat eine Schlange an seinem Busen genährt, ging es mir durch den Kopf.

Ich mußte mich abwenden. Meine Kehle war wie ausgedörrt, von meiner Stirn perlten Schweißtropfen. Diese unerklärliche Vertrautheit hatte mich schon in die größte Verwirrung gestürzt, als ich damals in Avignon zum erstenmal Jean von Lothringen zu Gesicht bekommen hatte. Wie gebannt hatte ich dann dem fahrenden Sänger und Spielmann Plantard in Montpellier in die verschleierten Augen geblickt. Jetzt aber war die Vertrautheit schlechthin überwältigend. Mir war, als träume ich einen uralten, nicht endenwollenden Traum, in dem ich seit tausenden von Jahren einen gespenstischen Tanz mit diesem unheilvollen, verwirrenden Geschöpf vollführte.

Wie war ich nur hierhergelangt, fragte ich mich verzweifelt. Über allen dreien, dem Vater wie auch den Söhnen, schien eine Patina zu liegen – ein Schimmer, ein Glanz, der von ihrer stolzen Haltung herrühren mochte, aber ebensogut auch andere Gründe haben konnte. In der Düsternis der mächtigen Festung berührte mich die Macht mit unsichtbaren Schwingen, streifte mich wiederholt. Es war keine Macht, wie Geld oder Waffengewalt sie erzeugen, sondern mehr eine innere Stärke, eine im Wesen begründete *virtû*, tief in der Seele verankert, die die Welt nach ihren Wünschen formt.

Die Ähnlichkeit zwischen François de Guise und seinem Bruder war frappierend. François hatte jedoch olivfarbene Haut, Haupthaar und Bart schimmerten in mattem Goldton. Sein Gesicht zeigte die gleichen, edlen Züge des Patriziers, auch er hatte einen feingeschnittenen, schamlos sinnlichen Mund. Seine Augen schimmerten grünlich und katzengleich wie die seines Vaters. Herablassend starrte er mich so eindringlich an, daß dies meine Neugier wachrief. Während die Züge des jungen Erzbischofs jedoch Charme, eine wache Intelligenz und großen Scharfsinn verrieten, strahlte dieser junge Edelmann Mut, Tapferkeit, aber auch Ungestüm, wenn nicht gar Grausamkeit aus. Wie in einer blauen Ader unter durchscheinender Haut das Blut pocht, so brodelte unter der sittsam zur Schau gestellten Beherrschtheit ungezügelte Wildheit, die durch den geringfügigsten Anlaß zum

Ausbruch kommen konnte. Ich erkannte das an der Linie des Kinns und dem trotzig geschwungenen Mund. Das war ganz eindeutig der Einfluß von Mars, dem Kriegsgott, der in seinem Horoskop sicherlich dominierend war.

Ich konnte den Blick nicht von den Brüdern losreißen, der Schlange und dem Löwen. Unbefangen erwiderten sie meinen Blick. Ich betrachtete eingehend die Juwelen, den Samt, das feingefältelte Leinen, die Gold- und Silberlitzen auf ihrem Wams, die zierlich gearbeiteten Stiefel aus spanischem Leder, die kostbaren Pelze. Ich betrachtete die schwarze, dreieckige *biretta* und das große, goldene mit Rubinen, Bernstein und Jaspis besetzte Kruzifix, das Charles de Guise an einer Kette um den schlanken Hals trug. Die Ironie des Ganzen wühlte mich bis ins Innerste auf, die ungeheure, groteske, markerschütternde Ironie. So sehr ich mich auch bemühte, dagegen anzugehen – meine Mundwinkel verzogen sich zu einem verzerrten Grinsen. Zu meinem Entsetzen verlor ich bald vollends die Beherrschung und schüttelte mich aus vor Lachen, bis mir die Tränen über die Wangen liefen. Ein rascher Seitenblick auf Mathieu Bandello zeigte mir, daß er mitfühlend grinste. Sogar die würdevolle Miene von Claude de Guise entspannte sich und nahm einen belustigten Ausdruck an. Bald lachten alle, und der schreckliche Bann war gebrochen. Schließlich war das auch ein ungeheuerlicher Scherz. Der größte Witz aller Zeiten, wie es Fra Bandello ausgedrückt hatte.

Mathieu Bandello erhob sich und schlug mir auf den Rükken. »Er hat einen kleinen Schock erlitten«, entschuldigte mich der Mönch bei dem Herzog, und goß mir rasch Wein ein. »Doch wird er sich davon erholen.« Er lächelte verbindlich. »Er ist Jude von Geburt, von der Geisteshaltung her ein Heide«, fügte er erklärend hinzu. »Über die Ironie hinaus bedeutet ihm das nicht viel.«

Claude de Guise erwartete mich mit den zahlreichen Horoskopen, die wir in Augenschein nehmen wollten, in seinem Arbeitszimmer. Nur zögernd gesellte ich mich zu ihm. Meine Scheu hielt mich zurück. Doch er sprach mir freundlich Mut zu, bis ich einsah, wie absurd es war, diesem Manne gegenüber solche Zurückhaltung zu üben. Hätte ich ihm sein baldiges Ende verkündet, so hätte er sicherlich mit der ihm eigenen, untadeligen Würde überlegt, welche Maßnahmen ergriffen werden müßten. Er war unter dem Sternbild des Skorpions geboren. Es war daher bezeichnend, daß er keine Furcht kannte.

Die Last, die diese Männer auf ihren Schultern trugen, wirkte sich je nach Temperament bei jedem anders aus. Ich konnte mir vorstellen, daß es fast unerträglich sein mußte, mit diesem Geheimnis zu leben. In einer Welt, die ihnen sicher wahnwitzig erschien, würde man sich stets irgendwie an die Vernunft klammern. Der Herzog von Guise hatte sich ganz in sich selbst zurückgezogen und führte ein Leben tiefster Vereinsamung. Er hatte sich hinter einer Bastion hartnäckiger Selbstbeherrschung verschanzt. Das schöne Gesicht seines ältesten Sohnes François de Guise hatte dadurch einen Ausdruck unbekümmerten Idealismus' und tückischer Grausamkeit angenommen. In den uralten Augen des jungen Charles lauerte der Hang zur Verworfenheit.

Der Herzog entrollte vor mir das Horoskop seines Sohnes Charles. Ich betrachtete es lange, wußte nicht, was ich sagen sollte. Die Prophezeiungen, die achtzehn Jahre zurücklagen, fielen mir wieder ein. Damals war die Pest über Montpellier hereingebrochen. Sechs Himmelskörper hatten sich im Zeichen der Fische vereinigt und waren in der Abenddämmerung unmittelbar nach Sonnenuntergang als ein großer Stern am Himmel erschienen. Das hatte eine ganze Reihe erschreckender Prophezeiungen ausgelöst. Es hieß, der Antichrist sei gekommen, das Ende der Welt nahe.

Doch trotz der Pest, des Debakels von Pavia und der Gefangennahme von König François war die Welt nicht untergegangen. Und da war nun dieser verführerische, junge Mann unter dieser seltsamen Massierung der Sonne und der Planeten geboren. Er betrachtete die Welt als ein Verfolgter durch seine perlmuttfarbenen Augen und zelebrierte vor deren Augen jeden Tag die erstickenden Riten des Dogmas. Dem konnte er nur entfliehen, indem er sich der Liebe, dem

Luxus und der Grausamkeit ergab, während die schreckliche Ironie seines Blutes von innen her an ihm nagte.

Das Sternbild der Virgo, der Jungfrau – ging im Osten auf, als er geboren wurde – des Zeichens der Handwerker, Künstler, Gelehrten, Politiker. Lebhaft, gewandt, vielseitig, mit großen, geistigen Fähigkeiten gesegnet, ein witziger Kopf, mit einem starken Hang zur Unaufrichtigkeit, einem hervorragenden Gedächtnis, unglaublichen Kenntnissen und mit einem fast übernatürlichen Einfühlungsvermögen ausgestattet. Von welchem Moralkomplex sollte er sich leiten lassen? Er bekam zu viel zu sehen, wußte auf alles zu viele Antworten. Alles war relativ und daher zulässig.

»Warum seid Ihr so erschrocken?« fragte mich Claude de Guise.

Ich war so in meine Arbeit vertieft gewesen, daß ich mit einem Ruck hochfuhr, als er mich ansprach.

»Ein solches Horoskop habe ich noch nie zu Gesicht bekommen«, murmelte ich. »Alle Planeten vereinigen sich hier zu einem großen Stern.«

»Wirklich nicht?« fragte er, und ließ mich nicht aus den Augen. Ich ertrug den kühlen Blick aus seinen Katzenaugen nicht und wandte mich ab.

Erst nach einer ganzen Weile gelang es mir, mich zu einer Erklärung aufzuraffen. »Die Macht der Fische liegt in der Fähigkeit, genau zu verkörpern, was die unterirdischen Strömungen der Zeit erforderlich machen. Euer Sohn ist ein Medium, ein Sprachrohr. Wofür, wage ich mir nicht einmal auszumalen.«

Er nickte nur dazu, rollte das Horoskop wieder zusammen und legte es beiseite. Da gab es nichts mehr zu sagen.

Wir wandten uns dem Horoskop seines ältesten Sohnes François zu. Damit konnte ich schon weit mehr anfangen. Es flackerte, schimmerte und entzog sich mir nicht wie das seines Bruders. Auch er gehörte zu den Fischen, war jedoch diesseitiger und stärker. Leo, der Löwe, der *chevalier sans peur et sans reproche*, der König der Licht ins Dunkel brachte – Leo stand im Osten, ging auf zum Zeitpunkt seiner Geburt. Ich berichtete dem Herzog, daß alles für Macht, Ehre, Reichtum sprach, auch von dem Mut, der schon Tollkühnheit war, der Loyalität, dem ritterlichen Wesen. Doch verschwieg ich die Gefahr, die dem ältesten Sohne durch Verrat drohte, den tödlichen Zugriff infolge des blinden Idealismus, die allmähliche Demoralisierung und den gewaltsamen Tod. Er würde einem Meuchelmörder zum Opfer fallen, bevor er am Ziel war. Eine tiefe Trauer bemächtigte sich meiner; denn dieser junge Mann war ein wahrer Kavalier. Er schien den Erzählungen König Renés von Ritterlichkeit und höfischer Minne entsprungen.

Claude de Guise entdeckte, was in mir vorging, so sehr ich mich auch bemühte, mir nichts anmerken zu lassen. Er preßte die Wahrheit aus mir heraus.

»Wie lange hat er noch zu leben?«

Ich konnte ihm nicht in die Augen schauen. Es ist furchtbar, einem Vater so etwas über seinen Sohn kundtun zu müssen. Doch sah ich mich gezwungen, diesem gestrengen Feudalherrn die Wahrheit zu enthüllen. Irgend etwas in seinem Wesen trieb mich dazu.

»In drei Jahren wird er in große Gefahr geraten. Doch ich glaube nicht, daß er den Tod erleiden wird. Saturn bewegt sich in Quadratur zu Merkur und steht Mars gegenüber. Wahrscheinlich wird er in einer Schlacht verwundet werden. Er wird überleben. Erst in seinem vierundvierzigsten Jahr werden die schädlichen Einflüsse am stärksten.«

»Bis dahin sind es noch einundzwanzig Jahre«, sagte der Herzog von Guise. »Da bleibt uns noch viel Zeit.«

Ich sah ihn verwundert an. Seine Gefühllosigkeit schreckte mich ab. Er begegnete ruhig meinem Blick. Da erkannte ich, daß sein kühler, leidenschaftsloser Blick keineswegs abgestumpft war. Aus ihm sprachen vielmehr die herben, schmerzlichen Erfahrungen, die ihn zum Stoiker gemacht hatten. Eine tiefe, über alles gebende Liebe verband ihn mit seinem ältesten Sohn. Doch das war ohne Bedeutung.

Wir gingen gemeinsam auch noch die anderen Horoskope durch, die sich auf seinem Schreibtisch stapelten. Uns enthüllte sich das Schicksal der gesamten Blüte des französischen Adels – all jener, die irgendwann für das Haus Lothringen auf seinem Wege zur Herrschaft über Frankreich von Bedeutung sein konnten: Anne, Konnetabel von Montmorency; Kaiser Karl; Henri d'Albert, der König von Navarra und seine Tochter Jeanne; Diane de Poitiers, Mätresse des Dauphins; Madame d'Estampes, Mätresse des Königs; Antoine von Bourbon, Herzog von Vendôme von königlichem Geblüt; der Dauphin Prinz Henri und seine schwer durchschaubare italienische Gattin.

Obgleich ich nur einen kurzen Blick auf das Horoskop der letzteren warf, war ich von schlimmen Vorahnungen erfüllt. Ich konnte nicht sagen, weshalb.

»Ihr fühlt es also auch«, sagte Claude de Guise. »Auf den ersten Blick sieht es ganz harmlos aus – bis man es genauer betrachtet. Wenn Mars, Saturn und der Mond sich kreuzen, so ist das ein verzwickter, häßlicher Planetenstand. Man sagt, sie habe den ältesten Sohn des Königs vergiftet, um selbst Königin werden zu können. Noch weiß niemand, wer Katharina von Medici eigentlich ist. Man hält sie für nichtssagend, weil sie sich bescheiden im Hintergrund hält und die Mätresse ihres Gatten klaglos hinnimmt. Und jetzt nach zehn langen Jahren«, sagte er angewidert, »ist es ihr endlich gelungen, schwanger zu werden, was sehr von Nutzen ist. Möglicherweise trägt sie den künftigen König Frankreichs unter dem Herzen. Ich hatte bei Hofe schon oft mit ihr zu tun. Ich weiß, was sich hinter diesen blassen, ausdruckslosen Augen verbirgt.«

Zum erstenmal sah ich Zornesblitze aus seinen hellen Augen sprühen, sah sein markiges Gesicht verzerrt.

»Ich habe meinen Söhnen ans Herz gelegt, Diane de Poitiers zu umwerben und ihr den Hof zu machen. Der Dauphin wird ihr die Treue halten. Sie ist ihre einzige Hoffnung, wenn die Italienerin Königin wird. Als man noch glaubte, sie sei unfruchtbar, hat mein Sohn Charles, den Prinz Henri liebt, versucht, den König so zu beeinflussen, daß er die Scheidung ausspricht, damit Henri eine Frau wählen kann, die ihm Kinder gebiert. Er hatte dabei an meine Tochter Marie gedacht. Doch die Saat ist endlich aufgegangen. Nun müssen wir abwarten, was für eine faule Frucht ihrem Leibe entspringt.«

Da wurde mir erstmalig klar, was für ein nützliches Werkzeug die dynastische Ehe für dieses fruchtbare Haus war. Konnte man ohne willige Schachfigur Schach spielen? Auch die Bauern waren wichtig. Man mußte dem königlichen Weinstock hier und da einen Zweig aufpropfen und das korrupte Haus Valois mit dem frischen, lebendigen Blut des Hauses Lothringen überfluten, solange, bis die Emporkömmlinge, die Fremdlinge, den Preis, den es zu erringen galt, mit einem seidenen Netz umsponnen hatten, einem Netz aus den fruchtbaren Leibern blaublütiger Damen, die – kaum zur Frau erblüht – wie Vieh an den Meistbietenden verschachert wurden.

Ein unbändiger Zorn bemächtigte sich meiner. So war Andiette de la Roque-Loubéjac an Scaliger verschachert worden, anstatt die Meine zu werden. Doch das gehörte längst vergangenen Zeiten an. Ich wollte gar nicht wissen, ob sich hinter dieser ins Schloß gefallenen Tür noch etwas regte. Zudem war ein solcher Tauschhandel manch einem sicher höchst willkommen.

Und so ging es weiter – den ganzen lieben Tag lang. Wer war ein Feind, wer war ein Freund, wem konnte man trauen, wer konnte dem Hause Lothringen wissentlich oder unwissentlich Schaden zufügen? Es ging um Eheschließungen, Scheidungen, Konflikte, den Tod. Würde François Kinder haben – und die Linie fortpflanzen?

Am Abend lud der Herzog zu einem festlichen Mahl. Außer seinen ältesten Söhnen waren auch noch die jüngeren zugegen: Louis, dem Dienst der Kirche geweiht, Claude, René und noch ein François. Auch Antoinette von Bourbon, die Herzogin von Guise, lernte ich kennen. Ich ahnte sogleich, daß diese tragische Gestalt – reizlos, einsam, tüchtig, entsetzlich bleich, von dem Fanatismus der kritiklos Frommen beseelt – nichts von den Geheimnissen des deutschen Hauses wußte, in das sie eingeheiratet hatte. Die meiste Zeit ihres Lebens hatte sie innerhalb der Mauern der uralten Festung verbracht und ihrem Herzog Kinder geboren. Mit Kunst und Wissenschaft, die überall bei Hofe in voller Blüte stand, war sie nie in Berührung gekommen. Sie war eine Feudalherrin und Burgfrau vergangener Zeiten, gestreng und fromm. Die riesigen Besitzungen ihres Gatten verwaltete sie willkürlich, doch gekonnt. Nur ihre tiefblauen Augen, nach all den Jahren unbarmherziger Selbstverleugnung und zahlloser guter Werke nun völlig ausdruckslos, hatte sie ihrem verführerischen Zweitältesten vererbt. Sie tat mir leid – wurde sie doch wie ich wie eine Schachfigur willenlos hin- und hergeschoben.

Von der Galerie herab erklangen die zarten Akkorde einer Laute und einer Viole; denn Claude de Guise liebte Musik. Ich lauschte den melancholischen Bögen der Melodie und sagte mir, daß dies erst der Anfang war. Bei jeder Krise, jeder Entscheidung, jeder Geburt, jeder Eheschließung und jedem Wendepunkt würde man mich hinfort zu Rate ziehen. Eine endlose Straße erstreckte sich vor mir. Das waren die kommenden Jahre. Doch wohin führte der Weg? Einst war ich ein Freigeist gewesen und hatte meinen bequemen Lehrstuhl in Montpellier aufgegeben, weil mir die geistige Freiheit über alles ging. Wie war ich nur hier hereingestolpert? Warum überließ ich mich willig diesen Männern?

Doch wann immer mein Blick François de Guise und seinen Brudern, den edlen Löwen und die Schlange, streifte, mußte ich mir eingestehen, daß sie mich ganz für sich einnahmen. Mit ihrer Macht umgarnten und betörten sie mich. Ich wußte um ihr Schicksal, auch das band mich an sie. Und meine Träume taten ein weiteres, um mich an sie zu fesseln.

Einmal neigte sich der Erzbischof zu mir und sagte leise mit seiner wohlklingenden Stimme, begleitet von den perlenden Klängen der Laute: »Ihr seht nicht glücklich aus, Maître de Notredame. Fehlt es Euch an irgend etwas? Kann ich etwas für Euch tun?«

Dabei sah er so aufrichtig, so besorgt, so blutjung und so liebreizend aus, daß ich ihn augenblicklich ins Herz schloß.

»Ich danke Euch, Herr. Mir fehlt jedoch nichts. Ich bin nicht unglücklich, vielmehr verwirrt. Vielleicht haben Euer edler Vater, der Herzog und ich heute zuviel vom Leben und Tode gesprochen.«

»Vielleicht betrachtet ihr Leben und Tod allzu angespannt,

Maître de Notredame«, sagte Charles de Guise mit liebenswürdigem Lächeln, und reichte mir einen Teller gepuderten Marzipans. »Man sollte den Augenblick genießen, als sei er der erste und letzte – mit der ganzen uns zu Gebote stehenden Leidenschaft, doch auch lachend. Das müßt Ihr noch lernen.«

Das war kein schlechter Rat und klang bestechend aus dem Mund eines so jungen Mannes. Doch als ich den Gedanken weiter verfolgte, erfaßte mich blankes Entsetzen. Es war, als sei mir der Apfel vom Baum der Erkenntnis angeboten worden – diese verlockende Stimme, das süße Lächeln, die klaren, blauen Augen, der tiefe Abgrund, der vor mir gähnte. Ich wandte mich ab und begann mit der Herzogin zu meiner Linken über nichtige Dinge zu sprechen, während mir eiskalte Schauer über den Rücken jagten. Diese empfand ich jedoch so, als streichele mich jemand sanft mit dem Finger.

Als es schon spät geworden und die duftenden Kerzen in den silbernen Wandleuchtern niedergebrannt waren, zogen sich die Herzogin und ihre jüngsten Söhne zurück. Da wandte sich Claude de Guise an mich.

»Glaubt Ihr, daß wir unserem Schicksal entrinnen können, Maître de Notredame?«

Ich zuckte die Achseln. Ich war schon voll des Weines. »Ich habe schon zuviel gesehen, um noch daran zu glauben, daß wir dem entgehen können, was uns vorgezeigt ist. Alles kommt, wie es kommen soll. Und doch glaube ich, daß es uns freisteht, selbst über unser Leben zu entscheiden. Es gibt immer verschiedene Möglichkeiten. Gewisse Ereignisse sind vielleicht vorherbestimmt. Doch die Straße, die zum Scheidewege führt, wählen wir selbst. Vielleicht hat jeder sein Schicksal, das sich erfüllt. Doch steht es jedem frei, groß oder kleinmütig, edel oder bösartig zu sein, wie es ihm beliebt.«

»Ihr glaubt also nicht, daß die Seele eines Menschen ebenso vom Schicksal bestimmt ist wie die äußeren Umstände?«

»Ich weiß nicht, ob nicht im Grunde genommen beides auf das gleiche hinausläuft. Darin liegt ein schreckliches Paradoxon, das ich nicht begreife – so sehr ich mich auch bemühe.«

Ich fuhr mir mit der Hand über die erhitzte Stirn und senkte den Blick, um mich zu sammeln; denn meine Gedanken verflüchtigten sich immer rascher. Da spürte ich den Blick aus den strahlend blauen Augen von Charles, dem Erzbischof von Reims, auf mir ruhen. Ich zuckte zusammen. Der Herzog schien zu spüren, was mich beschäftigte.

»Mein Sohn irritiert Euch«, sagte er leise unter dem Deckmantel der Musik. Es war keine Frage, vielmehr eine reine Feststellung. »Ihr seid ja ganz verstört. Er verzaubert und entzückt alle, die ihm begegnen. Man preist ihn, nennt ihn einen großen Geist, einen *santorello*. Es heißt, er habe eine glänzende Zukunft vor sich.«

»Auch mich hat er betört, Herr.«

»Doch Euch sind auch die dunklen Schatten unter der glänzenden Oberfläche nicht verborgen geblieben. Ihr wißt, wie es in seinem Herzen, in seiner Seele aussieht. Hat er eine Wahl?«

Lange sahen wir einander prüfend an. Die Zeit schien stillzustehen. Dann war der Bann gebrochen. Lächelnd legte er mir die Hand auf die Schulter.

»Ich sollte Euch nicht solche Fragen stellen«, sagte er. »Das ist nicht recht. Verzeiht. Ich weiß, daß unsere Welt Euch fremd erscheinen muß. Doch vertraue ich auf Eure Weisheit.«

»Ich kenne die Antwort nicht. Ich verstehe mich auf die Geheimwissenschaften, weiß viel über die innere Struktur, die Übereinstimmung und den Zusammenhang zwischen den Dingen, den Plan, auf den das Universum sich gründet und die geheimen Kräfte der Natur. Ich habe Astrologie, Alchimie und die Kabbala studiert. Oft fühle ich, was im Herzen des Menschen vor sich geht und träume, was geschehen wird. Wie Paracelsus habe ich immer geglaubt, daß allen Dingen, selbst den Steinen, ein Bewußtsein innewohnt, ein Leben, das danach strebt, eine höhere Entwicklungsstufe zu erreichen und im Menschen die Krone der Schöpfung sieht. Also kämpfen wir uns durchs Leben, greifen sehnsüchtig nach dem Licht, der Erleuchtung; denn auch was wir Gott nennen, sehnt sich nach Licht. Das ist natürlich die ketzerische Weltanschauung der Alchimisten – die Auffassung, daß Gott Seine Erlösung vom Menschen erwartet. Die Substanz, die wir mitbekommen haben, mag Schicksal sein – was wir daraus machen, liegt jedoch bei uns. Was ich jedoch nicht begreife, ist das Wesen dieses gespaltenen Gottes, der zwei Gesichter hat. Das eine zeigt sich in Menschen wie Sokrates, Pythagoras oder Jesus von Nazareth, das andere bringt uns Krieg, Folter, Seuchen, Grausamkeit und schließlich den Tod.«

»Und in meinem Sohn seht Ihr beide Gesichter vereinigt.«

»Nicht nur in Eurem Sohn, in allen. Dies ist ein großes Mysterium, das ich gerade erst zu begreifen beginne.«

»Auch wir sind nur Menschen. Auch wir empfinden Schmerz, verspüren Lust und fühlen uns einsam. Auch wir hassen und sind erfüllt von Begierde. Wir bluten und sterben. Mein Sohn François ist bei einem Scharmützel in Spanien verwundet worden. Eine Arkebuse-Kugel hat ihm den Knöchel zerschlagen. Er litt Schmerzen wie jeder andere auch und schrie. Da sagte ich ihm, daß Männer unseres Blutes über den körperlichen Schmerz und die Hülle des Körpers hinauswachsen und trotzdem zu Ruhm und Ehren gelangen müßten. Er biß sich auf die Lippen, bis sie blutig und aufgesprungen waren, um seinen Mut unter Beweis zu stellen.«

»Doch geht von Euch etwas Magisches aus, Herr, was man bei gewöhnlichen Menschen nicht findet. Und Eure Söhne umgibt ein noch größerer Zauber. Der Glanz des Schicksals ruht auf ihnen. Ich werde auf meine Art für Euch alle beten.«

Und als Mathieu Bandello und ich von Joinville aus durch den gelben Morast und den grauen Regen die Hochwasser führende Maas entlang nach Norden ritten, betete ich fürwahr auf meine Art für diese Männer. Denn ich hatte in den vergangenen zwei Tagen erkannt, daß ich sie liebte wie mein schwarzgewandeter Reisegefährte – wider alle Vernunft, gezwungenermaßen und widerstrebend. Am meisten den jungen Grafen d'Aumale, den Löwen mit den edlen Zügen, den Kriegsherrn, von dem ich wußte, daß er sein Ziel kaum verfehlen und einen grausamen Tod sterben würde.

XVI

Die schützenden Mauern der Abtei Notre Dame d'Orval beherbergten mich achtzehn Monate. Nach ein paar Wochen riefen dringende Geschäfte Mathieu Bandello nach Italien. Er ließ mich in der Obhut des Abtes Mathias Delvaux zurück, versicherte mir jedoch, zurückzukehren, bevor es an der Zeit war, mich wieder der Welt zu überantworten.

Wenngleich ich verwirrt, ja völlig durcheinander war, brachte mich das Geschehene kaum mehr aus der Fassung. Die Symmetrie war wiederhergestellt. Nun, da ich das erkannte, ließ ich es auch gelten. Ich wurde zu einem Embryo in einem steinernen Leib, eingekerkert hinter geheiligten Mauern. Ganz allmählich wuchsen mir Arme und Beine, entwickelten sich Augen und Ohren. Ich lernte sehen und hören, konnte bald fühlen, berühren, riechen und schmecken. Am Ende der Schwangerschaft würde ich voll entwickelt in eine Welt entlassen, die ich nicht wiedererkennen würde, weil ich mich geändert hatte.

Wie Jules-César de l'Escale hatte sich Mathias Delvaux mit allem schon befaßt. Der Sprachwissenschaftler und Theologe hatte sich ebenfalls in die Medizin und Astrologie vertieft. Er besaß den gleichen, scharfen Intellekt wie der Polemiker in Agen, war erfüllt von der gleichen Liebe zur Gelehrsamkeit. Auch ihm war es vergönnt, sich mühelos auf höchster Geistesebene zu bewegen. Doch war Mathias Delvaux ein liebenswürdiger, gütiger Mensch. Er mißbrauchte seinen Scharfsinn nicht, um der Wehrlosigkeit anderer mit beißendem Sarkasmus zu spotten. Er war von einer Heiterkeit und Gelöstheit, die man bei einem Diener Gottes zwar erwartet, jedoch nur selten findet. Das Haar um seine Tonsur hatte noch die dunkle, jugendliche Färbung. Einen guten Tropfen wußte er sehr zu schätzen.

Er büßte seinen unerschütterlichen Gleichmut auch nicht ein, als rings um uns herum der Grenzkrieg wütete. König François war, wie geplant, in Luxemburg eingefallen. Der Herzog von Guise stand an der Spitze seiner Armee. In seinem Kielwasser wurde das Land verwüstet, geplündert und ausgebeutet. Obgleich wir durch den dichten Wald und die hohen, steinernen Mauern hindurch Kanonenschüsse krachen hörten, wurde die Abtei nicht in Mitleidenschaft gezogen. Sorgsam machte Claude de Guise einen weiten Bogen um sie. Die ausgedehnten, ertragreichen Ländereien blieben unversehrt. Die Obstgärten brachten eine Fülle der herrlichsten Früchte hervor, die riesigen Herden wohlgenährter Rinder lieferten Milch, Käse und Butter. In den Kellergewölben lagerte der köstlichste Wein der Champagne und Lothringens. Während Luxemburg verwüstet wurde, lebte ich in Saus und Braus wie in einem Kokon, und hing sicher und geborgen im Schoße des sagenumwobenen Waldes von Merlanvaux meinen Träumen nach.

Allabendlich zog ich mich in meine kleine Zelle mit dem hohen, schmalen Fenster und dem Kruzifix mit der geschnitzten Rose über dem Bett zurück. Allmorgendlich besuchte ich mit den Mönchen die Frühmesse, kniete auf dem eiskalten Steinboden nieder, sang Lobeshymnen, von Weihrauch umnebelt, lauschte den traurigen, eintönigen Klängen des *Salve Regina* und kicherte verstohlen in mich hinein.

Tagtäglich führte Mathias Delvaux mich hinab in die Krypta, wo Manuskripte aus uralten Zeiten, in Seide gehüllt, in kostbar geschnitzten Truhen aufbewahrt wurden. Im Licht der tropfenden Kerzen las ich in künstlerisch ausgeführten, höchst lehrreichen, uralten Folianten und Schriftrollen, verfaßt in Griechisch, Latein, Hebräisch sowie in Arabisch. Wie von einer inneren Glut verzehrt, schlang ich alles in mich hinein, darbte bald wieder und verlangte nach mehr.

Der Abbé gedachte meine Kenntnisse von den Merowingern zu vertiefen, um mich die Frucht so recht schätzen zu lehren, die jetzt an den Zweigen des Stammbaumes gedieh. Er zeigte mir Ahnentafeln, die sehr weit zurückreichten. Demnach ging das Haus Lothringen auf Chlodwig zurück, den ersten christlichen König der Franken. Noch ältere Urkunden in Latein, Hebräisch und auch Aramäisch besagten, daß sich die Wurzeln des mächtigen Stammes bis tief unter die Erde verzweigten – bis hin zu dem uralten Stamme von Benjamin, dem Ersten Auserwählten, der Israel den Rücken kehrte, als Juda an seine Stelle trat. Die Benjamiten wurden geschmäht, weil sie die Mutter über den Vater stellten. Sie waren nach Arkadien und von da nach Gallien ausgezogen und hatten sich schließlich in den jungfräulichen Wäldern, im Gebiet des Languedoc und der Provence angesiedelt. Die Enthüllung, daß das Haus Lothringen, ein Pfeiler der Heiligen Kirche, insgeheim für sich beanspruchte, dem uralten Blut Israels entsprungen zu sein, war der Gipfel der Ironie. So also sah der Ewige Jude aus.

Schließlich enthüllte der Abt seinen größten Schatz vor meinen hungrigen Augen. Ein Buch, das im Laufe der Jahrhunderte immer wieder neu geschrieben und übersetzt worden war, vom Aramäischen ins Hebräische, vom Hebräischen ins Griechische, vom Griechischen ins Latein – auf dem uralten, zerfallenen Einband das Siegel des Tempelordens, das blutrote *croix pattée*. Es berichtete von dem großen Plan der Welt, die mit dem ersten embryonalen Leben ihren Anfang genommen hatte, welches den zeitlosen Tiefen, aus dem Schoße des Meeres aufgestiegen war. Mit zunehmender Vielfalt hatte sein Weg im Laufe von Äonen durch die blutigen Wirren der Geschichte der Menschheit geführt. In dem Buch war von dem großen Plan der Evolution die Rede und von der Seele der Erde selbst, die danach trachtete, sich durch all die Reiche hindurch weiterzuentwickeln, auf daß sich Mineral, Pflanze, Tier und Mensch seiner Bestimmung gemäß entfalte. In dem Buch stand von den Menschenrassen geschrieben und von den geheimen Strömungen der Geschichte – stillen, unterirdischen Strömen gleich, die an deutlich sichtbarer Stelle Menschen ausspeien, die zu ihrer Zeit als groß gelten. Von ihnen glaubt man, daß sie ihre Zeit prägen, während dies in Wahrheit der Zeitgeist der Äonen bewirkt, der tanzenden Götter, die den Genius als ewiges Geschenk, als Mythos ins Leben rufen. Das Buch handelte von den geometrischen Mustern, der Anordnung von Materie, Zeit und Raum, von den langsamen Drehungen des Rades, das die Aufeinanderfolge von Tag- und Nachtgleiche bestimme. Es sprach von dem großen Kreislauf des Jahrtausends, das unaufhörlich einem fernen Ziel zustrebe – wo der

Mensch als fleischgewordener Gott und Gott als vergeistigter Mensch einander begegnen, und sich als ein Wesen erkennen würden.

Es berichtete auch über das, worauf Mathieu Bandello mich schon hingewiesen hatte, was ich in meiner übergroßen Verwunderung aber nicht hatte gelten lassen wollen: von der verzweifelten, heimlichen Flucht aus Jerusalem nach dem Opfer und Verlust, von der Landung der Verbannten in Marseille und dem verborgenen Schatz, den sie mit sich führten – dem Blute Judas und Benjamins, dem Auserwählten der Auserwählten, Erbe des Reiches, dem *sangraal*, *sang royal*, dem königlichen Blut. Tausend Jahre später war dann Gottfried von Bouillon nur heimgekehrt, um sein rechtmäßiges Erbe anzutreten.

Ich dachte über meinen Namen nach und brach bei dem Gedanken an meinen Großvater in schmerzliches Gelächter aus. Der alte Pierre de Notredame war wie Jean de St. Rémy gezwungen gewesen, sein Erbe zu verleugnen und einen christlichen Namen zu wählen. Doch er, der meinem Großvater Jean sehr nahegestanden hatte und Mitwisser seiner Geheimnisse gewesen war, hatte zuletzt gelacht. Auch unter dem Banner der Templer sprossen Kirchen und Abteien wie Weinreben. Von Marseille aus hatten sie sich in einer breit angelegten Schlangenlinie nach Norden über Paris hinaus bis Notre Dame d'Orval hingezogen und hinfort das Rückgrat des Landes gebildet. Myriaden von kirchlichen Bauten brüteten seitdem steinern vor sich hin und verhöhnten die Menschheit, spotteten der Zeit. Sie alle waren Unserer Lieben Frau gewidmet. Und doch war es gar nicht die Jungfrau, sondern die andere, die unter schweren Lidern schamlos mit kornblumenblauen Augen voller Sehnsucht den Betrachter aus Sandro Filipepis schauriger Gebirgslandschaft ansah.

Dem Hause Lothringen war es vom Schicksal bestimmt, eine fürchterliche Bürde zu tragen. Die gekrönten Häupter Europas, ja selbst der päpstliche Thron, würden erzittern, ins Wanken geraten und stürzen; was die Christenheit zusammenhielt, würde zerreißen, käme dieses Geheimnis zu früh ans Licht. Denn die Kirche stand auf dem Fels, der auf der

Doktrin von der Erbsünde ruhte; der Sünde der Schlange, der Sünde der Fleischeslust, die seit Adams Sturz dem Menschen die Gnade Gottes verwehrt, es sei denn, sie wird ihm durch das von Ihm auserwählte Sprachrohr zuteil. Das Haus Lothringen handelte weise, indem es Schweigen bewahrte. Denn die Massen, die sich seit Hunderten von Jahren blind wie Schafe an die Dogmen der Heiligen Kirche hielten, würden darüber den Verstand verlieren.

Also habe ich in der Sprache der Zahlen, der Anagramme, Symbole und Träume gesprochen. Ich habe berichtet, was war und was sein wird – was jene zu tun haben, die den Schlüssel in Händen halten. Damit befolgte ich die Anweisungen meiner Herren. Niemand außer denen, für die ich schreibe, wird mich verstehen. Die übrigen werden dies für die prahlerischen Ergüsse eines Narren oder Scharlatans halten – oder aber für düstere Visionen eines vereinsamten Irren. Sie werden niemals begreifen, daß gerade der Wahnsinnige das Orakel des Großen Planes ist.

Ich habe meine älteste Tochter Madeleine genannt, und Claude de Guise die seine Marie. Wir haben beide über diese launische Eingebung gelacht, wie mein Großvater Pierre einst gelacht haben muß.

XVII

Ganz langsam, mit unfaßbarer Geduld, lehrte mich Mathias Delvaux, sinnend in die Flammen zu schauen und dabei zu meditieren. Zuerst tränten meine Augen, mein Kopf schmerzte, und ich sah nichts als die Flammen, das zu Asche zerfallende Holz und rote Funken vor den Augen. Das Blut pulsierte heftig in meinen Augenlidern.

»In Euren Träumen habt Ihr Sehkraft, Maître de Notredame«, pflegte er zu mir zu sagen. »Die Welt in wachem Zustand, die Ihr mit Euren erdgebundenen Augen seht, ist nicht die wahre Welt. Ihr müßt den Schleier zerreißen, der die wahre Welt, die Welt der Träume verhüllt. Nur ein Hauch von einem Schleier trennt diese beiden Welten. Ihr braucht den Trennstrich nur zu überschreiten. Entledigt Euch des zarten Nebels. Michel de Notredame ist der Traum, nicht aber der Träumer.«

Wochenlang mühte ich mich ab, Stunde um Stunde, bis zur völligen Erschöpfung. Vom Verstande her erfaßte ich, was er mir sagte, als kristallklares, helles Bild. Und doch blieb es außerhalb meiner Reichweite.

Ich trank, bis ich fast erblindete und schwächte meinen widerspenstigen Körper durch Fasten, bis ich entkräftet zusammenbrach und Lichter vor meinen Augen tanzten. Ich trank ein Gebräu aus Mohn und Belladonna und starrte in berauschter Betäubung stundenlang in die züngelnden Flammen, während mir das Blut in den Schläfen pochte. Doch meine Augen wurden nicht sehend.

»Ihr seid der Erde verhaftet«, erklärte Mathias Delvaux. »Ihr seid der Steinbock, der sicheren Fußes über felsige Bergschluchten springt. Doch tief in Eurem Innern glüht ein Feuer, glüht wie die Hitze des Vulkans im Gerippe von Asche und Stein. Die sichere Hand und der geübte Blick, die Euch zu einem so guten Arzt machen, trennen Euer wahres Ich von der Maske aus Muskeln und Fleisch, in der Ihr einhergeht. Lüftet den Schleier, Maître de Notredame, fürchtet Euch nicht davor. Ihr werdet dabei nicht zu Schaden kommen.«

Verzweiflung ergriff mich. Ich bin ein Geschöpf der Erde, rief ich gequält. Ich bin kein Salamander. Paracelsus und Agrippa konnten unbeschadet vom Feuer sprechen und selbst das lumen naturae erfahren. Doch mein Element war nicht das Feuer. Feuer entsetzte mich, rief in mir nur die Erinnerung an die Scheiterhaufen der Inquisition und verbranntes Menschenfleisch wach. Wieder stieg mir der ekelerregende Gestank der verbrannten Pesttoten in die Nase.

Ich besaß gesunden Menschenverstand, Vernunft und hatte Einblick in viele Dinge. Warum war ihm damit nicht gedient? Meine Kenntnisse vom Sternenhimmel waren schließlich keine Kleinigkeit. Genügten sie nicht? Meine Visionen hatte ich stets im Schlaf, wenn mein erdgebundener Körper empfindungslos war. Meinem Herzen offenbarten sich die Seelen anderer Menschen. Aus den Flammen stiegen keine Visionen vor meinem geistigen Auge auf. Ich flehte Mathias Delvaux an, sich meine Fähigkeiten zunutze zu machen und mir nichts entlocken zu wollen, was ich nicht geben konnte. Was er von mir forderte, blieb mir versagt. Ebensogut hätte er versuchen können, Blut aus einem toten Stein zu pressen. Ich flehte ihn an, mich gehen zu lassen. Ich nannte mich einen Versager, der auch schon zuvor versagt hatte.

Doch er bewies Geduld wie ein sanfter Vater mit seinem Kind. Behutsam entlockte er mir die Gabe, die er schon lange erkannt hatte, bevor ich ihr Vorhandensein auch nur ahnte. Es war ein mühseliges Unterfangen – eine schwere Geburt unter großen Schmerzen. Alle Wunden, die mir im Laufe meines Lebens wissentlich oder unwissentlich zugefügt worden waren, stiegen als faulige, gasförmige Blasen an die Oberfläche eines stehenden Gewässers. Ich verging fast vor Einsamkeit, Selbstmitleid, Melancholie. Ohne jegliche Skrupel und doch voller Mitgefühl rang er mir jeden Gedanken, jede Hoffnung, alle schwarzen, geheimen Sehnsüchte, alle Träume ab. Anstelle der Visionen, die ich zu haben hoffte, sah ich nur immer den Tod vor mir – den Tod durch die Seuche, den Tod auf dem Scheiterhaufen. Er schien mir die Seele entreißen zu wollen, entlockte mir alles wie der Schlangenbeschwörer die Schlange mit seiner Zauberflöte betört. Er legte meine zitternde Seele frei und setzte sie dem grellen Licht aus, so daß sie geblendet zusammenfuhr. Jeder bis dahin verborgene Abszeß, jede längst vernarbte Wunde, jede Eiterbeule entblößte er, damit die Wunde gesäubert, gepflegt und ich wieder geheilt werden konnte.

Und dann eines Tages, während ich erschöpft und gequält von unerträglichen, ständig auf mich einhämmernden Kopfschmerzen zum tausendstenmal in die Flammen starrte, löste etwas in mir den Klammergriff, mit dem es mich bis dahin umfangen hatte. Ich fühlte, wie es wankte, erschauerte, stürzte und starb, als habe ein mächtiges, der Erde verhaftetes Untier seinen letzten Schnaufer getan, und sich würdevoll in den unvermeidlichen Tod gefügt. Ich hatte bis dahin gar nicht gewußt, wieviel von meinem Vater in mir gesteckt hatte.

Der Raum schwankte und verfinsterte sich. Alles Licht entwich. Ich war mutterseelenallein – der letzte Mensch auf in einer im Sterben begriffenen Welt oder das erste menschliche Wesen auf der soeben erstandenen Erde. Ich fixierte die Flammen und erblickte einen großen Sarkophag aus schwärzlichem Holz mit Messingbeschlägen und goldenem Zierat. Gesichtslose Männer in schwarzen Kapuzenmänteln trugen ihn in den Schlund eines riesigen, finsteren Gewölbes unter der Erde. Sieben Kinder mit silbrig glänzenden Gesichtern umstanden den Sarg. Ich vernahm ein Heulen und Schreien, als litte ein körperloses Wesen unsägliche Schmerzen. Ich sah, wie die Toten vergangener Zeiten formlos wie Nebel den Gräbern entstiegen, sich um den Sarg zu scharen. Dann fiel die Tür der Gruft mit einem dumpfen Laut ins Schloß... Ich würgte und keuchte. Das Geräusch meines eigenen, rasselnden Atems brachte mich zur Besinnung. Zitternd und schweißüberströmt sah ich Mathias Delvaux an, der ruhig auf seinem Stuhl saß und mich teilnahmsvoll beobachtete.

»Was habt Ihr gesehen?« fragte er mich mit sanfter Stimme.

Ich mühte mich ab, die Vision zu beschreiben, doch lag mir die Zunge aufgequollen im Mund. »Wessen Tod habe ich da vorausgesehen?« stieß ich schließlich hervor.

Doch er schüttelte nur den Kopf. »Ich weiß es nicht, Maître de Notredame. Wir wollen das Horoskop für diesen Augenblick erstellen und sehen, ob der Himmel hoch im Äther die Geburt dieses noch nicht geschehenen Tuns vorsieht. Ich bin nicht imstande, aus den Flammen zu lesen. Mein Gefühl sagt mir jedoch, daß Ihr einen Blick auf das Ende der Valois erhascht habt, das noch in ferner Zukunft liegt. Wir werden sehen. Es ist ein Anfang.«

Das war es in der Tat. Nicht immer erinnerte ich mich an das, was mir die Flammen enthüllten. Manchmal verlor ich das Bewußtsein, zuweilen waren die fragmentarischen Bilder so überschattet und vage, daß ich sie kaum zu erkennen vermochte. Oft betrafen sie Vergangenes, nicht aber die Zukunft. Die Zeit wurde nicht genau unterschieden. Es war, als webe sich ein riesenhafter Gobelin im Traum des Himmelsgottes Uranos wie von selbst – und Gestern, Heute und Morgen verschmolzen zu einem verwirrenden Tanz von Fäden, die darauf warteten, Gestalt annehmen zu dürfen und in Raum und Zeit zu leben.

Jedesmal hielten wir den entscheidenden Augenblick im nachhinein fest und untersuchten die Bewegungen am Himmel genauestens auf die Einflüsse hin, die am Werk gewesen waren. Zuweilen wurde uns dadurch eine Erleuchtung zuteil, doch oft blieb auch alles im Dunkel – der Himmel und die Visionen verrieten nichts.

Ich fragte Mathias Delvaux, ob dies schicksalhafte, prophetische Visionen seien. Da lächelte er geheimnisvoll.

»Was ist Schicksal, Michel de Notredame? Wir begreifen nicht die Zeit, wir armen, erdgebundenen Geschöpfe. Wir glauben, es gibt eine Vergangenheit, Gegenwart und eine Zukunft. In Wahrheit geschieht alles jetzt wie Bilder in einem Traum, die in einer Sekunde Jahrhunderte und in einem Augenblick ein Jahrtausend umspannen. Für jedes Kettenglied, jeden Schnittpunkt gibt es mehrere Möglichkeiten. Es gibt eine Vielfalt von zukunftsweisenden Abzweigungen. So hat auch der große Weinstock des *sangraal* viele Zweige, der Zukunft stehen viele Möglichkeiten offen: Lothringen, Guise, Blanchefort, Gisors, Joinville, Chaumont, Courtenay, Montpezat, Gonzaga, Charnay, Brienne oder St. Clair. Bricht man ein Glied aus der Kette, so sieht gleich alles ganz anders aus. Die Zukunft nimmt einen andren Verlauf.«

»Dann begreife ich den Sinn dieser Arbeit nicht.«

Er lachte. »Ihr glaubtet, der Sinn bestehe darin, die Zukunft vorauszusagen. So ist es nicht, mein Freund. Unsere Aufgabe ist es, einen Faden zu wählen, der auf geradestem Wege durch das Gewirr der anderen führt. Wir formen die Zukunft nach unserem Willen in Übereinstimmung mit unseren Zielen.«

Wir sprachen ausführlich über die Wesensmerkmale der Magie, von der ich als theoretische Philosophie genügend verstand. Doch hatte ich nie versucht, mit Hilfe des schützenden Pentagrams die Kräfte zu wecken, die zwischen den Pforten des Geistes und der Materie liegen. Nun hieß es, ich müsse die Rituale lernen, um die Macht zu lenken, und das zu Hilfe nehmen, was die Schwelle bewacht. Nur so könne ich die Visionen nach meinem Willen befehligen.

Ich widersetzte mich dem. Die schwarze Magie widerstrebte mir. Warum an Zauberkräfte rühren? Was ich über die Magie gelernt hatte, fiel in das Fach der Philosophie und der Naturwissenschaften, ließ sich genauestens einordnen. Es mochte noch zulässig sein, daß ich dank meiner Hellsichtigkeit Visionen aus dem Feuer aufsteigen sah; denn ich war nur das aufnahmebereite Gefäß und trug keine Verantwortung. Die Urgewalten wollte ich nicht herbeizitieren. Ich würde einen Kampf riskiert haben, um meinen Willen gegen den ihren zu behaupten. Ich machte alle nur erdenklichen Ausflüchte. In Wahrheit fürchtete ich mich.

»Ihr wollt nicht begreifen, Maître de Notredame«, sagte Mathias Delvaux. »Ich gebe zu, Ihr führt überzeugende Gründe an, die dagegen sprechen. Doch das ist alles nur Theorie. Ich sehe die Angst in Euren Augen. Bedenkt doch, daß in dieser Schattenwelt, in der Ihr schwimmen lernt wie ein Delphin, alles zu Symbolen und Parabeln voller Würde erhoben wird. Ihr werdet nur auf Dämonen treffen, die sich Eure Seele zur Heimstatt erkoren haben, mein Freund.«

Damit begann die nächste Phase meiner Schulung. Nach einigen Monaten vermochte ich mich nach Belieben selbst in Trance zu versetzen. Der heftige Schock für Körper und Seele, der bisher meine Visionen begleitet hatte, blieb aus. Es war, als stimme man eine Laute, damit die Tonfolgen rein erklangen. Die Bilder wurden klarer, deutlich umrissen standen sie vor meinem inneren Auge. Ich lernte, sie in einem stillen Wasserspiegel zu sehen, und manchmal auch in der Luft vor einer weißgestrichenen Wand.

Die gesamte Christenheit verabscheut Rituale der Magie. Ich, der ich niemals Christ gewesen bin, begriff, daß die Magie wie die Riten der Kirche, die als heilig gelten, das unablässige Summen und Nagen des Geistes beschwichtigen. Behutsam wird der Wille des Menschen in schwebenden Halbschlaf getaucht, auf daß das andere spreche und gehört werde.

Krieg ich bisher nur Arzt und Astrologe gewesen, so wurde ich nun unter der sanften, geduldigen Anleitung Mathias Delvaux, des frommen Abtes von Notre Dame d'Orval, auch noch Zauberer.

XVIII

Nach achtzehn Monaten gab mir der Abt zu verstehen, ich hätte fast ausgelernt. Alles, was er sich von mir erhofft habe, sei eingetreten. Seine heiteren, haselnußbraunen Augen strahlten vor Zufriedenheit mit seinem gelehrigen Schüler.

Ich hatte in der Tat meine Lektion gelernt. Von dem Michel de Notredame, der einst auf seinem Maultier auf der Suche nach einer guten Partie, Mäzenen von Rang und Namen und in der Hoffnung auf leicht errungenen Ruhm und schnell verdientes Geld in die Stadt Agen eingritten war, blieb nicht viel übrig.

Ich fragte mich, welchem Orden ich unwissentlich beigetreten war, in wessen Diensten ich stand. Das Netz war zu verzweigt und vielfältig, um allein durch die Bande des Blutes zusammengehalten zu werden. Auch war alles glänzend organisiert und deutete auf eine feste Struktur, Hierarchie und geistige Führung hin. Es müsse mir genügen, vom Vorhandensein des Ordens zu wissen, erklärte mir Mathias Delvaux. Es sei ausreichend, sein Wesen erfaßt und in seine Geheimnisse eingeweiht zu sein. Ich wünschte zu wissen, ob es der im Verborgenen blühende, geheime Lebensfaden dessen sei, was einstmals der Tempel war. Da lächelte er und erwiderte, der Tempel, der mächtige Soldatenstaat kriegerischer Mönche, sei vom Orden ins Leben gerufen worden. Ich wagte nicht, ihm weitere Fragen zu stellen; denn sein ansonsten so gütiges, mildes Gesicht war ernst geworden und hatte sich mir verschlossen. Ergeben senkte ich den Kopf.

Wir sprachen von der Zeit, zu der ich den sicheren Hort von Notre Dame d'Orval verlassen und wieder in die Welt hinausziehen würde.

Er gab mir zu verstehen, daß ich in die Provence zurückkehren sollte. Die mir zugedachte Rolle machte es erforderlich, daß ich mich mit der Aura des verschrobenen, hinterwäldlerischen Landarztes umgab – *El Mato*, der Narr, der nichts von der edlen, hochgeistigen Patina höfischen Lebens verstand. Ich mußte lachen. In Fragen der Dichtkunst, der Liebe, der Staatsräson war man bei Hofe vielleicht bewandert, doch verglichen mit diesem Labyrinth, diesem Spinnennetz, erschien mir das wie ein Kinderspiel.

Mathias Delvaux sagte mir, ich müsse mich in einer Stadt namens Salon inmitten der Steinwüste von Craux im Süden von Avignon niederlassen. Ich fragte ihn, wie eine so unbedeutende Stadt seinen Plänen nützlich sein könne.

»Wegen Monseigneur de Santacroce, dem Erzbischof von Arles«, entgegnete der Abbé. »Sein Schloß überragt die Stadt. Er ist einer der Unsrigen.«

»Wie viele von Euch sind hohe kirchliche Würdenträger?«

»Weit mehr, als Ihr glaubt«, erwiderte Mathias Delvaux. »Was St. Bernhard hervorbringt, gehört zu uns.«

Ich hatte noch nicht verlernt, mich zu wundern. Orval war natürlich eine Zisterzienserabtei. Nun erinnerte ich mich wieder an das winzige Zisterzienserkloster, das wie ein Adlerhorst in die Gebirgsfalten eingebettet lag. Beherrscht von einer flammengeschwärzten Madonna aus grauer Vorzeit, deren geheimnisvoller Ausdruck mich nicht mehr losließ.

Vertraut nicht zu sehr darauf, es ist noch zu jung... Papst und Gegenpapst, Christ und Antichrist, Jungfrau und Buhle, weiß und schwarz, Béauseant, das Banner des Tempels. Ein jungfräuliches, schneeweißes Kreuz, in einem onyxfarbenen Teich sich spiegelnd...

»Und was habe ich in Salon zu tun?«

»Ihr müßt Euch verheiraten, Familienvater werden – ein respektabler und frommer Mann, geachteter Bürger und Freund der Ratsherren, ein edler Spender, die Not der Armen zu lindern. Auch Kirchen und Klöstern dürft Ihr Euch nicht verweigern. Ihr sollt eine Stütze der Stadt, des Staates sowie der Kirche sein.«

Ich preßte die Lippen aufeinander. Ich wollte nicht noch einmal heiraten. In Agen hatte ich den größten Schmerz durchlitten, das Übermaß der Qualen nie vergessen. Immer noch sah ich in quälenden Träumen den leblosen Leib meiner Frau vor mir. In einer endlosen Reihe von Spiegeln entfaltete sich das Bild. Auch der schlanke, feingliedrige Leib von Andiette de la Rocque-Loubéjac, von Striemen und Narben gezeichnet, geisterte durch meine Träume.

Mathias Delvaux betrachtete mich voller Anteilnahme. »Ich weiß, wie Euch zumute ist, mein Freund. Doch werdet Ihr nicht wieder leiden müssen. Das liegt nun endgültig hinter Euch. Ihr werdet diesmal eine *mariage de convenance* mit einer ansehnlichen Witwe eingehen, einer Frau von angenehmem Wesen mit einer stattlichen Mitgift. Sie wird Euch Kinder schenken und Euch zu Gebote stehen, ohne Eure Geheimnisse aus Euch herauszupressen. Wir werden eine Frau für Euch suchen, vor der Ihr Euch nicht zu fürchten braucht.«

Es gab eine Zeit, da hätte ich mich mit aller Kraft gegen diese Bevormundung gewehrt. Nun sollten andere über mein Privatleben bestimmen dürfen. Doch ich war so in Apathie versunken, daß ich nur ergeben nickte. Wehrlos wie unter einer Glasglocke ließ ich alles mit mir geschehen.

»Sobald Ihr Euch in Salon niedergelassen habt«, erklärte Mathias Delvaux, »müßt Ihr mit Euren Annalen beginnen. Ereignisse turbulenter Zeiten und große Veränderungen sollt Ihr voraussagen. So wird Euer Ruf als Astrologe gefestigt, Ihr werdet zu Ruhm und Ehren gelangen, und Euer Name wird dank Eurer gläubigen Anhänger weit über die Provence hinaus Geltung haben. Niemand wird mit Euch wetteifern können, den Versuch nicht einmal wagen. Ihr allein versteht die Zukunft aus den Flammen zu lesen. Ihr allein kennt die geheimen Pläne Eurer Herren bei Hofe, die den König und die Regierung nach ihrem Willen lenken und sich gefügig machen. Wenn alles nach Eurem Entwurf verläuft, beginnt Eure Arbeit erst richtig. Ihr werdet – für jedermann zugänglich –

Vergangenheit und Zukunft unserer wechselhaften Geschichte darstellen. Und zwar so, daß Euch niemand versteht, doch jeder zu begreifen meint. Ein Flimmern, Flackern und Aufblitzen wie von einem Fisch, der aus dem Wasser hochschnellt – doch nichts, woran man sich halten kann; das können nur jene, die um das Geheimnis wissen, den großen Plan durchschauen müssen. Ihr werdet Buch führen für die Toten, um ihr Gedenken zu bewahren; für die Lebenden, um sie zu täuschen; und um die Ungeborenen in Kenntnis zu setzen, die den Schlüssel besitzen. So manches soll das Licht der Sonne nicht scheuen, Gestalt annehmen wie ein festumrissener Monolith – auf daß sich die Ignoranten darüber die Köpfe zerbrechen. Das meiste jedoch muß im dunkeln bleiben. Am Ende wird niemand mehr wissen, ob Ihr einen Rausch habt, verrückt oder von Gott auserwählt seid.«

»Eine schöne Rolle habt Ihr mir da zugedacht.«

»Sie müßte Euch eigentlich reizvoll erscheinen, kommt sie doch Eurem Sinn fürs Groteske entgegen. Habt Ihr nicht schon immer nach Ruhm und Reichtum gestrebt? Nach einem Namen, der in ganz Frankreich einen guten Klang hat?«

Einst traf das zu, dachte ich, einst ... Der Höfling war zu einem verkohlten Häufchen Asche zerfallen, das reinigende Fegefeuer hatte ihn verzehrt. Der neue Michel war nur noch die leere Hülle, Fleisch und Knochen dem Körper entnommen und konserviert – einer ägyptischen Mumie gleich, deren Herz, Hirn und Eingeweide säuberlich in versiegelten Kanopen einbalsamiert waren. Ich wußte, daß die dumpfe Apathie von mir abfallen würde, sobald ich Orval den Rükken kehrte. Doch konnte ich noch nicht ermessen, wie sehr ich mich in Wahrheit unwiderruflich geändert hatte.

»Und was geschieht, wie geht es weiter, wenn ich mir in ganz Frankreich einen Namen gemacht habe?«

»Mein Freund, Ihr fragt zuviel. Wir werden sehen, was die Zukunft bringt. Viele Jahre werden noch vergehen. Nach Euren und meinen Berechnungen bleiben König François nur noch vier Jahre zu leben, verseucht wie er ist. Nach seinem Tode werden andere die Macht ergreifen, in erster Linie unsere Herren François de Guise und sein Bruder Charles, der Erzbischof von Reims, der bald den Kardinalshut tragen wird. Die zweite Generation des Hauses Guise wird einen neuen Tempel Salomons auf den Fundamenten errichten, die von der ersten gelegt wurden. Damit nimmt alles seinen Anfang.«

»Wie kommt es, daß Ihr mich mit einer so großen Aufgabe betraut? Wie könnt Ihr sicher sein, daß ich nicht versagen oder mich gegen Euch wenden werde?«

Da lächelte er. »Vergeßt nicht, Maître de Notredame, daß ich Eure Seele gesehen habe, die Ihr mir blutend entgegenhieltet, während Euch Tränen über die Wangen strömten und Ihr Euch an mich klammertet wie an einen Vater. Ich habe auch Eure Macht verspürt und weiß, daß sie ganz anderen Quellen entspringt, als denen von Fantasie und Täuschung. Ihr werdet nicht versagen. Und was den Verrat angeht, so bezweifle ich nicht, daß Ihr ein großartiger Lügner seid. Doch gibt es drei Dinge, die Euch davon abhalten werden. In der Nacht des dreizehnten Oktobers werdet Ihr uns einen Treueeid leisten.«

»Ich bezweifle, daß Euch viel an Daten liegt«, sagte ich.

»Da habt Ihr recht. Doch tritt die Sonne zu diesem Zeitpunkt in das Zeichen des Skorpions ein und es wird Vollmond sein. Eine Mondfinsternis kreuzt Euer Horoskop im Hause des Todes. Da ist es an der Zeit, zu sterben und wiedergeboren zu werden.«

»Und was ist der zweite Grund, weshalb ich Euch nicht verraten werde?«

»Euer Schicksal wird Euch an uns fesseln. Ihr wißt doch so gut wie ich, daß Euch der einsame, dornige Weg von frühester Jugend an zu uns geführt hat. Auch Eure Seele hat Euch das eingegeben. Ihr glaubt, Ihr seid in Apathie versunken und Eures freien Willens beraubt. Es ist wahr, daß der Prozeß, dem Ihr Euch unterzogen habt, vorübergehend so an Euren Kräften zehrt, daß Ihr nur noch ein Schatten Eurer selbst seid. Doch das vergeht. Ihr werdet hinfort von dem geleitet werden, was Euch jetzt gefangenhält; denn es ist Euer ureigenes Wesen.«

»Und welches ist der dritte Grund?«

»Das ist die Loyalität, die Ihr dem Hause Guise gegenüber empfindet. Die Bande der Liebe sind stärker als alle anderen, Maître de Notredame. Und diese Stricke fesseln Euch stärker, als irgend etwas zuvor vermochte. So stark war nur die Liebe zu Eurem Großvater Jean de St. Rémy. Ihr werdet uns die Treue halten, und wir Euch ebenfalls. Ihr ahnt ja nicht, in welche Tiefen die Wurzeln bei Euch schon reichen. Ihr haltet das für Verwirrung und Faszination. Doch habt Ihr jeden einzelnen als das erkannt, was er ist, und fest ins Herz geschlossen. Glaubt Ihr, daß solche Liebe nach ein paar kurzen Begegnungen zu voller Größe erblüht? Die Spanne eines ganzen Lebens reicht dafür nicht aus. Die Bande der Seele sind es, die Euch mit ihnen verbinden.«

4. Teil

DER PROPHET

(1547-1566)

Glücklich ist der im Schlaf Geborene. Ihm wird
kein Leid widerfahren. Denn Du bist geläutert
und hast zu Lebzeiten manches erduldet. Dich
hat niemand besiegt, und niemand wird Dich erwecken – wie lange auch Deine Feinde in ihrem
Raubvogelnest darauf warten mögen.

Paracelsus

XIX

Zwei Jahre durchstreifte ich ziellos die Provence, pflegte die Kranken, kochte Konfitüre und Gelee, braute Liebestränke und erstellte Horoskope. In allen Städten – ganz gleich, ob groß oder klein – blieb ich nur gerade so lange, bis ich sicher sein konnte, bei den Bewohnern einen tiefen Eindruck hinterlassen zu haben. Dann zog ich weiter. Mein Ruf eilte mir voraus. Wo ich auch hinreiste, suchte ich stets Verbindung mit der *noblesse* aufzunehmen. Skrupellos schlich ich mich bei den Reichen und Mächtigen ein, lauschte, lernte, erstellte für mich Horoskope, speicherte Informationen und hüllte mich in geheimnisvolles Schweigen.

Wo ich auch hinkam, sprach man hinter vorgehaltener Hand über das qualvolle, unerbittliche Siechtum von König François. Von der Krankheit zerfressen, hauchte er langsam sein Leben aus. An ihm nagte die Enttäuschung darüber, daß seine Regierungszeit zwar glanzvoll, doch ziemlich erfolglos verlaufen war. Seines geliebten Erben beraubt, war ihm nur sein verhaßter, jüngerer Sohn geblieben. Er wußte, daß er bald sterben würde. Atemlos wartete die Nation auf den Beginn einer neuen Ära, das Auftauchen einer neuen Galaxis am Himmel. Wieder einmal hatten der König und der Kaiser Frieden geschlossen, diesmal in Crépy. Ein Name kam mir immer wieder zu Ohren. Man pries ihn als Retter, Helden, Verteidiger der Nation: Claude von Lothringen, Herzog von Guise.

Die ketzerischen Lehren Luthers und Calvins breiteten sich nicht mehr nur heimlich aus, sie traten immer häufiger zutage, nicht nur hier und da, sondern überall. Man konnte das nicht länger als belangloses Ärgernis abtun. Es half nicht, daß Prediger die Lehre von der Kanzel herab in Grund und Boden verteufelten und zwecks Abschreckung hin und wieder ein Anhänger Luthers geopfert wurde. Wie Wasser war die Lehre in das Vakuum gesickert, das die Pest hinterlassen hatte. Auch die wüste Korruption in Rom trug Schuld daran. So konnte die neue Lehre bis an die Wurzeln des Volkes vordringen. Sie hatte die feierliche Würde einer heiligen Bewegung angenommen. Ich hoffte, die Antwort in den Flammen lesen zu können, doch sah ich nichts als einen Strom von Blut.

Entsetzte Stadtväter riefen mich nach Aix, dann nach Marseille, wo die Pest erneut ausgebrochen war und mit wütender Gier Menschenleben verschlang. Oft waren meine Bemühungen von Erfolg gekrönt, was mir beträchtlichen Ruhm und eine Menge Gold einbrachte. Zwar ging ich so sparsam damit um wie ein guter Koch mit einem seltenen Gewürz, doch wenn mir der Ort geeignet erschien, führte ich vor, was ich in Orval gelernt hatte. Ich setzte so manchen verwirrten Edelmann in Erstaunen, indem ich meine geheime Macht ausspielte und das eine oder andere Familiendrama prognostizierte. Die Nachricht davon verbreitete sich in Windeseile. Wohin ich mich begab, überall galt ich nicht nur als ein guter Arzt, sondern auch als Prophet.

Ich reiste nach Chambéry, um das Leichentuch unseres Herrn Jesus zu sehen, das die Tempelritter vor dreihundertfünfzig Jahren aus Konstantinopel mitgebracht hatten. Lange fixierte ich das starre, uralte Stück Leinen – vergilbt und mit Brandflecken übersät. Es trug den Abdruck verzerrter Glieder, verletzter Hände, und das Antlitz eines Mannes mit der ruhevollen Miene des Toten zeichnete sich ab. Ich hatte keine Visionen, kein Vorgefühl. Es war nur ein Stück Stoff. Doch das Gesicht erschien mir noch wochenlang im Traum.

Man sagte mir, ich müsse mich ganz in meine neue Rolle eingelebt haben, bis König François sterben würde. Nach meiner Berechnung also in zwei Jahren. Trotzdem schob ich die Reise nach Salon auf. Ich zog ruhelos hin und her – von der Grenze Savoyens zur Grenze Navarras, als sei ich auf der Flucht. Ich erhielt weder Nachricht noch Anweisungen. In einsamen, nächtlichen Stunden fragte ich mich zuweilen, ob ich nicht alles nur geträumt hätte. Doch immer, wenn ich beschlossen hatte, aus meinem Gedächtnis zu streichen, was ich nicht wieder verlernen konnte, erinnerten mich andere daran, ohne es zu wissen.

Ich besuchte meinen Freund Nicolas de Vicheray in Bordeaux. Seit meiner Flucht aus Agen mit Blanche und den Kindern aus Furcht vor der Inquisition hatte ich ihn nicht mehr gesehen. Mit gerunzelten Brauen sah er mich lange nachdenklich an.

»Irgend etwas ist mit Euch geschehen, Michel«, sagte er sinnend. »Nein, ich spreche nicht von dem Unglück, das Euch betroffen hat und von dem wir mit dem größten Bedauern erfahren haben. Das hat natürlich auch seine Spuren hinterlassen. Doch Eure Augen erkenne ich kaum wieder. Dieser abwesende Blick, als kämt Ihr aus weiter Ferne und säht durch die Dinge hindurch. Und diese seltsame Bitterkeit. Würde ich Euch nicht so gut kennen, bekäme ich Angst vor Euch. Vielleicht solltet Ihr Euch wieder irgendwo häuslich niederlassen. Ihr habt so lange ohne Frau gelebt.«

Ich nickte zustimmend und murmelte vor mich hin, ich sei wohl durch die Jahre einsamen Umherziehens etwas wunderlich geworden – ein Entwurzelter.

Auch Monseigneur Ammamien de Foix suchte ich auf. Seit fast zwanzig Jahren war ich nicht mehr in Carcassonne gewesen. Der Bischof war jetzt ein alter Mann, fettleibig und grau. Doch der Blick aus seinen schönen, dunklen Augen war unverändert scharf und leicht belustigt. Er erbot sich, Bézu noch einmal mit mir zu besuchen mit der Begründung, ich sähe jetzt möglicherweise alles mit anderen Augen. Ich lehnte ab. Es genügte, daß ich jetzt einer von ihnen war. Den Geistern der Toten im Tempel wollte ich nicht begegnen, da mein Dasein nun unlösbar mit den Lebenden verbunden war.

Ich begab mich nach Tarascon und fand mich bei Claude von Savoyen, dem Grafen von Tende sowie Gouverneur und Seneschall der Provence, ein. Auch er war ein Faden im Netzwerk, ein beleibter, rotgesichtiger, jovialer Mann, der gern einem guten Tropfen zusprach. Seine Geselligkeit und sein Sinn für Humor schienen die strenge Zucht Lügen zu strafen, mit der er sein Leben verwaltete. Er lud mich in seine Residenz, damit wir gemeinsam sein Horoskop in Augenschein nehmen konnten. Den Spuren meines Großvaters folgend, gelangte ich endlich in das große Schloß von König René d'Anjou, das sich hoch über der rasch dahinströmenden Rhône erhob. Im Schatten der gewundenen Treppenhäuser, inmitten von Türmen und Zinnen, huschten noch immer die Geister vom Orden des Halbmonds umher, König Renés Äquivalent zum Hosenbandorden und zum Goldenen Vlies. Während ich hier beim Grafen von Tende weilte, erhielt ich zum erstenmal Nachricht von Claude de Guise.

Schon zwölf Monate nach seiner Unterzeichnung war der Vertrag von Crépy nur noch ein Stück Pergament. König François hatte die Demütigung in Pavia niemals verwunden. Auch an der Schwelle des Todes galt seine ganze Sehnsucht einem glorreichen Sieg, mit dem er sich in den Augen der Nachwelt zu rechtfertigen gedachte. Daher belagerte die französische Armee Boulogne, das die Engländer ein Jahr zuvor eingenommen hatten.

Und während der Belagerung von Boulogne, so schrieb mir Claude de Guise, sei sein Sohn François, Graf von Aumale, schwer verwundet worden. Er schwebe zwischen Leben und Tod. Nach Ansicht der Ärzte habe er kaum eine Chance. Bliebe er wie durch ein Wunder durch göttliche Gnade doch am Leben, so stehe zu befürchten, daß er sein Augenlicht einbüßen müsse. Wie dem geisterhaften Ahnen meiner Träume, dem weißgewandeten Zauberkönig, an dem Rom Verrat übte, so war auch François de Guise eine Lanzenspitze oberhalb der linken Augenbraue in den Kopf gedrungen. Sie hatte seine Nase und seine rechte Wange durchstoßen und war unterhalb des Ohrs aus dem Hals herausgetreten.

Ich wurde in das alte, festungsartige Schloß von Gisor gerufen, der alten Hauptstadt von Vexin nordwestlich von Paris. Zu Pferde würde ich drei Wochen unterwegs sein. Wenn der Graf von Aumale so lange am Leben blieb, würde man ihn mir in einer Sänfte entgegentragen. Starb er jedoch, so mußten wir eiligst neue Pläne schmieden.

Claude von Savoyen lieh mir ein Pferd. Mein Verstand sagte mir, daß der junge Graf überleben würde. Sein Horoskop sprach ja von dieser Verwundung. Doch als ich wie ein Wahnsinniger über die weiten Ebenen von Guyenne galoppierte und nur haltmachte, um ein Stündchen zu schlafen oder ein Stück Brot und Käse zu mir zu nehmen, erkannte ich, daß Mathias Delvaux die Wahrheit gesprochen hatte. Ich hatte nicht geahnt, wie tief die Wurzeln dieser Bande reichten. Ich war bis in die Grundfesten erschüttert, war völlig umgarnt. Bei dem Gedanken, daß François de Guise sterben könnte, war mir, als habe man mir eine Lanze ins Herz gestoßen.

Durch ein Labyrinth von naßkalten, modrigen, unterirdischen Gängen, in denen es säuerlich roch, wurde ich in die Festung gebracht. An leeren Gefängniszellen vorbei, die längst verstorbene Ritter in ihrer Verzweiflung beschriftet hatten, ging mir mein Führer schweigend voraus.

O Mater Dei, memento mei.

Die Finsternis war furchterregend. Ständig hörte ich Wasser von feuchten Wänden tropfen und vernahm gedämpfte Schritte auf harter Erde.

François de Guise bot einen jammervollen Anblick. Er klammerte sich zäh ans Leben, von einem unbändigen Lebenswillen beherrscht, den ihm die Überzeugung eingab, seine Mission erfüllen zu müssen. Daß er noch am Leben war, verdankte er seinen ans Wunderbare grenzenden Körperkräften, die in seinen jungen Jahren eine Gesundung möglich erscheinen ließen. Erschrocken stellte ich mir die Frage, ob hier nicht übernatürliche Kräfte im Spiel waren, die sein Geschlecht vor anderen auszeichneten. Der König hatte seinen Leibarzt Ambroise Paré geschickt, der sich darangemacht hatte, die tief im Fleisch sitzende Lanzenspitze mit einer riesigen Hufschmiedezange herauszuziehen. Er hatte dem jungen Prinzen seinen Fuß aufs Gesicht gestellt und den abgebrochenen Stumpf durch Knochen, Muskeln, Nerven und Adern wieder ans Tageslicht befördert. Jetzt lag der Graf von Aumale im verdunkelten Zimmer im verhangenen Bett darnieder, vom Fieber und Blutverlust geschwächt. Sein Gesicht war immer noch eine klaffende Wunde, ein fast unerträglicher Anblick, obwohl seit seiner Verwundung schon mehrere Wochen vergangen waren. Ein Auge war fest geschlossen, erschien wie eine häßliche, faltige Narbe, das andere war halb zu, weil die Einstichstelle dicht daneben lag. Seine Nase war gebrochen, seine Wange dick angeschwollen. Auf seinem schneeweißen Hals klebte dick verkrustet geronnenes Blut – einer schwarzen Blume gleich. Darunter gähnte eine tiefe Wunde.

Nichts störte die Stille in dem Gemach als das Knistern der Flammen, das Fauchen und Blaken der Fackeln. Claude de Guise hatte sich fast über Nacht in einen alten Mann verwandelt. Er blickte mich starr aus seinen Katzenaugen an. Sein Gesicht war von Kummer und Sorge gezeichnet.

»Ihr habt prophezeit, daß er im Kampfgetümmel verwundet werden würde«, murmelte er. »Ihr habt auch gesagt, er würde am Leben bleiben. Nur darum habe ich zugelassen, daß Paré die Lanzenspitze herauszog. Ich möchte Euch danken.«

»Mir braucht Ihr nicht zu danken, Herr. Seine Genesung war ihm vom Schicksal bestimmt. Ich ahnte nicht, daß er so furchtbar zugerichtet werden würde.«

Mit leerem Blick ging der Herzog auf und ab, ein gebrochener Mann. Kein Laut drang vom Bett her zu uns, um das die Vorhänge zugezogen waren.

»Alle Ärzte, die ihn bisher untersucht haben, sind unterschiedlicher Ansicht. Nur von Euch werde ich die Wahrheit erfahren. Wird er auf einem Auge erblinden?«

Ich untersuchte die Wunde. François de Guise schrie nicht auf, wie es bei einer solchen Verletzung zu erwarten gewesen wäre. Heiser knirschte er zwischen zusammengebissenen Zähnen hervor, ich solle mich gefälligst beeilen. Als ich die Untersuchung abgeschlossen hatte, nahm ich mir sein Horoskop noch einmal vor.

»Er wird sein Augenlicht wiedererlangen. Eine Narbe wird bleiben, mehr nicht.«

Ein kleiner Seufzer der Erleichterung, nicht lauter als das Sprühen der Funken, entglitt den Lippen des Grafen von Aumale. Mühsam drehte er sich auf die Seite, wandte mir den Rücken zu. Dabei glitt ihm die Pelzdecke von den bloßen

Schultern. Ich erblickte ein seltsames Mal zwischen den Schulterblättern, das sich scharf von der kränklichen Blässe der einst olivfarbenen Haut abhob. Ein blutrotes Muttermal in Form eines kleinen Kreuzes.

Noch nie hatte ich dergleichen gesehen. Ich konnte mich nicht abwenden. Da spürte ich den kühlen Blick des Herzogs.

»Damit werden wir geboren«, sagte Claude de Guise ganz ruhig. »Das ist das Zeichen.«

Drei Tage weilte ich unter den Geistern des Tempels von Gisor. Obwohl die Heilung gute Fortschritte machte und er meiner Pflege nicht mehr bedurfte, sorgte ich voller Hingabe für den jungen Grafen. Ich machte Breiumschläge, wie es mich mein Großvater gelehrt hatte, Breiumschläge, mit deren Hilfe Fleischwunden heilten, die den Brand verhinderten und für eine glatte Narbe sorgten. François de Guise war ruhelos und gereizt. Er ertrug es kaum mehr, ans Bett gefesselt zu sein, sich verhätscheln zu lassen und heiße Milch mit Wein trinken zu müssen. Nur die Musik eines blinden Lautenspielers, den sein Vater aus Joinville hatte kommen lassen, vermochte ihn zu beruhigen. Doch klagte er nie und gab mit keinem Laut zu verstehen, daß er immer noch schreckliche Schmerzen litt. Er konnte kaum den Mund öffnen, um die Bouillon zu trinken, die wir ihm brachten, weil sich dadurch die noch nicht verheilten Fleischwunden unter der Haut verzogen und wieder aufzureißen drohten. Dort, wo die Lanze seine Nase durchstoßen und sich in die Wange gebohrt hatte, mußten die Schmerzen fast unerträglich sein. Doch neben dem seltsamen Muttermal hatte er wohl auch die eiserne Selbstbeherrschung von seinem Vater geerbt.

Ich sagte ihm, daß Männer unseres Blutes Gefallen daran finden sollten, trotz des hinfälligen Körpers zu Ruhm und Ehren zu gelangen.

Sich selbst zum Trost erzählte er mir manchmal flüsternd seine Träume. Auch als er die größten Schmerzen litt, sah er sich immer als König.

»Ich werde den Tempel wieder errichten«, murmelte er mit geschwollenen Lippen. »Ich werde den Orden wieder zum

Leben erwecken. Könnt Ihr Euch einen König Frankreichs vorstellen, umgeben von einer Leibwache weißgewandeter Ritter mit dem *croix pattée* – einem König, dem Rom wie einst den Treueeid schwören wird?«

Wenn er so sprach, schien es, als drängten sich die Geister der Festung von Gisor ganz dicht um uns, um zu lauschen, um sein Versprechen begierig zu trinken und flüsternd inmitten der blakenden Fackeln und zischenden Flammen von dannen zu schweben.

An dem Tage, an dem ich Gisor zu verlassen gedachte, erschien Charles de Guise, Erzbischof von Reims, mit seinem Gefolge. Er kam vom Hofe von Fontainebleau. Frisch, kühl und heiter wie eine Blume an einem Frühlingstag eilte er herbei. Er schien völlig unbesorgt, verzog nur ein wenig das Gesicht, als er die Maske des Grauens erblickte, die an die Stelle der einstigen Schönheit seines Bruders getreten war.

»Man sagt, die Damen fänden Wunden ungeheuer reizvoll, die man sich im Kampfe zugezogen hat«, sagte er leichthin mit seiner wohlklingenden Stimme. »Man glaubt nicht, was manche Männer auf sich nehmen, um die Aufmerksamkeit der Frauen auf sich zu lenken.«

Der Anflug eines schmerzhaften Lächelns huschte über das Gesicht des Älteren. Der Erzbischof wandte sich von ihm ab und verneigte sich höflich vor mir.

»Welche Freude, Euch wiederzusehen, Maître de Notredame. Ihr habt ja prophezeit, daß er am Leben bleiben würde – und siehe! – sogleich macht er auf der Schwelle von Plutos Reich kehrt. Er hatte größeres Glück als König Dagobert. Doch hättet Ihr uns warnen sollen. Ihr habt nichts darüber verlauten lassen, in welcher Form mein Bruder wiederauferstehen würde. Ich hoffe nur, sie wird der Schönheit keinen Abbruch tun, ihn auf die Dauer doch nicht gar zu sehr verändern.«

Er setzte sich auf das Bett, nachdem er den Vorhang beiseitegeschoben hatte und breitete seine Robe um sich. Dann berührte er die schreckliche Wunde ganz sachte mit seinen schlanken Fingern.

»Kriegsnarben können sehr nützlich sein«, sagte er. »Sie

halten in den Menschen stets die Erinnerung daran lebendig, daß man sein Blut vergossen hat, um sie zu verteidigen. Wir werden dich *le Balafré* nennen. Dieser Name wird sich sehr gut machen, wenn du erst einmal auf dem Thron sitzt.«

Ein weiteres Jahr durchstreifte ich Städte und Dörfer der Provence. An einem kalten, kristallklaren Januartag, als die Sonne eiskalt vom Himmel schien, ritt ich endlich nach Salon-en-Craux südlich von Avignon.

Ich begab mich in den Schutz von Monseigneur de Santacroce und wohnte hinfort in dem großen Sandsteinschloß der Erzbischöfe von Arles, das reichverziert und übermächtig von einem steilen Fels aus die Stadt überragte. Von dort unterhielt und pflegte ich geruhsam die Bürger der Stadt und fühlte mich wie ein Gärtner. Ich hatte es nicht eilig, die schützenden Mauern des Palastes wieder aufzugeben. Ich wußte, was von mir erwartet wurde. Es gefiel mir nicht. Doch lebte ich sehr behaglich in den reich ausgestatteten Gemächern, die mir Monseigneur de Santacroce zugewiesen hatte. Ich gab Mittel und Salben an die Patienten aus und machte häufig Ausflüge ins kahle Land, um Winterkräuter zu sammeln und die letzten Tage des Alleinseins zu genießen.

Eines Tages schien die Sonne wie ein strahlend weißes Auge vom Himmel. Der Frühling hatte Einzug gehalten. Alles keimte und sproß. Krokusse blühten, Kirschblüten leuchteten – weiche Teppiche aus Blumen, Blütenbaldachine, safrangelb, purpurn und rosenrot. An diesem Tage erfuhren wir, daß König François, der *roi chevalier*, die Sonnenblume, der *vieux galant*, in einem Schloß zu Rambouillet gestorben war.

Monseigneur de Santacroce berichtete mir, was sich am Totenbett des Königs abgespielt hatte. Der König und sein Sohn hatten einander mit unüberwindlichem Haß verfolgt. Als das Ende nahte, waren sie sich jedoch angesichts der weit geöffneten Pforten des Himmels und der Hölle in die Arme gesunken, während der Hofstaat, der sie umringte, schluchzte und betete. Auch sie hatten beide geweint. Der sterbende König hatte den Dauphin angefleht, seine alten Minister beizubehalten und Anne de Montmorency, dem Konnetabel Frankreichs, alle Machtbefugnisse zu entziehen.

Anne de Montmorency war schon vor Jahren in Ungnade gefallen und aller Ämter enthoben worden. Der König hatte seinen Sohn noch beschworen, sich seiner Mätresse, Madame d'Estampes, gegenüber freundlich und verständnisvoll zu erweisen. Und als sich die Schatten schon auf ihn senkten, um ihn zu holen, beschwor er Prinz Henri noch flüsternd, vor dem Hause Guise auf der Hut zu sein. Keuchend versicherte er seinem Sohn, die Usurpatoren würden ihn und seine Kinder bis aufs Wams entblößen, das Volk seiner Rechte sogar bis aufs Hemd enkleiden.

Der Sinn dessen, was der sterbende König seinem Sohn anvertraut hatte, mußte diesem entgangen sein. Es zeigte sich bald, welche Sterne von nun an am Himmel des Hofes leuchten sollten. König Henri II. herrschte jetzt über Frankreich; doch Diane de Poitiers, Herzogin von Valentinois und zwanzig Jahre älter als er, beherrschte ihn. Der Konnetabel von Montmorency, verbissen, humorlos, aber ein loyaler, alter Krieger, dessen Ambitionen der alte König während seiner Regierungszeit erbarmungslos unterdrückt hatte, war bald wieder in Amt und Würden und hatte die Zügel in der Hand.

In Salon ging das Gerücht, der König werde von einer alten Amme verhätschelt und von einem altersschwachen Wachhund beschützt. Doch es zeigte sich bald, daß ein Triumvirat die neue Regierungszeit bestimmen würde. Wie der Stern über Bethlehem, so war im Osten über Lothringen ein neues Doppelgestirn strahlend hell aufgegangen. Am dritten Punkt des Dreiecks stand François de Guise, *le Balafré*, der Mann, um den sich alles drehte. Er war achtundzwanzig Jahre alt, inzwischen Herzog von Aumale und Gouverneur des Dauphiné und Savoyens. Hand in Hand mit ihm, in allen Dingen mit ihm einig, stand ihm sein liebenswürdiger, eleganter Bruder Charles zur Seite, der Herzog und Erzbischof von Reims und Herzog von Chevreuse. Erst dreiundzwanzig Jahre alt, herrschte er schon über die gesamte Hofhaltung, war Kanzler des St. Michael Ordens und Chorleiter der Chapelle Royale. Nun war er nach Rom gesandt worden, um seinen Kardinalshut zu empfangen.

Wie versprochen, besorgten sie mir eine Gemahlin.

Ihr Name war Anne Ponsart Gemelle. Sie war eine reiche Witwe, klug und verständnisvoll, sehr belesen und hochgebildet. Sie besaß viel Mutterwitz und nahm das Leben von der heiteren Seite, was aber nicht bedeutete, daß sie weltfremd war. Sie stand mit beiden Beinen fest im Leben. Ihre Ausgeglichenheit bestach mich. Klug war sie, doch nicht aufdringlich, zu vielem befähigt, doch niemals auftrumpfend. Ihr ganzes Wesen gefiel mir, ihre Art beeindruckte mich. Unter der einfachen Witwenhaube quoll dunkles, weiches Haar hervor. Ihr feingeschnittenes Gesicht wirkte rein und klar wie das eines Knaben. Sie hatte leuchtend braune Augen und feste Lippen. Ich wußte, daß ich von ihr nichts zu befürchten hatte.

Wir heirateten im November und richteten uns in dem kleinen, aber eleganten Haus ein, das ich in einer Sackgasse nahe der Place de la Poissonnerie – von den zinnenbewehrten Türmen des erzbischöflichen Palais überschattet – erworben hatte. In unserer Hochzeitsnacht umflatterten mich keine Geister, quälte mich nie der Gedanke an andere Lippen, andere Augen. Aus den Tiefen meiner Seele stiegen keine tosenden, dunklen Sehnsüchte auf, um mein Blut zu entflammen und mir die Kehle zuzuschnüren. Ich war gerettet.

Im Dachgeschoß des Hauses hatte ich mir ein kleines Observatorium eingerichtet. In der Einsamkeit der Nacht nahm ich endlich meine Arbeit auf. Ich konnte meinen Dämon zwar nicht unterdrücken, ihn jedoch nach Belieben herbeirufen. Ich versetzte mich in Trance, bis er mir erschien, mich mit eisernen Klauen umklammerte und mich betäubt und ausgeblutet wieder aus seinem Würgegriff entließ. Oft waren die Visionen, die vor mir aufstiegen, chaotisch. Manchmal erschreckten sie mich, dann schloß ich mich tagelang im Studierzimmer ein – unfähig, irgend etwas zu tun. Zuweilen versank ich auch in tiefe Trauer, wenn sich mir Erschütterndes zeigte. Es kam auch vor, daß ich mich schier ausschütten wollte vor Lachen wie ein gespenstischer Irrer. Mein Werk wuchs wie ein seltsamer leuchtender Schwamm oder Pilz im Dunkeln, wucherte und gedieh fast völlig eigenständig.

Das Getriebe, das jene, denen ich diente, in Gang gesetzt hatten, begann sozusagen Früchte zu tragen. Im ersten Jahr seiner Regentschaft hatte der neue König vor allem Feste gefeiert, Jagdgesellschaften gegeben und in den Armen seiner soviel älteren Mätresse gelegen. Die ganze Zeit über hatte Charles de Guise, sein Leiter der Chapelle Royale und Berater in geistlichen Fragen, sanften Druck auf ihn ausgeübt. Dem erlag er schließlich, indem er die gleiche, fatale Vorliebe und Voreingenommenheit wie sein Vater zeigte, wenn es um Italien ging.

Ich erhielt eine Reihe von Briefen von Charles, inzwischen Kardinal de Guise geworden, der glücklich war, sich in die verschlungenen, schwärenden Maschen der Italienpolitik in Rom hineinziehen zu lassen und wahrscheinlich sogar dessen Drahtzieher war. Befehlsgewohnt, doch äußerst liebenswürdig, verlangte er von mir Ratschläge und Prognosen sowie auch Einblick in die Horoskope derer, mit denen er zu tun hatte, vom Papst persönlich angefangen bis hinunter zum Lakaien. Und die ganze Zeit über fischte er mit seinem unübertrefflichen, diplomatischen Geschick bei dem Papst nach der Krone Neapels – einst Erbe der Herzöge von Lothringen. Dieser Status sollte jetzt dank seines rührigen Bruders wiederhergestellt werden. Wenn Charles de Guise die Reise nach Rom auch unternommen hatte, um den roten Kardinalshut aus den zittrigen, arthritischen Händen des Heiligen Vaters entgegenzunehmen, so war er doch vor allem in geheimer Mission unterwegs. Seit langem schon hatte er sorgsam die Netze ausgelegt, in denen sich Frankreich verfangen sollte. Und schon war das Land erneut in einen Krieg mit Italien verstrickt.

Von Charles' de Guise geschickten Machenschaften verführt, erhoben sich Parma und Piacenza und revoltierten gegen Habsburg. Die kaiserlichen Truppen überfluteten Mailand, angeführt von Ferrante de Gonzaga aus Mantua, Graf von Guastalla und Generalleutnant der kaierlichen Krone in Italien. Der Papst befürchtete, die Ewige Stadt könne wieder unterworfen werden und wandte sich hilfesuchend an den Kardinal von Guise, um die Franzosen auf seine Seite zu bringen. Charles de Guise verhandelte mit Rom, insgeheim jedoch auch mit dem Grafen von Guastalla. Er lächelte liebenswürdig und sicherte dem Heiligen Vater volle Unterstützung durch das Heer des Königs von Frankreich zu. Als bescheidenes Entgelt forderte er freundlich Neapel.

Fast wäre sein Schachzug geglückt. Doch König Henri geriet im letzten Augenblick in Panik und hielt sein Versprechen nicht ein, dem Papst zu Hilfe zu eilen. Ferrante de Gonzaga vereinnahmte Parma und Piacenza. Es kam nicht zum Krieg, und der Kardinal de Guise kehrte mutlos und unverrichteter Dinge nach Frankreich zurück.

Doch er war in Italien auch sonst nicht untätig gewesen. Ein großartiges Mitbringsel zeugte davon: er gedachte seinen Bruder François mit Anna Atestina d'Este zu verheiraten, der Tochter des Herzogs von Ferrara und Enkelin König Ludwigs XII. von Frankreich. Im Krieg mit Italien hätte François seine Kunst der Kriegführung unter Beweis stellen und die Krone an sich bringen können. Statt dessen gewann er durch diese Ehe in Italien einen mächtigen Verbündeten, eine riesige Mitgift und eine Prinzessin von königlichem Geblüt aus dem Hause Valois. Zieh mit dem Springer einen Schritt näher zum König, pfropfe hier einen Zweig auf und da einen, überflute das aussterbende Haus Valois mit frischem, lothringischem Blut...

Drei Jahre, nachdem ich mich in Salon niedergelassen hatte, stellte ich mein erstes Jahrbuch fertig. Die meisten Prognosen, Monat um Monat aufgezeichnet, waren rein astrologischen Ursprungs. Einige rührten auch von meinen Visionen her. Andere wiederum ergaben sich aus den mir bekannten Plänen und Machenschaften meiner Herren bei Hofe. Obgleich mir Mathias Delvaux prophezeit hatte, daß meine Arbeit von großem Erfolg gekrönt sein würde, setzte mich das Ausmaß der Begeisterung, die sie hervorrief, doch in Erstaunen. Der neue Prophet wurde freudig begrüßt und sogleich in die Reihen der *illuminati* aufgenommen. Es hieß, vor mir habe kein Astrologe ein so gespenstisch zielsicheres Urteilsvermögen besessen. Mein Ruf beim Adel und den vornehmen Leuten in Salon und Umgebung blühte wie ein Garten im Frühling. Ich sonnte mich in diesem Glanz, mußte dafür jedoch einen hohen Preis bezahlen. Die ärmeren Bewohner der Stadt mißtrauten mir immer mehr.

Ich sah, wie sie zusammenzuckten, wenn sie meiner auf der Straße ansichtig wurden, sah, wie sie hinter vorgehaltener Hand furchtsam miteinander tuschelten und sich bekreuzigten. Die mir wohlvertrauten Vorwürfe der Ketzerei und Hexerei wurden wieder laut, umschwebten mich aber zunächst nur wie dünne Rauchwolken. Die Bevölkerung war in aufwieglerischer Stimmung; denn überall sprossen Hugenottenvereinigungen aus der Erde. Ein Großteil des Adels schloß sich ihnen an. Diesen Vorwand machte sich das Volk in Scharen zunutze, um unter dem Banner religiösen Fanatismus offen ihren Groll gegen die gesellschaftlich Höherstehenden Luft zu machen. Sie rotteten sich zusammen, es kam zu Unruhen und Ausschreitungen. Regelmäßig plünderten sie die Häuser der Reichen.

In dem Maße, in dem mein Vermögen zunahm, wuchs auch meine Besorgnis. Ich scheute den Verkehr mit den gewöhnlichen Leuten. Ich gedachte meine Ängste durch den vertrauten Blick aus dem Fenster meines Studierstübchens unter dem Dach zu beschwichtigen und auf das wehrhafte, erzbischöfliche Palais hoch auf dem steilen Felsen zu sehen. Auch der Gedanke an das Schloß in Tarascon tröstete mich, im dem mein Freund Claude von Savoyen, Statthalter der Provence, residierte. Und ich fuhr mit meiner Arbeit fort.

Noch ein Ereignis von unermeßlicher Tragweite spielte sich bei Hofe ab. Charles de Guise erwies sich neben all seinen anderen frappierenden Talenten auch noch als großartiger Ehestifter. Die kleine Maria Stuart, seine sechsjährige Nichte und Königin Schottlands wurde aus ihrem stürmischen, von Kriegen zerrissenen Reich an den Hof Frankreichs geholt. Hier wurde sie mit dem erstgeborenen Sohn des Königs, dem Dauphin François verlobt – zum Entsetzen des Konnetabels von Montmorency, der sich zunehmend in die Rolle des unversöhnlichen Feindes meiner Herren hineinsteigerte. Diese Ehe machte aus den fremden Prinzen, den schönen, klugen Onkeln der Braut, so *heureux und ga-*

lants, unversehens Mitglieder der königlichen Familie. Wie ungeborene Kinder im tiefen Schweigen des Mutterleibs, so rührten sich meine Visionen. Die Figuren für die erste Partie waren aufgestellt. Das Spiel konnte beginnen.

Im Frühling des Jahres unseres Herrn 1550 träumte ich einen kurzen, aber überdeutlichen Traum. Er rief mir sanft, doch mit unerbittlicher Eindringlichkeit ins Gedächtnis, daß jene, die dem Orden dienten und insgeheim die Fäden der Regierung in Händen hielten, keine Götter, sondern nur Menschen waren.

Wie durch einen dunklen Nebel zog langsam und schleppend ein Trauerzug an mir vorbei. Feierlich wand er sich eine verlassene, staubige Straße entlang auf eine ausgedehnte, mit Porphyr und Jaspis geschmückte Marmorgruft zu. Der weit offene, finstere Schlund, der hinunterführte, war gekrönt von dem doppelarmigen Kreuz der Lothringer. Die unübersehbare Trauergemeinde, in schwarze Kapuzenmäntel gehüllt, krochen wie Käfer die Straße entlang. Sie trugen auf ihren Schultern zwei Totenbahren, zwei einsame Bahren, die eine beredte Sprache sprachen und mit schwarzsamtenen und goldfarbenen Leichentüchern verhüllt waren. Das Klagen und Jammern der Frauen übertönte geisterhaft bleiernes Glockengeläut, die dumpfen Klänge der Pauken, erhob sich über den Gesang der Mönche, der nicht von dieser Erde herrührte. Weiße Kerzen flackerten, die Flammen tanzten wie wild und wurden schließlich von der Dunkelheit verschluckt.

Am nächsten Morgen sandte ich einen Boten auf schnellstem Wege zu Claude. Doch war dies eine nutzlose Geste, ein wahrer Mummenschanz. Ich hatte das Horoskop ja gründlich studiert und wieder erkannt, was wir beide schon acht Jahre zuvor hatten feststellen müssen. Dieser grimmige Krieger hatte von Anbeginn an gewußt, welche Zeitspanne ihm bemessen war.

Mein Bote mußte *en route* auf den von François entsandten gestoßen sein. Dieser berichtete mir, daß Claude de Guise am dreißigsten April in Joinville gestorben war. In seinen letzten Stunden soll er zu der Überzeugung gelangt sein, man habe ihn vergiftet. Nur die ihm angeborene Würde verbot es ihm, Anklage gegen den vermeintlichen Täter zu erheben. Man wußte, daß er den König gedrängt hatte, zu den Waffen zu greifen und gegen die streitenden Genueser vorzugehen, in Italien einzumarschieren. Jemand hatte es für nötig gehalten, diesen Plan zu vereiteln, bevor er Früchte trug – wie auch die Absichten des jungen Kardinals bei einem ähnlichen Schachzug vereitelt worden waren. Und eine mit einem schwarzen Leichentuch verhängte Totenbahre war im Rachen der Gruft verschwunden.

Einen Monat darauf erhielt ich noch einen Brief. Wieder hatte sich eine Tragödie abgespielt. Der alte Papst war gestorben. Der Petersthron stand leer und lockte mit Engelszungen. Charles de Guise war wieder nach Rom gereist, diesmal mit seinem Onkel Jean, dem Kardinal von Lothringen, König Heinrichs Anwärter auf die päpstliche Tiara. Unsummen Geldes wurden fruchtlos in die Bestechung der Kardinäle investiert, die das Gold gerne nahmen und trotzdem einen italienischen Pontifex wählten. Wutschnaubend kehrten die beiden nach Frankreich zurück. In Lyon erhielten sie die Nachricht vom Tode Claudes. Kardinal Jean von Lothringen, der goldene Sybarit mit den kornblumenblauen Augen, dinierte gerade bei einem Freund, als der Kurier eintraf. Und obgleich er es geahnt hatte und schon seit langem gewarnt war, griff es dem stählernen Sprachrohr des Ordens ans Herz. Der Kummer übermannte ihn so, daß er einem Schlaganfall erlag und sein Kopf auf die reichgedeckte Tafel sank.

So verschwand die erste Generation des Hauses Guise schon nach den kritischen Eröffnungszügen des großen Spiels wieder im Dunkel, und die nächste rückte nach. Und selbst deren Tod war von dem unfehlbaren, untrüglichen Zeitplan bestimmt, den diese beiden außergewöhnlichen Brüder zeitlebens in ihrem Charisma in sich getragen hatten. Der Giftmischer hatte sich selbst nur geschadet. François war als Herzog von Guise an die Stelle seines Vaters getreten. Und der Titel des Kardinals von Lothringen ging zusammen mit dem ungeheuren Vermögen, das sich angesammelt hatte, und den Pfründen Jeans, in die weißen Hände seines klugen, doch geheimnisvollen Neffen über.

Da wurde mir erstmalig klar, wie wenig die Persönlichkeit des einzelnen bei diesem vielarmigen, vieläugigen, großen Plan galt. Claude de Guise war als Mensch zur völligen Bedeutungslosigkeit herabgesunken. Er war nichts als ein toter Edelmann, dessen einbalsamierter Leib der feierlichen Bestattung in der Familiengruft harrte. Als Gefäß für das heilige Blut war Claude de Guise nur von Bedeutung, solange sein Lebensfaden noch nicht abgeschnitten war und er das große Werk hatte fortsetzen können. Und Jean von Lothringen, der mich im Geiste so viele Jahre hindurch auf so vielen Reisen begleitet hatte, was bedeutete er jetzt noch? Was wurde aus dem Menschen, wenn die Mission beendet war?

Ihre Gesichter – das asketisch strenge, vernarbte Antlitz, das sich ganz plötzlich zu einem strahlenden Lächeln öffnen konnte, und das schöne charmante Gesicht mit den kornblumenblauen Augen, dem die Ausschweifung und Leichtlebigkeit wie ein Duft entströmte – sie beide nahmen im Halbdunkel meines von Kerzen erleuchteten Studierzimmers Gestalt an, bis die Flammen sie verzehrten. Ein großer Kummer nagte tief in meinem Innern an meinen Eingeweiden, wenngleich die Unpersönlichkeit und Unwiderruflichkeit des Geschehens dies absurd erscheinen ließ.

Im darauffolgenden Jahr schrieb ich wieder einen Kalender, bei dem mir noch größerer Erfolg beschieden war, als bei dem ersten. Ich begann auch an meinem *Traicte de Fardemens* zu arbeiten, einem kleinen Büchlein über die Zubereitung von Kosmetika, das auch Rezepte für Konfitüren enthielt. Ein Jahr später beendete ich diese Abhandlung und begann mit dem dritten Almanach. In jenem Jahr gelang es Charles de Guise, der jetzt Kardinal von Lothringen war, dem stumpfen, wenig empfindsamen König beizukommen. Wieder brach ein wilder Krieg zwischen dem Hause Valois und dem Hause Habsburg aus und trieb erstaunliche Blüten.

König Henri bemächtigte sich der drei Bistümer Metz, Toul und Verdun im Herzogtum Lothringen. Auf Betreiben ihres Herzogs öffneten die Bewohner der Städte ihre Stadttore weit wie willige Frauen. Gereizt und in seinem Stolz tief getroffen, belagerte der Kaiser mit einem riesigen Heer die Stadt Metz, die alte Hauptstadt der Merowinger-Könige.

Überall war man der Ansicht, daß die Stadt in wenigen Tagen fallen würde, da sie von bröckelnden Stadtmauern umgeben, nur notdürftig befestigt und nicht auf eine Belagerung eingerichtet war. Der König entsandte den jungen Herzog de Guise – dessen Tapferkeit als Soldat unbestreitbar war, über dessen strategisches Geschick man jedoch noch nichts wußte – um die gerade erst in seinen Besitz gelangte Stadt zu verteidigen. Der Kaiser war beglückt, daß man ihm nur einen gezierten Höfling als Gegner präsentierte. Es würde das reinste Kinderspiel werden.

»Ich werde die Stadtmauern von Metz niederreißen. Der junge Guise wird sein Leben lassen müssen«, erklärte er dem französischen Botschafter.

Doch war es diesem von Ehrgeiz besessenen, goldenen Kopf nicht bestimmt, unter den Trümmern einer gefallenen Stadt begraben zu werden. Wir hatten es sorgfältig geplant, uns die größte Mühe gegeben und nach seinem Horoskop den günstigsten Planetenstand errechnet, damit die von vornherein feststehende Sache auch unbedingt wie erwartet verlief. In Wirtshäusern und Tavernen machte ein beliebtes Soldatenlied die Runde:

›Mein Herr von Guise ist hier zu Haus.
So mancher Edelmann stand ihm zur Seit'.
Die beiden Kinder aus Vendôme blieben nicht aus,
und auch Nemours stand stolz und kühn bereit.
Auch Strozzi, ein bewährter Krieger,
der Tag und Nacht die Stadt umrundet,
der Metz beschützt auf seiten der Sieger,
stets absolute Treue bekundet.

So tapfer wurde Metz verteidigt,
daß die Waffen sie abziehen mußten.
Von Gelächter verfolgt und zutiefst beleidigt,
sie sich nicht anders zu helfen wußten.

Dem langen Troß folgte der Herr von Guise
und Kavallerie mit Schwertern und Lanzen.
Auf ergötzliche Weise man ihnen bewies,
wie man vorm Feind rasch schnürt den Ranzen.‹

Le Balafré hatte prächtig ausgerüstet die Bühne betreten. Der
bis dahin unbekannte, junge Kommandant, der sich noch
nicht bewährt hatte, kehrte als Nationalheld zurück und
wurde der erklärte Liebling in Paris. Aus Rache ließ der Kaiser Theroenne niederbrennen und hinkte wütend aus den
Städten, die er verloren hatte. Damit begann sein Nieder-
gang. Fast sah es aus, als konspirierten die Sterne und *La
Rotta* in liebestrunkener Verzückung miteinander, um den
Plänen meiner Herren Nahrung zu geben. Doch auch ohne
Visionen spürte ich, wie Feuer und Rauch sich zusammen-
brauten und ständig verdichteten – einer bis zum äußersten
angespannten Feder gleich, die im Herzen eines schlafenden
Vulkans saß. In der Seele der Nation waren Kräfte am Werk,
über die weder Charles de Guise mit seinem Scharfsinn noch
sein heldenhafter Bruder bestimmen konnten. Sie entzogen
sich ihnen.
   Die Verfolgung und Bestrafung von Ketzern war an Grausamkeit kaum mehr zu übertreffen. Kirche und König machten unablässig Jagd auf Hugenotten. In den ärmeren Bevöl-
kerungsschichten nahm die von beiden sanktionierte Gewalttätigkeit immer schlimmere Ausmaße an. Wie Pestbeu-
len oder monströse Furunkel schossen Gewalttaten empor.
Die *cabans* der Arbeiter und Bauern vermehrten sich mit ra-
sender Geschwindigkeit. Die Leute behaupteten, die halbe
Hofhaltung sei schon von der Ketzerei infiziert. Selbst die
Königin hatte man schon calvinistische Schriften lesen sehen. Die Heuchelei des Hofes, der zur Verfolgung der Ketzer
aufrief und sich dessen schuldig machte, was er offiziell ver-
dammte, ließ die wütenden Flammen erneut emporlodern.
Ich starrte ins Feuer und sah Unheilverkündendes – sah einen rasch dahinfließenden Strom von Blut, der sich in ein mit
Leichen übersätes Meer ergoß.

Eines Morgens klopfte ein junger Mann an die Tür meines Hauses. Ein schlanker, anmutiger, gewandter Mann mit blaßgrauen Augen, in denen sich der Winterhimmel Lothringens spiegelte. Er hatte ein gewinnendes Lächeln, bei dem er seine leicht vorstehenden Zähne entblößte. Sein Name war Jean-Aimé de Chavigny. Er war aus Beaune hierhergereist, wo er Bürgermeister war. Er hatte die Doktorwürde der Jurisprudenz und Theologie erlangt, war nebenbei noch Sprachwissenschaftler und klassischer Gelehrter. Er habe sein Amt zur Verfügung gestellt, erzählte er mir, um nach Salon kommen zu können. Er wünsche hier bei dem berühmten Michel de Notredame, dessen prophetische Almanache im ganzen Lande Aufsehen erregt hatten, judicielle Astrologie zu studieren.

Ich nahm seine hervorragend gearbeitete und doch nicht ins Auge fallende Kleidung unter die Lupe, sah sein glattes, honigsüßes Lächeln, seine sorgsam manikürten Hände und sein langes, schmales Gesicht, das vor Lebendigkeit sprühte. Es war kaum zu überdecken, daß er nach dem Hofe stank. Alles deutete darauf hin.

»Wer hat Euch zu mir geschickt?« fragte ich ihn, obwohl ich die Antwort schon wußte.

»Ich habe einen Freund bei Hofe«, entgegnete er. »Sein Name ist Jean Dorat. Er ist ein Poet, ein Freund der *Pléiade* und glühender Bewunderer Eurer Almanache.«

»Der Kardinal von Lothringen ist also der Ansicht, ich benötige einen Wachhund?«

Er lachte verzückt. »Ich bin nicht Euer Wachhund, Maître de Notredame, ich bin Euer Diener. Man hat mich wirklich nicht geschickt, damit ich hier etwas auskundschafte. Ich bin hier, um Euch zu helfen; denn die Aufgabe, die Ihr übernommen habt, ist schwieriger als Ihr ahnt.«

»Mir war nicht bewußt, daß ich Hilfe brauche.«

»Wir wissen oft nicht, wessen wir bedürfen«, erwiderte der junge, ehemalige Bürgermeister von Beaune, lächelte breit und entblößte dabei seine Zähne. »Doch die *Centurien* müssen sorgfältig redigiert und kopiert werden. Meines Wissens sollen sieben davon schon Ende des Jahres erscheinen.

Ich habe eine schöne Schrift und will Euch ein guter Schreiber und Sekretär sein. Man sagt mir auch nach, ich besäße ein ungewöhnliches Talent: Geheimschriften zu enträtseln.«

Da begann ich zu lachen. Inmitten von Krieg und Verfolgung aus religiösen Gründen, während die Nation sich in einem schwankenden Boot auf einer feindlich gesinnten und sturmgepeitschten See befand, sorgte sich Charles de Guise noch um die Vollendung meiner seltsamen Arbeit, dieses aus Feuer und nächtlichem Dunkel geborenen Werkes. Ich mußte mir ins Gedächtnis rufen, daß es nicht für ihn, sondern für die Nachwelt geschrieben wurde.

»Wir müssen um die Zukunft besorgt sein«, sagte Monsieur de Chavigny, als habe er meine Gedanken erraten. »Wenn Ihr nicht mehr unter den Lebenden weilt, muß jemand imstande sein, der Welt zu beweisen, daß Ihr frei von Schuld seid. Euer Name wird zu bekannt und berüchtigt sein, um keine Fragen aufzuwerfen. Wer wäre dazu besser in der Lage als ich, Euer Euch treu ergebener Student und Schüler, der viele Jahre mit Euch verbracht und sich getreulich um Eure Angelegenheiten gekümmert hat?«

Der abwesende Blick seiner grauen Augen traf mich. Wieder sah ich die zwei edlen Toten, die auf schwarzverhüllten Bahren in die Gruft getragen wurden. Eisige Finger griffen nach meinem Herzen. So riesenhaft, kalt und unpersönlich war das unendliche, seidene Netz, daß mich Verzweiflung packte. Wir alle – ich selbst, der alte Herzog, der strahlende Kardinal, die namenlosen Günstlinge und Speichellecker, die Pfropfreiser und Spielfiguren – waren nur winzige Staubkörnchen, die die leichteste Brise hinwegwehen konnte, Stäubchen, die verschwinden würden, ohne eine Spur zu hinterlassen, unsichtbare Mückchen an einem vergänglichen Sommertag. Auch mein Tod war eingeplant. Rechtfertigungen standen schon fest. Im Hinblick auf die kommenden Jahre begann man schon jetzt mit Tarnmaßnahmen. Denn wie mir Mathias Delvaux prophezeit hatte, würde mein Name dann sicher weit über Frankreich hinaus bekannt sein und auch im Laufe der Zeit nicht verblassen.

Doch ich war gebunden. Geheimnisvolle, schwer zu erfassende Bande fesselten mich neben den klar zu erkennenden. Monsieur de Chavigny und ich sahen einander abschätzend an.

»Verzweifelt nicht angesichts meiner scheinbaren Gefühllosigkeit, Maître de Notredame. Wie Ihr wißt, müssen wir für alle Eventualitäten gewappnet sein.« Er lächelte. »Wenn Ihr schon sonst nichts in mir seht, so doch zumindest Euren treuen Diener. Ich will die Hetzhunde von Salon von Euch fernhalten, damit Ihr Euer Werk in Frieden vollenden könnt.«

Wieder hatte man eine Art Ehe für mich arrangiert. Doch schließlich erklärte ich mich damit einverstanden. Jean-Aimé de Chavigny gefiel mir, und ich sah bald ein, daß es leichter war, die Last mit jemandem zu teilen. Er war im Zeichen der Zwillinge geboren. Klatsch und Neuigkeiten schnappte er auf, als atme er sie mit der Luft ein. Anne war fasziniert von ihm. Der Hofklatsch, von dem er zu berichten wußte, stieß bei ihr stets auf offene Ohren. Gern überließ sie ihm ein Zimmer im Haus. Sie war um die Zeit wieder schwanger und überließ ihm bereitwillig einen Großteil der Leitung des Haushalts. Seine Anwesenheit wunderte niemanden. Astrologen pflegten stets einen Gehilfen zu haben. War ich nicht einst selbst bei meinem Großvater in die Lehre gegangen? Also schlug mein Famulus, mein Doppelgänger, seinen Wohnsitz bei mir auf, da er meinen Namen vor der Nachwelt zu rechtfertigen gedachte.

Im Frühling des darauffolgenden Jahres ritt Jean Aimé de Chavigny zu dem Buchdrucker Macé Bonhomme in Lyon, um ihm die ersten sieben Teile der *Centurien* zu bringen. Nachdem ich etwa dreißig Jahre damit gerungen hatte und schwanger gegangen war, hatte ich das Werk endlich zur Welt gebracht. Das Kind war mir entrissen und wie Moses in dem Binsenkörbchen den Fluten übergeben worden. Jetzt mußte es seinem hehren Ziel entgegenschwimmen. Ich widmete die unvollendete Arbeit meinem neugeborenen Sohn Cäsar. Zwei Kinder waren aus meiner Saat hervorgegangen, das eine von meiner sanften und liebenswürdigen Frau, das andere aus Feuer, Rauch und der furchtbaren Umarmung des Dämons geboren. Ich war unendlich dankbar dafür, daß meine Herren nur das eine von mir forderten.

Ich kehrte danach zu meinen Konfitüren, Schönheitscremes, Liebestränken, den Horoskopen und Almanachen zurück. Und wartete voller Spannung. Die Schrift erschien im Mai. Ich erhielt eine kurze Nachricht von Kardinal Charles von Lothringen. Er teilte mir mit, er habe mehrere Kopien der *Centurien* bei Hofe gesehen, eine sei in die Hände der Königin gelangt. *La Pléiade*, sein erlesener Kreis von Poeten, fände den Stil entsetzlich. Die Höflinge schüttelten verwirrt die Köpfe und bemühten sich vergeblich, die flackernden Bilder zu enträtseln, die wie Fische aus einem dunklen Teich emporschnellten, um gleich darauf wieder ins Dunkel zu tauchen.

Ein Wahnsinniger, ein Trunkenbold, der zu tief ins Glas geschaut hatte, ein von Gott inspirierter Prophet – Mathias Delvaux hatte mir prophezeit, was mich erwartete. In Salon galt ich als Wahnsinniger, Trinker *und* Prophet. Für die Bewohner der Stadt war dies ein Buch mit sieben Siegeln, die geheimnisvolle Frucht aus der Feder des in ihrer Mitte lebenden Juden, der allnächtlich hinter verschlossenen Türen seltsame Dinge trieb, sich hinter dem mächtigen Erzbischof von Arles und dem Statthalter der Provence verschanzte, unter deren Schutz er sein Unwesen trieb. Insgeheim nannte man mich flüsternd Ketzer und Zauberer. Es wurden sogar Stimmen laut, die mich verdächtigten, einen Pakt mit dem Teufel geschlossen zu haben.

Damit kamen sie der Wahrheit näher, als mir lieb war. Ich zog mich noch mehr in mich selbst zurück und brütete finster vor mich hin. Ich untersagte Anne, das Haus ohne Geleitschutz zu verlassen. Stets wurde sie von Monsieur de Chavigny oder einem der Dienstboten begleitet.

Ich wartete.

Auch meine Herren warteten. Der König ritt aus, ging auf die Jagd, dinierte mit seiner alternden Mätresse und spielte Tennis mit seinem Freunde François, dem Herzog de Guise. Nach dem zähen Ringen um Metz müde, krank und enttäuscht, dankte Kaiser Karl ab und übertrug sein Reich nach und nach seinem Sohn Philipp von Spanien. In Deutschland wurde 1555 auf dem Reichstag zu Augsburg, achtunddreißig Jahre nach Luthers Thesenanschlag in Wittenberg, im Augsburger Religionsfrieden die lutherische Konfession neben der katholischen reichsrechtlich als gleichberechtigt anerkannt. Die französischen Händler und Bauern rebellierten gegen die von König Heinrich erhobene Salzsteuer. Der Konnetabel de Montmorency unterdrückte den Aufstand in Guyenne mit Brachialgewalt, während der Herzog von Guise im Dauphiné Gnade walten ließ und mit Liebenswürdigkeit das gleiche erreichte. Die italienische Königin vermehrte das Gezücht der Valois um einen weiteren Erben. Die Herzogin von Guise, von königlichem Blut, gebar einen goldblonden Sohn, der nach dem König Henri genannt wurde. Natürlich wurde ich sofort gebeten, das Horoskop des Kindes zu erforschen. Während ich dieser Aufforderung nachkam, wurde das Grummeln und Rauschen unterirdischer Strömungen ganz tief im Schlund der Erde lauter und lauter. Ich dachte, es sei der Gott Poseidon, Herr der unterirdischen Wasserläufe, der die Erde erbeben ließ. Er habe sich von seinem Bett im Leib der Mutter Erde erhoben, um die Erde in Stücke zu reißen. Ich wartete weiter. Und eines Tages hatte mein Warten ein Ende.

XX

Anfang Juli des Jahres unseres Herrn 1556 erhielt ich Nachricht vom Hofe Claudes von Savoyen, Graf von Tende und Großseneschall der Provence. Im Auftrag des Königs wurde ich augenblicklich ins Schloß von Tarascon befohlen.

Ein ungenannter Höfling mußte Katharina von Medici ein Exemplar der *Centurien* gegeben haben. Ein Vierzeiler war markiert, der sie offensichtlich in größte Verwirrung gestürzt hatte.

Der junge Löwe überwindet den alten
im Turnier bei einem Einzelwettkampf.

Durchs goldene Gitter sticht er ihm die Augen aus
im dritten Waffengang. Er stirbt eines grausamen Todes.

Lächelnd berichtete mir Claude von Savoyen hinter der
plumpen, vorgehaltenen Hand, dieser Vierzeiler habe große
Ähnlichkeit mit einer Prophezeiung des italienischen Astrologen Luc Gauricus. Er habe das schreckliche Geschehen
schon vor Jahren vorausgesagt. Der König werde im einundvierzigsten Jahr an einer Kopfwunde sterben, die ihm bei einem Einzelwettkampf im Turnier zugefügt werde.

»Sagt mir, ob Ihr das wirklich im Feuer gesehen habt«, bat
mich Claude von Savoyen. »Oder wurde es der früheren Prophezeiung gemäß ersonnen?«

»Ich habe das in den Flammen gesehen. Und habe sogleich
gewußt, wessen Tod damit gemeint war. Das ist auch einer
der Gründe, warum die ersten sieben *Centurien*, noch unvoll-
endet, so bald schon erschienen sind.«

»Gauricus hat der Königin einen Brief geschrieben. Er traf
fast gleichzeitig mit den auf mysteriöse Weise aufgetauchten,
markierten *Centurien* aus Mantua ein.«

»Ich hoffe, daß mich nicht das gleiche Schicksal ereilt wie
Luc Gauricus. Ich würde das *strappado* sicherlich nicht überleben. Meine beginnende Gicht ist schon Strafe genug.«

»Vorerst seid Ihr noch sicher. Der König weiß nicht so
recht, ob er den Prophezeiungen Glauben schenken soll oder
nicht«, sagte der Graf von Tende. »Der Kardinal von Lothringen hat mir geschrieben, wie der König darauf reagiert hat.
Es ist eine amüsante und doch sehr traurige Geschichte. Der
Konnetabel von Montmorency war anwesend, als Gauricus'
Brief verlesen wurde. Der König sagte:

›Da hört Ihr, was für einen Tod man mir prophezeit, mein
compère.‹

›Aber Sire‹, entgegnete der Konnetabel, ›Ihr werdet doch
diesen Schurken nicht glauben! Alles nur Lügner und
Schwätzer. Werft doch den Brief ins Feuer!‹

›Warum sollte ich, mein *compère*,‹ meinte der König. ›Zuweilen sagen sie auch die Wahrheit. Mir ist es gleich, auf welche Weise ich sterbe. Fast ist mir eine solche Todesart lieber.

Ich ziehe es vor, durch die Hand eines tapferen Mannes zu sterben, ohne meiner Ehre verlustig zu gehen.‹

Aus ihm spricht ein tapferer Mann, ein Ehrenmann«, endete Claude von Savoyen. »Was für ein Jammer, daß er sein Königreich nicht allein regieren kann, sondern Montmorency wie einen unbeholfenen, doch treuen, alten Hund an seiner Seite braucht. Wer weiß, was ohne den Starrsinn und die Feindseligkeit dieses alten Mannes schon alles erreicht worden wäre?«

Glücklicherweise hegte König Henri keine große Vorliebe für die Geschichte und verwandte daher nicht einen Gedanken auf den Tod jenes anderen Königs unter der heiligen Eiche vor neunhundert Jahren, jenen Tod, der immer noch nicht gerächt worden war. In den Augen der Königin und des Hofes war es meine Aufgabe, ihn auf die Gefahr, die ihm drohte, hinzuweisen, damit er am Leben blieb. Was jedoch meine Herren betraf, so mußte ich ihn so zu beeinflussen suchen, daß er bestimmten Beratern gehorchte. Diese wußten, was ihm in drei Jahren drohte und würden dafür sorgen, daß der König seinem Schicksal nicht entging.

Am vierzehnten Juli machte ich mich auf den langen Weg nach Paris. Nach zwei mühseligen Reisewochen erreichte ich Lyon, wo ich im Hause von Macé Bonhomme einen Brief des Kardinals von Lothringen vorfand. Er war kurz, sardonisch und – typisch für Charles von Guise – auch überaus hintergründig.

›Agrippina ängstigt sich wegen des Schicksals ihres Nero, wenngleich ihm zwei Söhne aus dem eklen Leib vorausgegangen sind. Was würde sie nicht tun, um ihn zum König zu machen, stünden die Sterne günstig?‹

Immer wieder las ich diese Zeilen, um zu erraten, was von mir erwartet wurde. *Il Bagatelle* stand auf einem dünnen Drahtseil, mit einem unheilverkündenden Sack voller Bälle, mit denen er zu jonglieren hatte. Hier gingen nicht leise Botschaften von Hand zu Hand, noch wurde aus der Abgeschiedenheit meines Studierzimmers astrologischer Rat erteilt. Ich mußte mich mit tödlicher Sicherheit Schritt für Schritt vorwärts wagen. Ein falscher Schritt, und es wäre um mich geschehen. Ich sah Luc Gauricus mit seinen verdrehten, verkrüppelten Beinen vor mir, fühlte den Blick seiner schmerzerfüllten Augen auf mich gerichtet. Als Untertan und als Jude riskierte ich weit Schlimmeres als das *strappado*, wenn ich die Maske des untadeligen, unschuldigen Visionärs nicht zu wahren wußte. Auf der einen Seite des straffgespannten Drahtseils klaffte der Abgrund der Ketzerei, auf der anderen gähnte der des Verrats. Am liebsten hätte ich kehrtgemacht, um auf dem Maultier nach Salon zurückzureiten. Wenn ich den Kardinal richtig verstanden hatte, oblag es mir, der Königin einzugeben, die beiden ältesten Söhne ermorden zu lassen. Doch mußte das auf subtile Weise geschehen, damit nicht der Schatten eines Verdachts auf mich und meine Auftraggeber fiel.

Zu Tode erschöpft und verdreckt erreichte ich Paris am fünfzehnten August. Die grelle Sonne brannte mir auf den Schädel und versetzte mir Schläge von der Wucht eines Eisenhammers. Der Gestank von in Fäulnis übergegangenem Unrat stieg mir in die Nase, und Schwärme von Fliegen zogen hinter meinem Maultier her wie ein auf- und niedertanzendes schwarzes Banner. Doch in der großen königlichen Stadt Paris feierte man das Fest Unserer Lieben Frau. Das war ein gutes Omen.

Ich bahnte mir einen Weg durch überfüllte, von Menschen brodelnde Straßen. Schließlich konnte ich auch den Fluß ausmachen, auf dem sich Schleppkähne drängten. Inmitten des Flusses lag wie eine Perle die Insel. Über das grüne Blätterdach der sie umgebenden Bäume hinweg erhoben sich die Türme der Kathedrale von Notre Dame. Das verwirrende Maßwerk beeindruckte mich tief. Zu beiden Seiten war die Kathedrale umspült von wildbewegtem Wasser. Die eine Fassade leuchtete rein und kühl, so streng und jungfräulich wie eine Nonne. Die andere lockte schlüpfrig-obszön, so unzüchtig, üppig und auch profan wie eine Hure. Ein spöttisches, jahrhundertealtes Gelächter war in den schweigenden Stein eingemeißelt. Es hallte aus den Strebepfeilern, Wasserspeiern und Säulengängen – das ewige Gelächter Unserer

Lieben Frau, die janusgesichtig schon existierte, bevor es die Berge, die Meere oder irgend etwas Lebendes auf Erden gab...

Jenseits des Flusses fand ich ein Gasthaus, das mir zusagte, von hier aus sah ich die Südseite der Kathedrale, die mich zu verhöhnen schien. Alles stand unter geheimnisvollen Vorzeichen. Der Gasthof nannte sich St. Michel.

Das aus Salon mitgeführte Geld hatte ich ausgegeben. Der Besitzer des Gasthofes St. Michel glaubte mir nicht, daß ich nach Paris gekommen war, weil die Königin nach mir verlangt hatte. Er fragte mich, woher er wissen solle, ob ich tatsächlich derjenige war, der zu sein ich vorgab. Natürlich hatte er schon von Nostradamus, dem Astrologen, gehört. Doch verwunderte er sich, warum ich so schmutzig, ganz ohne Begleitung und ohne einen Pfennig hier eingetroffen sei. Er verlangte, im voraus bezahlt zu werden. Ich war empört, mir meiner Machtlosigkeit durchaus bewußt und schalt mich dafür, daß ich nicht die Voraussicht besessen hatte, genügend Gold mit mir zu nehmen. Doch die Vorzeichen – der Festtag und der Name des Gasthofs – sollten ihr Versprechen halten. Ein junger Herr namens Jean Morel logierte ebenfalls in dem Gasthof. Er lieh mir zuvorkommend zwei Ecus – auf mein ehrliches Gesicht hin, wie er sagte.

Ich schlief eine ganze Weile, und als ich erwachte, war die Sonne schon untergegangen, die Straßen von Fackeln erleuchtet. Ich nahm in der überfüllten Gaststube neben meinem Wohltäter Monsieur Jean Morel Platz. Er war so liebenswürdig, mir von dem neuesten Klatsch zu berichten. Natürlich war mir schon vieles durch eigene Quellen zu Ohren gekommen. Doch wollte ich ihn nicht der Illusion berauben, daß er als mein Informant fungierte; denn dies schien ihm große Freude zu machen. Wie Jean-Aimé de Chavigny war auch er unter dem Zeichen der Zwillinge geboren und wußte höchst interessant zu berichten.

In Paris gärte und brodelte es angesichts der drohenden Gefahr eines weiteren Krieges gegen Italien. Bisher hatte sich König Henri stur an den mit Philip von Spanien in Vaucelles unterzeichneten Pakt gehalten. Der Konnetabel von Montmorency hatte erkannt, welche Vorteile dem Hause Guise aus diesem Scharmützel erstünden und drängte ebenfalls auf Frieden. Doch der Kardinal von Lothringen ließ nichts unversucht, den geheimen Ehrgeiz des Königs zu wecken, um ihn dahin zu bringen, daß er sein Wort brach und ein Heer nach Italien entsandte. Charles de Guise hatte schon heimlich einen Vertrag mit dem Heiligen Vater geschlossen, in dem sich dieser verpflichtete, die Spanier aus Neapel und aus Mailand zu vertreiben.

Von neuem lockte Italien, die goldene Chimäre. Ständig setzte der Kardinal von Lothringen dem König zu, die uralten Ansprüche der Ahnen wieder geltend zu machen. Charles de Guise versicherte ihm mit honigsüßen Worten, Italien hinge wie eine überreife Frucht am Baume und warte nur darauf, von einer kühnen Hand gepflückt zu werden. Gewänne Frankreich das Herzogtum Mailand und auch das Königreich von Neapel, so geriete das Papsttum zwischen die Mühlsteine. Dann könne Frankreich den neuen Papst zwingen, sich den Launen Seiner Allerchristlichsten Majestät zu fügen – mit dem Gehorsam einer sanftmütigen Kurtisane. Stände Frankreich damit nicht hoch über dem Kaiserreich? Gebühre Frankreich dann nicht die Krone der Christenheit? Charles VIII. sei Ende des vorigen Jahrhunderts ebenfalls in Italien eingefallen und habe es im Handstreich genommen, so leicht wie man eine Fliege fängt. Allerdings habe er es ebenso rasch wieder eingebüßt, als habe er die Faust geöffnet, und die Fliege sei entkommen. Mit klugen Köpfen im Kabinett – Männern wie Charles, dem Kardinal von Lothringen und François, dem Herzog von Guise, käme es nicht wieder zu einer solchen Nachlässigkeit.

Ich lauschte der Rede Monsieur Morels ohne eine Miene zu verziehen. Ich hörte das alles ja nicht zum erstenmal. Anne de Montmorency hatte den gleichen, wahnwitzigen Plan neun Jahre zuvor schon einmal vereitelt, indem er sich störrisch dagegenstemmte. Ich kannte nur allzugut die glänzende Zukunft, die sich Charles de Guise in Gedanken ausmalte. Er war davon überzeugt, Neapel würde seinem Bruder wie eine überreife Pflaume in die aufgehaltenen Hände fallen. Trug der Herzog erst einmal die neapolitanische Krone seiner Ahnen auf dem Blondhaar und regierte einer der Söhne des Königs in Mailand, so würde er selbst, der Kardinal von Lothringen, wohl bald die Tiara des Papstes tragen. Schon jetzt galt er als *papàbile,* als erster Anwärter auf den Stuhl des Heiligen Vaters nach seinem so bedeutenden reichen Onkel, dem die Damen bei Hofe immer noch nachtrauerten, wie es hieß.

Während unserer ausführlichen Korrespondenz hatte ich ihn immer wieder gewarnt und ihm klarzumachen versucht, daß ihm bei dieser Unternehmung kein Erfolg beschieden sein würde. Die Sterne standen nicht günstig, die Zeichen des Himmels standen auf Sturm. Der gesunde Menschenverstand sagte mir auch, daß Philipp von Spanien den Bruch des Waffenstillstands nicht tatenlos hinnehmen, sondern Frankreich zweifellos von den Niederlanden, von Deutschland und – von den Soldaten seiner unfruchtbaren Frau, königlichen, englischen Geblüts, unterstützt – auch von Calais aus angreifen würde.

Der Herzog von Guise, Vernunftsgründen immer zugänglich, war durchaus bereit, mich anzuhören und einen günstigen Zeitpunkt abzupassen. Der Kardinal von Lothringen wollte davon nichts hören. Und jetzt kursierte überall in Paris das Gerücht, der Krieg könne jederzeit ausbrechen. Zunächst hatte der Konnetabel dem Kardinal erbitterten Widerstand geleistet. Doch schließlich gab er sich geschlagen. Als der König seine gesamte Ratsversammlung wie hungrige Hunde nach sich schnappen sah, hatte er keine Wahl als den Krieg. Er war ein ehrenwerter Mann, doch schwach und wankelmütig. Was bedeutete mein Rat angesichts der glorreichen Träume von Charles de Guise?

Monsieur Morel unterließ es taktvollerweise, sich danach zu erkundigen, was mich hierhergeführt und was ich bei Hofe zu suchen hatte; denn es war ganz offensichtlich. Man würde mich auffordern, die Zukunft der Nation vorauszusagen, mich zu dem italienischen Krieg zu äußern und zu erklären, was der mysteriöse Vierzeiler zu bedeuten hatte, in dem der Tod des Königs vorausgesagt wurde. Seitdem sechs Monate nach Erscheinen der *Centurien* der Brief von Luc Gauricus aus Mantua eingetroffen war, machte er die Runde bei sämtlichen Höflingen.

Ich schlief nicht gut in jener Nacht im Gasthof St. Michel. Vor meinen schlaflosen Augen traten Geister aus dem Traumland in Erscheinung – die große, massige Gestalt des Königs und die der schwerfälligen Königin aus Italien, die stolze, gepanzerte Gestalt von François de Guise trat auf, auch der listenreiche, verführerische Kardinal in scharlachroter Robe. Die Kinder des Hauses Valois bewegten sich Hand in Hand. Aus dem Düster einer Gruft leuchteten sieben weiße Gesichter...

Gnadenlos verfolgten mich diese Visionen, bis ich in einen unruhigen Schlummer sank. Die große Glocke von Notre Dame weckte mich wieder. Gleich darauf hämmerte es an meiner Kammertür. Der Gastwirt, der noch am Vortage dem armen Reisenden zürnte, weil dieser so kühn gewesen war, sich als Prophet des Königs zu bezeichnen, verneigte sich jetzt kriecherisch vor mir, das fette Gesicht zu einem schmierigen Grinsen verzogen, Schweißtropfen auf der glänzenden Stirn. Er entschuldigte sich wiederholt für sein schändliches Benehmen am Tage zuvor. Aber woher hätte er, der arme Gastwirt, der kaum instande war, seine Familie zu ernähren, auch wissen sollen, ob ich der Mann war, der zu sein ich vorgab, oder nichts als ein durchtriebener Gauner, der versuchte, durch ein Gespinst von Lügen ohne Geld bei ihm zu speisen und zu übernachten.

Natürlich fragte ich mich, was wohl geschehen sein mochte, daß dieser widerwärtige, kleine Mann ein so gänzlich anderes Verhalten an den Tag legte. Den Grund erfuhr ich bald. Unten erwartete mich kein geringerer als Anne de Montmorency, Großkonnetabel Frankreichs, der mich zum Hofe von St. Germain-en-Laye begleiten sollte.

Der Konnetabel mißfiel mir sofort. Wäre er nicht der Todfeind meiner Herren, hätte das Haus Guise unumschränkte Macht über den König. Doch Anne de Montmorency hatte sich König Henri verpflichtet. Die beiden waren eng miteinander verbunden. Der ansonsten so schweigsame, ernste und mißtrauische König brach eine Freundschaft nicht, wenn sie erst einmal gefestigt war. Der König und der Konnetabel waren aus dem gleichen Holz geschnitzt. Sie beide waren einfache Menschen – schwerfällig, ausdauernd, schildkrötenhaft. François de Guise und sein Bruder dagegen strahlten in überheblichem Glanz, hatten geschliffene Manieren und waren überaus feinsinnig. Sie zogen strahlende Kreise um die beiden würdevollen, trägen Possenreißer. In ihrer Gegenwart fühlte sich der Konnetabel wie ein von Windhunden gehetzter Bär. Er spürte überdeutlich, daß ihm von den Brüdern Gefahr drohte, spürte ihre Verachtung aus jedem Blick.

Ich stand vor einem humorlosen Mann mit engstehenden, bösartigen Augen und einem schmalen, brutalen Mund – wie eine offene Wunde. Alles in seinem Gesicht zeugte von Bigotterie, blindwütiger Entschlossenheit sowie dem kriegerischen Wesen, das ihm den Ruf eingebracht hatte, unbedingt loyal zu sein. Er war ein Fossil, völlig verknöchert, ein unbeschreiblich verkalkter Monolith. Ich konnte mich des Verdachts nicht erwehren, daß er es war, der Claude de Guise vergiftet hatte.

Ohne mir etwas anmerken zu lassen, verneigte ich mich höflich und gab ihm zu verstehen, ich fühlte mich hochgeehrt, daß er höchstpersönlich erschienen sei, um mich, den einfachen Landarzt, zum Hofe zu geleiten.

»Ich komme im Auftrag der Königin«, knurrte er. Ich war ihm offenbar zuwider, so wie er mir. Was er von Astrologen hielt, war mir zur Genüge bekannt. Für ihn waren wir nur eine unübersehbare Schar von Schwätzern, Lügnern und Schurken. Die Himmelskunde wurde von der Heiligen Kirche stirnrunzelnd beobachtet. War sie auch nicht direkt Ketzerei, so sollte sie doch leichtfertigen, törichten, alten Frauen überlassen bleiben.

Wie trunkene Schmetterlinge tummelten sich die Blumen der Hofhaltung in dem weitläufigen, schimmernden Vorraum des Palastes von St. Germain-en-Laye, in Samt und Seide, Damast und golddurchwirkte Gewänder gekleidet. Perlen, Rubine, Diamanten und Smaragde glitzerten und funkelten in Konstellationen erdgebundener Sterne. Sie tuschelten, schnatterten, kicherten, schwatzten und drängten sich um mich, um zu sehen, welch seltsames Geschöpf den Himmel befragte und ständig verwirrende Prophezeiungen hervorsprudelte. Zu ihrer großen Enttäuschung stießen sie nur auf einen untersetzten, älteren Arzt in pelzverbrämtem Gewand und schwarzem Hut, noch mit dem Schmutz und Staub der langen Reise behaftet. Dieser Mann, den alle erwartungsvoll beäugten, humpelte, weil er an Podagra litt und besah sich mit seinen Eulenaugen den schillernden Glanz der *noblesse*.

Von einer Gruppe schwatzender Freunde dazu animiert, drängelte sich einer der Höflinge vor, verneigte sich mit übertriebener Grandezza und bat mich, ihm sein Geschick in Liebesdingen vorauszusagen. Ich entschuldigte mich höflich und erklärte, die Königin habe mich hierherbeordert. Doch die leichtfertig geäußerte Bitte des Höflings löste eine ganze Flutwelle aus. Eine heftig gestikulierende Meute von Männern und Frauen umringte und überschüttete mich mit scherzhaften, aber auch ernstgemeinten Fragen. Begierig lauerten sie darauf, was der seltsame, alte Prophet wohl dazu sagen würde. Gelangweilt und stets auf der Jagd nach Neuem hätten sie die schändlichste, zügelloseste Reaktion am begierigsten aufgenommen. Gewiß wären sie in Entzückensschreie ausgebrochen, hätte ich die Augen gerollt und wäre ich mit Schaum vor dem Mund auf allen vieren vor mich hinbrabbelnd auf dem Boden herumgekrochen. Doch alle erhielten die gleiche Antwort: ich könne keine Fragen beantworten, bevor ich die Königin gesehen hätte.

Aus ihrer Mitte tauchte urplötzlich François de Guise auf. Ich hatte ihn nicht mehr zu Gesicht bekommen, seit er nach der Belagerung von Boulogne so zerfleischt und entstellt in Gisor darniederlag. Die furchterregende Wunde war jedoch wie durch ein Wunder sauber verheilt und hatte außer einer etwas wulstigen Narbe über dem linken Auge fast keine Spuren hinterlassen. Auch war seit der schweren Verwundung das Nasenbein leicht verkrümmt. Das eine Augenlid hing sardonisch nach unten, als wollte es nie mehr aufhören zu zwinkern. Von seiner Höhe starrte er mich an wie ein Janus – der Mann mit den zwei Gesichtern, gegensätzlich und doch miteinander verschmolzen, mit zwei gänzlich verschiedenen Augen, die zu miteinander im Widerstreit liegenden Seelen gehörten.

An diesem Festtage trug er sein prächtigstes Hofgewand. Die Hoftracht bestand aus einem grauseidenen Doublet, mit Silberfäden durchwirkt und bestickt, aus einem kostbaren, golddurchwirkten Cape und Stiefeln aus feinstem Leder, goldfarben gegerbt, mit Stulpen und Ornamenten aus scharlachroter Seide. Von seinen Schultern hing der weite, herzogliche Mantel in *cramoisie violet,* mit Hermelin verbrämt und mit silbernen Adlerschwingen und Kreuzen von Jerusalem aus steifem Goldstoff verziert. Auf seinem blaßblonden Haar saß ein absichtlich schief aufgesetztes Barett aus scharlachrotem Samt. An seinem linken Ohr funkelte kalt ein riesiger Diamant.

Diese prächtige Erscheinung, viel majestätischer als der König selbst, sah mich spöttisch grinsend an. Die Höflinge um ihn herum verfielen in ungewohntes Schweigen. Selbst diesem bunten Strauß von Gestalten flößte der Held von Metz Ehrfurcht ein. Angesichts der Sprößlinge Lothringens wirkten die Edelsten Frankreichs wie täppische Bauern. Eine namenlose Furcht bemächtigte sich meiner. Wer waren sie wohl in Wahrheit?

»Wollt Ihr mir vielleicht verraten, was mich in der Liebe und im Krieg erwartet?« fragte er mit einem Unschuldsblick aus weitaufgerissenen Katzenaugen. Gekicher klirrte und klingelte wie Prismen von Lüstern im Luftzug. Die Damen scharten sich um ihn.

»Ich bedaure unendlich, gnädiger Herr. Aber ich kann keine Frgen beantworten, bevor ich die Königin gesprochen habe.«

»Aber die kleine Bitte könnt Ihr mir doch erfüllen.« Er gab sich nicht so leicht geschlagen. Wieder perlte Gelächter auf. Neben ihm murmelte jemand: »Ihr müßt ihm versichern, daß ihm Italien in die Hände fallen wird wie eine überreife Frucht.« Ein anderer flüsterte verstohlen: »Madame de Clermont ist mehr als reif.« Entsetzt hielt man die Luft an, dann wurde wieder Gekicher laut. Den seltsamen, doppelsinnigen Blick auf mich gerichtet, wartete er.

Ich sah in sein rechtes Auge, das ich wiedererkannte. »Ich bitte ergebenst um Verzeihung, gnädiger Herr. Doch ich muß warten bis mich die Königin empfängt. Was sie befiehlt, muß ich tun.«

Wie eine schwache Brise wehte der einhellige Seufzer der Enttäuschung von seiten der Damen über uns hin. Nur eine unter ihnen – schlank und dunkelhaarig, den vollen Mund zu einem höhnischen Lächeln verzogen – unterschied sich deutlich von den anderen. Belustigt und doch auch voller Mitleid, sah sie mich mit ihren nachtschwarzen Augen an. Sie stand ein ganzes Stück von den Damen entfernt. Ihre silbrig bleiche Haut erinnerte an eine zertretene Lilie. Sie wirkte heiter und schien über den Dingen zu schweben. Sie trug ein weißes Gewand aus Damast. Ihr schwarzes Haar war mit Perlenschnüren umwunden – Selene, ein weißer Mond an einem nachtschwarzen Himmel. Ihr geheimnisvoller Blick kreuzte sich mit dem des Herzogs von Guise. Sie schienen sich ein Zeichen zu geben. Der Herzog starrte mich noch einen Augenblick wortlos an, drehte sich dann mit einer schwungvollen Bewegung auf dem Absatz um und rauschte davon. Der weite Samtmantel schwang wie eine Glocke um ihn herum. Flüsternd und kichernd folgte ihm die Meute der Höflinge.

Meine Furcht und meine Beklemmungen hatten sich schon während des Wartens verbraucht. Als ich dann endlich vor der Königin stand, senkte sich eine unerklärliche Ruhe auf mich herab. Katharina von Medici bat mich, Platz zu nehmen. Sofort entfernten sich Pagen und Zofen. Seide raschelte, Satin knisterte. Es war, als schwänge sich ein Schwarm Tauben in die Luft. Ich kniete vor der Königin nieder und küßte ihre bleiche, beringte Hand. Ich sah in ihre unergründlichen Augen – ausdruckslose Spiegel, wie Claude du Guise mir einmal warnend versichert hatte, hinter denen sich Myriaden tödlicher Geheimnisse verbargen. Die Augen der Königin waren fast farblos – schiefergrau oder granitfarben oder auch von der dunklen Färbung der sturmgepeitschten See. Auf dem Tisch lag ein Exemplar der *Centurien*. Mit einer weichen und flüssigen, weiblichen Bewegung streckte die Königin die Hand danach aus und schlug das Buch auf.

»Verratet mir, was das bedeutet, Maître de Notredame«, sagte sie. Sie sprach mit tiefer, belegter Stimme und schwerem Akzent. Beim Anblick ihres schwerfälligen Leibes in völliger Ruhestellung mußte ich an die Raubkatzen in der Menagerie des Königs denken. Auch Katharina von Medici verhielt sich lauernd und wie auf dem Sprung. Diese Frau war ein mörderischer Leopard auf der Jagd, maskiert, um das Opfer zu täuschen.

»Was meint Ihr, Majestät?«

»Das wißt Ihr ganz genau. Muß ich es Euch wirklich vorlesen?

Le lyon jeune le vieux surmontera
En champ bellique par singulier duelle;
Dans cage d'or les yeux luy crevera,
Deux classes une, puis mourir, mort cruelle.

(Der junge Löwe überwindet den alten
im Turnier bei einem Einzelwettkampf.
Durch das goldene Gitter sticht er ihm die Augen aus
im dritten Waffengang. Er stirbt eines grausamen Todes.)

Was soll das bedeuten?« fragte sie noch einmal, ohne den unfreundlichen, dunklen Blick von mir zu wenden. Ich sah sie unschuldsvoll mit der größtmöglichen Aufrichtigkeit an, die mir zu Gebote stand.

»Ich weiß es nicht, Majestät. Wie meine anderen Visionen, so habe ich auch dieses Ereignis in Trance in den Flammen gesehen. Das Bild war ganz deutlich, doch weiß ich nicht, auf welches Ereignis in Vergangenheit oder Zukunft sich diese Vision bezieht.«

»Wollt Ihr mir weismachen, Ihr hättet ein Buch geschrieben, über dessen Bedeutung auch Ihr Euch nicht im klaren seid?«

»Ganz so verhält es sich. Durch die Gnade Gottes werde ich von diesen Visionen heimgesucht. Ich bin nur das Werkzeug und schreibe sie für die Nachwelt nieder. Nur wenn ich einen bestimmten Ort oder einen bestimmten Menschen sehe, auch wenn ein Name genannt wird, ahne ich, was die Vision bedeuten könnte.«

Sie schwieg eine Weile, offensichtlich beeindruckt.

»Ihr wißt sicher, daß die Prophezeiung des Luc Gauricus im Hinblick auf den König in aller Munde ist«, sagte sie ruhig.

»Das ist mir bekannt, Majestät. Ich habe mir erlaubt, das Horoskop des Königs zu studieren. Es entspricht gewiß der Wahrheit, daß sich in drei Jahren ein böser Einfluß geltend machen wird, und zwar im Monat Juli. An Eurer Stelle würde ich den König bitten, zu dieser Zeit an keinem Turnier teilzunehmen. Mir ist aber nicht bekannt, von welchem Tode diese schreckliche Vision uns Kunde gibt.«

»Glaubt Ihr, daß man dagegen angehen kann, wenn der Tod des Königs gemeint ist?«

»Majestät, Ihr stellt mir da eine Frage, die jeder Astrologe, jeder Philosoph und Theologe liebend gern beantworten würde. Doch gibt es darauf keine Antwort. Es gibt viele Möglichkeiten, viele Wege stehen uns offen. Es ist doch denkbar, daß jeden von uns an verschiedenen Scheidewegen und Kreuzungen mehrere Tode erwarten. Wie Straßen sich gabeln und zu verschiedenen Ortschaften führen, so stehen auch wir oft am Scheidewege. Je nachdem für welche Richtung man sich entscheidet, beschwört man vielleicht den einen oder anderen dieser Tode herauf.« Ich senkte den Kopf. »Ich würde sehr dazu raten, daß sich der König im Monat Juli seines einundvierzigsten Lebensjahres nicht auf ein Gefecht einläßt.«

Insgeheim wiegte ich mich in der verzweifelten Hoffnung, daß mein Rat nicht befolgt, sondern das Gegenteil getan werde würde. Es war ja bekannt und vorauszusehen, wie der König auf alles reagierte, was von seiten seiner Gemahlin kam. Sobald die Königin in ihn drang, würde er vermutlich genau das Gegenteil tun; denn die Abneigung und die

Schuldgefühle, die er ihr gegenüber hegte, zwangen ihn, sie mit Verachtung zu strafen. Ich wagte kaum daran zu denken, welchen Zorn ich mir von seiten des Kardinals von Lothringen zuziehen würde, sollte sich meine Vermutung als unrichtig erweisen.

Mit einem lauten Knall schlug sie das Buch wieder zu und legte es rasch auf den Tisch zurück, als hätte es sie gebissen. Ich sah sie prüfend an, sah die sonderbar verschleierten Augen, die schwer herabhängenden Lippen, das Doppelkinn, den erschreckend wächsernen Teint und das krause, grobe Haar, das grellgelb gefärbt war und ihr gar nicht gut zu Gesichte stand. Die Königin war siebenunddreißig Jahre alt und begann schon schwerfällig und plump zu werden. Auch in der Blüte ihrer Jahre war sie nicht schön gewesen. Wie es seinem lüsternen Wesen entsprach, hatte mir der Kardinal von Lothringen in seinen Briefen spöttisch davon berichtet, welche Qualen ihr die Herzogin von Valentinois bereite. Durch ein Loch im Fußboden pflege sie die Liebenden im daruntergelegenen Zimmer zu beobachten, ihr Herz verzehre sich dabei vor Zorn, Erregung und Eifersucht. So sehr mich diese Frau auch abstieß, so begann doch auch Mitleid in mir aufzukeimen. Kaum wagte ich mir das einzugestehen. Auf Betreiben dieser Frau hin hatte der florentinische Mundschenk dem jungen Dauphin, dem Bruder des jetzigen Königs und rechtmäßigen Thronerben, den tödlichen Trunk gereicht. Gift gehörte zum Erbe des Hofes der Medici. Sie würde es ohne zu zögern jederzeit wieder benutzen. Es war ja so einfach und ersparte ihr vieles.

Doch war diese Frau so abergläubisch und so fasziniert von allen Geheimwissenschaften, daß ich in ihren sonst unergründlichen Augen die Furcht lauern sah und Schweißperlen auf ihrer Oberlippe entdeckte.

Da zog ich ein Exemplar des *Traicte des Fardemens* aus der Tasche meines Gewandes, machte eine Verbeugung und reichte es ihr errötend.

»Da ich weiß, daß sich Majestät für die Kunst der Verschönerung interessieren und darin großes Geschick besitzen, erlaube ich mir, Euch mein neuestes, bescheidenes Werk zu überreichen. Ich hoffe, daß es Euch ein wenig Freude bereitet.«

Da hellte sich ihre düstere Miene ein wenig auf. Die schweren Lippen verzogen sich zu einem blassen Lächeln.

»Ich wußte ja gar nicht, daß sich der Prophet von Salon auch mit Verschönerungsmitteln befaßt«, sagte sie.

»Ich habe es mir zur Aufgabe gemacht, die Geheimnisse der Sterne zu erforschen. Dazu gehören auch die verborgenen Eigenschaften der Kräuter, Blumen und Metalle. Dieses Buch enthält Rezepte, die jeder Frau die Blüte ihrer Jugend für lange Zeit bewahren, wenn sie die Mittel jeden Morgen und Abend mit größter Regelmäßigkeit anwendet. Und obgleich Majestät einen makellosen Teint haben – vollkommen wie eine Magnolienblüte – bin ich davon überzeugt, daß dieses Buch auch für Majestät von Interesse sein wird.«

Damit war die bedrohliche Atmosphäre endgültig entschärft. Sie blätterte in dem Buch herum und stellte mir zahllose Fragen zu den Cremes, Salben, Parfums und Tinkturen. Fast eine geschlagene Stunde unterhielten wir uns über die Listen und Gebräue, mit deren Hilfe eine Frau ihre Schönheit, den Glanz ihres Haares, die Blässe der Haut, die Weichheit und Zartheit der Hände und den strahlenden Blick ihrer Augen erhalten könne. Ich war mir darüber im klaren, daß sie mich die ganze Zeit auszuhorchen und auszuloten versuchte. Diese so kluge, zwielichtige Frau wollte genau wissen, was für ein Mensch ich war. Erst wenn sie das wußte, würde sie mir den wahren Zweck meiner Reise enthüllen und mich wissen lassen, warum ich hierherbeordert worden war.

Eine ganze Weile debatierten wir zwanglos über das Schicksal und fragten uns, ob man ihm wohl entgehen könne oder das Schicksal uns unabwendbar von Gott auferlegt sei. Sie war sehr belesen und kannte sich bestens in der griechischen und lateinischen Literatur, den philosophischen Werken sowie auch mit Zaubertraktaten aus. Sie wußte ganze Passagen wörtlich zu zitieren, was ich aus ihrem Munde niemals erwartet hätte. Diese geistige Beweglichkeit hätte ich allenfalls Gelehrten zugetraut. Durch den Mangel an Witz und

Spitzfindigkeit hatte sie ihr delikates Spiel schon viele Jahre nicht mehr gespielt. Da sich herkömmliches Verhalten als nutzlos erwiesen hatte, blieb ihr nichts übrig, als sich für die einzige Alternative zu entscheiden: sie hatte sich mit Dunst umgeben und ganz zurückgezogen, den freien Blick mit einem Schleier vernebelt. Seitdem legte sie ein unverfängliches Verhalten an den Tag, lächelte, wenn es ihr angebracht erschien, verhielt sich überaus höflich und würdevoll, hüllte sich in Schweigen und wartete – wartete, bis der Augenblick gekommen war, die Macht an sich zu reißen.

Mit dem Tode des Königs wäre dieser langersehnte Augenblick da. Das wußten wir beide. Obwohl sie ihn liebte und es ihr unsägliche Pein verursachte, ihn so an eine andere Frau gekettet zu sehen, so gab es doch auch eine Seite in ihr, die es ihr ermöglichen würde, sich über seinen Tod zu freuen. Oder seinen Tod doch zumindest nicht zu bedauern. War er erst einmal begraben und pflichtschuldigst betrauert, so konnte er ihr nicht mehr untreu sein. Dann wäre er endlich ganz der Ihre.

Sanft und behutsam wie sehr vorsichtige Ärzte erforschte jeder das Wesen des anderen, die Königin das meine und ich das ihre. Dabei kamen mir auch François de Guise und der Kardinal in den Sinn. Diese Frau war ihre findigste und gefährlichste Feindin, ihre Schlauheit und Gerissenheit durch nichts zu überbieten. Anne de Montmorency war starrköpfig und unbeweglich wie ein granitener Pfeiler. Ihren Gemahl konnte man hinters Licht führen. Doch Königin Katharina von Medici nicht. Genau wie das Haus Guise wollte auch sie uneingeschränkte Macht. Sie würde keinen Augenblick zögern, diesem Ziel alles zu opfern, selbst ihr eigen Fleisch und Blut. Ich begann mich zu fragen, ob sie sich nicht doch als unüberwindlicher Gegner erweisen würde. Denn der Kardinal und der Herzog waren trotz der Kraft und dem Glanz, der sie umgab, nicht unverwundbar, da sie Träumen nachhingen. Die Königin Frankreichs hingegen war schon lange aus ihren Träumen erwacht. Sie hatte nichts zu verlieren.

Gegen Ende unserer Unterredung schwatzten wir liebenswürdig miteinander, scherzten und lachten ohne Unterlaß.

Trotz meiner Abneigung mußte ich zugeben, daß diese erstaunliche Frau einen hellwachen Geist und einen ungeheuer beweglichen Verstand besaß. Auch ihre Spitzfindigkeit war beeindruckend, wenn man sie näher kennenlernte. Was für ein Jammer, daß sie nicht schön war. Hätte König Henri sie geliebt, hätte sie ihm dabei helfen können, wie ein wahrer König zu regieren, anstatt in der dunklen Einsamkeit ihres gemarterten Herzens finstere Pläne zu schmieden.

In ihr erkannte ich ein Wesen, wie ich selbst es war – eine Überlebende, *La Fortez*. Wären wir nicht gewesen, was wir waren – eine Königin, die durch das Haus Valois zu herrschen wünschte und ein Diener der Todfeinde dieses Hauses – so hätte uns die geistige Verwandtschaft einander sehr nahebringen können. Wie die Dinge aber lagen, wußte ich, daß ich sie nach meinem Willen beeinflussen konnte und damit Macht über sie hatte, da ich sie so gut verstand.

Inzwischen waren zwei Stunden vergangen. Da erhob sie sich und gab mir damit zu verstehen, daß die Audienz beendet sei.

»Maître Nostradamus«, sagte sie heiter, »ich habe lange nicht mehr so vergnügliche Stunden verbracht. Wir könnten Freunde werden. Ich lasse Euch jetzt zum Palais des Kardinals von Bourbon und Erzbischofs von Sens bringen. Dort werdet Ihr residieren, bis ich Euch wieder rufen lasse. Die Königskinder sind in Blois. Ich wünsche, daß Ihr Euch dorthin begebt, um ihre Horoskope zu betrachten sowie auch das der jungen Mary Stuart, der Braut meines Sohnes. Ansonsten rate ich Euch, unsere schöne Stadt Paris zu erkunden und Euch gut zu amüsieren.«

Das erste Ziel war erreicht: ich besaß ihr Vertrauen. Ich hielt die Luft an, bis ich durch das Vorzimmer hindurch war und in die große Halle gelangte. Dort stieß ich dann einen Seufzer der Erleichterung aus. Sogleich umringten mich wieder schwatzende, kichernde Höflinge, die miteinander flüsterten und sich die Köpfe darüber zerbrachen, was zwischen der Italienerin und mir vorgegangen sein mochte. Wahrscheinlich hatten sie mit dem Ohr an der Tür gelauscht, um wenigstens Bruchstücke der Unterhaltung mitzubekommen. Ein groteskes Bild erstand vor meinem inneren Auge: in Samt und Seide gekleidete Gestalten kletterten aufeinander und fielen übereinander und stierten durch ein Schlüsselloch, um ungeheuer wichtige Dinge zu vernehmen, bekamen statt dessen jedoch zu hören, daß Bleiweiß mit Rosenwasser und Zitronensaft vermischt ein ausgezeichnetes Mittel gegen unschöne Hauptpigmentierungen sei.

XXI

Ich erhielt einen bestickten Samtbeutel mit einhundertdreißig Goldtalern von der Königin – kaum genug um die Kosten zu decken, die meine Reise nach Paris mir verursacht hatte. Ich tobte und schäumte vor Wut und verfluchte ihre Knauserigkeit, während ich meine prunkvollen Gemächer im Palais von Sens durchschritt. Doch bald schon konnte ich feststellen, daß es sehr von Vorteil war, die Königin als Gönnerin betrachten zu dürfen. So konnte ich mich doch noch schadlos halten.

Noch vor Einbruch der Nacht war allen bei Hofe zu Ohren gekommen, daß ich bei der Königin Anklang gefunden hatte. Hinfort mangelte es mir weder an Kunden noch an Patienten, die mich in meinen Gemächern aufsuchten, um meinen Rat einzuholen: alte Adlige baten um Verordnungen, wenn sie an Gicht, Steinen oder einem Nachlassen der Manneskraft litten. Die jungen Damen benötigten zumeist Mittel, die dem Verfall ihrer Haut vorbeugen sollten. Besorgte Mütter baten mich, Horoskope für ihre Kinder zu erstellen. Heimliche Liebhaber wünschten zu erfahren, wann der alternde Gatte sterben würde, junge Höflinge hofften, daß das Glück ihnen bald hold sein und sie zu Ruhm, Reichtum und Ehren gelangen würden.

Vom frühen Morgen bis zum späten Abend riß der Strom der Besucher nicht ab. Sie kamen herbeigeströmt wie ein vom Regen angeschwollener Fluß. Zuweilen vergaß ein unverschämter Edelmann, daß auch gewöhnliche Sterbliche schlafen müssen, und pochte spät nachts an meine Tür. Doch trotz meiner Müdigkeit und der Schmerzen in meinen Beinen und Füßen, wies ich niemanden ab. Die Niederschriften ihrer Horoskope würden sich später noch als sehr nützlich erweisen – ebenso wie das, was mir nach und nach bruchstückweise über die Blüte Frankreichs zu Ohren kam.

Und sie überschütteten mich mit Geschenken: mit Kleidung, Tafelgeschirr, mit Gold und Edelsteinen. Eine ältliche, stark geschminkte Frau, die mich wegen ihrer leidenschaftlichen, doch unerwiderten Liebe zu dem jungen Herzog von Nemours um Rat ersucht hatte, verehrte mir einen grellbunten Papagei aus Indien, der sie tausend Goldtaler gekostet hatte. Der Vogel kreischte unentwegt und krächzte: ›Vive le roi!‹ Anfänglich fand ich das ganz amüsant. Doch schon nach ein paar Stunden machte ich das Tier dem Kardinal von Bourbon zum Geschenk.

Die klägliche Summe von einhundertdreißig Goldtalern war nur ein Körnchen Sand im Vergleich zu dem Vermögen, das ich in fünf kurzen Tagen einheimste. Das alles verdankte ich der Königin, die hier ein Wort fallenließ, dort einen Vorschlag machte. Im stillen bewunderte ich ihre subtile Art, mich zu entlohnen. Hätte sie mir gleich eine größere Summe offeriert, wäre sie als leicht- und abergläubisch angesehen worden.

Neben all den Edelleuten, die mich wegen der läppischsten Anliegen aufsuchten, klopfte eines Tages die geheimnisvolle, dunkelhaarige Dame in weißem Damast bei mir an. Anmutig wie eine Birke stand sie in dem kleinen Salon mit den üppigen Tapisserien, den reichgeschnitzten Möbeln, den kostbaren Gemälden und all dem goldenen Zierrat. Mit einem belustigten Lächeln auf den Lippen sah sie sich um, als sei sie sich über die Ironie im klaren, die es bedeutete, mich hier eingesperrt zu sehen. Dieser Luxus paßte nicht zu mir. Sie war nicht gekommen, um meinen Rat hinsichtlich ihres Horoskops zu suchen und wünschte auch kein Rezept für eine Schönheitscreme. Sie überbrachte mir eine Einladung für den folgenden Abend zum Souper im Palais de Cluny, der Residenz des Kardinals von Lothringen in Paris.

»Monseigneur wünscht, daß Ihr seine bescheidene Tafel mit Eurer Gegenwart beehrt«, sagte sie mit sardonischem Lächeln, ihr Mund eine vollerblühte Nelke. »Ihr seid ja jetzt *die* Sensation von Paris.« Ermattet ließ sie sich auf einer zierlichen Bank mit Elfenbein-Einlegearbeit neben dem Kamin nieder. »Wie gefällt es Euch bei Hofe, Maître de Notredame?«

Daß sie mich so anredete, ließ mich aufhorchen. Bei Hofe nannte man mich Nostradamus, den Propheten aus Salon.

»Nun, es ist ein Königshof. Reichtum, Glanz und Macht verfehlen ihre Wirkung selten.«

»Doch kommt es sehr darauf an, in wessen Händen sie liegen, meint Ihr nicht auch? Was haltet Ihr übrigens von der Königin?«

»Ich will Eure Frage gern beantworten, Madame. Doch erst verratet mir Euren Namen.«

Sie lachte und entblößte dabei zwei Reihen winziger, schneeweißer Zähne. Ich bewunderte ihre vollen, roten Lippen.

»Ich bin Marie de St. Clair und Schottin von Geburt. Ich stamme von den Earls von Caithness ab, doch meine Familie lebt schon seit Generationen in Frankreich. Ich diene bei der Königin. Mein Bruder heißt Jacques de St. Clair und ist Bogenschütze bei der schottischen Garde des Königs. Mein Gemahl... mein Gemahl befaßt sich mit Weinbau.«

Ich wartete, doch sie sagte nichts mehr, hüllte sich wieder in mysteriöses, doch beredtes Schweigen wie der Mond am klaren Himmel. Natürlich gehörte auch sie zu dem verzweigten Netz. Ihr Gesicht barg zu viele Geheimnisse und sie lächelte wissend. Es mußte sich so verhalten. Auch ihre Verbindung mit dem Kardinal und dem Herzog zeigte ihre Verwicklung in diese Angelegenheit auf. Sie musterte mich kühn. Unzählige Fragen standen mir im Gesicht geschrieben. Ihr blieb nicht verborgen, welche Gedanken mir im Kopf herumgeisterten. Ich wußte, daß ich vor ihr nichts würde geheimhalten können. Aus den Blicken, die sie getauscht hatten, schloß ich, daß sie die Mätresse von François de Guise sein mußte.

»Schaut nicht so verwirrt drein, Maître de Notredame«, sagte sie, und lächelte mich strahlend an. »Bei all Eurem Wissen wundert Ihr Euch, daß auch Frauen Geheimnisse zu bewahren vermögen?«

Ein betörender, exotischer Duft umwehte sie – Sandelholz und Duftstoffe aus vielerlei Gewürzen. Marie de St. Clair: der Name erschien mir seltsam vertraut. Ich grübelte noch lange darüber, nachdem sie bereits gegangen war. Mir wollte jedoch kein Zusammenhang in den Sinn kommen. Plötzlich lichtete sich das Dunkel, die Teilchen des Mosaiks paßten zusammen und ich hörte die Stimme von Mathias Delvaux, der die Tapisserie des weitverzweigten Weinstocks mit seinen Myriaden von Verästelungen wob: Gisor, Joinville, Chaumont, Courtenay, Gonzaga, Brienne, Montpezat, Charnay, Blanchefort, Guise, Lothringen, St. Clair. Auch diese Frau war *sangraal*.

XXII

Das Hôtel de Cluny, die Pariser Residenz der Äbte des mächtigen Klosters, der weitläufigen Benediktinerabtei zu Cluny, lag am südlichen Seineufer inmitten eines riesigen Parks mit Lindenbäumen, weißen Rosen und schattigen, gepflasterten Wegen – ganz in der Nähe der Sorbonne. Die zierlichen Türmchen waren zart wie Filigran durchbrochen – ein Meisterwerk der Steinmetzkunst. Überall schwebten Engel und Wasserspeier, dem Stein entstiegen, um sich unter bizarren Verrenkungen zu paaren. Das Hôtel de Cluny war einst ein Kloster gewesen. Jetzt beherbergte es den gerissensten Ränkeschmied Frankreichs.

Das Hôtel war über den alten, römischen Bädern von Lutetia erbaut worden, und der Kardinal von Lothringen hatte tonnenweise Erde wegschaffen lassen, um die zerbröckelnden Mauerreste freizulegen, soweit das Palais dadurch nicht in Mitleidenschaft gezogen wurde. Er hatte die Thermen mit Weinlaub, blühenden Sträuchern und duftenden Kräutern bepflanzt. Jetzt bildeten sie ein schattenspendendes Gewölbe neben dem wundervollen, gotischen Bauwerk der Residenz, des Hôtels de Cluny, das überdeutlich daran erinnerte, daß alles Heilige sich auf ewig mit dem Dunkel verbinden muß. In dem kleinen Hof jenseits des reichverzierten, schmiedeeisernen Gittertors hatten Roßkastanienbäume ihre Früchte verschwenderisch auf das Kopfsteinpflaster hinabregnen lassen.

Zunächst einmal verdrängten die reichen Kunstschätze jeden Gedanken an den bevorstehenden Abend. Römische, griechische und ägyptische Statuen aus Alabaster und Gold, juwelenbesetzte Kreuze, Reliquienschreine, kostbare Cloisonnéarbeiten, bemalte Krüge, vergoldete Urnen, Silbergeschirr, Fayencen, herrliche Tapissserien und Gobelins stachen mir ins Auge. Ich hatte gewußt, daß der Kardinal ein begeisterter Sammler war, dessen Begierde nach dem Erwerb seltener Kunstwerke seinen Konkurrenten ein stetiges Ärgernis war. Was er hier zusammengetragen hatte, zeugte von erlesenem Geschmack. Jedes Stück war auf seine Art ein Juwel, ein vollkommenes Exemplar seiner Gattung.

François de Guise stand in seiner prächtigen Hoftracht lässig am Marmorkamin. In der Rechten hielt er einen goldenen, mit Juwelen besetzten Pokal, seine Linke ruhte auf der Schulter von Anna d'Este, seiner plumpen, hochschwangeren Gemahlin. Marie de St. Clair stand schmal und aufrecht wie eine weiße Kerze unter einem Gobelin in Regenbogenfarben, der die weiße Seide ihres perlenbestickten Gewandes schimmern und aufleuchten ließ. Neben ihr stand ein blendend aussehender, junger Mann, der offensichtlich bei der schottischen Garde des Königs diente und ihr so verblüffend ähnlich sah, daß sie an Köpfe auf ein- und derselben Münze erinnerten. Ein ausgemerkelter, junger Zisterziensermönch mit feingeschnittenen Zügen saß auf einer samtbezogenen Bank. Ich erkannte ihn sofort wieder. Er war gelegentlich in der Bibliothek der Abtei Notre Dame d'Orval erschienen, um dort seine Studien zu vertiefen. Als Gelehrter befaßte er sich mit glühendem Eifer mit genealogischen Fragen. Jetzt stritt er hitzig mit einem der Hofpoeten der *Pléiade* – Pierre de Ronsard – über den Ursprung und die Herkunft der Linie Joinville. Zu ihnen gesellte sich ein weiterer Angehöriger der schottischen Garde – Gabriel de Montgoméry, Sieur de Lorges, ein junger Riese mit lohem Haar und frischem Teint, sommersprossig, mit hochroten Wangen, der einen kostbaren, zerbrechlichen Kristallkelch wie eine Hellebarde in der Faust hielt. Louis, der dritte Sohn von Claude, Kardinal von Guise, ein Künstler, Träumer und Poet, rekelte sich würdelos auf einem Haufen bestickter Kissen. Er war volltrunken und nicht mehr ansprechbar. Lächelnd und all seinen Charme versprühend glitt der Kardinal von Lothringen mir entgegen. Er hieß mich herzlich willkommen und reichte mir leutselig einen Pokal mit Wein. Den warmen Blick seiner lebhaften Augen empfand ich als sehr wohltuend.

Ich verneigte mich vor Marie de St. Clair. »Ich bitte um Vergebung, Madame, weil ich nicht gleich verstanden habe, als Ihr mir Euren Namen nanntet. Zu meiner Entschuldigung kann ich nur vorbringen, daß die bisher in Paris verbrachten Tage so überaus anstrengend für mich waren.«

»Und doch steht Euch das schlimmste noch bevor, Maître de Notredame«, sagte sie mit krampfhaftem Lächeln. Zarter Duft von Sandelholz, Aromastoffen und Wacholder umwehte mich. »Ich fürchte, Blois wird eine traurige Erfahrung für Euch sein. Ihr wißt ja, was diese bejammernswerten Kinder erwartet.«

»Ich zweifle nicht daran, daß mich die Begegnung mit diesen Kindern mit tiefer Trauer erfüllen wird. Schon die Königin hat mich traurig gestimmt. Doch Mitleid ist hier wohl fehl am Platze.«

Sie nickte zustimmend. Da trat Charles de Guise auf uns zu. Wieder spürte ich, wie mich dieses Unbehagen beschlich, das ich in seiner Gegenwart neben der Faszination, die er auf mich ausübte, immer empfand. Elf Jahre waren vergangen, seit ich ihm im Schloß von Gisor von Angesicht zu Angesicht gegenüber gestanden hatte. Er war jetzt zweiunddreißig Jahre alt. Der verführerische, junge *santorello* war zu einem ebenso verführerischen, jedoch todbringenden Höfling und Ränkeschmied herangereift. Anne de Montmorency hatte ihn einmal ein großes Kalb genannt. Doch inzwischen war der Stier erwachsen geworden. Hinter der glatten, liebenswürdigen Maske verbarg sich ein zäher, drahtiger, äußerst scharfsinniger und gerissener Mensch. Bei Hofe betete man ihn an und haßte ihn zugleich. Seit ein Strom von Besuchern in meinen Gemächern im Hotel de Sens ein- und ausging, war mir so manches über ihn zu Ohren gekommen. Man gab sich Spekulationen hin.

Unzählige Damen waren leidenschaftlich in ihn verliebt. Er war jedoch sehr anspruchsvoll und ausgesprochen wählerisch und schenkte seine Gunst nicht jeder. Kein Skandal kratzte je den glänzenden Lack seines geheiligten Privatlebens an.

Auch eine Reihe junger Männer machte ihm den Hof, hier war er sogar noch diskreter. Viele mißtrauten ihm, hielten ihn für zu vollkommen, zu charmant und zu feinsinnig. Er war in ihren Augen ein arglistiger *tentatore*, starken Stimmungsschwankungen unterworfen – einem Strom ähnlich, in dem sich die dahinziehenden Wolken spiegeln. Genau wie ich hatten auch sie sich anfänglich von seinen klugen, faszinierenden Augen, seiner wohlklingenden Stimme betören lassen, die so beredt ganze Kaskaden zündender Dinge zur Sprache brachte. Dank dieser melodiösen Stimme klangen seine Predigten sehr überzeugend. Doch er konnte auch in zarten, bewegten Tönen griechische Klassiker zitieren oder widerwärtige Zoten zum besten geben.

»Der Kardinal ist in diesem Lande sowohl König als auch Papst«, hatte der venezianische Botschafter im Hôtel de Sens zu mir gesagt, während ich seine Zukunft in Frankreich voraussagte. Ich hatte mich in Schweigen gehüllt und keine Miene verzogen; denn der Prophet aus Salon kümmerte sich niemals um Hofklatsch. Doch schien es, als ließe Charles de Guise alle, den König nicht ausgenommen, wie Marionetten an unsichtbaren Schnüren tanzen.

»Seid gegrüßt, mein Freund«, sagte er, und schon verfing ich mich wieder in dem goldenen Netz seines unwiderstehlichen Charmes. »Es heißt, die Königin sei tief beeindruckt von ihrem neuen Astrologen. Ich hoffe, Ihr habt sie gehörig erschreckt mit Eurem seltsamen Vierzeiler von den zwei Löwen.«

»Ich habe ihr gesagt, ich wisse nicht was diese Vision zu bedeuten habe«, entgegnete ich nervös.

Einen Augenblick starrte er mich sprachlos an, dann lachte er glockenhell.

»Das ist sogar noch besser«, sagte er. »Die gesamte Christenheit weiß, daß der Narr heilig ist.« Er nahm meinen Arm. Eine falsche, schlangenartige Anmut umwehte ihn wie ein Duft. »Kommt, ich möchte Euch meinem lieben Freund, Hauptmann Montgoméry, Sieur de Lorges, vorstellen.«

Ich blickte dem jungen Riesen in die grüngesprenkelten Augen und konnte nicht umhin, mich für diesen grundehrlichen Mann mit dem aufrichtigen Gesicht zu erwärmen. Das lohfarbene Haar lag um seinen Kopf wie eine Löwenmähne.

»Seht Ihr?« sagte der Kardinal, und legte dem Hauptmann freundlich lächelnd seine schmale, weiße Hand auf die Schulter. »Er ist wie ein junger Löwe, findet Ihr nicht auch? Alles paßt zusammen. Ich habe mir die Mühe gemacht, sein Horoskop zu erstellen. Er ist bei Sonnenaufgang im Zeichen des Löwen geboren.« Mit seinen hellen Augen betrachtete er mich, als sei ich ein aufgespießtes Insekt. »Nun, wie gefällt Euch unser junger Löwe, Maître de Notredame?«

Eine ganze Weile verging, bevor ich begriff, was er damit sagen wollte. Ich starrte den Sieur de Lorges fassungslos an und wandte mich dann völlig hilflos an Charles de Guise. Doch der lachte nur.

»Schicksal und Schicksal sind zweierlei Dinge«, sagte er, und hob seinen Pokal spöttisch, als wolle er einen Toast ausbringen. »Betrachten wir einmal die Entstehung des von Menschen herbeigeführten Schicksals – in vollkommener Verbindung mit den von den Grauen gesponnenen Netzen. Was ist nun wirklich Schicksal und was ersonnen und vorausgeplant? Versucht einmal, dieses Rätsel zu lösen.« Mit einem anmutigen Schwung wirbelte er in seiner Tracht aus rotem Seidenatlas herum und führte uns in den Speisesaal. Da fühlte ich eine kräftige Hand auf der Schulter, wandte mich um und blickte François de Guise in die Augen.

»Warum fürchtet Ihr Euch?« fragte er mich, und bedachte mich mit einem ernsten, strengen, aber durchaus nicht teilnahmslosen Blick. So sah er sicher auch seine Soldaten an, wenn sie vor der Entscheidungsschlacht zurückschreckten. »Es soll nicht heißen, das Haus Guise habe auf seinem Weg zum Thron alles niedergemäht, was sich ihm in den Weg stellte. Ihr wißt doch, daß wir nicht anders handeln können. Ihr selbst habt dazu beigetragen, die Voraussetzungen zu schaffen. Weshalb also zittert Ihr?«

»Visionen in den Flammen zu sehen, mag ja noch angehen. Aber in all dem liegt etwas Gottloses, ganz Entsetzliches. Es riecht nach Hexerei.«

Da lachte er laut. »Aber mein Freund, mir braucht Ihr doch nichts vorzuheucheln. Ihr fürchtet Zauberei gewiß nicht! Außerdem tun wir ja nur, was jedermann tut, wenn er eine Vision hat oder eine Möglichkeit sieht. Dann schafft er die Voraussetzungen, die es ermöglichen, sie zu verwirklichen. Darin besteht das Wesen jedes schöpferischen Aktes. Wir sind alle Zauberer. Nun grübelt nicht weiter darüber nach.«

Wir sprachen lange über das italienische Wagnis, aßen gebratenen Pfau und in Kräutern geschmortes Lamm. Dazu tranken wir Unmengen köstlichen Weins. Der junge Zisterziensermönch hatte wieder angefangen, sich mit Pierre de Ronsard wegen der Linie der Joinville zu streiten. Er schlug mit der Faust auf den Tisch, um seine Äußerungen zu unterstreichen und stieß schließlich aus Unachtsamkeit sein Weinglas um. Da mischte sich François de Guise abrupt ins Gespräch und beendete die hitzige Diskussion, indem er den Poeten bat, ein Lied zum besten zu geben.

Der Dichter verneigte sich und kam dieser Bitte nur allzugern nach. Er wurde es nie müde, seine Sonette selbst zu singen oder sie von Jannequin zierlich vertont zu hören. Er war ein merkwürdiger, winziger Gnom, gebeugt und verhutzelt wie ein uralter Mann, obwohl er nicht älter als ich war. Er war fast taub, so daß man schreien mußte, um sich verständlich zu machen. In den kalten Fernen seiner schweigenden Welt spann er fantastische Netze aus Silber und Gold, überzog alles mit einer feingeschliffenen Glasur. Ein zarter, kühler Zitronenduft schien seinen Werken zu entströmen. Aber seine Poesie bewegte mich nicht. Mich fror beim Klang solcher Verse, alles war zu präzisiert. Doch dem Kardinal mit seinem exquisiten Geschmack lagen die Verse sehr. Er überschüttete Monsieur de Ronsard und dessen Freunde mit großzügigen Geschenken und stellte sie unter seinen Schutz, so daß der kleine Kreis unter seinen zarten Händen blühte wie ein Obstgarten mit Bäumen, auf denen glasierte Früchte wuchsen.

Die Poeten und Musiker, die der Kardinal um sich scharte, veränderten langsam, doch unaufhaltsam die Sprache Frankreichs. Zurückbleiben würde ein silbern und goldenes Monument, ein Gebäude aus Worten und Musik, dem der Duft von Zitronenblüten entströmte. Sie würden ihn und sein Haus mit ihren Werken unsterblich machen. Der Glanz dieses Gebäudes würde niemals erlöschen. Sie waren dabei, ihm ein Denkmal zu setzen, das einmal auch in den Seelen der noch Ungeborenen Funken schlagen würde.

Monsieur de Ronsard sah seinen Mäzen mit Anbetung im Blick an, senkte die kurzsichtigen Augen, griff nach seiner Laute und gab ein Stück zum besten, das er ›Hymne auf die Gerechtigkeit‹ nannte. Sie war überladen mit Jubelrufen und triefte vor maßlos übertriebener Bewunderung für seinen Herrn und Meister.

> ›Prince si jeune d'ans et de moeurs si chenu,
> Celui sera nommé le Prelat de Lorraine,
> Charles, dedans lequel ta fille souveraine
> Miraculeusement tu feras transformer
> Pour les faicts vicieux des humains reformer;
> Elle prendra son corps;
> Mon Charles, mon Prelat, mon Laurier de Lorraine!‹

Verlegen lauschte ich diesem Gefühlsüberschwang. Der Kardinal schien sich jedoch nicht im geringsten daran zu stören. Er kräuselte die feingeschnittenen Lippen zu einem belustigten Lächeln und tat, als gebührten ihm solche Lobeshymnen. Ich unterdrückte meine Verbitterung. Die Hugenotten, die ihn haßten, hätten sich anders ausgedrückt.

Der Heilige Vater in Rom hatte Charles de Guise zum päpstlichen Legat und Großinquisitor ernannt. Jetzt hielt sich hartnäckig das Gerücht, er beabsichtige, die Inquisition in Frankreich nun richtig zur Entfaltung zu bringen. Ich wußte, daß das nicht der Wahrheit entsprach; denn er war völlig frei von dem blindwütigen Fanatismus des Verfolgers. Er brachte den Ketzern weit mehr Verständnis entgegen, als diese je vermutet hätten. Es war ihnen unbegreiflich. Und doch hatte dieser Hang zur Grausamkeit, den ich schon vor Jahren an ihm entdeckt hatte, inzwischen Blüten getrieben und begann bereits Früchte zu tragen. Die zarte und hochkultivierte Feinsinnigkeit, die ihn diese wundervollen Kunstwerke hatte erwerben lassen, die auch ganz aufrichtig aus seinen feingeschnittenen Zügen sprach, konnte sich jäh in Gewalttätigkeit, Spott und Verachtung verwandeln. Wieder fiel mir die Frage ein, die sein Vater mir gestellt hatte: *Hat er die Wahl?*

Während des ganzen festlichen Mahls hatte Marie de St. Clair kaum gesprochen. Sie saß wie eine geheimnisvolle, ägyptische Statue da, lauschte und ließ sich nichts entgehen. Ihre vollen, blutroten Lippen waren spöttisch geschürzt, ihre schneeweiße Haut leuchtete im Kerzenlicht. Ich mußte mir wiederholt sagen, daß ich nun ein Mann in mittleren Jahren war und bald alt sein würde. Außerdem war ich mit einer guten, respektablen, liebevollen Frau verheiratet. Doch es half alles nichts.

Charles de Guise streckte geistesabwesend seine schlanke Hand aus und streichelte ihren Arm, der anmutig auf dem Tisch lag. Unendlich zart und unaufdringlich bewegten sich seine schlanken, beringten Finger sehnsüchtig, ihm selbst vielleicht gar nicht bewußt, den schmalen, weißen Arm hinauf und hinab. Da erhob ich mich ungeduldig. Ich glaubte zu ersticken und konnte meiner Eifersucht kaum mehr Herr werden. Ich ging steifbeinig in die große Halle hinaus und überließ mich meinen Grübeleien.

Mit Wein und immer mehr Wein versuchte ich den brennenden Durst zu stillen. Louis de Guise schlief nach wie vor in goldene Träume versunken, jung und verletzlich in den Kissen, wo man ihn zurückgelassen hatte. Allmählich ergoß sich die Tischgesellschaft in die Halle und Monsieur de Ronsard spielte wieder die Laute. Eine einschläfernde, irgendwie böse, ungute Stimmung machte sich breit, senkte sich über uns wie der erstickende Dunst eines tropischen Parks, in dem exotische Blüten wuchern und ihren süßen, betörenden Duft verströmen, über dem aber schon die Fäulnis schwebt. Über die dem Sieur de Lorges zugedachte Rolle wurde kein Wort verloren. Aber ich konnte mich des Gedankens daran nicht entledigen, wie mich auch die schwarzen Augen von Marie de St. Clair nicht mehr losließen.

Die lange Nacht erlebte ich wie in Nebelschwaden eingeschlossen. Von bittersüßen Empfindungen gepeinigt, schwebte ich wesenlos durch schwere Träume, die der Genuß von Belladonna mir eingegeben hatte. Da ich in so trüber Stimmung war, überließ man mich mir selbst. Das Stimmengewirr und das sanfte Zupfen der Laute waren nicht dazu angetan, mich aus meinen finsteren Grübeleien zu reißen. Der Kardinal und seine Gäste kamen und gingen, verschwanden und tauchten wieder auf wie Schauspieler auf einer Bühne. Ich saß neben dem lässig hingegossenen, rotgewandeten Louis de Guise und starrte auf den in prächtigen Farben gehaltenen Wandteppich ›Die Dame mit dem Einhorn‹. Neben der Darstellung des Lebens einer vornehmen Dame unter Verwertung der Sage vom wilden Einhorn, das nur von einer reinen Jungfrau zu zähmen sei, wurden auch die menschlichen Sinne symbolisch verbildlicht. *La dame et la licorne.*

Mon seul désir.

Schließlich erhob ich mich leicht schwankend und trat hinaus in den schweigenden Park. Meine Sinne waren verwirrt von all dem Wein und der seltsamen, traumhaften Stimmung. Mathias Delvaux' Worte fielen mir wieder ein. Aus dem Dunkel heraus hatte er sie gesprochen, während ich in die Flammen starrte, aus denen die geisterhaften Gestalten meiner Visionen vor mir aufstiegen.

Wir armen, erdgebundenen Geschöpfe haben keinen Zeitbegriff. Wir glauben, es gäbe eine Vergangenheit, eine Gegenwart und eine Zukunft. Doch in Wahrheit ist alles jetzt, geschieht in diesem Augenblick – wie die Bilder in einem Traum...

Hier war nun einer dieser Schnittpunkte, an dem sich der Bereich der Möglichkeiten mit dem menschlichen Willen vereinigt. Eine dieser zahlreichen Möglichkeiten aus dem fächerförmigen Netz der Zeit besagte, daß König Henri in drei Jahren sterben könnte. Dieser Keim, von Luc Gauricus und mir geschaffen, genährt und am Leben gehalten, würde bald von einer Hebamme ans Licht gezerrt werden. Wie es schien, stand die Hebamme schon fest.

Ich dachte auch an Monseigneur Ammamien de Foix, den Bischof von Carcassonne, der so gelassen über die Alchemie gesprochen hatte, sowie über den Akt freiwilliger Befreiung, der notwendig war, damit das Werk gelang. Keine unwiderrufliche Laune der Natur würde das je zustande bringen. Gott und das Schicksal saßen in dumpfer Vergessenheit gefangen, bis die Sünde, das Bewußtsein, die Hybris der vorsätzlichen, genau überlegten Entscheidung, Gott gebar, und damit den Menschen ewiger Verdammnis überantwortete.

Mondlicht lag weiß und kalt wie frischgefallener Schnee auf dem Park des Hotel de Cluny. Die schweren, reglosen Blätter der Kastanienbäume und die Linden waren silbrig übergossen und schienen aus transparentem Marmor zu sein – das filigranzarte Spitzenmuster einer weißgebleichten Welt vor einem glänzend schwarzen Hintergrund, die Fantasiewelt eines dem Wahnsinn verfallenen Bildhauers. Ich ging auf die römischen Thermen zu. Alles schien wie mit Silber überkrustet. Weinlaub wand sich um die bröckelnden Mauern. Wie mit eisigem Zuckerguß überzogene Bäume und Sträucher ragten gen Himmel. Der Mond ließ alles weiß und knöchern erscheinen, die schönsten Formen waren völlig ihrer Farben beraubt; alles erinnerte an die zarten Linien einer Radierung. Von ferne hörte ich schwach die Klänge der Laute. Sie schienen sich mir zu nähern und über mir im Dunkeln zwischen den geisterhaften Bäumen zu schweben.

Wie konnten sie es wagen? Ich konnte keine Ausflüchte machen, nicht ausweichend antworten, daß der König bald sterben mußte. Wie vor ihm schon sein Vater, so begann auch er diesem faszinierenden, überaus mächtigen Hause de

Guise gegenüber mißtrauisch zu werden; denn es besaß unüberwindliche Kraft und war besessen von einem durch nichts zu unterdrückenden Ehrgeiz. Wenn der junge, nachgiebige, leicht zu beeinflussende François II. den Thron bestieg, würden sie seine kleine, schottische Königin beherrschen. Diane de Poitiers, Herzogin von Valentinois, würden sie nicht mehr bei Hofe dulden. Der Konnetabel de Montmorency, ihr erbittertster Feind, scharf, bissig und reizbar und ebenso nutzlos wie ein alter Hund, würde sofort seines Amtes enthoben werden. Dann hätten sie unumschränkte Macht, könnten nach Belieben über Frankreich bestimmen. Ich wußte nur allzugut, daß die Arbeit, das Werk des Ordens, zuweilen auch blutbefleckt war.

Um meinen Seelenfrieden wäre es entschieden besser bestellt gewesen, hätte ich mich an einer finsteren Verschwörung beteiligt, bei der es darum ging, jemanden zu vergiften oder jemandem einen Dolchstoß zu versetzen – den Tod absichtlich herbeizuführen und als Unfall erscheinen zu lassen. Die geisterhafte Magie, dieses zu den Sternen aufschauen und aus Rauch und Flammen Visionen erstehen zu sehen, hatte etwas Furchterregendes an sich. Hier wurden unter Zuhilfenahme des menschlichen Geistes mit menschlichem Wagemut die Fäden der beginnenden Wirklichkeit mit den Traumgespinsten verwoben. Die Wahl war auf einen lebendigen Menschen gefallen, einen Mann aus Fleisch und Blut. Er sollte das Gefäß sein, durch das die Macht des Schicksals tätig wurde. Zweifellos würde er seine Tat mit dem Leben bezahlen müssen. Dazu schien er bereit zu sein. Das war tatsächlich schwarze Magie und er war das Opfertier. Es überlief mich eiskalt, wenn ich an die entsetzliche, todbringende Überheblichkeit dachte, die darin lag. Wer waren sie? Wie konnten sie es wagen? Mich traf jedoch die gleiche Schuld wie sie. Wie mir François de Guise freimütig nach Soldatenart erklärt hatte, war ich ein viel größerer Heuchler. Hatte ich nicht durch meine aus den Flammen emporzüngelnden Visionen den Plan vorgezeichnet?

Ich ließ mich im Schatten der Umfassungsmauer der Thermen nieder, gleich neben dem stillen Bassin. Von der dunklen Wasserfläche starrte mir der Mond entgegen. Ich war wie gelähmt und mußt an jenes andere Gewässer, den Teich aus meinem immer wiederkehrenden Traum denken, in dem sich etwas Schreckliches verbarg. Zuerst glaubte ich, der Laut existiere nur in meiner Fantasie. Dann dachte ich, mir selbst habe sich vor Erschöpfung ein leiser Seufzer entrungen. Doch dann hörte ich es wieder, diesmal ganz deutlich. Aus der Ruine jenseits des Bassins drang das erregte Stöhnen einer Frau. Ich konnte im Dunkeln kaum etwas erkennen, nur die Umrisse der zerbröckelnden Mauern und Wände, Schatten, die sich dunkel kaum von dem finsteren Hintergrund abhoben. Eine leichte Brise kam auf und kräuselte die Wasseroberfläche, in der sich der Mond spiegelte. Das Spiegelbild zerbrach in Stücke.

Mit angehaltenem Atem sah ich vorsichtig um den Pfeiler herum, der mir die Sicht nahm. Ich sagte mir, daß da vielleicht jemand stöhne, der schreckliche Schmerzen habe und Hilfe brauche. Doch tief im Innern wußte ich, daß das nur ein Vorwand war und daß ich nicht sehen durfte, was da geschah. Es war nicht für meine Augen bestimmt, gehörte zu dem Traumgespinst dieses zauberhaften Parks. Trotzdem gab ich dem blinden Impuls nach, der mich dazu trieb, über die schützende Mauer zu blicken, die das Geschehen vor mir verbarg. Da lagen sie schneeweiß, ganz bleich im Mondlicht zwischen blühenden Blumen.

Ihr Kopf war zurückgeworfen und ihr Profil zeichnete sich rein und klar wie eine Kamee gegen die Dunkelheit ab. Ihr schwarzes Haar hing lose herab und schlängelte sich bis zum Rande des Bassins. Ein paar Strähnen schwammen sogar auf dem Wasser. Die geisterhaften, wunderschönen Leiber vereinigten sich und ließen wieder voneinander ab. In rhythmischen, wellenartigen Bewegungen vollführten sie einen träumerisch langsamen, konvulsivischen Tanz. Die bleichen Glieder glichen vom Wind bewegter Spitze. Hände glitten über weiße Schultern, streichelten auf- und niederwogende Schenkel und Hüften. Das schwache Mondlicht wurde zum Komplizen und tauchte den Seidensatin der hastig abgeworfenen, zerknüllten, roten Kardinalsrobe in blaßsilbernen

Glanz. Auf der weißen Haut leuchtete das Muttermal, wie ein kleines Kreuz geformt.

Sol et luna, Schwefel und Salz, der Rote König und seine Weiße Gemahlin... *Und Tiresias nahm wahr, wie sich die Schlangen an der Weihstätte des Heiligen Haines paarten und erkannte, daß ihm die Götter ein heiliges Mysterium gesandt hatten, ein Rätsel, das es zu lösen galt. Da pochte er dreimal fest mit seinem Stab auf die Erde und fragte die Göttin, wer größerer Ekstase fähig sei, Mann oder Weib...*

Noch ein Seufzer, ganz tief und wild, wurde über das Wasser zu mir herübergeweht. Ihm folgte als geisterhafter Kontrapunkt sein lauter, fast schmerzlicher Aufschrei, der schon ein Schluchzen war – als könne er die unbeschreibliche Intensität seiner Empfindungen nicht mehr ertragen, während er sich wand, immer tiefer und heftiger in sie eintauchte und sich ganz dem Höhepunkt des Erlebens hingab. Ich wandte mich ab, kauerte mich hinter der Mauer nieder und vergrub das Gesicht in den Händen.

Nach einer Weile hörte ich flüsternde Stimmen, das Rascheln des Grases, dann waren sie verschwunden. Ich blieb zusammengekrümmt in der Ruine sitzen, krallte die Fingernägel in die Handflächen und sah die weißen engumschlungenen Leiber vor mir, während mich das große Auge des Mondes bewegungslos mit sprödem Lächeln aus dem jetzt wieder ganz ruhigen Wasser pfählte.

Ich sagte mir, daß ich inzwischen ein alternder Mann war, der an der Krankheit eines alten Mannes litt. Ich war nie imstande gewesen, wahllos Frauen zu lieben und dabei Vergnügen zu empfinden. Wenn ich mich daher jetzt vor Sehnsucht nach dieser jungen Sibylle verzehrte, so war dies der blinde Fluch, den man bei alten Männern häufig antrifft. Ich versuchte, das abzuschütteln, indem ich mich hämisch darüber mokierte. Doch die Wunde brannte ätzend in der Seele, als sei ich von einer vergifteten Lanze durchbohrt worden. Ich haßte sie beide.

Mühsam rang ich um Fassung. Erst sehr viel später kehrte ich wieder ins Hôtel de Cluny zurück und trat in den großen Saal, in dem sich die Gesellschaft aufhielt – oder vielmehr diejenigen, die von der Gesellschaft noch übriggeblieben waren. Monsieur de Ronsard hatte sich schon in eines der oben gelegenen Zimmer zurückgezogen, um schlafen zu gehen. Auch der Zisterziensermönch war verschwunden. Anna d'Este, die durch ihre Schwangerschaft anfällig war und leicht ermüdete, war bereits ins Hôtel de Guise zurückgekehrt. Louis de Guise lag immer noch rührend kindlich, jedoch volltrunken in den bestickten Kissen. Die beiden Soldaten der schottischen Garde des Königs hatten sich in den Schatten zurückgezogen und unterhielten sich lebhaft im Flüsterton. Die Kerzen waren in ihren Haltern und Leuchtern heruntergebrannt. Seltsame unterschwellige Strömungen machten sich breit und im Saal roch es würzig nach glühendem Sandelholz und Wacholder.

Marie de St. Clair stand biegsam wie eine junge Birke in ihrem Gewand aus weißer Seide an den Kamin gelehnt. Ihr Haar war ordentlich aufgesteckt und mit Perlenschnüren umwunden. Doch es glitzerte feucht. Sie scherzte mit François de Guise, und ihre weißen Zähne leuchteten beim Lachen. Der Kardinal saß zu Füßen der beiden auf einem reichgeschnitzten Ebenholzschemel. Er hielt den dunkelhaarigen Kopf gesenkt und zupfte sinnend die Saiten der Laute, die Monsieur de Ronsard zurückgelassen hatte. Sein roter Kardinalsmantel war noch ganz zerdrückt. Eine traurige Melodie erklang.

Ich ging an ihm vorbei, um mein Glas wieder füllen zu lassen. Ich konnte meinen Schmerz nur lindern, indem ich mich bis zur Bewußtlosigkeit betrank. Da hob er den Kopf und sah mich eindringlich an. Seine strahlend blauen Augen glitzerten spöttisch, und seine feingeschwungenen Lippen verzogen sich zu einem wissenden, zutraulichen Lächeln. Zornig und tiefbeschämt erkannte ich, daß er die ganze Zeit über gewußt hatte, daß auch ich mich im Park aufhielt. Zweifellos amüsierte er sich über die Würdelosigkeit des alternden Mannes, der in leidenschaftlicher Liebe zu seiner schönen, geheimnisvollen Geliebten entbrannt war. Verbittert wandte ich mich ab. Da spürte ich seine Hand auf dem Arm. Er hatte sich erhoben und neigte sich zu mir.

Sein Blick drückte tiefes Mitgefühl aus. Ich errötete vor Scham und Verlegenheit. Mit gesenktem Kopf wartete ich darauf, daß er ein paar freundliche Worte an mich richten würde.

Doch er flüsterte mir ins Ohr: »Das nächstemal werden wir das für Euch im Schein der Fackeln zelebrieren, begleitet von Viole und Pauke. Im Anschluß daran könnt Ihr Euch dann an der zweiten Runde beteiligen. Das macht es noch reizvoller.«

Als ich schmerzgepeinigt und zornig herumfuhr, war er schon lächelnd davongeglitten und zu seiner Laute zurückgekehrt. Mehr denn je erinnerte er mich an eine Schlange.

XXIII

Eine Woche lang ritt ich in Begleitung der Königin, ihrer bewaffneten Garde und ihres Gefolges, der Dienerschaft, durch das Tal der Loire zum Schlosse von Blois. Während des langen Rittes bemächtigte sich meiner eine immer tiefere Trauer. Das tragische Schicksal der Kinder war mir nur allzugut bekannt. Diese rührenden, mitleiderregenden Sprosse des Hauses Valois weilten seit kurzem erst auf dieser Welt, die sich so schnell und so gewaltsam änderte. Für diese zarten Wesen war kein Platz. Sie waren überflüssig. Die königliche Kinderstube war verseucht mit Schwefeldämpfen, ein stinkendes Miasma. Was konnte ich der Mutter sagen?

Der Dauphin François war zwölf Jahre alt, für eine Kinderehe mit der verwirrenden Mary Stuart ausersehen. Er war ein bleicher, kränklicher Junge, der ein Jahr lang als kranker König die Geschicke Frankreichs schauderhaft lenken würde.

> Premier fils veuve malheureux mariage
> Sans nuls enfans deux Isles en discord
> Avant dix-huict incompetent age,
> De l'autre près plus bas sera l'accord.

Noch hatte mich niemand nach der Bedeutung dieses Vierzeilers gefragt. Das geschah erst später, als er schon im Grabe lag.

Prinzessin Elisabeth war erst zehn Jahre alt und dazu ausersehen, eine kalte, lieblose Ehe mit Philipp von Spanien zu führen. Sie würde ihr kurzes Leben in einem Land mit kahlen Felsen und schwarzgekleideten Frauen, vertrockneten Weinstöcken, in einem mit rotem Sand und Staub bedeckten Land verbringen müssen, und bei der Geburt ihres Kindes mit diesem zusammen sterben.

Prinzessin Claude würde eines Tages einen jungen Sprößling des Hauses Lothringen heiraten, doch ihr Lebensfaden sollte abgeschnitten werden, kaum daß sie zwanzig war...

Und der traurige, kleine Charles von Valois mit dem angstgepeinigten Blick, dem jetzt schon der Wahnsinn in dem bleichen Gesicht geschrieben stand – mit neun Jahren würde er König werden, mit fünfundzwanzig schon sterben, und die schreckliche Bürde des Massakers würde wie ein Ochsenjoch auf seinen schwachen Schultern lasten...

Und der ungeduldig paradierende, fünfjährige Liebling seiner todbringenden Mutter – Nero, der Agrippina den Hof macht – Henri von Valois, Herzog von Anjou, der auch einmal König sein würde, wie eine Hure geschmückt und geschminkt – bis der Dolch des Mörders ihm in den Leib dringen und seine Eingeweide zerfetzen würde...

Und dann der kleine François-Hercule, der Herzog von Alençon, erst zwei Jahre alt, der an der Pest sterben würde...

Und schließlich die winzige Marguerite, die hübscheste Prinzessin des Hauses Valois in den Kinderzimmern des Schlosses zu Blois. Es sollte ihr nicht vergönnt sein, ihrer Liebe nachzugeben. Zu einer kinderlosen Ehe war sie verdammt. Vergebens würde sie sich nach der großen Leidenschaft sehnen. Im Alter würde sie verbittert, ohne Thron und kinderlos, durch Ehebruch in Ungnade gefallen sein. Nichts würde je ihre Sehnsucht stillen...

Nur einer würde aus dieser armen, bleichen Kinderschar hervorgehen – der Sohn Prinzessin Claudes, der eines Tages Herzog von Lothringen werden würde.

Und schließlich noch die Letzte, die in den Herzen meiner

Herren an erster Stelle stand. Die künftige Gemahlin des Dauphins: Maria Stuart, dreizehn Jahre alt, von schlanker Gestalt, schon fast zur Frau erblüht. Sie hatte leuchtend siennafarbenes Haar, das an die fruchtbare Erde unter der Sonne Italiens erinnerte. Sie würde den Kelch des Leidens bis auf den Grund leeren müssen. Nutzlos und gebrochen würde sie bald sein, die hochgeschätzte Nichte, das kostbarste Pfand ihrer skrupellosen Onkel. Sobald sie ihnen nicht mehr von Nutzen sein konnte, würde sie fortgeworfen werden wie Flitterkram und ihrem traurigen einsamen Schicksal überlassen sein, die Marterqualen der Liebe und einen schändlichen Tod erleiden...

Was für ein schreckliches Schicksal harrte dieser Kinder. Das Entsetzen ließ mich nicht mehr los. Der letzte Großmeister des Tempels hatte auf dem Scheiterhaufen vor der Kathedrale Notre Dame das Haus Valois verflucht, als ihm schon der Gestank seines eigenen, brennenden Fleisches und Haares in die Nase stieg, ihm der beißende Qualm schon in den Augen und in der Kehle brannte. Ich konnte nur darüber staunen, daß sich sein Fluch so ganz und gar erfüllen sollte.

> De maison sept par mort mortelle suite,
> Gresle, tempeste, pestilent mal, fureurs...

Die Schatten meiner Visionen hatten mich all die Jahre hindurch verfolgt. Ich hatte nur Krieg, Metzeleien und Tod gesehen. Doch drohte dieses Schicksal nicht nur dem bejammernswerten, aussterbenden Hause Valois, sondern auch den Herren, denen ich diente. Denn im Grunde meines Herzens wußte ich, daß das Haus Guise versagen und seine Pläne nicht ausführen würde können. Zu stark waren die Strömungen der Zeit. Der Fels der Kirche würde unweigerlich zersplittern, der Königsthron zusammenbrechen und Papst und König gemeinsam der Hölle entgegentanzen. Ein kurzes, ruhmreiches, goldenes Zeitalter war Frankreich noch vergönnt, doch dann nichts als Zerfall und Auflösung aller Werte, bis Frankreich ohne König war und in Trümmern lag. Ströme von Blut würden in Städten und Flüssen fließen.

Während meines Aufenthaltes in Orval hatte ich einmal mit Mathias Delvaux über diese Visionen gesprochen. Er hielt es jedoch für möglich, das große Unglück, diese Katastrophe von Frankreich abzuwenden. Das Haus Lothringen sei das einzige Bollwerk zwischen Frankreich und dem Chaos, nur Lothringen habe ein Anrecht auf den Thron. Versagte Lothringen, so gäbe es ein halbes Jahrtausend keinerlei Hoffnung mehr.

Ich hatte auch mit François de Guise gesprochen in der Annahme, dieser furchtlose Soldat könne meine Ängste beschwichtigen.

»Darüber steht mir kein Urteil zu«, hatte er erwidert, und sich damit zuversichtlich der rauhen Wirklichkeit gestellt. »Wir stehen im Dienste unserer Mission. Vielleicht können wir sie wirklich nicht erfüllen, da mögt Ihr rechthaben. Doch unsere Ehre verlangt, daß wir es versuchen.«

Dann hatte ich mich an den Kardinal von Lothringen gewandt und ihn angefleht, vorsichtig zu sein, wenn er seine Netze auslegte und seine verworrenen Intrigen spann. Ich hatte ihn auf die Schatten hingewiesen, die ich hinter all seinem Ehrgeiz und seinen strahlenden Träumen lauern sah.

Doch er hatte nur liebenswürdig und spöttisch gelächelt. »Was macht es schon, wenn es mißlingt, Maître de Notredame? Der Thron Frankreichs ist ja nur *ein* Ziel. Es gibt noch andere Throne zu erringen. Eines Tages schließt sich der Kreis, und wenn es tausend Jahre dauert. Der *roi perdu* stirbt nicht, mein Freund. Er ist kein Mensch, er ist ein Mythos.«

»Das begreife ich nicht«, hatte ich völlig verwirrt entgegnet.

»Ein Geschenk der Ewigkeit, eine ewig dauernde Gegenwart«, hatte er gesagt. »Die Zeit selbst wird ihn bestimmen, er muß nur von heiligem Geblüt sein. Er kann nicht scheitern; denn im Grunde seines Herzens hofft jeder Mensch, durch ihn erlöst zu werden.«

»Aber das Opfer«, hatte ich eingewandt. »Das Opfer ist zu groß...«

»Bei jeder Geburt fließt Blut«, hatte der Kardinal lächelnd erwidert.

Mit ausdruckslosem Gesicht, doch Folterqualen erleidend, ritt ich die staubige Straße auf Blois zu. Vor mir die Bannerträger, Soldaten mit Arkebusen und Hellebarden. Hinter mir die Sänften der Königin und ihrer *Escadron volant* von Hofdamen, die sich wie bunte, seidene Wimpel unter der Sommersonne entrollten. Meine Verzweiflung wuchs, als ich des Königsschlosses hoch auf dem Hügel über dem Fluß ansichtig wurde. Mir war so elend zumute, als müsse ich ersticken. Mit zusammengekniffenen Augen blinzelte ich in die Sonne und versuchte, die Umrisse des Gebäudes trotz des blendenden Lichts auszumachen. Doch ein schwarzer Schatten nahm mir die Sicht, etwas Unheilverkündendes lag wie ein Schleier über dem Schloß.

Ich blieb drei Tage in Blois. Die meiste Zeit war ich mir selbst überlassen. Dafür war ich der Königin außerordentlich dankbar; denn ich mußte ständig gegen die aufsteigende Übelkeit ankämpfen. Gleich am ersten Abend besuchte ich die Königskinder und verbrachte mehrere Stunden über ihren Horoskopen, die ich bereits vor Jahren für den Kardinal von Lothringen erstellt hatte. Spät nachts enthüllte mir ein Traum, warum ich Blois so gefürchtet hatte und warum ich hier überall Blut zu riechen glaubte.

Mir träumte, ich befände mich in den Gemächern des Königs. Sie waren leer, doch atmete dort unheilschwanger etwas Entsetzliches, das in den Gemächern zu schweben schien, sich irgendwo verbarg. Rings um mich beängstigende Stille. Tapisserien an den Wänden. Nichts bewegte sich hinter den zugezogenen Vorhängen des Himmelbettes; das reichverzierte, vergoldete Schreibpult schien auf etwas zu warten, die Stühle standen geduckt wie dumpfe Tiere in dem düsteren Raum. Die Gemälde an den Wänden, ein Marmorbildwerke, der Reliquienschrein, der wie Diamanten glitzernde, polierte Fußboden, die dicken Teppiche, die goldenen Kandelaber – alles blieb stumm, wie erstarrt und festgefroren.

Da kam ein Mann durch den Türvorhang – nicht etwa verstohlen, sondern stolz und bestimmt, als wolle er beweisen, daß er sich vor diesem leeren Raum mit den schweigenden

Gegenständen, in dem ihm irgend etwas aufzulauern schien, nicht fürchtete. Er war groß, blond und von herrlichem Wuchs. Zuerst glaubte ich François de Guise zu erkennen; denn die Ähnlichkeit war frappierend. Doch dieser Mann war jünger. Seine linke Gesichtshälfte war von einer schrecklichen Narbe entstellt. Die halbe Wange war weggerissen. Auch vom Ohr fehlte ein Stück. Die Haut hatte sich über der gezackten Wunde in Falten gelegt. Über der breiten Stirn lockte sich das blonde Haar. Es hatte dunkelblaue Augen, aus denen Scharfsinn und große Klugheit sprachen. Er trat in die Mitte des Raumes und blieb dort abwartend stehen, ohne sich zu rühren. Die im Raum befindlichen Geistererscheinungen rückten unaufhaltsam näher. Ich versuchte, ihn anzurufen, ihn zu warnen. Doch ich war stumm wie die Wandteppiche und die Möbel.

Alles ging ganz schnell. Sechs Männer kamen ganz plötzlich aus ihren Schlupfwinkeln hinter den Wandteppichen hervorgestürmt. Sie waren maskiert und sprangen mit gezückten Dolchen auf ihn zu. Als sie ihr grausiges Werk beendet hatten, lag der junge Mann leblos auf dem glänzenden, spiegelglatten Parkett. Dunkles Blut ergoß sich über sein Samt-Pourpoint und die gefältelte Seide, floß über sein bleiches, vernarbtes Gesicht, über die Hände, die Beine, den Leib. Die Hefte der sechs Dolche ragten aus seinem gemarterten Leib, als sei er eine zerbrochene Puppe, in die ein Kind aus Langeweile Nadeln gesteckt hatte, um sie dann wegzuwerfen. Die makabre Szene hatte sich stumm abgespielt. Auch jetzt war alles in Schweigen gehüllt, während er sein Leben aushauchte und sein Blut über das blanke Parkett rann.

Ich erwachte augenblicklich, und alles war mir erschreckend klar. Mir war, als zerquetsche mir eine riesige Faust das Herz unter den Rippen. Obwohl dieser Traum weit in die Zukunft wies und sich erst nach meinem Tod bewahrheiten sollte, war ich mir seiner Bedeutung voll bewußt. Ich war dem Sohne nie begegnet, den François de Guise so liebte – die erste Frucht seiner Ehe. Doch hatte ich Gemälde von ihm gesehen, auf denen er mit dichten, goldenen Locken, eindringlich blickenden, dunkelblauen Augen und einer hohen, weißen Stirn dargestellt war. Allerorten war man voll des Lobes angesichts dieses edlen, so vollkommenen Sprosses des Hauses Guise. Man setzte große Hoffnungen auf ihn; denn sollte der Vater scheitern, so würde dem Sohne sicher Erfolg beschieden sein. Gleich nach seiner Geburt hatte ich sein Horsoskop erstellt. Doch von meiner Loyalität und meinen Illusionen geblendet, hatte ich nicht erkannt, welches Schicksal ihn erwartete.

Und ich, der ich diese Last nicht zu tragen wünschte, hatte jetzt sein blutiges Ende hier in Blois vorausgesehen.

Mit den Gespenstern der noch gestaltlosen Zukunft verbrachte ich drei schreckliche Tage im Schloß von Blois. Schließlich gewährte mir die Königin eine einstündige Audienz. Sie stellte mir die erwarteten Fragen.

»Welches Schicksal kommt auf meine vier Söhne zu?« verlangte sie zu wissen, und ihre kalten, grauen Augen, die einem tiefen, freudlosen Ozean glichen, bohrten sich in die meinen.

Ich senkte den Kopf. »Ich sehe vier Kronen, Majestät«, entgegnete ich.

»Sie werden alle Könige sein?« fragte sie, und verhehlte mir nicht, wie schockiert sie darüber war.

»Vier Kronen sehe ich, Majestät. Mehr kann ich Euch leider nicht sagen.«

»Aber wenn sie alle Könige sein werden, wird keiner von ihnen Nachkommen haben.«

»Nein, keine Nachkommen, Majestät«, sagte ich. Meine Stimme war zu einem Flüstern herabgesunken. »Ihr kennt ihr Schicksal doch selbst. Das Leben Eurer Söhne wird verlaufen, wie Ihr es wünscht.«

Sie schwieg. Mehrere Minuten verstrichen, ohne daß sie ein einziges Wort sagte. Die ganze Zeit über starrte sie mich sinnend an.

»Wie ich es wünsche?« wiederholte sie schließlich mit rauher Stimme.

»Bis zum Ende werdet Ihr die Macht in Händen halten, Majestät.«

»Und der Herzog von Anjou? Was wird aus meinem dritten Sohn?«

»Er wird König werden, Majestät. Ihr werdet den Tag nicht erleben, an dem er es nicht mehr sein wird.«

Sie hörte nicht auf, mich anzustarren. Ihr geheimnisvoller Blick suchte den meinen. Sie witterte Verrat und Betrug.

»Wie kommt es, daß Ihr in meiner Seele lesen könnt wie in einem Buch, Maître de Notredame?« fragte sie mich, und aus ihrer Stimme klang Furcht.

Da blickte ich auf. Unsere Blicke kreuzten sich. Ich hatte Tränen in den Augen. Sie hielt das für Mitleid, Verständnis und Sorge um sie und die Kinder. Ich weinte echte Tränen, doch nicht um sie, nicht um die königlichen Kinder. Ich hatte mir geschworen, François de Guise nie zu verraten, was ich in Blois gesehen hatte. Sein geliebter Sohn würde ja erst nach seinem Tod diesem Mordanschlag zum Opfer fallen. Und angesichts dieser Frau, die gramgebeugt den Untergang ihres Hauses betrauerte, fielen die letzten Schranken. Ich weinte bitterlich.

Da wurde der Blick ihrer Augen ganz klar. Zorn, Furcht und Mißtrauen schwanden. Mit sanfter Stimme fragte sie mich: »Um wen vergießt Ihr Tränen, Maître de Notredame?«

»Vergebt mir, Majestät, ich muß Euch dumm und schamlos erscheinen. Ich weine um Euch, um den König und um das Haus Valois. Vielleicht weiß Gott in seiner Güte, warum sich die Zukunft ungeachtet des menschlichen Willens so abspielen muß. Vielleicht ist der Himmel ein besserer Ort für uns als diese traurige Erde.«

»Ich glaube nicht an den Himmel, Maître Nostradamus. Ich glaube nicht einmal an Gott. Ich glaube nur an die Macht, das wißt Ihr, vor dem ich nichts verbergen kann. Ich weiß, daß Ihr mir helfen werdet, weil wir Freunde sind. Ich bin zufrieden mit dem, was Ihr mir prophezeit habt. Es scheint, als solle ich durch meine Söhne mein Leben lang die Macht in Händen haben. Mehr verlange ich nicht. Wenn ich dann tot bin, werde ich von Würmern zerfressen unter der Erde verfaulen. Dann ist nichts mehr wichtig. Fürchtet euch nicht. Ich bin zufrieden.«

Auch der Kardinal von Lothringen wird zufrieden sein, dachte ich verbittert, nachdem die Audienz beendet war. Ich hatte getan, was man von mir erwartete. Trotz meiner Prophezeiungen würde sich Katharina von Medici, die Königin Frankreichs, nicht daran hindern lassen, ihre Pläne zu verwirklichen. Sie würde nicht davor zurückschrecken, diejenigen gnadenlos aus dem Weg zu räumen, die zwischen ihrem Lieblingssohn Henri von Valois und dem Thron standen – ihre eigenen Kinder. So sei es, dachte ich. Die Saat ist ausgeworfen. Bis sie Früchte trägt, werden noch viele Jahre vergehen. Jetzt kommt die lange Wartezeit, während sie nach und nach mit weißen Gesichtern ihre Plätze im finsteren Grab meiner Träume einnehmen. Die weitgeöffnete Gruft harrt ihrer.

Bei der Rückkehr in meine Gemächer im Hôtel de Sens fand ich eine Nachricht vor. Marie de St. Clair schrieb mir, sie müsse mich unbedingt sehen, doch dürfe niemand von ihrem Besuch erfahren.

Sie erschien gegen Mitternacht, als sich die Dienerschaft zur Ruhe begeben hatte. Wieder war sie strahlend weiß gekleidet, wie es ihre Gewohnheit war. Zuerst hatte ich diese ständige Mondscheinblässe, die ihrer dunklen, exotischen Schönheit und ihrer schneeweißen Haut so schmeichelte, für Affektiertheit gehalten. Jetzt jedoch begann ich die feine Ironie dieses geistreichen Einfalls zu entdecken.

»Maître de Notredame, Ihr müßt Paris sofort verlassen.«

Ein fernes Echo umflatterte mich wie ein Schwarm mich verspottender Vögel. Ich lächelte verbittert.

»Die Herren aus dem Palais de Justice ziehen Erkundigungen über Euch ein«, sagte sie. »Und zwar auf Betreiben von Anne de Montmorency. Sie wünschen zu wissen, nach welchen Methoden Ihr vorgeht und ob Ihr im Einklang mit der Heiligen Kirche arbeitet und lebt.«

»Das klingt sehr vertraut. Es ist nicht das erstemal«, sagte ich müde.

»Das bezweifle ich nicht. Ihr steht natürlich unter dem

Schutz der Königin. Aber es wäre klüger und auch sicherer für uns alle, wenn Ihr umgehend nach Salon zurückkehren wolltet. Bei eingehender Untersuchung könnte ans Licht gezerrt werden, was besser im Dunkel bleibt.«

»Madame, ich kann es kaum mehr erwarten, Paris den Rücken zu kehren. Vor Sonnenaufgang noch will ich mein Maultier besteigen. Habt keine Angst. Vom Hofe der Valois habe ich mehr als genug – genug für den Rest meines Lebens.«

»Habe ich Euch nicht gesagt, daß Blois Euch traurig machen würde?«

»Blois hat mich unsagbar traurig gemacht. Ich will nicht mehr daran denken. Ich möchte mein Lebtag nie mehr dorthin zurück.«

Besorgt und doch im Grunde genommen völlig unberührt sah sie mich an. Nicht eine Spur von Spott. »Monseigneur, der Kardinal, bat mich, Euch zu sagen, daß er mit Eurer Arbeit bei Hofe sehr zufrieden ist.«

Ich hatte sie nicht mit meinen hoffnungslosen, brennenden Träumen belasten wollen. Doch die Worte strömten mir über die Lippen, bevor ich mich noch zur Ordnung rufen konnte.

»Warum hat er Euch geschickt, mir das zu sagen?« fragte ich. »Warum hat er mir keinen Brief gesandt? Warum ist er nicht selbst gekommen?«

Sie sah die glühende Begierde in meinen Augen und sagte sanft: »Ihr solltet ihn nicht hassen. Er ist ein vielschichtiger Mensch, selbst für einen so scharfsinnigen Mann, wie Ihr es seid, noch unergründlich. Doch er ist kein schlechter Mensch.«

»Was aber ist er dann?«

»Ein Paradoxon, Maître de Notredame. Die Menschen fürchten Paradoxe. Sie wollen Klarheit und Beständigkeit, damit sie sagen können: ›Das ist ein guter Mensch‹, ›Das ist ein schlechter Mensch!‹ Was paradox ist, jagt ihnen Angst ein, erweckt sogar Haßgefühle. Doch der Kardinal meint es gut mit Euch.«

»Und doch tut er mir weh, indem er Euch zu mir schickt –

wohl wissend, daß ich mich gegen Euch nicht zur Wehr setzen kann.«

»Ich habe Euch ja gesagt, daß Ihr ihn nicht begreift, Maître de Notredame«, sagte sie sanft. Ihre dunklen Augen strahlten, ihre Haut war lilienweiß, ihre Lippen glichen erblühten Nelken. Sie lächelte. Das Kerzenlicht ließ die weiße Seide ihres Gewandes schimmern, als sie langsam mit anmutigen Bewegungen auf mich zukam. Unter der Berührung ihrer Hand brannte meine Haut wie Feuer. »Vielleicht will er Euch gar nicht weh tun. Vielleicht hat er mich geschickt in der Absicht, Euch ein Geschenk zu machen.«

XXIV

In den letzten Dezembertagen überquerte der Herzog von Guise mit dreizehntausend Soldaten die Alpen. In der Poebene stieß das Heer von Piemont noch zu ihm. Sie marschierten in Valenza ein und nahmen es im Sturm. Am einunddreißigsten Januar erklärten seine Allerchristlichste Majestät, König Henri II. von Frankreich, und Seine Katholische Majestät, König Philipp II. von Spanien, einander den Krieg.

Nach dem Ausbruch dieses so lange herbeigesehnten Krieges erhielt ich einen kurzen Brief des Kardinals von Lothringen. Seine schöne, elegante Handschrift war bestechend.

›Paßt gut auf, dann werdet Ihr einen Tanz
mit Schritt und Gegenschritt erleben. Oft
kann man sich ein Werkzeug zu mehr als einem
Zweck gefügig machen.‹

Ich wußte, daß das Unternehmen zum Scheitern verurteilt war. Wie nicht anders zu erwarten, hatte der Papst, zuvor so bestrebt, seinen französischen Alliierten zu helfen, insgeheim einen Vertrag mit König Philipp II. von Spanien abgeschlossen. Er stellte der französischen Armee in Italien weder Truppen noch Geld zur Verfügung. Krank, zu Tode erschöpft, dem Hungertode geweiht und nicht an die glühende Sonne des Südens gewöhnt, wurden die Truppen des Herzogs von Guise gejagt und gemartert und schließlich besiegt. Der Herzog war gezwungen, den Rückzug nach Rom anzutreten. Anfang August befahl ihm König Henri, nach Frankreich zurückzukehren.

Das war das Ende der italienischen Eskapade.

Ich versuchte, mir über die Bedeutung des kurzen Briefes klarzuwerden, den mir der Kardinal geschrieben hatte. Doch mir erschien das ganze Unternehmen töricht. Das Ende war fatal. Tausende hatten ihr Leben lassen müssen. Unmengen von Gold und Munition waren verschwendet worden. Es war ein Debakel. Wo blieb der Gegenschritt?

König Philipp von Spanien machte sich Frankreichs Verletzlichkeit schleunigst zunutze, während der größte Feldherr des Landes irgendwo in Italien mit hohem Fieber, zutiefst enttäuscht, darniederlag. König Philipp trommelte in den Niederlanden ein Heer von sechstausend Soldaten zusammen, angeführt vom Herzog von Savoyen und dem Grafen von Guastalla. Anfang August fiel dieser Herr in der Picardie ein und eroberte St. Quentin. Es war ein merkwürdiges Zusammentreffen; denn genau zur gleichen Zeit wurde der Herzog von Guise nach Frankreich zurückbeordert.

Schließlich lichtete sich der Nebel und ich begann klarer zu sehen. Der Gouverneur der Picardie war Gaspard de Coligny, ein Neffe von Anne de Montmorency. Ihm oblag die Verteidigung der Provinz. Verzweifelt bat er seinen Onkel um Hilfe. Der starrsinnige, alte Soldat stellte in aller Eile Truppen zusammen, um St. Quentin zurückzuerobern, das sonst endgültig verloren gewesen wäre. Was meine Herren zweifellos vorausgesehen hatten, traf ein. Auf dramatische, unverkennbare Weise bewies der Konnetabel von Montmorency, daß er absolut unfähig war, ein militärisches Kommando zu übernehmen. Der Herzog von Savoyen und der Graf von Guastalla setzten den versprengten, französischen Streitkräften fürchterlich zu, zermalmten sie regelrecht und nahmen den Konnetabel und seinen Neffen gefangen. Es war ein zweites Pavia.

Da hatte ich nun den Gegenschritt:

Obwohl ich innigst bedauerte, daß so viele Männer ihr Leben hatten lassen müssen, konnte ich doch nicht umhin, diese brillante Strategie zu bewundern. Auf die denkbar einfachste Weise war der uralte und unvermeidliche Konflikt zwischen Valois und Habsburg auf eine ganz andere Ebene verlegt, auf einen einzigen Schachzug in einer großen Partie reduziert worden. Noch nie zuvor waren mir die Spieler so allmächtig erschienen – der Herzog, der Kardinal und der Graf von Guastalla. Selbst Emmanuel Philibert, der Herzog von Savoyen, war ein Teil des weitgespannten Netzes, obwohl er wie Ferrante de Gonzaga eigentlich Philipp von Spanien diente.

Trotz der Tragödie des Krieges mußte ich lachen. Wer kämpfte auf wessen Seite? Von hilflosem Lachen geschüttelt saß ich da, bis mir die Tränen über die Wangen strömten. Diese außergewöhnliche Gruppe von Männern, deren Fühler kein Adelsgeschlecht Europas unangetastet ließen, scherten sich nicht einen Deut um religiöse oder politische Ideologien. Ihnen war jedes Mittel recht, um ihre Ziele durchzusetzen.

Unerklärlicherweise nahm die spanische Armee davon Abstand, in Paris einzumarschieren. Sie beschränkte sich darauf, weiterhin die Stadtmauern von St. Quentin niederzureißen. Frankreich wartete mit angehaltenem Atem auf das Erscheinen des einzigen Mannes, der es davor bewahren konnte, einfach überrannt zu werden.

Im Oktober traf er in St.-Germain-en-Laye ein und stieß bei Hofe auf keinerlei Widerstand. Der Konnetabel von Montmorency befand sich noch in Gefangenschaft und war gründlich in Ungnade gefallen. Niemand redete dem König flüsternd hinterhältige Dinge ein. Es gab keine Komplotte und keine Intrigen mehr bei Hofe. Das Fiasko in Neapel verzieh man François de Guise sofort. Schließlich trug daran weder er noch sein Bruder die Schuld, sondern ganz allein der wankelmütige, verräterische Papst. Als der Herzog durch die Lande ritt, umjubelte man ihn allerorten und sah in ihm den alleinigen Retter. Der Landadel griff zu den Waffen und schloß sich ihm an. Auf den vernünftigen und in aller Bescheidenheit geäußerten Vorschlag des Kardinals hin, ernannte der König den Herzog prompt zum Generalleutnant über das Königreich. An die Gouverneure sämtlicher Provinzen und Städte des Reiches erging der Befehl des Königs, fortan dem Herzog von Guise Gehorsam zu leisten, genau wie dem König selbst.

Nichts sonst auf der Welt hätte François de Guise so rasch in eine so hohe Machtstellung katapultieren können. Und als im Jahr darauf die Sterne günstiger standen, die ihm in Italien zu schaffen gemacht hatten, gewann er Calais den Engländern wieder ab. Der Belagerungszustand dauerte nur sechs Tage; dann hatte er Frankreich die Stadt zurückerobert, die zweihundert Jahre in Händen der Engländer gewesen war. Philipp von Spanien war beschämt und zutiefst getroffen; denn seine ungeliebte, englische Braut hatte Calais als kostbare Mitgift mit in die Ehe gebracht. Der Herzog von Guise war der erklärte Liebling Frankreichs. Immer öfter hörte ich die Leute flüstern:

›Was für ein Jammer, daß er nicht anstelle des Königs regiert.‹

Meine Herren zögerten nicht, ihren unbeschreiblichen Erfolg auch politisch auszuschlachten. Die Eheschließung zwischen dem kränklichen, jungen Dauphin und der kleinen, schottischen Königin wurde mit fast schon obszöner Eile vorangetrieben. Die Herzogin von Valentinois, die jetzt Furcht vor dem Hause der Guise empfand, versuchte dem König diese Partie auszureden. Der Konnetabel schrieb hysterische Briefe aus dem Gefängnis und protestierte energisch. Die Königin gab zu bedenken, daß der Dauphin noch zu jung für die Ehe sei, und flehte den König an, die Hochzeit zu vertagen. Doch meine Herren trugen den Sieg davon. Die Hochzeitsfeierlichkeiten übertrafen am Pomp alles bisher Dagewesene, als man im April die beiden blutjungen Leute miteinander vermählte.

»Der Herzog übernahm alle Aufgaben, die Monsieur de Montmorency als Großmeister der königlichen Hofhaltung oblagen«, erzählte mir Claude von Savoyen lachend. »Er bewerkstelligte alles auf so bewundernswerte Weise, daß die Leute sagten, es sei ein Jammer, daß man den Konnetabel wieder freikaufen müsse.«

»Das Haus Guise hat eine Schwäche für Extravaganzen«, erwiderte ich. »Ich kann mir gut vorstellen, wie majestätisch und prunkvoll die Hochzeit verlief.«

»Weit mehr als das, mein Freund. Alle Prinzen des Hauses Lothringen liefen sämtlichen Adeligen französischen Geblüts den Rang ab. Die Bourbonen sind in Aufruhr geraten.«

»Nun, es ist sehr weise, den Gedanken zu verbreiten, daß sie die wahren Stützen des Thrones sind. Um so kleiner ist der Schritt zum Thron.«

»Und nicht nur das«, erzählte Claude von Savoyen. »Sie haben ihre kleine Nichte dazu gebracht, einen Geheimvertrag zu unterzeichnen. Im Falle ihres Todes soll das Königreich Schottland Frankreich zufallen, wenn sie keine Nachkommen hinterläßt – und ebenso das Anrecht auf die Krone Englands.«

Ich schwieg. Sie wußten ganz genau, daß die Ehe kinderlos bleiben würde. Ich hatte ihnen gesagt, daß der junge Dauphin nur ein einziges Jahr regieren würde. Der nächste Schritt war mir nun klar. Mit diesem *coup* stellten sie ihre politischen Fähigkeiten, ihre Staatskunst unter Beweis. König Henri war dem Tode geweiht.

XXV

»Ich habe einen sehr aufschlußreichen Besuch in Peronne hinter mir«, erklärte der Kardinal von Lothringen, und spielte ruhelos mit einem beschmutzten Blatt Pergamentpapier. »Ich möchte Eure Meinung darüber hören.«

Er hatte mich im Juni nach Reims kommen lassen. Eine seltsame Erregung hatte sich meiner bemächtigt. Der Kardinal platzte schon fast vor Ungeduld und konnte die Sache nicht länger für sich behalten. Ich war sogleich gewarnt. Er schäumte fast über vor neuen Ideen. Er glich einem Kind, das auf ein Schatzkästchen mit Süßigkeiten gestoßen ist und nun das Geheimnis unbedingt mit jemandem teilen muß – diese köstliche Qual – diesen Zustand der Erwartung jedoch so lange wie möglich hinauszuzögern wünscht. Mein Aufenthalt in Paris und das traumhafte Ende dieses Besuches wurden mit keinem Wort erwähnt. Verbittert fragte ich mich, ob seine Liaison mit Marie de St. Clair wohl noch immer bestand. Doch aus Furcht vor seinen Spötteleien, wagte ich ihn nicht danach zu fragen.

»Ich wurde in Peronne einem außergewöhnlichen Manne vorgestellt«, berichtete der Kardinal. »Sein Name ist Antoine Perronet de Granville. Er ist Bischof von Arras.«

Mit seinen geheimnisvollen Augen sah er mich erwartungsvoll an, während ich mein Gedächtnis nach diesem Namen durchforschte.

Schließlich kam mir die Erleuchtung. »Der Bischof von Arras ist der Beauftragte König Philipps, der sein größtes Vertrauen genießt«, sagte ich.

»Aber natürlich. Habt Ihr etwa geglaubt, ich würde mit einem Manne verhandeln, dem König Philipp nicht vertraut?« Er gönnte mir das für ihn so bezeichnende strahlende Lächeln, das die Herzen der Damen unweigerlich schmelzen ließ, mit dem er die Damen bei Hofe im Sturm eroberte. »König Henri hat mich zum Bischof von Arras geschickt, um wegen der Freilassung von Anne de Montmorency zu verhandeln. Wie Ihr euch wohl denken könnt, habe ich dieser Angelegenheit nicht viel Zeit gewidmet.«

»Früher oder später muß doch einmal Frieden geschlossen werden.«

»Später vielleicht. Der Bischof von Arras hat mir zwei Dinge zum Geschenk gemacht. Das eine ist ein Brief.«

Er reichte mir das zerknitterte Pergament. Ich glättete es und sah, daß es eine Mitteilung vom Sieur d'Andelot, einem der drei Neffen Montmorencys, an seinen Bruder Gaspard de Coligny war, der in einem flämischen Gefängnis saß. Darin gestand er seinem Bruder, daß er zum Glauben der Hugenotten übergetreten war.

»Aber das ist noch nicht alles«, berichtete der Kardinal von Lothringen. »Coligny ist ebenfalls ein Ketzer geworden.«

»Diese Enthüllungen sind wahrhaftig brisant. Trotz ihres

hohen Ranges könnten beide auf dem Scheiterhaufen enden.«

»Selbstverständlich. Doch das hätte wenig Sinn. Es genügt fürs erste, d'Andelot ins Gefängnis werfen zu lassen. Vermutlich wird das einen solchen Skandal geben, daß der Konnetabel in den Augen des Königs noch mehr in Ungnade fällt.«

»Warum aber hat Euch der Bischof von Arras das gegeben?«

»Das liegt doch auf der Hand.« Charles de Guise nahm seine Bischofsmiene an. So wurde ich gewaltsam daran erinnert, daß in diesen schmalen, beringten Händen die religiöse Zukunft Frankreichs ruhte. »Der Bischof ist genau wie ich äußerst besorgt, weil die Ketzerei der Hugenotten schon bei so vielen Adeligen unseres Landes um sich greift. Dieser Brief ist doch der beste Beweis dafür, oder etwa nicht?«

Ganz plötzlich lockerte er seine gestrenge Haltung und neigte sich zu mir. Er sah mich so vertrauensvoll an, daß ich schon glaubte, er wolle meine Hand ergreifen.

Doch er sagte liebenswürdig lächelnd und leichthin, als scherze er: »Vergeßt nicht, daß mich der Papst zum Großinquisitor für Glaubensfragen in Frankreich ernannt hat. Und König Philipp liegt ebensoviel wie König Henri an der Aufrechterhaltung des Glaubens. Sie sehnen sich beide danach, die Waffen ruhen zu lassen und gemeinsam dem Feind Widerstand zu leisten, der wie ein Maulwurf an den Grundfesten der Heiligen Kirche nagt.«

»Seit wann, Monseigneur, ist Euch so viel an der Aufrechterhaltung des Glaubens gelegen?«

»Seit mich der Bischof von Arras daran erinnert hat, daß mein Bruder, der Herzog, und ich nicht nur das Schicksal Frankreichs, sondern auch das Europas in Händen halten. Laut dem Bischof ist man in der gesamten Christenheit voll des Lobes darüber, wie wir uns für die Kirche einsetzen. Er hat auch erklärt, es sei unsere dringlichste Pflicht, so bald wie möglich Frieden zu schließen. Nur so könnten Frankreich und Spanien vereint gegen die Ketzerei in ihren Landen zu Felde ziehen, bis sie mit Stumpf und Stiel ausgerottet sei.«

»Womit der Bischof sagen will, daß die Schatztruhen Philipps von Spanien leer sind und er sich den Krieg nicht mehr leisten kann.«

Er lachte. »Ihr seid ein Zyniker, mein lieber Freund. Natürlich habt Ihr recht. Doch auch die Schatztruhen König Henris sind leer. Ich habe ihm dabei fleißig geholfen. Bald muß er sich Geld von mir leihen und die sich daraus ergebenden Verpflichtungen eingehen. Begreift Ihr nicht, was das bedeutet?«

Ich holte tief Luft und fuhr mir mit der Hand über die Augen. »Ich beginne zu begreifen«, sagte ich, und sprach meine Gedanken aus, sobald sie sich in mir formten. »Dann wärt Ihr nicht mehr die ausländischen *parvenus*. Die engstirnigen Intrigen bei Hofe blieben Euch erspart sowie auch die üble Nachrede und die Verleumdungen durch die Bourbonen und die Montmorencies. Ihr wärt nicht mehr gezwungen, Euch von einer mächtigen Favoritin wie der Herzogin von Valentinois protegieren zu lassen. Euer Anliegen wäre die Sache des Glaubens, Eure heilige Pflicht der Schutz aller Katholiken, Ihr spieltet sozusagen die Rolle der Treuhänder der Strenggläubigkeit in Europa. Griffe man Euch an, so griffe man damit zugleich auch Gott an.«

»Das habt Ihr ganz richtig erkannt«, lobte mich der Kardinal. Er lächelte gewinnend und streichelte meinen Arm. »Dann steht das edle Haus der Guise in ganz neuem Licht da, großartiger als je zuvor. Glaubt Ihr nicht auch, daß sich daraus noch viele Möglichkeiten ergeben werden?«

»Ja, in der Tat. Doch fürchte ich, daß dabei wieder sehr viel Blut fließen wird. Könnt Ihr der Ketzerei nicht durch Überzeugungskraft, mit Milde engegenwirken? Ihr habt eine goldene Zunge. Ihr seid unglaublich redegewandt, man wird auch so auf Euch hören. Selbst Théodore de Bèze, ein fanatischer Anhänger Calvins, hat behauptet, ganz Frankreich bestände nur aus Hugenotten, wäre er begnadet wie Ihr.«

»Ich danke Euch für das Kompliment. Doch in Wahrheit sind Luther und Calvin keine schlechteren Alternativen als Rom, und die Bevölkerung weiß das. Für Überredungskunst und sanfte Gewalt ist es schon längst zu spät. Die ketzerischen Lehren der Hugenotten ermutigen die Menschen dazu, sich selbst den Kopf zu zerbrechen. Im Prinzip finde ich das sehr lobenswert. Doch die Zeit ist noch nicht reif dafür, solche Freiheiten zu gewähren. Außerdem wißt Ihr ja, daß unser Werk ohne eine katholisch-apostolische Grundfeste, auf die wir bauen können, vergeblich ist. Ohne die Oberherrschaft des Papstes wäre Europa rasch in winzige Staaten zersplittert. Jedes Land würde den Willen Gottes auf seine Art interpretieren. Wir müssen durch Mythen und Rituale herrschen, nicht durch eine Volksvertretung streitsüchtiger Bürger.«

Er neigte sich so nah zu mir, daß sein Gesicht nur noch eine Handbreit von dem meinen entfernt war. Seine strahlend blauen Augen schimmerten kalt, und der Duft von Lavendel stieg aus seiner Kleidung auf.

»Ich werde Euch ein Geheimnis verraten«, sagte er. »Vor der Belagerung von Metz – als König Henri Streit mit dem Papst hatte – stellte er mir eine kühne Frage. Er wollte von mir wissen, ob wir nicht eine gallische Kirche gründen, uns freimachen und wie König Heinrich von England aus den Banden Roms lösen sollten. Der König versprach mir, mich zum geistlichen Patriarchen, zum Papst von Frankreich zu machen, wenn ich zu einem solchen Schritt bereit sei. Wollt Ihr wissen, was ich da getan habe?«

Ich starrte ihn mit ausdrucksloser Miene an.

»Ich habe geweint«, sagte der Kardinal von Lothringen lächelnd. »Ich habe einen Strom von Tränen vergossen. Ich habe erwidert, Seine Majestät müsse diese Frage mit Seinem Gewissen ausmachen. Ich wußte ja, daß ihm sein Gewissen keine Ruhe ließ und Visionen von Höllenfeuer und Schwefelgestank ihn quälten. Doch ich weinte nicht wegen der schrecklichen Seelenqualen, die mein König litt. Ich weinte wegen des Verzichts, ich weinte, weil ich ein solches Anerbieten ausschlagen mußte. Ich werde dafür sorgen, daß dieses Opfer nicht umsonst war.«

»Ihr werdet einen Bürgerkrieg heraufbeschwören, Monseigneur.«

»Ich werde die Christenheit unter der Herrschaft meines Bruders einen.«

Ich schüttelte traurig den Kopf. »Das sind Fantastereien, Monseigneur. Wenn ich Euch für gläubig hielte, würde ich Euch warnen und Euch vorhalten, daß Ihr Euch selbst der ewigen Verdammnis anheimgebt.«

»Wenn ich meinen Feinden glauben darf«, sagte Charles de Guise liebenswürdig lächelnd, »bin ich schon lange verdammt. *Flectere si nequeo superos, Acheronta movebo.*«

»Ich kann es nicht gutheißen, daß Ihr Frankreich im Namen eines Gottes in Stücke zu reißen gedenkt, an den Ihr nicht einmal glaubt.«

»Immer warnt Ihr mich vor Kriegen, Maître de Notredame. Wie glaubt Ihr, kann ohne Krieg irgend etwas erreicht werden? Wir verkaufen schließlich keine Blumen. Ihr müßtet doch allmählich einsehen, daß das Leben des einzelnen nicht wichtig ist.«

»Ihr habt gut reden«, fuhr ich auf. »Ihr, der Ihr noch nie eine Schlacht geschlagen habt.«

Da schwand das charmante Lächeln aus seinem Gesicht, und die ansonsten so strahlenden Augen blickten kalt und verhangen, als er sie auf mich heftete.

»Niemand hat Euch gebeten«, sagte er mit eisiger Ruhe, »die Rolle des Beichtvaters zu spielen und an mein Gewissen zu appellieren.«

»Das hätte auch wenig Sinn«, gab ich erbittert zu bedenken, »ich glaube kaum, daß Ihr eins besitzt.«

Da lachte er schallend. »Ihr seid ein unbezahlbares Juwel«, sagte er. Sein feingeschnittenes Gesicht entspannte sich. Der wunderschön geformte Mund verzog sich wieder zu einem Lächeln. Mit seinen lebhaften Augen blickte er mich strahlend an. »Ich wüßte wirklich nicht, was ich ohne Euch täte. Sollte ich je einen Beichtvater brauchen, so müßtet Ihr das sein.«

Er nahm mir den Brief aus der Hand und verbarg ihn in seinem Gewand.

»Noch etwas muß ich Euch sagen«, erklärte er. »Wenn wir den Frieden zwischen König Henri und König Philipp ausgehandelt haben, muß der Vertrag durch die üblichen, dynastischen Ehen ratifiziert werden.«

»Die Königin von England liegt im Sterben«, sagte ich mit matter Stimme. »Ihr werdet Philipp von Spanien Prinzessin Elisabeth geben.«

»Das hatte ich im Sinn. Stimmt Ihr mir zu?«

»Was würde das schon nutzen? Sie wird im Kindbett sterben und keine Erben hinterlassen.«

»Der arme König Philipp hat kein Glück mit seinen Bräuten«, lachte Charles de Guise. »Vielleicht hat seine Liebe etwas Todbringendes an sich.« Wieder dieses wissende Lächeln. Ich wußte, woran er dachte. Ich rutschte unruhig auf meinem Stuhl hin und her und fühlte, wie mir die Röte in die Wangen stieg. Sie hatte ihm sicher alles erzählt.

»Die zweite Ehe habe ich bereits mit dem Bräutigam arrangiert«, fuhr der Kardinal fort. »Ihr werdet den Plan sicher gutheißen. Emmanuel Philibert, der Herzog von Savoyen, wird sich mit Marguerite, der Schwester des Königs, vermählen.«

»Ausgezeichnet. Ich beglückwünsche Euch zu Eurem Talend als Ehestifter.« Doch kaum hatte ich dies gesagt, biß ich mir auch schon beschämt auf die Lippen.

»Ich habe mir erlaubt, den Herzog von Savoyen anzuweisen, sich auf eine Hochzeit im Sommer nächsten Jahres einzustellen. Sobald ich nach Paris zurückkehre, werde ich dem König diesen Vorschlag unterbreiten.«

Erwartungsvoll lächelnd blickte er mich an. Zuerst verstand ich nicht.

Dann fragte ich langsam: »Wann im nächsten Sommer?«

»Nun, rein zufällig zum gleichen Zeitpunkt, den Ihr mir in anderem Zusammenhang schon einmal genannt habt. Anfang Juli soll die Hochzeit stattfinden. Und ich wünsche, daß Ihr zu den Hochzeitsfeierlichkeiten in Paris erscheint. Doch das muß ein Geheimnis bleiben. Ihr werdet bei dieser Gelegenheit so manches Ungewöhnliche zu sehen bekommen.«

Le lyon jeune le vieux surmontera
En champ bellique par singulier duelle...

Während die goldenen Gestalten meiner Visionen vor meinem inneren Auge wieder Gestalt annahmen, fuhr der Kardinal mit einschmeichelnder Stimme fort:

»Bei einer königlichen Hochzeit gibt es so viele Zerstreuungen. Es wird gefeiert, getrunken, getafelt. Die Frauen, die Maskerade, die Turniere, das Lanzenstechen...«

»Ihr habt sein Schicksal besiegelt.«

»Ich?« fragte der Kardinal staunend mit unschuldig aufgerissenen Augen. »Ich habe nur eine königliche Hochzeit arrangiert.«

Das war das Todesurteil für König Henri. Er konnte sich schlecht in seinem Schlafzimmer verstecken, während rings um ihn herum gefeiert wurde. Er konnte auch schlecht aus Feigheit den Turnieren aus dem Wege gehen, nur weil ihn die Astrologen davor gewarnt hatten. Er konnte nicht riskieren, sich vor dem gesamten Hof lächerlich zu machen, besonders wenn sich Angehörige des hohen Adels wie der Herzog von Guise über ihn lustig machten, indem sie sich selbst auf die Liste setzen ließen. Das würde das Ehrgefühl des Königs nicht zulassen. Wenn er auch langsam und schwerfällig war, so war er doch ein ehrenwerter Mann, wie Claude von Savoyen es ausgedrückt hatte.

»Ich möchte nicht zu dieser Hochzeit nach Paris kommen«, sagte ich. »Genügt es nicht, daß ich dieses monströse Geschehen in die Welt gesetzt habe? Ich möchte es nicht mitansehen müssen.«

»Ich fürchte, Euch wird nichts anderes übrigbleiben, Maître de Notredame«, sagte Charles de Guise unerbittlich, legte mir aber tröstend die weiße Hand auf den Arm. »Ich möchte, daß Ihr zugegen seid. Ich brauche Euch dort.«

»Und was ist, wenn mich jemand erkennt?«

»Niemand wird Euch erkennen. Ihr werdet nur ein Gesicht in der Menge sein. Außerhalb des Hofes kennt Euch niemand. Es geht um zeitliche Angaben, die nur Ihr machen könnt.«

»Ihr bringt mich in große Gefahr, Monseigneur. Wenn das Schreckliche wirklich geschieht, wird man mich zur Verantwortung ziehen. Kein Astrologe, der Schlimmes oder gar den

Tod vorausgesagt und dessen Prophezeiung sich bewahrheitet hat, kommt ungeschoren davon, ohne daß ein Verdacht auf ihn fällt. Ich brauche nur daran zu denken, wie es Luc Gauricus ergangen ist. Es ist ganz natürlich, daß man vor Kummer und Zorn den Propheten für alles verantwortlich macht.«

»Ich versichere Euch, daß Euch niemand erkennen wird. Doch nun genug der Ausflüchte und Wortklaubereien. Anfang Juni werdet Ihr der Königin schreiben und sie warnen. Monsieur de Chavigny wird den Kurier für Euch spielen, da Ihr durch einen besonders schmerzhaften Anfall von Gicht ans Bett gefesselt sein werdet. In Wahrheit jedoch werdet Ihr Euch bereits auf dem Weg nach Paris befinden. Die Königin muß rechtzeitig gewarnt werden, damit sie ihren königlichen Gemahl auch ganz bestimmt dahingehend beeinflußt.«

Ich seufzte tief und senkte den Kopf. Ich konnte ihm nicht den Gehorsam verweigern.

»Die Regierungszeit wird nach einem Jahr zu Ende gehen, wenn König Heinrich tot ist, Monseigneur. Seid Ihr sicher, daß Ihr das wollt? Der Dauphin ist lungenkrank. Wenn er nicht an Tuberkulose stirbt, wird ihn seine Mutter töten.«

»In einem Jahr kann viel geschehen«, entgegnete der Kardinal von Lothringen. »Wir werden Frankreich regieren, nur nicht dem Namen nach.«

»Dann muß Euer Ziel eine stabile Regierung und sorgfältige Verwaltung der Gelder sein...« begann ich.

Doch er lachte mich aus. »Stabile Regierung? Verwaltung der Gelder? Ich glaube, die Ausrottung der Hugenotten wäre amüsanter.«

Da konnte ich nicht länger an mich halten und stellte meinen Becher donnernd auf den Tisch. Meine Hände zitterten vor unbändigem Zorn. Doch wenn ich daran dachte, wer er war, hatte auch ich Angst vor ihm. Trotzdem mußte es einmal heraus, wenn ich nicht daran ersticken wollte.

»Ihr seid ein Narr!« fuhr ich ihn an. »Ihr könnt nur immer von Verfolgung und Vernichtung sprechen. Das ist also die neue, heilige Rolle des Hauses Guise. Glaubt Ihr wirklich, daß Euer Bruder, Euer Vater und Euer Großvater dafür gekämpft haben? Ihr werdet all unsere Pläne zerstören und uns alle töten. François de Guise ist bei der Bevölkerung Frankreichs so beliebt, weil er ein Held ist. Er steht in dem Ruf, gerecht und milde zu sein. Ihr werdet ihn mit Euch ins Verderben reißen. Glaubt Ihr wirklich, das Volk will einen Tyrannen auf dem Throne sehen?«

Er wurde nur so von Lachen geschüttelt und entblößte dabei seine herrlichen, schneeweißen Zähne. Als das Lachen endlich verebbte, nahm er sanft meine Hand zwischen seine kühlen, beringten Finger.

»Mein lieber Freund«, sagte er, und wieder einmal konnte ich mich seinem unglaublichen Charme nicht entziehen. »Ihr dürft nicht alles glauben, was ich sage. Ich fürchte, Ihr begreift mich nicht ein bißchen.«

»Nein, ich begreife Euch nicht und werde Euch auch nie begreifen, Monseigneur. Warum treibt Ihr Euren Scherz mit mir?«

»Weil es mich amüsiert, wenn Ihr mir wutschnaubend Schmähungen entgegenschleudert. Ihr laßt mich wieder an die Menschheit glauben. Nach siebzehn Jahren am Hofe der Valois hatte ich den Glauben an die Menschheit schon fast eingebüßt. Haltet Ihr mich wirklich für einen solchen Narren, oder glaubt Ihr, meine Seele sei so schwarz, wie Ihr sie zeichnet?«

Ich starrte in seine unergründlichen Augen und wußte nicht, was ich darauf erwidern sollte. Ich dachte daran, wie oft er sich mir gegenüber als freundlich und großzügig erwiesen hatte, wie kultiviert er war und welch erlesenen Geschmack er besaß. Auch war er sehr gebildet, belesen und äußerst kunstbeflissen. Der König liebte ihn. Seine Familie betete ihn an. Und doch...

Da erhob er sich. »Ihr müßt nach Salon zurückkehren. Und ich muß dem König d'Andelots Brief überbringen. Wir erwarten Euch also im nächsten Sommer in Paris.« Er lächelte bezaubernd und sah mir tief in die Augen. »Sicher werdet Ihr auch Madame de St. Clair gern wiedersehen.«

XXVI

Mitte Oktober wurde durch den Vertrag von Câteau-Chambrésis notdürftig Frieden zwischen Philipp von Spanien und König Henri geschlossen. Die Herzogtümer Savoyen und Piemont, die Frankreich lange fest umklammert hielt, gingen an Emmanuel Philibert, den Herzog von Savoyen, zurück, der auch nichts gegen eine Heirat mit Prinzessin Marguerite, der Schwester des Königs, einzuwenden hatte. König Henri verzichtete auf Mailand und Neapel und machte damit ein für allemal den lange gehegten Traum Lothringens von dem uralten Hirngespinst der angevinischen Krone zunichte. Der Konnetabel von Montmorency und sein Neffe Gaspard de Coligny wurden aus dem Gefängnis befreit. Der alternde König Philipp, inzwischen Witwer geworden, war gern bereit, der noch kaum mannbaren Prinzessin Elisabeth von Valois die Hand zum Lebensbunde zu reichen. Der junge Herzog Charles von Lothringen wurde mit Prinzessin Claude von Valois verlobt und erhielt Stenay und 300000 Goldtaler als Mitgift. Frankreich behielt die drei Bistümer Metz, Toul und Verdun. Und Calais, der kostbare Preis des Herzogs von Guise, blieb ebenfalls in französischem Besitz, nachdem es den Engländern so kühn abgerungen worden war.

François de Guise war wütend über die vertraglich ausgehandelten Bedingungen. Vieles, was durch hartes Verhandeln Frankreichs erhalten geblieben wäre, war auf unverantwortliche Weise einfach abgetreten worden; denn des Königs ganzes Bestreben war darauf gerichtet, den Konnetabel aus seinem flämischen Gefängnis zu befreien. Angesichts der vielen Jahre erbitterter Kämpfe ging Frankreich aus diesem Handel nicht gerade glänzend hervor. Und der Konnetabel hatte in der Düsternis des Kerkers seinem tödlichen Haß auf das Haus Guise täglich neue Nahrung zugeführt. Jetzt hatte er nichts im Sinn, als die Glaubwürdigkeit meiner Herren in den Augen des Königs so rasch wie möglich zu erschüttern. Im Augenblick sah es ganz danach aus, als seien die beiden strahlenden, unfehlbaren Prinzen Lothringens in der Gunst des Königs ganz tief gesunken.

Andere Vorhaben dagegen entwickelten sich sehr zur Zufriedenheit meiner Herren. Die Vermählung des Herzogs von Savoyen mit Prinzessin Marguerite von Valois war auf den siebenundzwanzigsten Juni des Jahres unseres Herrn 1559 festgesetzt worden. Dann wäre der König einundvierzig Jahre alt und der Planetenstand laut seinem Horoskop zu diesem Zeitpunkt am fatalsten.

So würden der alte und der junge Löwe endlich auf dem *champ bellique*, dem Kriegsschauplatz, dem Schlachtfeld zusammentreffen.

Am fünfzehnten Juni traf ich in Paris ein, wo mich Jean Dorat, seines Zeichens Hofpoet, in seinem kleinen, eleganten Stadthaus aufnahm. Ich wagte mich nicht hinaus und verbrachte eine ganze Woche behaglich in Monsieur Dorats Bibliothek. Täglich verfolgte ich aufmerksam den Stand des Mondes und der Sterne, anhand des Horoskops des Königs. Wann immer ich glaubte, meine mir freiwillig auferlegte Gefangenschaft und meine ehrenvolle Aufgabe nicht mehr ertragen zu können, verließ ich todesmutig im Dunkeln das Haus und schritt, in einen weiten, grauen Umhang gehüllt, durch die nächtlichen Straßen. Diese Vorsicht war natürlich übertrieben, der Kardinal hatte recht gehabt. Auch bei Tage hätte mich gewiß niemand erkannt. Wer in Paris, außer dem Adel, kannte mich schon von Angesicht zu Angesicht? Meine Doktorenkleidung und meinen Doktorhut ließ ich wohlweislich zurück. Ich stutzte meinen Bart auf modische Länge und kleidete mich in ein einfaches Wams und ein kurzes schwarzes Cape. So sah ich aus wie irgendein wohlhabender Kaufmann, eine graue Gestalt unter vielen. Trotzdem fühlte ich mich ständig verfolgt und mehr als unbehaglich. Meine Schuldgefühle ließen mich ständig zittern.

Am einundzwanzigsten Juni hielt Herzog Emmanuel Philibert von Savoyen mit seinem Gefolge feierlich Einzug in Paris. Er ritt ein prächtiges, schwarzes Offizierspferd. Ihm folgte ein gewaltiger, glänzender Troß von Rittern – als taktvolle Mahnung, daß er St. Quentin zerschlagen hatte und jetzt über ein unabhängiges Herzogtum herrschte. Hinter der zur Schau gestellten, kriegerischen Stärke Savoyens ritten hundertfünfzig vornehme Herren der Hofhaltung. Sie alle trugen ein Wams aus leuchtend rotem Seidensatin, scharlachrote Schuhe und mit goldener Spitze besetzte Mäntel aus schwarzem Samt – ein farbenfroher Anblick unter der gnadenlos herniederbrennenden Sonne. Als die Prozession sich durch die Stadt bewegte, strömten die Leute aus ihren Häusern und überfluteten die mit Blumen bestreuten Straßen. Ich stand am Fenster von Monsieur Dorats behaglicher Bibliothek und betrachtete von hier oben interessiert diesen Krieger in mittleren Jahren, der unten in untadeliger Haltung vorbeiritt. Er hatte eine große Hakennase und tief in den Höhlen liegende, schwarze Raubvogelaugen. Unendlich würdevoll ritt er dahin, dem Hofe zu. Er war für diesen Anlaß im Hôtel de Tournelles untergebracht. Seit Jahrhunderten schon war das Haus Savoyen durch Heirat und Blutsbande unlösbar mit dem Orden verbunden. Ich hätte gern gewußt, ob sich Emmanuel Philibert wohl aufstellen lassen würde.

Niemand wollte sich dieses Spektakel entgehen lassen. In der Stadt schlug die Erregung hohe Wellen, ein unbeschreiblicher Tumult herrschte allerorten. Kaum hatte sich die Bevölkerung von den Feierlichkeiten einer königlichen Hochzeit – der von König Philipp mit Prinzessin Elisabeth – erholt, da stürzte sie sich schon mit unfaßbarer Begierde auf die nächste. Eine Festlichkeit folgte der anderen, und aus den fast leeren Schatzkammern wurde freigiebigst Gold unter die Menge gestreut. Alles sprudelte nur so vor überschäumender Lebenslust. Gaukler und Vandalen zwängten sich durch die Straßen. Es kam zu Streitigkeiten und Schlägereien zwischen Betrunkenen. Alle überließen sich willig der alles beherrschenden, unwiderstehlichen, hysterischen Freude und Ausgelassenheit, die jedes nur irgend mögliche Verbrechen sowie jegliche Art der Vergnügung sanktionierte. Ich vergrub mich wieder in meine Bücher wie einst in Avignon und Montpellier und wartete auf eine Nachricht des Kardinals von Lothringen.

Er erschien in einer drückend schwülen Nacht, begleitet von dem jungen Löwen Gabriel de Montgoméry, Sieur de

Lorges. Ich saß beim Schein einer einzigen, tropfenden Kerze an einem Schreibtisch in der Bibliothek, den Kopf tief über die Horoskope gebeugt. Als ich mich umwandte, sah ich die beiden hohen Gestalten aus dem Schatten treten und unentrinnbar wie das Schicksal näherkommen. Mir sträubten sich die Haare im Nacken.

Der Kardinal ließ sich in der mit Büchern, Folianten und Pergamenten angefüllten Bibliothek lässig in einen Sessel gleiten.

»Sagt, Maître de Notredame, wann ist der richtige Augenblick?«

Ich fuhr mir mit der Zunge über die ausgetrockneten Lippen und schluckte krampfhaft. »Am dritten Turniertag. Am dreizehnten Juni um die vierte Nachmittagsstunde. Der Mond bewegt sich dann auf Capricornus zu, bewirkt die Opposition des Saturn zu seinem Ausgangspunkt und verstärkt seine Ausgangsquadratur zur Sonne.«

»Ausgezeichnet. Je eher desto besser; denn ich fürchte, wir stehen bei König Henri nicht mehr in sehr hohem Ansehen. Er kann sich des Verdachtes nicht mehr erwehren, daß sein Vater auf dem Sterbebett die Wahrheit gesprochen hat. Ich werde Madame de St. Clair bitten, Euch am frühen Nachmittag hier abzuholen. Ihr könnt dann inmitten der Menge vor der Tribüne alles mitansehen.«

Ich starrte den Sieur de Lorges an, doch der stand unbeweglich und schweigend in der Tür. Ich verspürte plötzlich den unwiderstehlichen Drang, ihn bei den Schultern zu packen, ihn zu schütteln und ihn anzuschreien: Wie könnt Ihr nur eine solche Freveltat begehen? Wie könnt Ihr Euch dafür aufopfern? Weigert Euch, verlaßt Paris, flieht nach England, flieht irgendwohin, nur möglichst weit fort von hier... Verzweifelt versuchte ich meinen sehnlichsten Wunsch in Worte zu kleiden – der Kardinal möge mich nach Hause zurückkehren lassen. Doch wie üblich beantwortete er meinen flehenden Blick mit kühlem Amüsement. Lächelnd nahm er den Sieur de Lorges beim Arm und ließ mich mit meinen Horoskopen und meinen finsteren Visionen allein.

Marie de St. Clair war noch genauso geheimnisvoll, schön

und exotisch, wie ich sie in Erinnerung hatte. In meinen qual-
vollsten Stunden hatte ich sie so vor mir gesehen. Ihre Augen
– dunklen Oliven gleich – glänzten voller Erwartung, strahlten eine verruchte Vorfreude aus. Sie trug wie irgendeine be-
liebige Bürgersfrau ein schlichtes, weißes Gewand. Eine
herzförmige, weiße, mit kleinen Perlen bestickte Satinhaube
zierte ihr dunkles Haar. Ihre Mundwinkel verzogen sich zu
einem sardonischen Lächeln. Als ich ihrer ansichtig wurde,
war ich schon nicht mehr klar bei Verstand. In meinem Kopf
jagten sich die schrecklichsten Visionen. Ich sah entsetzliche,
durch Lanzen verursachte Wunden und Staub und schattenhafte Könige, die im Todeskampf auf dem blutdurchtränkten
Sand des riesenhaften Turnierplatzes miteinander rangen.
Ich konnte Traum und Wirklichkeit nicht mehr auseinander-
halten. Sie sah mich eindringlich an. Mit sanftem Zwang nö-
tigte sie mir einen Becher Wein auf, bevor wir die schützenden Mauern von Jean Dorats Haus hinter uns ließen und uns
in das Menschengewühl stürzten. In den Straßen herrschte
ein unbeschreibliches Gedränge und ein ohrenbetäubender
Lärm. Überall rotteten sich die Menschen zu ganzen Klum-
pen zusammen, wohin ich meine Blicke auch wandte. Sie saßen auf den Dächern, drängten sich in den Straßen, kauerten
auf den Türmen der Paläste und balancierten wie Störche auf
Mauerwerk und Statuen der Kirchen. Noch nie hatte ich solche Menschenmassen zu Gesicht bekommen. Das Getöse
war nicht mehr zu überbieten, der Schweißgeruch fast unerträglich. Die Sonne brannte gleißend hell auf das feinzise-
lierte Silber und Gold der Rüstungen der Wettkämpfer, ließ
die schwankenden Federbüsche auf den Helmen aufleuchten und die Livreen der Pagen, Knappen und Reitknechte er-
glänzen sowie auch die kostbar gestickten Wappen und Banner, die schweißglänzenden Rücken der prächtigen Zelter.
Ich sah zur Tribüne hinauf, wo die Königin silbergewandet
umgeben von ihrem Gefolge saß, eine Perle aus Perlmutt inmitten von Juwelen. Zu ihrer Linken befand sich der Kardinal von Lothringen, strahlend und anmutig wie eine von der
Sonne beschiedene, edle Blume. Zur Rechten der Königin
hatte golden gewandet Mary Stuart, die Dauphine, Platz ge-

nommen. Das siennafarbene Haar umrahmte ihr bleiches Gesicht wie eine Wolke. Hinter ihr saß gebeugt der junge Dauphin neben Madame de Valentinois in schwarz-weißem Witwengewand – im Vergleich zu dem exotischen, buntgefiederten Hofstaat ein wahrhaft öder Anblick. Ich heftete den Blick auf den Staub und Schmutz zu meinen Füßen. Marie de St. Clair drückte sanft meinen Arm.

»Ihr müßt hinsehen, Maître de Notredame«, flüsterte sie mir in all dem Getöse ins Ohr. »Nichts ist vorausgeplant. Nur der Augenblick zählt. Alles liegt in der Hand des Schicksals. Wir werden ja sehen, ob das Schicksal gewillt ist, sich verführen zu lassen.«

Groß und imposant wie ein archaischer Sonnengott in seiner glänzenden, goldenen Rüstung kam der König auf einem prächtigen, schwarzen Zelter des Herzogs von Savoyen angeritten. Emmanuel Philibert selbst saß auf der Tribüne neben dem Kardinal. Wieder starrte ich Charles de Guise an, den glänzendsten, aber auch schrecklichsten all der blendend aussehenden Prinzen Lothringens, blond und schön. Die Strahlen der Sonne brachen sich auf seinem goldenen Kruzifix und fielen voll auf seine scharlachrote Robe. Selbst aus dieser Entfernung konnte ich das lebhafte Blau seiner Augen noch ausmachen.

Die Kornetts schmetterten ein gebieterisches Signal. König Henri trat zuerst gegen Jacques von Savoyen, den Herzog von Nemours an. Der junge Herzog saß nicht gut im Sattel – ob nun aufgrund geringerer Fähigkeiten, ob aus einer instinktiven Erkenntnis heraus oder in dem Wissen, was dieser Tag für uns alle bedeutete, sei dahingestellt. Im ersten Durchgang prallte die Lanze des Königs gegen seinen Panzer und er stürzte mit lautem Krachen vom Pferd in den Sand. Unverletzt erhob er sich und verließ taumelnd den Turnierplatz. Wie wild jubelte die Menge dem König zu. Ich senkte verzweifelt den Blick. Sogleich verspürte ich wieder den festen Druck von Marie de St. Clairs Fingern auf meinem Arm.

»Seht hin«, murmelte sie erregt mit blutroten Lippen.

König Henri trat nun gegen Alphonse d'Este, Fürst von Ferrara und Schwager von François de Guise an. Die Menge tobte, der Jubel kannte keine Grenzen. Der König erwies sich als ebenso geschickter Ritter wie sein ruhmreicher Vater. Dadurch konnte er die finstere Melancholie, sein schwerfälliges Wesen und seine sonstige Unbeholfenheit wieder wettmachen. Auch seinen zweiten Gegner stieß er vom Pferd.

Der dritte Gegner auf dem Turnierplatz war der Herzog von Guise. Er ritt einen edlen, schneeweißen Zelter mit den silbernen, scharlachroten und goldenen *ailerons* und dem Kreuz seines Hauses mit den zwei Querbalken. Scharlachrot fiel der wallende Federbusch auf seinen feinziselierten, silbernen Helm herab. Hinter den silbernen Adlerschwingen und dem Kreuz von Jerusalem wehte ein anderes Banner. Fast höhnisch entfaltete sich unter der Sonne das schwarzweiße Beauséant des Tempels. Wieder erklangen schmetternd die Kornetts. Wie im Traum beobachtete ich die beiden gold- und silberglänzenden Gestalten unter der gnadenlosen Sonne. Auf dem schwarzen und dem weißen Streitroß wirkten sie wie Schachfiguren auf dem Spielbrett. In donnerndem Galopp näherten sie sich einander. Klirrend und rasselnd stießen die Lanzen auf die Brustpanzer. Beide Reiter schwankten heftig und konnten sich nur mit Mühe im Sattel halten. Doch keiner fiel vom Pferd.

Mit neuen Lanzen ausgerüstet, machten sie Anstalten, noch einmal gegeneinander anzureiten. »Er ist dem König überlegen«, flüsterte mir Marie de St. Clair ins Ohr. »Er wird jedoch freiwillig auf den Sieg verzichten.«

Kaum hatte sie das gesagt, erklang das laute Scheppern von Metall auf Metall schon wieder. François de Guise schwankte und stürzte kopfüber in den Sand.

Seine Knappen halfen ihm vom Turnierplatz, und der König schickte einen Höfling zum Herzog von Savoyen hinauf. Seine Majestät dankte dem Herzog dafür, daß er ihm seinen prächtigen Rappen zur Verfügung gestellt hatte, dem er – wie er sagte – seine Siege verdanke. Der Höfling kehrte sogleich zurück und überbrachte Emmanuel Philiberts Antwort. Er sei entzückt, daß sein Pferd dem König von Nutzen gewesen sei. Er bitte den König jedoch – wie auch die Königin und ihre Hofdamen – von einer weiteren Teilnahme abzusehen. Drei triumphale Siege seien genug, es sei schon spät und überdies sehr heiß. Das Turnier sei zu Ende.

Obwohl sich meine Gedanken zusehends verwirrten, sah ich Katharina von Medici deutlich vor mir, wie sie silbern gewandet, bleich und ohnmächtig oben auf der Tribüne saß. Sie hatte ganz gewiß meinen Brief erhalten, in dem ich sie davor warnte, den König am Einzelwettkampf teilnehmen zu lassen. Wie es jedoch seinem Wesen und auch unseren Plänen entsprach, hatte König Henri unsere Warnung in den Wind geschlagen.

Er bestand jetzt auf einem weiteren Durchgang, verlangte eine neue Lanze. Er öffnete das Visier seines goldgeschmückten Helms, und ich sah, wie ihm der Schweiß in Strömen von der Stirn in die Augen lief. In die Augen...

Alphonse d'Este und der Herzog von Guise eilten beide ohne Rüstung und schweißüberströmt auf den Turnierplatz hinaus. Sie flehten den König an, an diesem Tage nicht mehr weiterzumachen, das Lanzenstechen für diesen Tag einzustellen. In der Woche zuvor hatte er nach einem besonders anstrengenden Tennisspiel einen Schwächeanfall erlitten. Sie gaben ihm zu verstehen, sie machten sich Sorgen um seinen Gesundheitszustand. Doch je mehr sie in ihn drangen, desto strörrischer wurde er.

»Schickt mir den Sieur de Lorges«, verlangte der König wütend. »Er soll mit mir kämpfen.«

Ich machte einen tiefen, zitternden Atemzug. Wie aus weiter Ferne hörte ich trotz des Stimmengewirrs den schwachen, hohlen Klang der großen Glocke von Notre Dame, die die vierte Stunde schlug.

»Wie ist das möglich?« keuchte ich. »Er selbst verlangt ja nach dem Mann! Wie ist so etwas nur möglich?«

Sie schüttelte abwehrend den Kopf. »Schweigt und laßt Euch nichts entgehen.«

Gabriel de Montgoméry, Sieur de Lorges und Hauptmann der schottischen Garde, entschuldigte sich und flehte den König an, ihn nicht dazu zu zwingen. Der König wurde immer gereizter und wiederholte seinen Befehl. Da neigte der Sieur de Lorges das lohfarbene Haupt – seit undenklichen

Zeiten die Geste des Opfertieres, das sich willig zur Schlacht-
bank begibt. Man half ihm aufs Pferd und reichte ihm eine
Lanze. Dann ritt er zum Ausgangspunkt am Ende des Turnierplatzes. Dort nahm er Aufstellung.

Marie de St. Clair krallte die Finger erregt in meinen Arm.

»Seht den König«, flüsterte sie wieder. »Er hat versäumt,
das Visier wieder herunterzulassen.«

Mir war, als sähe ich den Unterwassertanz von zwei mon-
strösen Seeungeheuern mit an, als habe ich im Wachzustand
einen schrecklichen Alptraum, der sich schleppend und zäh-
flüssig abspielte. Irgend etwas war mit meinem Augenlicht
geschehen. Der Himmel war grünlich wie ein umgestülpter
großer Kessel, mit Patina überzogen, und die Hitze schnürte
mir die Kehle zu. Ich starrte den Löwen auf dem Helm des
Königs an, als könne er jeden Augenblick zum Leben erwachen und sein Gebrüll ertönen lassen. Mein Atem ging keuchend und abgerissen. Die Geister des Waldes, des uralten
Waldes, waren wieder auferstanden und bedrängten mich.
Ich sah die große Eiche. Die Wurzeln reichten bis tief in die
Erde unter dem Turnierplatz hinab. Die Tribünen lagen im
Schatten, waren zurückgetreten, und der Geisterkönig kam
weißgewandet angeritten, doch war es der König, der jetzt
die Lanze hielt – zwei Könige, zwei Lanzen, *deux classes une,
puis mourir, mort cruelle...*

Bestickte Banner wehten wie Rauch ätherisch und völlig
geräuschlos, und die beiden goldglänzenden Gestalten
schienen aufeinander zuzuschweben, unaufhaltsam, bis sie
in einem weißglühenden Flammenmeer zusammenstießen.
Ein überaus heftiger Zusammenprall, ein lauter Krach und
gleich darauf tödliche Stille, ein Abgrund des Schweigens.
Der König schwankte und griff verzweifelt nach dem Sattel-
knopf. Schwer getroffen versuchte er unbeholfen, sich im
Sattel zu halten. Da brach die Königin mit einem schrillen
Entsetzensschrei das Schweigen. Als sei damit der Bann gebrochen, als seien alle aus ihrer Erstarrung erwacht, kamen
Gefolgsleute auf den Turnierplatz gestürzt, um dem schwer-
verwundeten König vom Pferd zu helfen. Sie befreiten ihn
von seiner Rüstung, und nun sah ich sein Gesicht, sein fürch-

terlich entstelltes, blutüberströmtes Gesicht. Die abgebrochene Lanzenspitze des Gegners war ihm durch das Auge in den Kopf gedrungen. Er hatte die Besinnung verloren. Die Königin saß jetzt wie versteinert da, die Hände vor den Mund gepreßt, mit geisterhaft blassem Gesicht. Neben ihr hatte sich der Kardinal von Lothringen von seinem Sitz erhoben. Er hielt sein goldenes Kruzifix in beiden Händen und murmelte ein Gebet. Die Menschen stürzten wie wahnsinnig durcheinander, während die Dienerschaft den besinnungslosen König vom Turnierplatz ins Hôtel des Tournelles trug.

Ich schlug die Hände vors Gesicht und zitterte am ganzen Leibe. Marie de St. Clair, die trotz des Gemetzels, das sie soeben mitangesehen hatte, schon wieder kühl und gefaßt war, nahm mich mit festem Griff wortlos am Arm und zog mich vom Schauplatz des schrecklichen Geschehens fort.

Ich muß die Besinnung verloren haben. Noch Stunden danach war ich nicht klar bei Verstand. Als ich die Augen wieder öffnete, erkannte ich die geschnitzten Deckenbalken meines Zimmers im Hause von Jean Dorat. Ich lag zu Bett und Marie de St. Clair saß neben mir – mit stillem, weißem Gesicht.

»Ihr werdet Euch bald wieder besser fühlen, Maître de Notredame«, sagte sie ruhig, und reichte mir ein Glas Wein. »Ich hätte wissen müssen, daß es Euch fürchterlich mitnehmen würde. Was ist in dem entscheidenden Augenblick in Euch vorgegangen? Was habt Ihr gesehen?«

Zu Tode erschöpft schüttelte ich den Kopf. »Gar nichts. Ich weiß es nicht. Ich war in dem Zustand, in dem ich sonst immer Visionen habe. Wenn ich in die Flammen starre. Doch es war weit schlimmer. Ich habe etwas ganz anderes gesehen als das, was sich wirklich abgespielt hat.«

»Erzählt mir davon.«

»Der König, der weiße König mit dem ungeschorenen Haar . . . Ich konnte den Sieur de Lorges nicht sehen. Ich habe etwas anderes gesehen.«

Ich blickte ihr in das ruhevolle, feingeschnittene Gesicht.

»Bitte«, sagte ich flehend. »Ich möchte jetzt nicht darüber sprechen.«

»Das verstehe ich gut.« Sie legte mir ihre kühle, weiße Hand auf die Stirn. Ein heißer Strahl durchfuhr mich bei ihrer Berührung. »Als ich Euch zurückbrachte, hattet Ihr hohes Fieber. Das ist nun überstanden. Ihr müßt jedoch warten, bis es dem Kardinal möglich ist, Euch aufzusuchen. Eine ganze Weile werden chaotische Zustände herrschen. Ich fürchte, der Todeskampf des Königs wird sich in die Länge ziehen, bevor er stirbt.«

Schuldgefühle peinigten mich gnadenlos. »Er war nicht untauglich«, flüsterte ich. »Er war kein schlechter König. Was für ein schrecklicher Tod. Es ist so ungerecht. Er war ein ehrenwerter Mann. Ein wenig langsam, aber ehrenwert...«

»Psst. Es war an der Zeit. Das wißt Ihr ebenso gut wie ich. Ihr habt doch selbst gehört, wie er sich weigerte, das Lanzenstechen einzustellen. Er war es doch, der dem Sieur de Lorges befahl, gegen ihn anzutreten.«

»Das ist leicht gesagt. Uns alle trifft die Schuld.«

»Schuld?« sagte sie, und sah mich mit ihren dunklen Augen spöttisch an. »Niemanden trifft eine Schuld, Maître die Notredame. Wir sind alle nur Gefäße, durch die sich das Schicksal erfüllt – Hebammen, wenn Ihr so wollt. Trifft die Hebamme die Schuld daran, wenn das Kind ein Ungeheuer ist?«

Ich starrte sie fassungslos an, blickte ihr in die wunderschönen, schwarzen Augen, in denen ich schon einmal versunken war. Charles de Guise war ein guter Lehrmeister gewesen. Vielleicht aber war sie ihm von Anbeginn an wesensverwandt, eine Schlange, die der anderen gewachsen war.

Wieder hatte mich die Begierde in ihren Klauen. Doch übermächtiger war mein nicht zu unterdrückendes Schlafbedürfnis. Sie hatte mir ein Schlafmittel in den Wein geschüttet.

»Marie, ach Marie«, konnte ich gerade noch murmeln, bevor mir die Augen zufielen. »Ich danke Gott, daß die kirchlichen Würdenträger nicht heiraten dürfen. Ich wage nicht daran zu denken, was für gottlose Geschöpfe Ihr mit ihm zeugen würdet.«

Bevor ich in einen tiefen, samtenen Schlummer versank, vernahm ich noch ihr sanftes, sardonisches Gelächter. Mit der Leichtigkeit eines Schmetterlings senkten sich ihre Lippen auf die meinen herab, und das Echo meiner eigenen Worte klang mir höhnisch in den Ohren.

Als ich erwachte, sah ich den Kardinal von Lothringen über mich gebeugt dastehen, elegant und gelassen. Seine Erregung zeigte sich nur durch die kaum wahrnehmbaren, blaßroten Flecken auf seinen sonst so bleichen Wangen.

»Ich fürchte, wir müssen Euch schnell aus Paris hinausschaffen, Maître de Notredame«, sagte er leicht verlegen.

»Warum? Hat man mich doch erkannt?«

»Nein. Doch die getreuen Bürger dieser Stadt verbrennen Euer Bild in den Straßen. Und beschwören die Kirchen, das gleiche mit Euch zu tun. Sie dürsten nach Rache und fordern Eure Bestrafung. Man hält Euch für einen Hexenmeister und einen Hugenotten.«

»Mich hält man für einen Hugenotten?« wiederholte ich mit schwacher Stimme und fing an zu lachen.

»Ich muß zum König zurück und an seinem Sterbebett wachen. Es geht jetzt rasch mit ihm zu Ende. Die Ärzte bemühen sich mit dem Mut der Verzweiflung um ihn, doch Splitter der Lanze sind ihm ins Hirn gedrungen. Er ist völlig erblindet.«

Ich vergrub mein Gesicht in den Kissen.

»Ich habe mich mit meinen Leuten in England in Verbindung gesetzt«, fuhr er fort. »Man wird den Sieur de Lorges bei Nacht und Nebel außer Landes schaffen. Der König hat ihm verziehen und erklärt, er habe nur seine Pflicht als edler Ritter erfüllt. Doch die Königin wünscht ihren Gemahl zu rächen.«

»Wünscht sie sich auch an mir zu rächen?«

Da lächelte er liebenswürdig. »Nein, mein Freund, nicht an Euch. Sie schwört, Ihr hättet alles getan, sie zu warnen. Sie hat die Absicht, Euch zu schonen und zu beschützen. Doch müßt Ihr Paris noch heute nacht verlassen. Ich werde Euch zwei Männer mitgeben, die Euch nach Salon zurückbegleiten sollen.«

»Das ist mir sehr lieb. Solange ich lebe, möchte ich Paris

nicht wiedersehen. Ich begreife nicht, weshalb Ihr mich hierherbeordert und gezwungen habt, diese schreckliche Tragödie mitanzusehen.«

Sein Lächeln war voller Mitgefühl. »Eines Tages werdet Ihr
es vielleicht verstehen. Das Werk des Künstlers oder das
Werk Gottes kann nur dann verwirklicht werden, wenn der
Künstler es beseelt. Erst dann ist das Werk vollendet. Wären
wir bei dem Ereignis nicht zugegen gewesen, so wäre es nicht
dazu gekommen. Erst Eure Qualen haben dem Geschehen
Leben eingehaucht.« Einen Augenblick blieb er noch schweigend an meinem Lager stehen und spielte geistesabwesend
mit seinen Ringen. »Ich muß jetzt gehen; denn es gibt noch
viel zu tun. Wir müssen schleunigst des jungen Dauphins
habhaft werden, bevor sich seine Mutter von ihrem unsägli-
chen Kummer erholt. Es darf kein Zweifel daran bestehen,
wer von nun an in Wahrheit regiert.«

»Monseigneur«, sagte ich leise, »Ihr habt ihm siebzehn
Jahre gedient. Plagen Euch keine Gewissensbisse, da er so
elend zugrunde gehen muß?«

Da erblühte ein strahlendes Lächeln auf seinem schönen,
bleichen Gesicht. Er sah mich spöttisch an. »Niemanden trifft
eine Schuld daran. Der König ist einem schrecklichen, un-
glückseligen Unfall zum Opfer gefallen. Er hat alle Warnungen in den Wind geschlagen. Es war ihm vom Schicksal bestimmt, zu diesem Zeitpunkt auf diese Weise zu sterben.«

XXVII

Zehn Tage dauerte der Todeskampf. Wie mir Marie de. St.
Clair versichert hatte, herrschte nach dem Tode des Königs
das absolute Chaos. Die Königin vergrub sich wie betäubt vor
Schmerz in ihrem schwarzverhängten Trauergemach. In aller Stille ließen der Kardinal von Lothringen und der Herzog
von Guise mehrere hundert bewaffnete Soldaten in Paris zu-
sammenziehen und als Wachtposten um den schweigenden
Palast herum und in den Gemächern des Dauphins aufstel-

len. Diese Truppen gewährleisteten, daß kein Bourbonenprinz das Haus Lothringen herauszufordern wagte. Und als die königliche Familie mit ihrem Gefolge endlich das Hôtel des Tournelles wieder verließ, wurden sie von dem Kardinal und dem Herzog von Lothringen geleitet und beaufsichtigt, in deren fähigen Händen das Schicksal Frankreichs jetzt voll und ganz ruhte. Kirche, Finanzen, Politik und Militär waren jetzt unter der Kontrolle dieser beiden, vom Ehrgeiz besessenen Männer.

Wie immer bei einem Machtwechsel, kam es überall zu Umgruppierungen. Die Spielfiguren auf dem Schachbrett wurden ganz neu aufgestellt. Meine Herren versammelten Freunde um sich, die sie bei ihrem Aufstieg unterstützt und ihnen Vorschub geleistet hatten; ihre Gegner entließen sie stillschweigend. Niemand fiel schroff in Ungnade, es gab keine kleinlichen Racheakte. Madame de Valentinois wurde freundlich gebeten, das königliche Schloß zu verlassen. Ihre Zeit bei Hofe war damit vorüber. Die beiden Bourbonen-Brüder Louis und Antoine forderte man vornehm auf, sich aus dem *conseil des affaires* zurückzuziehen. Der Konnetabel de Montmorency wurde höflich aus dem Dienst entlassen.

Doch obgleich der Kardinal und der Herzog nun vom Schicksal begünstigt waren, wußte ich, daß eine fast unerträgliche Last auf ihren Schultern ruhte. Die Schatzkammern waren ausgeplündert und völlig leer. Die letzten Reserven des Landes waren durch die Verschwendungssucht des genußsüchtigen Sybariten François I. und die nutzlosen, völlig unsinnigen Kriege Henris II. erschöpft worden. An letzteren allerdings war Charles de Guise zu einem Großteil mitschuldig. Jetzt trug er diese ganze Bürde wie ein viel zu schweres Kreuz auf seinem schmalen Rücken. Es war an ihm, zu versuchen, die Stabilität wiederherzustellen. Ich hegte nicht den geringsten Zweifel daran, daß er fähig war, diese Aufgabe zu erfüllen. Auf diese Gelegenheit hatte er schon lange gewartet. Doch der unversöhnliche Haß seiner Feinde verfolgte ihn wie ein Untier, das sich nicht hinter Gitter bringen ließ. Er konnte die notwendigen Kraftakte, die eines Herkules würdig waren, nicht vollbringen und die Augiasställe des Landes nicht ausfegen, ohne daß dies auf Kosten seiner Beliebtheit ging.

Wer diese Feinde waren und was sie zu seinen Feinden gemacht hatte, war kein Geheimnis. Die neue Regentschaft ließ sich gut an. Allmählich witterte man Morgenluft. Ganz langsam stieg die Sonne wieder am Himmel auf. Doch als der junge König in Reims von dem Kardinal von Lothringen die Weihe empfing, bestätigten sich meine Befürchtungen. Charles de Guise und sein Bruder jonglierten wie Gaukler überaus geschickt und mit fast übermenschlichem Mut und setzten sich mit ihrer ganzen Kraft dafür ein, das Land vor dem drohenden Untergang zu bewahren. Fast unüberwindliche Schwierigkeiten türmten sich vor ihnen auf. Doch irgend etwas unterminierte alles, was sie anfaßten, in aller Stille und Heimlichkeit, doch so beständig wie Holzwürmer, die im Dunkeln so lange an den Grundfesten nagen, bis das ganze Gefüge ins Wanken gerät.

Hinter dieser Gegenwehr stand vor allem Katharina von Medici, die Mutter des jungen Königs. Vor langer Zeit schon hatte sie mich wissen lassen, daß es ihr ganzes Bestreben war, die Macht an sich zu reißen. Sie hatte fest damit gerechnet, nach dem Tode ihres königlichen Gemahls ihr Ziel zu erreichen. Doch nun hatten der Kardinal und der Herzog von Lothringen die Regentschaft übernommen, und ihr waren die Hände gebunden. Ich konnte mir vorstellen, daß sie völlig außer sich vor blindwütigem Zorn war und von einem besinnungslosen Haß gegen die beiden erfüllt. Bei der geringfügigsten Gelegenheit, die sich ihr bot, wenn ihre Sterne günstig standen, würde sie keinen Augenblick zögern, ihren Sohn zu vernichten, der nichts als ein Spielball in den Händen der Usurpatoren war. Indem sie sich des jungen Monarchen entledigte, konnte sie auch seine Ratgeber zur Strecke bringen. Schon waren ihre Beauftragten in allen Teilen des Landes wie Maden in fauligem Fleisch am Werk, schürten das Feuer und riefen zum Widerstand auf. Sie verhandelten mit Hugenotten und Unzufriedenen und brachten durch heimtückische, hinterhältige Pamphlete und Traktate das Haus Guise in Verruf. Bald standen die beiden Männer, die mehr Anspruch auf die Krone erhoben als der König selbst, in den Augen der unwissenden Bevölkerung als Tyrannen und Usurpatoren da, als fremde Emporkömmlinge, die an sich gerissen hatten, was von Rechts wegen den Bourbonen, königlichen Geblüts, zustand. Es hatte nichts auf sich, daß sie Verfechter der katholischen Sache waren. Auch das wurde geschickt verdreht. Sie wurden als blutrünstige, unversöhnliche Verfolger hingestellt, die die Hugenotten und die Katholiken gleichermaßen unter ihr grausames Joch zu zwingen gedachten.

Zudem gab es noch jemanden, der die Brüder mit seinem Haß verfolgte. Er konnte ihnen ebenso gefährlich werden. Ich war ihm einmal in Paris begegnet, als er mich in meinen Gemächern im Hôtel de Sens aufgesucht hatte, um meinen Rat in Liebesdingen einzuholen: Louis von Bourbon, Prinz von Condé, der stutzerhafte, kleine Mann mit der schiefen Schulter, der völlig besitzlose, jüngere Prinz, der mit seiner scharfen Zunge und seinen giftigen Reden die Boshaftigkeit in Person war.

Gleich bei Regierungsantritt des jungen Königs beschloß Louis von Bourbon, diese Emporkömmlinge zu stürzen, die die Regentschaft an sich gerissen hatten, nach der es ihn so sehr verlangte. Die Eifersucht zehrte an ihm, glühender Neid und Haß drohten ihn um den Verstand zu bringen. Und doch war er einsichtig genug, zu erkennen, daß er den Herzog und den Kardinal nicht offen zu Fall bringen konnte. Trotz ihrer Unbeliebtheit bei den Hugenotten meisterten sie ihre schwere Aufgabe vorbildlich. Louis von Bourbon hätte kaum als Rechtfertigung anführen können, was ihn in Wahrheit so quälte und bekümmerte: das Charisma, das sie ausströmten, der strahlende Glanz, der von ihnen ausging, der Reichtum und die Stärke, die sie verkörperten. Deshalb wühlte er im Dunkeln wie ein Maulwurf, verbreitete die unglaublichsten Lügen und schürte den Haß des Volkes auf verschlungenen, unterirdischen Wegen.

Im Augenblick schienen die Brüder zu triumphieren, doch das Schicksal, das ihnen vielleicht zürnte, weil sie es auf unerlaubte Weise beeinflußt hatten, schien sie verstoßen und zurückweisen zu wollen. Ich schrieb ihnen völlig sinnlose Briefe und warnte sie. Der Einfluß Saturns in ihren Horoskopen, wenngleich unheilvoll, sei jedoch nicht unabänderlich. Der Herr der Welt erwarte Bezahlung für die Reise in seiner eigenen Münze: Geduld, Enthaltsamkeit, Selbstbeherrschung, Feingefühl, Nachdenken und Beständigkeit. Auf dem Schlachtfeld besaß François de Guise all diese Eigenschaften im Überfluß. Doch angesichts dieser in seinen Augen durch nichts gerechtfertigten Feindseligkeit seiner Mitmenschen verstand er die Welt nicht mehr. Er war zutiefst verletzt und wurde wild und ungestüm bei allem, was er tat. Selbst der Kardinal von Lothringen, ein so brillanter, lebendiger, geistig beweglicher, wenn auch flatterhafter und zuweilen leichtfertiger Mann, konnte seine Verbitterung und Rachsucht kaum mehr unterdrücken.

Salon blieb ebenfalls nicht von den schleichenden Übergriffen verschont. In Draguignon wurde ein berühmter Hugenottenführer der Provence ermordet. Die einfachen Leute in Salon, mit Leib und Seele Katholiken, feierten diese Greueltat frohlockend. Sie brachen in wilden Jubel aus. Viele der reicheren Bürger, zum Teil Verwandte des Opfers, standen jedoch auf dessen Seite. Erbitterte Kämpfe tobten in den Straßen. Die ruhige Beschaulichkeit der Stadt wurde heftig erschüttert. Aufruhr, Plünderungen und Entführungen waren an der Tagesordnung. Claude von Savoyen, der Gouverneur und Seneschall der Provence, entsandte zweihundert Soldaten, um den Aufstand niederzuschlagen.

Ich befand mich jetzt in einer schwierigeren Lage, als bei meiner Unterredung mit der Königin. Die Hugenotten haßten mich als Anhänger des Hauses Valois, diesem allem Anschein nach treu ergeben, und hielten mich für einen frommen Katholiken. Die Katholiken haßten mich, den Juden und Astrologen. In den Augen des tobenden Landvolkes war ich ein reicher Mann – durch meinen Aufenthalt bei Hofe noch berühmter geworden – für sie Grund genug, mich zu hassen. Drohungen und Beschimpfungen häuften sich wie hinter einem Damm, der jeden Augenblick brechen konnte. Claude von Savoyen schickte mir eine bewaffnete Leibwache, die hinfort im Salon nächtigte. Die wilden Zeitströmungen wuchsen zu einem Crescendo der Gewalt an. Im Geiste roch ich schon den Scheiterhaufen. Jean-Aimé de Chavigny kaufte eine Pistole. Meine Frau und meine Kinder wagten sich nicht mehr aus dem Haus.

Und inmitten des Knirschens und Splitterns, das ganz Frankreich zu zerbrechen drohte und mich mit Angstträumen und schrecklichen Visionen erfüllte, brach ein Tumult in Amboise aus. Es begann mit politischen Machenschaften und endete als Bürgerkrieg.

Dies war die überreife, faulige Frucht der Bemühungen Louis von Bourbons. Er hegte und pflegte sie wie ein Kind aus seinen Lenden, die Verschwörung, die ihm gelungen war. Obwohl wirklich fromme Hugenotten sich nicht beteiligen wollten, zog der Prinz wie ein Magnet die verschiedenartigsten Elemente einer ausgezehrten und beraubten Menschheit an, Treibgut auf dem Meer des Versagens in der Gesellschaft, bösartige, ewig Unzufriedene, die in seinem wahllos ausgeworfenen Netz hängengeblieben waren. Er beschaffte sich Geld von Elisabeth von England, die die Gelegenheit nutzte, um sich an dem Sieger von Calais zu rächen. Louis von Bourbon nannte sich der *capitaine muet*. Als geisterhafte, dunkle Gestalt zog er hinter der Bühne die Fäden, zeigte sich aber dem Publikum nicht. Godefroi de Berri, Sieur de Renaudie aus Périgord, erwählte er zur Galionsfigur. Er war ebenfalls von erbittertem Haß gegen den Herzog von Guise erfüllt. Gemeinsam spannen sie ein Netz, das sich über das ganze Land bis in das Deutschland Luthers hinein und über den stürmischen Ärmelkanal hinweg ins protestantische England erstreckte. La Renaudie pendelte hin und her wie ein schwankes Rohr und hielt die Verbindung zwischen den Aufrührern aufrecht. Er setzte sie über das große Werk in Kenntnis, das es zu vollbringen galt: die Errettung Frankreichs. Denn sie hatten die Absicht, den Kardinal von Lothringen und den Herzog von Guise so rasch wie möglich zu töten.

Wie ein stolzer, in sein Kind vernarrter Vater beobachtete Louis von Bourbon, wie die Verschwörung immer größere

Ausmaße annahm. Doch es gab zu viele geschwätzige Leute, zu viele Mitwisser, um die Sache weiter geheimhalten zu können. Über die Gewährsleute des Kardinals in Deutschland gelangten Gerüchte über die Verschwörung nach Frankreich. Auch aus dem Lager der Hugenotten in Paris wurden warnende Stimmen laut. Die Krönung des Ganzen jedoch wurde zu einer regelrechten Farce, einer Ironie des Schicksals. Godefroi de Berri, Sieur de la Renaudie, beschloß einen Astrologen wegen des günstigsten Zeitpunktes zu befragen. Aus zuverlässigen Quellen hatte er erfahren, daß der Prophet von Salon insgeheim auf seiten der Hugenotten stand. Also suchte er mich auf.

Ich versicherte ihm, daß laut seinem Horoskop die Vorzeichen nicht günstiger hätten sein können, obwohl in Wahrheit das Gegenteil der Fall war. Ich lauschte auch den schlimmsten Verwünschungen des Herzogs und des Kardinals mit völlig ausdrucksloser Miene. Ich erklärte, ich fände es auch bedauerlich, wenn eine edle Nation von Kreaturen überrannt würde, die nur ihre eigenen Machtgelüste und ihre Gier nach Gold zu befriedigen trachteten. Als unser Gespräch beendet war, hielt er mich für einen Mitverschwörer und schloß mich begeistert in die Arme. Ich hatte ihm feierlich den Zeitpunkt genannt, an dem zuzuschlagen mir angeblich weise erschien, und zwar den zehnten März. Wenn ich die Zeichen des Himmels richtig gedeutet hatte, war dies sein Todestag.

Unmittelbar danach schrieb ich an Charles de Guise. Sein Bruder François antwortete mir, die königliche Familie sei in Panik und fest davon überzeugt, man würde sie alle niedermetzeln. Selbst der gelassene, stets so zuversichtliche Kardinal wurde jetzt unruhig und wollte zu den Waffen greifen. Doch François de Guise, durch die Erfahrungen langer Kriegsjahre findig geworden, wollte nicht gleich öffentliches Ärgernis erregen. Er zog es vor, sein Wissen vorerst nur in seinem engsten Kreise kund zu tun. Er ließ die königliche *entourage* in das uneinnehmbare, festungsartige Schloß von Amboise bringen, stellte überall in der Stadt Truppen auf und wartete, daß ihm la Renaudie in die Hände fiel.

›Wie immer bin ich Euch für Eure Dienste zu großem Dank verpflichtet wie auch mein Bruder, der Kardinal. Habt keine Angst um uns. Wir wissen alle, wer hinter dieser Verschwörung steckt. Ich verspreche Euch, daß es mit dem *capitaine muet* aus sein wird, noch bevor das Jahr zu Ende geht.‹

Doch das tröstete und beruhigte mich keineswegs. Ich wußte, daß er sicher war – noch eine ganze Weile. Häufig sah ich sein Gesicht vor mir, wie ich es bei meinem ersten Besuch bei Hofe gesehen hatte – das linke Auge von einer erschreckenden Wildheit geprägt, der klare Blick umwölkt, als sei ihm mit der Lanze noch etwas anderes eingedrungen, das bald zum Ausbruch kommen würde.

Sobald sich der Kardinal von Lothringen wieder gefaßt hatte, erließ er ein Edikt, mit dem er die Maßnahmen gegen Häretiker lockerte. Nur wer sich des Verbrechens einer Verschwörung gegen den König oder die Regierung schuldig machte, wurde jetzt noch mit Folter oder dem Tode bestraft. Damit spottete er des religiösen Idealismus hinter la Renaudies Empörung. Das Hauptargument der Aufständischen wurde auf diese Weise zerstreut. Dann lud er die Führer der Hugenotten – Gaspard de Coligny und Louis von Bourbon – nach Amboise, um in aller Freundschaft mit ihnen darüber zu reden, wie man Religionsfreiheit gewähren könne, ohne die Autorität der Kirche zu untergraben. So hatte er Geiseln in der Hand, sollte es zu einem Übergriff kommen.

Er stürzte die Verschwörer in die tiefste Verwirrung. Einige gerieten in Panik und verrieten ihr Vorhaben. Eine ganze Bande von ihnen wurde gefangengenommen. Ein schlecht organisierter Angriff auf das Schloß wurde von den Soldaten des Herzogs mühelos abgewehrt und niedergeschlagen. Und am zehnten März wurde dann Godefroi de Berri getötet. Die Kavallerie des Herzogs trieb die sich zusammenrottenden Streitkräfte auseinander wie in alle Winde gewehten Staub – und die Landbevölkerung – alles gläubige Katholiken – fiel mit wahrhaft wölfischer Wildheit über die Nachzügler und Versprengten her.

Die Verschwörung des Louis von Bourbon fiel in sich zusammen wie das Soufflé eines schlechten Kochs. Doch obwohl François de Guise weder von einem Schwert noch einer Arkebuse oder Pistole verletzt worden war, hatte er eine tödliche Wunde davongetragen, weit schlimmer als irgendeine, die ihm mit Waffen hätte zugefügt werden können. Die ungezähmte Wildheit, die dem Herzog in dunklen Stunden schon immer zu schaffen gemacht hatte und stets in ihm lauerte, kam jetzt zum Ausbruch. Als die gefangengenommenen Aufwiegler den ganzen Umfang des von ihnen gesponnenen Netzes enthüllten, erkannte er, daß die Verschwörung Louis' von Bourbon nicht nur ein harmloser Bauernaufstand war. Es war eine Verschwörung der Oberschicht, ein Komplott des Adels, seiner eigenen Klasse, der Angehörigen des Hochadels, die mit ihm zusammen bei Hofe aufgewachsen waren und in Metz, Calais und Thionville an seiner Seite gekämpft hatten, die auf prunkvollen Banketten Trinksprüche auf ihn ausgebracht und ihm zu Ehren Reden gehalten hatten, wenn er siegreich aus einer Schlacht hervorgegangen war. Diese Männer waren einmal seine Freunde gewesen. Durch ihren Verrat war sein Idealismus in seinen Grundfesten erschüttert, er vergiftete sein Herz. So kam das Tier in ihm zum Ausbruch.

Die Gefangenen wurden grausam bestraft. Manche wurden sofort mit dem Schwert durchbohrt. Andere wieder wurden wie unerwünschte Hündchen oder junge Katzen in Säcke gesteckt und ertränkt. Die restlichen wurden grausam gefoltert und dann an Händen oder Füßen gefesselt aus den Fenstern oder an die Zinnen des Schlosses gehängt, den Aasgeiern zum Fraß, die in drohenden, dunklen Wolken hoch am Himmel kreisten. Es hieß später, der Herzog von Guise, der edle, ritterliche Held von Metz und Calais, habe mit der schrecklichen Grausamkeit eines vor Schmerz fast wahnsinnigen Raubtieres selbst die Aufsicht über die Hinrichtungen geführt. Es hieß auch, sein weltmännischer, geheiligter Bruder, der Kardinal von Lothringen, habe das Kind François, den jungen König, gezwungen, das Blutbad und Gemetzel vom Fenster des Schlosses aus mitanzusehen, als sei es ein Maskenball.

Die Antwort auf das Blutbad von Amboise erfolgte sofort und war unvermeidlich. Die Besitztümer des Kardinals von Lothringen in Meudon und Cluny wurden in Brand gesteckt, sein Abbild in den Straßen von Paris aufgehängt und angezündet. Charles de Guise schrieb man die Hauptschuld an dem Gemetzel zu und er hatte daher die Folgen zu tragen. Ein Pamphlet machte bald auf geheimnisvolle Weise überall die Runde.

›Raubgieriger Tiger! Bösartige Viper! Gruft der Abscheulichkeiten und Greueltaten! Wie lange willst du die Unschuld unseres jungen Königs noch mißbrauchen? Wird denn deine Räuberei niemals ein Ende haben? Abscheuliches Ungeheuer! Jeder kennt dich, jeder sieht dich, und doch bist du noch am Leben! Hinweg mit dir! Aus sei es mit deiner Tyrannei! Flieh vor deinen Häschern!‹

Der Kardinal amüsierte sich köstlich über diese Schmähungen, nun, da die Verschwörung niedergeschlagen und sein seelisches Gleichgewicht wiederhergestellt war. Er schickte mir eine Abschrift.

›Der Stil ist ein wenig überladen, findet Ihr nicht auch? Aber vielleicht wird es mich unsterblich machen.‹

Ich fand diese Schmähschrift ganz und gar nicht amüsant. Dieser einer Eiterbeule vergleichbare, schwärende Haß war erschreckend und mir völlig unbegreiflich. Vor Amboise hatten die Brüder nichts getan, um sich solche Unbill zuzuziehen. Sie hatten nur, wie andere Menschen auch, ihre ehrgeizigen Ziele verfolgt, jedoch mit weit größerem Geschick. Es war nicht das erstemal, daß ich mich fragte, ob es mit diesem mysteriösen Geschlecht, mit diesem Blut nicht eine besondere Bewandtnis habe. Anders konnte ich mir dieses Martyrium, dieses Märtyrertum, nicht erklären. Es war, als verspüre das Volk ein seltsames Flimmern, eine fremdartige Aura wie einen blassen Nebelschleier über dem Hause der Guise. Sie Fremde zu nennen, war müßig; denn das Blut Ludwigs des Heiligen floß ebenso in den Adern der Lothringer wie in denen der Bourbonen oder Valois. Niemand konnte die Sache beim Namen nennen, daher erfand man Gründe, um gegen sie angehen zu können – wieder einmal ein Lückenbüßer unter der dunklen Herrschaft des siebenten Planeten.

Die Briefe, die François de Guise mir schrieb, sprachen von der Wandlung, die mit ihm vorgegangen war. Nach dem Blutbad von Amboise war irgend etwas in ihm zerrissen. Die unbefleckten, goldenen Jugendträume waren ausgeträumt. Er stand in seinem einundvierzigsten Jahr. Er hatte von einer herrlichen, strahlenden Wiedererstehung des heiligen Blutes geträumt, doch das Land, dessen Krone er für seine Zwecke brauchte, war, angekränkelt schon seit langem, inzwischen durch und durch verfault.

Louis von Bourbon floh nach Navarra an den Hof seines Bruders Antoine. Sogleich war wieder eine Verschwörung gegen die Berater des Königs im Gange.

Doch diesmal gingen sie dabei ungeschickter vor. Die Mittelsmänner des Kardinals fanden Briefe, aus denen hervorging, daß beide Brüder und auch die Mutter des Königs ihre Hände im Spiel hatten. Bald darauf erfolgte eine formelle Einladung, die die Unterschrift des Königs trug – so überaus höflich, so freundlich und delikat ausgedrückt, daß die charmante Handschrift Charles de Guises unverkennbar war. Mit dieser Einladung wurden die Bourbonen-Brüder gebeten, sich bei Hofe einzufinden.

Folgten sie dieser Aufforderung, würden sie sich in die Höhle des Löwen begeben. Doch es blieb ihnen keine andere Wahl. Weigerten sie sich, dem Ersuchen des Königs Folge zu leisten, so käme dies einer Kriegserklärung gleich. Außerdem hatte der Herzog von Guise an den Grenzen von Navarra starke Streitkräfte postiert, die jeden bewaffneten Aufstand der Prinzen sofort wie mit einem riesigen Hammer zermalmen würden. Katharina von Medici wurde inzwischen in ihrem eigenen Schloß gefangengehalten und konnte nicht helfen. Der junge König war Wachs in den Händen des Kardinals und des Herzogs.

Da bewies Louis von Bourbon, Prinz von Condé, unerwateten Mut. Mit seinem verängstigten, älteren Bruder im Schlepptau erschin er unbewaffnet bei Hofe. Antoine von Bourbon, der König von Navarra, wurde sofort unter Hausarrest gestellt. Der Prinz von Condé wurde in Einzelhaft genommen und zum Tode verurteilt.

Mit schrecklicher Klarheit hatte ich den nächsten Schritt vor Augen. Ich schrieb einen verzweifelten Brief an den Kardinal.

Aber es war zu spät. Die Mutter des Königs schlug blitzartig wie ein Leopard zu, als sie endlich eine Gelegenheit sah, ihre Inkuben zu exorzieren. Im November starb seine Allerchristlichste Majestät König François II. von Frankreich – *premier fils veuve malheureux mariage sans nuls enfans* – auf der Jagd, an einer Erkältung, wie es hieß. Sofort kehrte der Konnetabel von Montmorency aus seinem Exil prahlerisch an den Hof zurück. François de Guise und der Kardinal von Lothringen wurden einfach aus ihren Diensten entlassen. Und auf Betreiben der Mutter des Königs wurde Louis von Bourbon, Prinz von Condé, von allen Anschuldigungen freigesprochen und aus dem Kerker befreit.

Der neunjährige Charles von Valois, der Wahnsinnige, Angstgepeinigte, war nun König von Frankreich.

Seelenruhig und scheinbar völlig sorglos zog sich der Kardinal von Lothringen auf seinen Erzbischofssitz in Reims zurück, wo er seine Energie darauf verwandte, seine Herde zu inspizieren und mit den deutschen Prinzen zu konspirieren. Der Herzog von Guise zog sich verbittert und enttäuscht nach Joinville zurück, ging auf die Jagd und widmete sich seinen Kindern und seiner treulosen Gattin. Bei Hofe sprach man hinter vorgehaltener Hand angstvoll über den Vierzeiler des Propheten von Salon über den unglücklichen Sohn der Witwe, jung und kinderlos dem Tode geweiht. Wieder einmal warteten wir.

Katharina von Medici, die Mutter des Königs von Frankreich, besaß endlich die unumschränkte Macht, nach der sie sich so lange vergebens gesehnt hatte. Jetzt wußte sie nicht, was sie damit anfangen sollte. Zuerst schlug sie sich auf die Seite der Hugenotten, dann auf die der Katholiken. Unfähig, das Blutvergießen und die Gewaltakte zu verhindern oder auch nur das zunehmende Mißtrauen zu zerstreuen, das man ihr und dem König entgegenbrachte, stand sie wankend und unschlüssig da.

Ich wußte, daß sich damit das Ende des Hauses Valois ankündigte. Auf diesen in geistiger Umnachtung dahindämmernden Knaben würde noch einer folgen. Doch die Opfer, die hier gebracht werden mußten, waren zu entsetzlich, als daß ich sie hätte gutheißen können. Allnächtlich quälten mich finstere Träume. Fast war es, als konspiriere mein alternder Leib mit den Dämonen meiner Träume; Anfälle von Podagra plagten mich immer stärker und häufiger. Ich starrte zum Himmel empor, trank immer mehr Wein. Ich zog das dumpfe Vergessen vor, um nicht mitansehen zu müssen, wie all die Mühsal und das in langen Jahren Errungene von einer Lawine überrollt und zunichte gemacht wurde. In Augenblicken der Ernüchterung sah ich unendlich bekümmert mit an, wie François de Guise unaufhaltsam immer mehr verfiel. Er war nun völlig verzweifelt und brütete nur noch finster vor sich hin.

Was macht es schon, wenn wir scheitern? Der roi perdu *ist unsterblich. Er ist ein Mythos, kein Mensch.*

Und wie steht es um den Menschen?

Der Kardinal von Lothringen begann heimlich mit Philip von Spanien zu verhandeln, dem einzigen, der sich möglicherweise mit ihm gegen die Mutter des Königs verbünden würde. Seine Begabung als Heiratsvermittler nutzend, bot er Don Carlos, dem Thronerben seiner Katholischen Majestät, die verwitwete Mary Stuart an. Doch König Philip war zu schlau und zu ängstlich, um diesem fatalen Ränkeschmied Vorschub zu leisten, der sich in spanischem Herrschaftsbereich so sicher fühlte und gegen sein eigenes Land konspirierte. Die Heirat wurde abgelehnt. Mary Stuart, die nun nicht mehr gebraucht wurde und nicht mehr von Nutzen war, wurde nach Schottland zurückgeschickt, ihrem traurigen Schicksal überlassen.

So dämmerte das Jahr unseres Herrn 1562. Die erbitterten Kämpfe hörten nicht auf. In ganz Frankreich wurden unbezahlbare, kostbare Reliquien, an denen Gläubige seit vielen Jahrhunderten getreulich hingen, entweiht, in den Schmutz gezogen und zertreten. Schließlich erwachte François de Guise aus seiner finsteren Verzweiflung. Als Anführer des katholischen Triumvirats ging er ein militärisches Bündnis mit dem Konnetabel von Montmorency und dem Feldmarschall von St. André ein. Antoine von Bourbon wurde zum Verräter an seinem Bruder und seiner hugenottischen Gemahlin. Er kehrte in den Schoß der Kirche zurück und schloß sich ihnen an. Die Mutter des Königs übte Vergeltung, indem sie sich mit Gaspard de Coligny, dem Prinzen von Condé, und den Hugenotten verbündete. Die Figuren für die nächste Schachpartie waren aufgestellt – schwarz und weiß fein säuberlich einander gegenüber. Aber wer war schwarz, wer weiß?

Ich habe mich oft gefragt, was aus mir geworden wäre, wenn ich auf meinem Maultier an der Abtei Notre Dame d'Orval vorbeigeritten wäre. Doch ebenso könnte man auf den Anbeginn der Zeit zurückblicken und sich fragen, wie wohl alles verlaufen wäre, hätte es keine Schlange im Paradies gegeben.

XXVIII

Zu Beginn des neuen Jahres störte ein schrecklicher, grauenerregender Traum meinen wein-umnebelten Schlaf. Mir träumte, ich stünde inmitten eines Wirrwarrs von Toten und verstümmelten Sterbenden, ringsum von Körpern umgeben, die vom Schwert durchbohrt oder von der Arkebuse durchlöchert worden waren. Manchen war der Kopf, anderen Arme und Beine abgetrennt worden. Einige dieser armen Wesen hatten ihr Leben noch nicht gänzlich ausgehaucht und bemühten sich verzweifelt, sich in Sicherheit zu bringen. Wohin ich den Blick auch wandte, überall lagen Leichen, so hoch aufgetürmt, daß ich nicht über die gräßlichen Berge fauligen, teils schon in Verwesung übergegangenen Fleisches hinwegsehen konnte. Angst schnürte mir die Kehle zu; denn ich wußte, daß sich irgendwo auf diesem Schlachtfeld François de Guise in Lebensgefahr befand. Wolken hingen wie eklige, dunkle Geschwüre über dem Schauplatz des Entsetzens und vertilgten das Licht. Ich kämpfte mich wie ein Wahnsinniger durch die Berge von Leichen und besudelte mich dabei mit geronnenem Blut. Manchmal streckten sich Hände nach mir aus und griffen verzweifelt nach meinem Fuß, wenn ich vorüberhastete. Stöhnen und Geschrei klang mir wie ein Höllengesang in den Ohren. Ich öffnete den Mund, um zu schreien, doch kein Laut entrang sich meiner Kehle. Und über all diesem Elend läutete wie ein monströser, metallener Herzschlag eine unheilvolle Kirchenglocke, läutete für die Toten.

Während ich noch vorwärtstaumelte, lichteten sich die dunklen Wolken, und das Licht warf verzerrte Schatten auf die Todesarena. Und als ich schließlich blutbeschmiert den Kreis durchbrach und in die Mitte vordrang, sah ich François de Guise, vom bleichen Glanz eines gelblichen Himmelskörpers erleuchtet. Sein Schwert glitzerte und war mit Blutspritzern übersät, sein weißes, perlenbesticktes Wams mit Blut befleckt, sein Mund zu einem unmenschlichen Grinsen verzerrt, bei dem er die Zähne zeigte wie ein wildes Tier. Sein rechtes Auge glühte in stummer Verzweiflung. Hilfesuchend sah er mich an mit diesem starren, weitaufgerissenen Auge. Das linke Auge hingegen war halb geschlossen und blitzte vor Bosheit. Es funkelte mich bösartig an, als sei es wütend darüber, daß ich Zeuge seines Triumphes geworden war.

Dann öffneten sich seine Lippen und raunten: ›So helft mir doch! Um Gottes willen, helft mir!‹

Es dauerte mehrere Tage bis die Kunde von dem Gemetzel Salon erreichte. Auf dem Rückweg von Deutschland, wo der Herzog und der Kardinal den Prinzen von Württemberg aufgesucht hatten, kamen der Herzog und sein Gefolge durch die Stadt Vassy in der Champagne. In einer halbzerfallenen Scheune hielt eine große Hugenottengemeinde ihren Gottesdienst ab. Neugierig drängten sich die Soldaten in diese Scheune, und es kam zu einem Handgemenge mit der aufgebrachten Gemeinde. Dies nahm bald ungeahnte Ausmaße an, wie es bei einem gedankenlosen Mob zuweilen der Fall ist. François de Guise, der mißbilligend zusah, wurde angegriffen und mit Steinen beworfen. Entsetzt über diese Ausschreitungen ihrem edlen Herrn gegenüber übten seine Soldaten Vergeltung. Sämtliche Hugenotten Vassys wurden gnadenlos niedergemetzelt. Das Blutvergießen hatte begonnen.

Ich war verbittert und von ohnmächtigem Zorn erfüllt. Früher einmal hätte er seine Soldaten zurückgehalten, hätte überlegt gehandelt und Gnade walten lassen. Wie hatte er sich geändert!

Ich bringe nicht den Frieden, sondern das Schwert.

Aber hätte er denn anders handeln können? Ich kannte seinen ungeheuren Stolz. Dies war der Fluch von Leo, dem Sternbild des Löwen, das sich zum Zeitpunkt seiner Geburt im Osten erhob. Wenn er wirklich angegriffen worden war, ohne provoziert zu haben, war das, was in der Folge geschah, in der Tat unvermeidlich. Und das Tier in ihm, das in Amboise zum Ausbruch gekommen war, war ebenso sehr das Geschöpf unerträglicher Verhältnisse und Gegebenheiten wie es in seiner Seele beheimatet war. Seele und Gegebenheiten, Gegebenheiten und Seele – wo hatte er die Wahl und konnte selbst bestimmen und wo sprach allein das Schicksal? Wer war der Märtyrer, wer der Verfolger?

Vor langer Zeit hatte ich mich auf die Weisheit von Mathias Delvaux verlassen. Ich hatte versucht, meinen Herren zu helfen, unter den Myriaden von Lebensfäden denjenigen herauszufinden, durch den sich der Traum erfüllen würde. Jetzt aber war alles unentwirrbar verknotet oder zerrissen, und die dunkle Flut eines vergifteten Volkes wälzte sich durch die geborstenen Deiche.

›So helft mir doch! Um Gottes willen helft mir!‹

Ich wußte, daß ich es versuchen mußte. Aber er antwortete nicht mehr auf meine Briefe. Nur der Kardinal von Lothringen schrieb mir noch aus Reims, wo er zurückgezogen lebte. Seine Briefe waren kühl, geheimnisvoll und voll von boshaftem Klatsch. Über seine Pläne ließ er sich darin nicht aus.

Ich schickte dem Herzog einen Brief in dem gröbsten, ausfallendsten Stil, dessen ich fähig war. Er sei ein Narr, ließ ich ihn wissen. Er habe mit seiner dummen und primitiven Barbarei alles rücksichtslos zerstört. Ich betrachte mich nicht mehr als seinen Diener, schrieb ich ihm. Natürlich setzte ich damit alles auf eine Karte. Ich kannte ihn gut. Zwar hatte ich Angst, doch konnte ich nicht mehr anders handeln. Vielleicht würde er mich als Verräter hinrichten lassen. Doch aller Wahrscheinlichkeit nach würde er so verletzt sein, daß er sich gezwungen sähe, mich noch einmal zu sich rufen zu lassen, bevor er sich meiner entledigte. Darin lag meine Chance.

Wochenlang wurde ich den Blutgeruch nicht los. Im Anschluß an das Geschehen in Vassy mehrten sich Morde und Aufstände. Da hatte François de Guise ein schönes Beispiel gegeben. Ich versuchte mich auf harmlose Dinge zu konzentrieren, nahm die Arbeit an den noch unvollendeten Vierzeilern der *Centuries* wieder auf. Ich sah in die Flammen und ging der Bewegung des Äquinoktialpunktes in der Konstellation des zweiten Fisches nach. Da kam der Umschwung.

Ich dachte an die lange und korrupte Herrschaft Roms über seine naive, unwissende Herde. Ich dachte an die Pest, die den Glauben der Menschheit erschüttert hatte. Ich dachte an die Rebellion Englands, an König Henry, den Gott dafür nicht gestraft hatte. Ich dachte an Luther und Calvin, die auch den Zorn Gottes nicht zu spüren bekommen hatten und sogar menschlicher Rachsucht widerstanden. Als ich mich dem heftigen Überfall meiner Visionen aussetzte, hörte ich das laute Keuchen und Stöhnen des großen Zeitgeistes, der etwas Neues gebar und daran starb – der Krieg, Verwirrung und die verzweifelte Suche nach einem Allheilmittel gegen die Angst und die schlimmen Geburtswehen mit sich brachte. Die Erde sauste schwankend und ziellos um mich herum, als sei sie aus ihrer Umlaufbahn geraten und ins Leere gestürzt. Wie riesige Abszesse auf der Seele der Menschheit stiegen nun die Grüfte, die schon lange in den Knochen und den Eingeweiden geschwärt hatten, an die Oberfläche, damit die Seele geläutert werden konnte.

Da sie so lange gewartet hatten, war der Augenblick für

das Haus Lothringen vielleicht günstig. In solchen Zeiten wurde über Rauch und Feuer und die Asche derer, die zum Sterben daniederlagen, unbedingt der Ruf nach dem Erlöser laut. Doch der Weg des Erlösers führte dicht am Abgrund entlang und war sehr schmal, fast unbegehbar. Überall drohten Gefahren. Nur Gott selbst konnte diesen Weg sehen. François de Guise aber war nicht Gott. Er hatte den unverzeihlichen Irrtum begangen, zu zeigen, daß auch er nur ein Mensch und nicht unfehlbar war. Welcher Abstammung, von welchem Geschlecht er auch sein mochte, er war in jedem nur möglichen Sinne unerträglich, ja herzzerreißend menschlich. Und wenn ich sein Horoskop richtig las, so hatte er sein Leben schon verwirkt, war schon dem Tode geweiht.

»So erweist sich der große Prophet also doch nur als Feigling«, fauchte der Herzog von Guise verächtlich. »Das hätte ich all die Jahre hindurch nicht von Euch gedacht, Maître de Notredame. Aber die Juden sind wohl eine überängstliche Rasse.«

Ich schwieg.

»Ihr dürft natürlich nicht hoffen, diese Nacht zu überleben«, fuhr er mit hartem Janusblick fort. »Aus meinen Diensten entlasse nur ich. Niemand ist in der Lage, von mir zu gehen, als wolle er einen beliebigen Posten verlassen.« Er begann wie wild auf seinem Bart herumzukauen – ein Zeichen dafür, daß er sehr aufgebracht war. Ein Blick in seine zornblitzenden Augen bewies mir jedoch, daß ich richtig gehandelt hatte.

Ich zuckte die Achseln. »Ach, Herr, was bedeutet das schon? Ich bin ein alter Mann, mir bleibt nicht mehr viel Zeit. Selbst wenn Euer Hirn nicht größer als eine Erbse wäre, hättet Ihr wissen müssen, was dieses Blutbad in Vassy nach sich ziehen würde und hättet dem Einhalt geboten.«

»Ihr wagt es, ausgerechnet *Ihr*, Euch ein Urteil über *mich* zu erlauben?« krächzte er. Sein Gesicht war feuerrot, und die Narbe über dem mir so fremden Auge runzlig, weiß und häßlich. »Ihr habt wohl geglaubt, unsere Arbeit sei nicht schwieriger als die Herstellung von Schönheitsmittelchen. Ich will

Euch etwas verraten: Ich könnte ruhigen Herzens alle Hugenotten ringsum abschlachten, und jeden Menschen, der es wagt, sich mir in den Weg zu stellen – ganz gleich ob Mann, Frau oder Kind. Und es würde mich nicht um den Schlaf bringen – ganz im Gegenteil, ich würde danach viel besser ruhen.«

Er wirbelte zornbebend herum und lief geschmeidig wie eine Raubkatze auf und ab. Seine mit Ringen überladene Hand ruhte auf dem Heft seines Schwertes. Die Rohheit erschreckte mich zutiefst wie auch die unerklärliche, überwältigende Macht dieses Geschlechts. Am meisten jedoch erschütterte mich der unaufhaltsame Verfall dieses Mannes. Er hätte einst einen prächtigen König abgegeben.

»Wißt Ihr, daß sie mich steinigen wollten?« zischte er. Ich erkannte, daß er nicht nur zornig, sondern bis ins Innerste getroffen war. »Ich bin am Kopf und an der Wange verletzt worden«, schimpfte er verbittert. »Das Blut lief mir aus einer Kopfwunde bis in die Augen. Ich habe geblutet, doch nicht von einem edlen Schwertstreich in der Schlacht, sondern von einem Stein getroffen, den ein Bauernlümmel, ein Hugenotte, nach mir geworfen hat!«

Er stellte sein rastloses Umherwandern ein und blieb starr wie eine Säule mitten im Zimmer stehen. Nur die Hände zitterten. Mit dem rechten Auge sah er mich zornig, tieftraurig und hoffnungslos verzweifelt an.

»Warum hassen sie mich so?« flüsterte er fast unhörbar. »Weshalb hassen sie mich nach Metz, nach Calais und nach Thionville? Vor Amboise haben wir doch alles getan, was in unserer Macht stand, um wieder Ordnung im Reich zu schaffen. Niemand sonst hätte diese Aufgabe bewältigen können. Wir haben sehr lange schwere Arbeit geleistet. Wir haben alles dafür geopfert. Was habe ich nur getan? Ist mir ein Fehler unterlaufen? Sagt es mir, Maître de Notredame. Ihr habt mir immer die Wahrheit gesagt. Wie konnte es soweit kommen?«

Ich schüttelte traurig den Kopf. Sein Schmerz wühlte auch in meinen Eingeweiden, grub sich mit Raubvogelkrallen ein. Ich dachte zurück an die flüsternde Stimme aus dem verhan-

genen Bett in Gisor. Damals hatte er mir erzählt, daß er davon
träume, den Tempel wieder zu errichten.

»Herr, hört mich bitte an. Frankreich ist ein Pulverfaß. Bedenkt, was rings um Euch geschieht. Die Mutter des Königs
spielt Euch gegen Condé und Coligny aus, die Katholiken gegen die Hugenotten. Denn wenn es zum Bürgerkrieg
kommt, wird sie allein die Schlichtende sein, alleiniger Frie-
densstifter und Retter. Das ist eine uralte Strategie. Der Haß
des Volkes gegen Euch, ist aus ihrer Saat hervorgegangen.
Doch in Frankreich gibt es viele, die Euch lieben. Ihr seid der
König von Paris. Habt Ihr vergessen, wie man Euch zujubelt?
Nicht die Hugenotten sind Eure Feinde, Herr. Es ist die Italienerin. Sie zerstört Euch, trachtet Euch nach dem Leben. Ihr
seid ein viel größerer Narr, als ich es je für möglich gehalten
hätte. Ihr in die Falle zu gehen! Begreift Ihr nicht, daß Ihr sie
nur mit Mäßigung und Toleranz besiegt? Wenn Ihr Euch mit
Condé und Coligny verbündet, ist sie machtlos. Sie weiß,
daß Ihr den Thron anstrebt. Doch sie würde nicht wagen,
ihre Hand gegen Euch zu erheben, damit nicht die Katholiken sich ihrer entledigen. Es ist viel einfacher, Euch den
Strick in die Hand zu geben, damit Ihr Euch selbst erhängt.
Ihr seid ja schon auf dem besten Wege dazu.«

Er hatte sein rastloses Umherwandern wieder aufgenommen. Ich hätte nicht sagen können, ob er überhaupt zugehört
hatte. Doch ich sprach weiter.

»Ich verurteile Euch nicht. Ihr solltet inzwischen wissen,
daß ich Euer getreuer Diener bin, Euch bedingungslos ergeben. Ich würde alles tun, was in meiner Macht steht, um
Euch zu helfen. Wer macht sich in solchen Zeiten nicht die
Hände schmutzig? Doch müßt Ihr versuchen, bei klarem Verstand zu bleiben. Ich weiß, welche Wunde man Euch in Amboise zugefügt hat. Doch dürft Ihr nicht zulassen, daß Euch
diese zerfrißt; denn so macht Ihr alles zunichte, was Ihr so
mühselig aufgebaut habt.«

Aber es hatte keinen Sinn. Er saß in der Falle. Er brauchte
ein Banner, unter dem er kämpfen konnte; doch in diesem
Kampf schadete er sich selbst. Sein blinder, missionarischer
Eifer, der verzweifelte Wunsch, sein Ziel zu erreichen, führte

ihn ständig in die Irre. Je mehr die herrliche Vision vom Königsthron verblaßte, desto verbissener kämpfte er, um diesem Ziel wieder näherzurücken. Vielleicht aber spürte er auch – wie ich in meiner Verzweiflung – daß es bereits zu spät war.

Wieder blieb er stehen und starrte mich trübselig an. Seine Juwelen glitzerten im Schein des Feuers, sein goldblondes Haar und der Bart leuchteten auf. »Ihr habt natürlich recht. Ich weiß jetzt, daß Ihr das getan habt, damit ich Euch anhöre. Ihr seid listig wie ein Weib, mein Freund. – Lieber Gott, was soll ich nur tun?« Er lachte verbittert. »Nur als Paladin der katholischen Sache gelange ich auf den Thron. Nur so kann ich mir die Bourbonen vom Leibe halten. Ich habe keine andere Wahl. Es wird erneut zu einem Blutbad kommen. Gewähre ich den Ketzern freie Religionsausübung, setzte man mir Antoine von Bourbon vor die Nase. Dann ist alles verloren; denn er hat einen starken Sohn. Ich kann doch auf meinem Weg zum Thron nicht alles niedermetzeln, nicht gegen Valois und Bourbonen gleichzeitig angehen, nur um die Krone Frankreichs zu erringen. Und trotzdem schlägt mir von überall nichts als Haß entgegen. Was soll ich nur tun?«

»Wenn Ihr schon töten müßt«, sagte ich ruhig, »so tötet Katharina von Medici.«

»Natürlich haben wir auch daran schon gedacht. In der Tat seid Ihr meinem Bruder und mir als der geeignete Kandidat zum Überreichen des Giftbechers erschienen.« Ich wurde totenbleich. »Doch müßt Ihr einsehen, daß ich auch damit in der Falle säße. Es ist noch zu früh. Der König ist wahnsinnig. Nur seine Mutter wird seiner Herr. Läßt man sie töten, fällt der Verdacht sogleich auf uns. Louis von Bourbon würde sich eine solche Gelegenheit nicht entgehen lassen. Der König würde uns alle hinrichten lassen – auch meine Kinder.«

Wie er sich auch drehte und wand – es gab für ihn kein Entrinnen. Er war wie ein Löwe im Käfig, seine Ohnmacht trieb ihn fast zum Wahnsinn. Er wollte nicht wahrhaben, daß der Traum ausgeträumt war. Immer wieder rannte er gegen die Gitterstäbe an.

Doch seine Stimmung wechselte ganz abrupt. Langsam

schwanden Angst und Verzweiflung aus seinem hochroten, verzerrten Gesicht. Auch die bizarre Duplizität seines Blickes verblaßte. Jetzt war er wieder der gutaussehende Mann mit dem verletzten Auge.

»Ich frage mich oft«, sagte er sinnend, »was für ein Gott es ist, der uns lenkt. Wie Ihr ja wißt, sind all diese Religionsstreitigkeiten nichts als Firlefanz. Mir ist es gleich, ob ich Psalmen oder das *Salve Regina* singe; denn alles läuft auf dasselbe hinaus. Wir beide wissen, daß es keine falsche und auch keine richtige Seite gibt, für die es sich zu kämpfen lohnt. Gott ist in uns allen, ist in jedem Menschen, in einem mehr, im anderen weniger. Doch wenn mich finstere Verzweiflung packt, bete ich wie ein Katholik.«

Endlich bat er mich, Platz zu nehmen. Ich atmete erleichtert auf, als er Wein eingoß.

»Daß ich so fromm bin, muß Euch lachhaft erscheinen«, sagte er.

»Wie eine Ironie des Schicksals vielleicht, aber nicht lachhaft, Herr. Weihrauch steigt immer zum Himmel auf – ganz gleich, wonach er duftet. Was für ein Jammer, daß Menschen im Namen Gottes verfolgt werden.«

»Ihr wißt genau, daß das nicht der Grund war.«

»Ich glaube Euch ja. Aber so sieht es die Welt. In diesem Krieg sind Religion und Politik unlösbar miteinander verwoben. Ihr tragt eine Last und ein Geheimnis mit Euch herum, das die meisten Menschen in den Wahnsinn treiben würde. Nein, Euer Glaube erscheint mir nicht lachhaft. Jeder Mensch muß sich an etwas halten können, sonst verliert er den Verstand.«

»Ihr wißt so wenig über uns. Und doch haltet Ihr uns die Treue. Warum nur?«

Ich zuckte die Achseln. »Ich versichere Euch, daß das nicht aus religiösen Gründen geschieht. Mein Großvater pflegte zu sagen, für Gott sei ein Name so gut wie jeder andere. Für mich sind Dionysos, Apoll oder Aphrodite ebenso Götter wie unser Gott. Wenn Ihr wie Theseus aus Athen behaupten wolltet, Poseidons Sohn zu sein, so bliebe ich Euch getreu ergeben.«

Da lächelte er gewinnend. »Mein Bruder, der Kardinal von Lothringen, ist unser reichster und mächtigster Kirchenfürst. Er ist von einem wundersamen, unauslöschlichen, göttlich inspirierten Glauben an das Instrument zwischen seinen geheiligten Beinen geprägt. Wenn man seinen Worten Glauben schenken darf, gebraucht er es so oft wie irgend möglich mit unvergleichlichem Geschick. Er betet Priapus, den Gehörnten an und Dionysos, den Gott des Weins und der trunkenen Ekstase. Es gibt keine Ausschweifungen, nach denen es ihn nicht immer wieder gelüstet. Mit Frauen treibt er es wie auch mit Männern. Er führt die obszönsten Reden. Doch genügen ihm diese unflätigen Reden noch nicht. Privat macht er sich auch noch auf die boshafteste Weise lustig über das, was er seiner wie verzaubert lauschenden Herde so salbungsvoll mit der größten Beredsamkeit predigt. Er ist der letzte Mensch, den man fromm nennen kann.«

»Dann ist er ein wahrer Katharer«, sagte ich.

»Ja«, stimmte François de Guise lachend zu, »ein Adamit, für den die Befriedigung der Fleischeslust das Tor zum Paradies ist. Doch mich verwirrt das alles. Nach meines Großvaters Tod wurde meine Großmutter Philippa von Guilders unglaublich fromm. Ich erinnere mich noch ganz deutlich daran, daß sie eine wunderbare Vision hatte, als sie in der Kapelle von Joinville betete. Ich war noch ein Kind. Wie in Trance kam sie zu uns, das Gesicht ekstatisch verzerrt. Mir war, als sähe ihr die Seele aus den Augen. Sie schwor uns, sie habe den Heiligen Geist erblickt. Die gleiche Ekstase habe ich bei meinem Bruder gesehen, wenn er bei irgendeinem Trinkgelage seine rote Robe hob und eine Frau auf dem Fußboden nahm. Ich habe diesen starren, fast überirdischen Gesichtsausdruck auf dem Höhepunkt seiner Lust erlebt. Es ist der gleiche Blick.«

Ich schwieg versonnen. In diesem Augenblick sah ich den Park des Hôtel de Cluny im bleichen Mondlicht wieder vor mir. Wie gelähmt hatte ich mitangesehen, wie sich die beiden weißen Leiber im Schatten gewunden hatten – Schlangen in schlängelnder Umarmung.

»Wie unterschiedlich sind doch diese Götter, Maître de

Notredame! Was der eine fordert, weist der andere entsetzt zurück. Wenn wir es auch mit unserem armseligen Geist nicht erfassen können, so habe ich doch oft den Verdacht, daß diese Götter ein und derselbe sind.«

»Ich habe beide noch nicht zu Gesicht bekommen«, sagte ich ruhig. »Ich kann mir daher kein Urteil erlauben. Aber Dämonen habe ich kennengelernt. Im Feuer, in den Armen einer Frau, in meiner eigenen Seele sind sie mir begegnet. Gott ist mir jedoch noch nie begegnet. Oder ich habe ihn nicht erkannt.«

»Ich habe meine Großmutter und auch meinen Bruder immer beneidet«, sagte der Herzog von Guise nachdenklich, »denn mir ist so etwas nie widerfahren. Diese Höhenflüge sind mir fremd. Zuviel davon führt in den Wahnsinn – gleich welcher Gott. Das ist meine feste Überzeugung. Ich habe aus Machtgier und verletztem Stolz getötet, nicht für Gott. Zumindest mache ich mir da nichts vor. Ein Heuchler bin ich nicht.«

Wir sind alle nur hilflose Marionetten, dachte ich verbittert – der Sproß dieses mysteriösen Geschlechts nicht weniger als ich. Wer hatte die Fäden in der Hand? Ich betrachtete meine Hände, an denen kein Blut klebte. Und wußte, daß mir kein Urteil zustand.

»Vielleicht erhofft sich Monseigneur, der Kardinal, von dieser Lebensweise Erlösung«, sagte ich mit unbewegtem Gesicht.

Da lachte der Herzog schallend und schlug mir auf den Rücken. »Laßt ihn das bloß nicht hören, mein Freund. Er würde es Euch bitter büßen lassen. Ihr könntes ihn kaum schlimmer treffen.«

»Nichts liegt mir ferner, als ihn zu kränken. Er ist zu schrecklich – unberechenbar.«

»Ja, das ist er wohl. Doch ist er der klügste Mann auf der Welt. Wißt Ihr, daß er gerade jetzt, wo alles aus den Fugen zu geraten scheint, einen neuen Plan ersonnen hat? Er denkt an eine Heilige Liga. Eine aristokratische Bruderschaft aller katholischen Fürsten, Prälaten, Statthalter, Gouverneure, Stadtväter und Edelleute weit und breit, durch einen Vertrag unter dem Banner der Kirche geeint. Sie würden es als ihre erste Pflicht betrachten, der Häresie der Hugenotten ein für allemal ein Ende zu machen. Ihre zweite Aufgabe bestünde darin, dem Herzog von Guise auf den Thron Frankreichs zu helfen, sollte das Geschlecht der Valois aussterben. Eine Heilige Liga, deren Mitglieder durch einen Eid gebunden wären, der Vertrag durch Unterschrift ratifiziert; ausgerüstet mit Waffen und vom Papst gebilligt und gutgeheißen. Und Philip von Spanien würde sich verpflichten, diese Liga zu unterstützen...«

»Nein!« unterbrach ich ihn entsetzt. »Ihr dürft keine spanischen Truppen nach Frankreich holen.«

»Keine spanischen Truppen, mein Freund. Spanisches Gold, mit dem deutsche und Schweizer Söldner angeworben werden. König Philip mißtraut der Italienerin. Sie war den Hugenotten gegenüber zu nachsichtig. Er wünscht, daß die Inquisition auch in Frankreich hart durchgreift und das Parlament die Pläne nicht durchkreuzt. Dann würde er uns unterstützen. Ihm ist ein katholischer Herzog von Lothringen lieber als ein französischer Hugenotte.«

»Die Sache gefällt mir nicht. Wenn Ihr Philipp von Spanien die Krone Frankreichs verdankt, wird Frankreich zum Vasallen Spaniens. Ganz Frankreich wird Euch zürnen, wenn Ihr der Inquisition unumschränkte Macht erteilt. Ob Katholiken oder Hugenotten, in ihrem Haß auf Spanien sind sich alle einig. Ich kann nicht glauben, daß Ihr so etwas wagen wollt. Euer Bruder hat mit goldenen Worten Euren Geist verwirrt.«

»Glaubt mir, wenn ich König wäre, würde ich schon dafür sorgen, daß König Philip nach meiner Pfeife tanzte.«

»Ihr seid sehr überheblich, Herr. Und hoffnungslos verblendet. Wenn Ihr davon sprecht, sehe ich nur ein entsetzliches Blutbad.«

Da sah er mich eindringlich an. »Sagt mir die Wahrheit, mein Freund – bei der Liebe, die Ihr für mich hegt, wie ich weiß. Bin ich dem Tode geweiht? Wolltet Ihr mich deshalb warnen?«

Ich holte tief Luft und brachte es fertig, ihm in die Augen

zu sehen. »Nein, doch im Februar nächsten Jahres seid Ihr in großer Gefahr. Was Euer Horoskop besagt, gefällt mir nicht. Ich flehe Euch an, Euch nicht mit Spanien zu verbünden, Herr. Laßt diese Pläne fallen. Wenn das ruchbar wird, ist Euch der Dolch des Mörders gewiß. Ihr solltet Euch mit Condé und Coligny anfreunden, den Hugenotten das Recht auf freie Religionsausübung garantieren. Es muß doch auch einen goldenen Mittelweg geben. Ein paar Tote wird es wohl geben, nicht aber ein solches Gemetzel. Ich fürchte, das Tier im Menschen gewinnt die Oberhand und ruht nicht eher, als bis sein Blutdurst gestillt ist.«

»Dann will ich Euch gestatten, Euch an meiner Statt zu sorgen, mein düsterer Prophet. Vielleicht werde ich Euren Rat beherzigen.« Wieder schlug er mich freundschaftlich nach Soldatenart auf den Rücken. Fast wäre ich vom Stuhl gefallen.

»Herr, ich bin ein alter Mann. Bedenkt, über was für Kräfte Ihr verfügt.«

Da lachte er mit freiem, klarem Blick. Er hatte nichts verstanden. Doch er hatte sein Gewissen erleichtert. Nun konnte er an andere Dinge denken. In diesem Augenblick sah er wieder aus wie der dreiundzwanzigjährige, junge Mann, dem ich vor achtzehn Jahren in Joinville begegnet war – *un chevalier sans peur et sans reproche* – hell und strahlend, von der Patina des Schicksals überhaucht.

»Geht heim und legt Euch zu Bett, alter Mann. Und wenn Eure gichtigen Füße schmerzen, weil Ihr Palaststufen hinaufgestiegen seid, so habt Ihr Euch das selber zuzuschreiben.«

Wir schieden in aller Freundschaft voneinander. Ich konnte kaum die Stufen erkennen; denn meine Augen waren blind vor Tränen, mein Herz vor Kummer schwer. Ich wußte, daß ich François de Guise in diesem Leben nicht mehr wiedersehen würde.

XXIX

Nur wenige Wochen später zog er im Triumph in Paris ein. Die Pariser, von Anfang an auf seiner Seite, jubelten ihm begeistert zu. Sie betrachteten ihn schon als ihren König. Unter diesen Katholiken, diesen glühend begeisterten Menschenmassen, war nicht einer, der nicht mit Freuden sein Leben für ihn hingegeben hätte.

Um seine verletzte Eitelkeit zu besänftigen, erschien er prächtig gewandet und mit großem Gefolge – der edle Held, die Bastion der katholischen Kirche. Er trug ein karmesinrotes Wams und Kniehosen aus Seidensatin. Ein kurzer, weiter Umhang umwehte ihn. Auf seinem Kopf saß ein schwarzes, mit Rubinen, Diamanten und einer riesigen, scharlachroten Feder geschmücktes Barett. Er ritt auf einem schwarzen Hengst, der mit einer Schabracke in Schwarz und Silber bedeckt war. Hinter ihm marschierte eine Truppe von vierhundert Soldaten. Sie trugen das Kreuz von Jerusalem, die Farben Lothringens und das buntscheckige Banner des Tempels.

Als er so lächelnd und sich nach allen Seiten verneigend durch die Straßen ritt, umringte ihn das Volk, jubelte ihm lauthals zu, streute Blumen und machte das Kreuzeszeichen, während die Rufe *Vive Guise* zum Himmel aufstiegen.

Die Kunde von dieser pompösen Parade hatte die Mutter des Königs in Angst und Schrecken versetzt. Zwar hatte sie es lange schon geahnt, doch wurde ihr erst jetzt so richtig klar, daß dieser Mann würdig war, Szepter und Krone zu tragen – weit mehr als ihr kränklicher, elfjähriger Sohn, aus dessen Augen der Wahnsinn sprach, die Furcht und zuweilen sogar das nackte Entsetzen. Von ihren eigenen Schuldgefühlen und ihrer Duplizität aufgestachelt glaubte Katharina von Medici, der Herzog sei gekommen, um die Regentschaft an sich zu reißen. Das wäre ihm zweifellos gelungen, hätte er diese Absicht gehabt. Doch trotz des Zerfalls, zu dem in Amboise der Grundstein gelegt worden war, gab es noch Spuren des alten Idealismus. Er war der *chevalier*, der die *gabelle* Revolte sanft und milde niederzuschlagen gewußt hatte. Er wollte nur auf ehrenvolle Weise auf den Thron gelangen und in den Augen der Leute nicht verächtlich dastehen.

Die Mutter des Königs floh mit diesem nach Fontainebleau. Der Herzog zog mit seinem Gefolge hinterher. Der König mußte zugegen sein, um seinen Triumph zu erhärten und Vassy noch im nachhinein den Stempel königlicher Billigung aufzudrücken. Er ließ die beiden bescheidenen Gebetshäuser der Hugenotten bis auf die Grundmauern niederbrennen, die der König den Ketzern zwei Jahre zuvor gestattet hatte. Er ritt als Eroberer in die Stadt ein, bereit, einen Bürgerkrieg zu beginnen.

Wie er mir versichert hatte, gab es keine andere Möglichkeit. Wenn er nicht als Berater des Königs fungieren konnte, würde er als Tyrann des Königs regieren – bis das launische Schicksal zu seinen Gunsten sprach und seine Zeit gekommen war. Hatte ich nicht schon vor langer Zeit die Schatten dieses wahnwitzigen Religionskrieges in den Flammen tanzen sehen? Doch kurz vor seinem Ausbruch fragte ich mich immer noch, ob er nicht hätte vermieden werden können. Wann hatten wir am Scheideweg gestanden? An welchem Punkt hätte die Wahl eines anderen Weges in eine glücklichere Zukunft geführt? Wo blieb die gelassene Weisheit des Mathias Delvaux, der im Einklang mit dem Kosmos die beste aller möglichen Welten zu schaffen versuchte? Vielleicht, dachte ich in meiner düsteren Stimmung, war diese drohende Vernichtung und Zerstörung von Anfang an geplant.

Hätte sich Henri II. von Katharina von Medici scheiden lassen und Marie de Guise geheiratet... Hätte der arme, kranke König François II. noch lange genug gelebt, um einen Sohn mit Mary Stuart zu zeugen... Hätte Anne de Montmorency die Macht nicht an sich gerissen, als der unaufhaltsame Aufstieg meiner Herren begann... Wenn, wenn, wenn und wenn... So viele Möglichkeiten, oft kaum zu erkennen, so viele Wege, die man nicht gegangen war. Je mehr ich darüber nachdachte, desto verwirrter wurde ich. Doch hinter all diesen Fragen stand eine andere Frage, die mich wie mein Schatten verfolgte. Wäre Charles de Guise, der Kardinal von Lothringen, nicht der Mensch, der er war – nicht die aalglatte, elegante Gestalt, die die Fäden in Händen hielt und wie eine große, scharlachrote Spinne inmitten eines undurchdringlichen Netzes saß . . . Je weiter ich mich davon entfernte, desto unentrinnbarer schien es. Hätten Luther und Calvin nicht begonnen, den Fels der Kirche zum Wanken zu bringen, hätten sie den gemarterten Seelen der verlorenen Herde nicht ihre Stimme geliehen, so wäre es jemand anders gewesen.

In einem Anfall unbändigen Zorns eilte Louis von Bourbon, Prinz von Condé, sofort nach Orléans, um sich dort mit Gaspard de Coligny und den Hugenotten zu beraten. Er ernannte sich selbst zum Protektor des Königshauses und der Krone Frankreichs. Dieser erstaunliche Titel sollte besagen, daß er alles Leid von dem König und seiner Mutter fernzuhalten gedachte. François de Guise verachtete er zutiefst. Ihn hätte er am liebsten zerschmettert am Boden liegen sehen. Er verfolgte ihn mit unversöhnlichem Haß. Die Zornesadern an seiner Stirn schwollen schon an, wenn er nur an ihn dachte.

Die Verhandlungen zwischen den Hugenotten und dem katholischen Triumvirat zogen sich über zwei Monate hin. Ohnmächtig wartete ich in Salon. Was konnte ich tun? Ich konnte niemandem schreiben, niemandem mehr einen Rat geben. François de Guise war unerreichbar geworden. Der Kardinal von Lothringen war zum Konzil von Trient gereist, um zu versuchen, den Papst und das Kardinalskollegium davon zu überzeugen, daß eine Kirchenreform dringend erforderlich und inzwischen ganz unerläßlich sei. Ich vergrub mich in meine Arbeit. Mir graute vor jeder Nacht. Ich hatte Angst, wieder von einem der schrecklichen Träume heimgesucht zu werden, durch die sich großes Unheil stets anzukündigen pflegte. Ich wußte, die Katastrophe stand bevor. Doch wie jeder Mensch, der liebt und träumt, hoffte ich wider besseres Wissens, daß man doch noch zu einer Verständigung kommen würde.

Vom Herzog von Guise und seinen Anhängern gedrängt, erklärte die Mutter des Königs, sie könne in Frankreich nur eine Form des Gottesdienstes gestatten. Ein Kompromiß sei völlig ausgeschlossen. Der Prinz von Condé und seine Partei erklärten, sie würden die Waffen nicht niederlegen, bevor das katholische Triumvirat, angeführt von François de Guise, entmachtet sei und die Hugenotten in ihrer Religionsausübung nicht mehr behindert würden. Keine Seite gab nach. Anfang Juli begannen die Gefechte.

Ein Jahr lang kam es überall zu lokalen Rebellionen und Scharmützeln. Grausame Morde und Folterungen waren an der Tagesordnung, als sei alles nur ein Sport. Im Dezember verblutete Antoine von Bourbon, König von Navarra, bei der Einnahme von Rouen, einer Hochburg der Hugenotten. Ein Schwert wurde ihm in den Leib gestoßen. Sein neunjähriger Sohn Henri, auch schon ein aufrechter Hugenotte, trug hinfort die Königskrone Navarras. Nach der Brut der Valois und seinem Onkel Louis von Bourbon war er der nächste in der Thronfolge, die Krone Frankreichs aufzusetzen.

Bald darauf begann der Kampf dann ernsthaft.

In der Ebene von Dreux wurde eine große Schlacht geschlagen. Die beiden Armeen waren etwa gleich stark. Nach stundenlangen, erbitterten Kämpfen war der Schauplatz mit Toten übersät, siebentausend an der Zahl. Franzosen hatten Franzosen getötet, die Leichen türmten sich zu Bergen. Selbst der Boden schien sich verzweifelt aufzutun und Ströme von Blut ausspeien zu wollen. Als die Schlacht geschlagen war, flatterte die Fahne Lothringens triumphierend auf dem Schlachtfeld. Der Generalfeldmarschall de St. André, Mitglied des katholischen Triumvirats, lag in seinem Blut im Gras. Der Konnetabel von Montmorency war verwundet und von den Hugenotten gefaßt worden. Den Prinzen von Condé, der ebenfalls verwundet war, hatte François de Guise gefangengenommen.

Im ganzen Lande feierten die Katholiken den Herzog als Helden und Verfechter des Glaubens. Der junge König ernannte ihn eiligst zum Generalleutnant des Königreichs und Oberbefehlshaber der Armee. Hatte er nur nach Macht gestrebt, so besaß er sie nun zum drittenmal, mehr als je zuvor. Machtvoll trug er das heilige Banner vor sich her, dem er sich verschrieben hatte.

Der Herzog blieb in der Nähe von Orléans und traf alle

Vorbereitungen, um auch diese letzte Bastion der Hugenotten noch einzunehmen. Man rechnete damit, daß François de Guise wie in Metz, Calais und Thionville und vor kurzem erst in Dreux auch hier triumphieren würde. Auf dem Schlachtfelde umgab ihn ein Zauber wie ein undurchdringlicher Schild. Wenngleich er oft verwundet worden war, erschien er doch unbesiegbar. Sein Name galt wieder etwas, dünkte bessere Zeiten heraufzubeschwören. Wie ein Phönix hatte er sich über Haß und Zwietracht der letzten Regierungszeit erhoben. Überall im Lande atmete man erleichtert auf. Katholiken und Hugenotten waren des unsinnigen, endlosen Blutvergießens gleichermaßen müde. Niemand zweifelte mehr daran, daß die Hugenotten besiegt werden würden. Friede würde wieder herrschen. Die Sieger in ihrer erhabenen Güte würden Gnade walten lassen und die Ketzer nicht so streng bestrafen. Allmählich fänden die Hugenotten dann zu dem Glauben zurück, der Frankreich neunhundert Jahre beherrscht hatte. Vergebliche Hoffnungen, Wünsche und Träume...

Ich verfolgte sein Horoskop. Langsam, doch unaufhaltsam näherten sich die beiden unheilvollen Planeten der Quadratur des Mondes. Manchmal beobachtete ich vom Fenster meines Observatoriums aus, wie sich die Himmelskörper unerbittlich an dem schwarzen, furchterregenden Himmelsgewölbe bewegten. Mars, der rote Planet, Kriegsherr und Gott der Gewalt; der gelbe Planet Saturn, der Sorgen und Kummer mit sich bringt...

Geduckt erwartete ich den Schlag. Ich zog mich ganz in mein Studierzimmer zurück und sprach mit niemandem mehr. Meine Gemahlin scheuchte mich nicht aus meiner Einsamkeit auf. Sie war es gewohnt, daß ich oft von Anfällen finsterer Melancholie geplagt wurde. Meine Dienstboten brachten mir Essen und Wein und stellten es vor die Tür. Ich ging Jean-Aimé de Chavigny aus dem Weg und weigerte mich, meine Kinder zu sehen. Ich schlief auf einer harten Couch und starrte Stunde um Stunde ins Feuer. Doch die Flammen verrieten mir nichts. Ich hatte keine Visionen. Alles hing in der Schwebe, während ich schweigend Wache hielt. Ich schickte ihm eine letzte Warnung ins Zeltlager außerhalb Orléans. Doch als der Bote mit Hufgeklapper in einer Staubwolke dahinritt, wußte ich, daß ihn die Botschaft nicht mehr erreichen würde.

In der Nacht zum siebzehnten Februar, seinem Geburtstag, hatte ich endlich einen Traum. Den Traum, den ich erwartet, gefürchtet und in gewissem Sinne sogar herbeigesehnt hatte. Er kündete von dem Ende der schrecklichen Wartezeit, wenn auch der Kummer noch bevorstand.

Es ist der Tod von jenen, die Ihr liebt, der Euch verfolgt...

Ich war angetrunken zu Bett gegangen. Der Alkohol milderte etwas die immer stärker werdenden Schmerzen. Die Gicht machte mir nämlich zunehmend zu schaffen. Der Wein besänftigte auch meine Todesangst. Ich muß ein paar Stunden geschlafen haben. Die Kerze, die für gewöhnlich neben meiner Lagerstatt brannte, war schon fast ausgegangen. Ich setzte mich auf oder mir träumte, daß ich mich aufsetzte. Zugluft strich durch das Zimmer. Das Kerzenlicht flackerte, tanzte – die Kerze tropfte und erlosch. Eine eisige Kälte durchdrang meinen Körper, mein Herz krampfte sich furchtsam zusammen. Mir war, als müsse mein gequältes Herz aufhören zu schlagen, als lauere der Tod im Dunkeln.

Dann sah ich am Fuße der Lagerstatt François de Guise – sah ihn oder träumte, daß ich ihn sah – eine helle, vergeistigte Gestalt, ein körperloser, hellerer Schatten im Dunkel des Zimmers, zart wie ein Hauch, von keinem sichtbaren Licht erleuchtet. Er war gekleidet wie in St. Germain-en-Laye – im vollen Ornat seines fürstlichen Ranges und unter Zurschaustellung seines ungeheuren Reichtums. Juwelen und Edelsteine leuchteten wie aus eigener Kraft. Ich starrte die Erscheinung fassungslos an: die Narbe, die den Herzog seit seinem sechsundzwanzigsten Lebensjahr entstellt hatte, war auf wundersame Weise verschwunden. Sein Gesicht war so glatt und schön wie vor der schrecklichen Verwundung, so wie ich ihn in Joinville zum erstenmal gesehen hatte.

Anfänglich nahm diese Erscheinung meine Aufmerksamkeit völlig in Anspruch. Dann erkannte ich – zuerst nur ganz unklar – daß er nicht allein war. Noch schwächer als seine Gestalt, durchsichtiger noch als Nebel, unterschied ich schattenhafte Gestalten in weißen Gewändern. Wie Fische unter Wasser blitzten Stahlhelme und Panzerhemden auf – ich erkannte den blutroten Glanz ihrer Kreuze. Unirdisch und wie aus weiter Ferne vernahm ich den silberhellen Klang einer Glocke, die gleich darauf wieder verstummte.

Mit einem schwachen Lächeln auf den Lippen nickte er mir traurig zu. Seine Katzenaugen schienen sich in mich versenken zu wollen. Seine Seele sprach aus diesem Blick – klar und deutlich, ungeteilt. Obgleich er nicht redete und auch ich nichts sagen konnte, herrschte ein geheimes Einverständnis zwischen uns. Ich empfing seine Botschaft – er wußte, wie es um mich stand.

Eine andere Möglichkeit gab es nicht, mein Freund. Das Opfer muße gebracht werden. Aber ich habe einen Sohn...

Ich schloß erschöpft die Augen, und als ich sie wieder öffnete, war er verschwunden und seine Begleiter mit ihm. Unbeholfen stieg ich aus dem Bett und entzündete hastig alle Kerzen. Ich war wie geblendet und zitterte am ganzen Leibe. Ja, er hatte einen Sohn. Doch auch für diesen war es schon zu spät.

Zwei Tage später erreichte die Kunde Salon. Der Herzog von Guise hatte das zähe Ringen um Orléans mit aller Macht vorangetrieben. Seine Gemahlin Anna d'Este war in einem Schloß nahe seinem Lager eingetroffen – von der Mutter des Königs entsandt, um um Gnade zu flehen, der Stadt die barbarischen Folgen der Erstürmung zu ersparen. Er bestieg sein Pferd, um zu ihr zu reiten. Für diesen kurzen Ritt machte er sich nicht die Mühe, seinen Harnisch anzulegen. Durch die weiße Feder an seinem Barett war er besonders gut auszumachen. An einer Straßenkreuzung wurde er von drei Pistolenkugeln getroffen, die durch eine Hecke auf ihn abgefeuert wurden. Sie durchschlugen seinen Körper und traten an der anderen Seite wieder aus. Er sank nach vorn auf den Hals seines Pferdes und versuchte noch, das Schwert aus der Scheide zu ziehen. Doch er verlor die Besinnung. Man brachte ihn ins Schloß. Jetzt, zwei Tage später, schwebte er immer noch zwischen Leben und Tod.

Monseigneur de Santacroce, der mir die Kunde überbrachte, erzählte mir, daß die Wunden gar nicht lebensgefährlich waren. François de Guise hatte die Konstitution seines Vaters geerbt sowie auch dessen an ein Wunder grenzenden Lebenswillen. Obgleich er hohes Fieber hatte, konnte man hoffen, daß er mit dem Leben davonkommen würde.

Doch dann fügte Monseigneur de Santacroce hinzu: »Es heißt, die Mutter des Königs sei sehr um ihn besorgt und besuche ihn jeden Tag. Sie soll ihm eigenhändig heiße Milch mit Wein bereiten.«

Da schloß ich die Augen und wandte mich ab. Ich wußte, daß damit sein Schicksal besiegelt war.

Nach sechs Tagen unsagbaren Leidens starb François von Lothringen, Herzog von Guise, in den Armen seiner weinenden Frau, während Henri, sein dreizehnjähriger Sohn, zutiefst erschüttert am Bett des Sterbenden kniete. Die letzte Ölung erhielt er von seinem Bruder Louis, dem Kardinal von Guise. Sein Bruder Charles, der Kardinal von Lothringen, kämpfte immer noch auf dem Konzil wie mit Engelszungen um die friedselige Lösung von Glaubensfragen. Doch hier half all seine Beredsamkeit nicht. Man war inzwischen bei Schießpulver und Gewehrkugeln angelangt.

Lange war ich wie betäubt und völlig fühllos. Mir war, als sei mir das Herz bei lebendigem Leibe heftig pochend aus der Brust gerissen und in die Flammen geschleudert worden. Jetzt erst begriff ich die wahre Tiefe der Bande, von denen Mathias Delvaux gesprochen hatte. Durch dieses jähe Ende verlor ich den Boden unter den Füßen. Zwanzig Jahre der Treue gingen mit einemmal in Scherben, zersplitterten zu Myriaden winziger Fragmente – gezackte Abbilder des Lebens. Ich versuchte mich damit zu trösten, daß er ja selbst zu mir gekommen war, um mir das zu sagen und mir Hoffnung zu machen für die Zukunft. Doch daran lag mir nun nichts mehr, seit ihr Licht erloschen war. Auch von ihr war nichts zu erwarten. Ich brauchte nur an den jungen Henri zu denken, der jetzt mit dreizehn Jahren schon Herzog von Guise war. Er würde nicht lange leben. Ich sah ihn vor mir wie damals im Traum – in seinem Blut auf dem blanken Parkett.

Später erfuhr ich – nicht ohne eine gewisse barbarische Freude – daß der Mörder, ein Mann von niederem Adel namens Poltrot, wegen Königsmord zum Tode verurteilt wurde. Er wurde gefoltert, gestreckt und viergeteilt auf der Place de Grève, während das wütende und erbitterte Volk von Paris ihn bis zum Schluß mit den wüstesten Verwünschungen überhäufte. Gemartert beschuldigte er Gaspard de Coligny. Coligny bestritt energisch, irgend etwas mit dem Verbrechen zu tun gehabt zu haben. Er gab jedoch zu, daß er die Ermordung von François de Guise als einen Segen für die Hugenotten und das ganze Land empfand. Obgleich die Untersuchungen gründlich und mit der größten Gewissenhaftigkeit durchgeführt wurden, ließ sich nichts beweisen.

Ich wußte natürlich, welche Hand den Mörder gedungen hatte – dieselbe sanfte, bleiche Hand, die dem Herzog so eilfertig den Genesungstrunk gebraut hatte, als er mit hohem Fieber und schmerzgeplagt auf dem Totenbett lag. Hätte er den Hugenotten die Stadt Orléans abgerungen, so hätte seinem kometenhaften Aufstieg nichts mehr im Wege gestanden. Mit dem Mut der Verzweiflung schlug sie daher blitzartig wie eine Schlange zu. Doch wer würde mir Glauben schenken, da ich mich ja nur auf meine Horoskope und aus den Flammen aufgestiegene Visionen berufen konnte.

Durch die Aufopferung von François de Guise herrschte zumindest vorübergehend Frieden. Am neunzehnten März wurde in Amboise eine Art Friedensvertrag geschlossen. Fast sah es aus, als sei die religiöse Feuersbrunst an ihren eigenen Flammen erstickt.

Doch ich wußte es besser. Visionen hatten mich wieder heimgesucht. Das schlimmste Blutbad stand noch bevor. Mich tröstete nur der Gedanke, daß ich es nicht mehr erleben würde. Bis dahin würde ich bei François de Guise im Himmel oder in der Hölle sein – was immer uns erwartet.

XXX

Zu Beginn des folgenden Jahres machte sich der König in Begleitung seiner Mutter, seines Bruders Henri, Herzog von Anjou, des elfjährigen Henri von Navarra und des gesamten Hofstaates auf eine Reise durch sein zerrissenes Reich, um zu sehen, wie es um Frankreich stand. Diese Farce sollte bewirken, daß die dünn gewordene, vergilbte Patina guten Willens nach dem Friedensvertrag von Amboise wieder neu belebt würde. Trotz dieses sogenannten Friedens kam es immer wieder zu Aufständen. Der Volkszorn brodelte unterirdisch weiter und trieb allerorten Blüten. Zahlreiche namhafte Hugenotten wurden von unbekannten, gedungenen Mördern umgebracht.

Viele Katholiken konnten den viel zu frühen Tod des Herzogs von Guise nicht vergessen. Sie schworen sich, ihn zu rächen und warteten in aller Ruhe auf den richtigen Augenblick. So auch der Kardinal von Lothringen und Henri de Guise, der – erst vierzehn Jahre alt – am Totenbett seines Vaters geschworen hatte, das Blut Gaspard de Colignys fließen zu lassen. Trotzdem war der junge König entschlossen, nichts unversucht zu lassen, um die Liebe seines blutrünstigen Volkes zu gewinnen. Ein hoffnungsloses Unterfangen. So bewegte sich der König mit seinem Hofstaat von Paris aus durchs Land. Unendlich langsam wand sich die Schlange wie ein riesiger, goldener Plattwurm durch die Städte und Dörfer Frankreichs.

Verbittert wegen dieser Ironie des Schicksals vernahm ich, daß der König mit seinem Hofstaat auch Salon aufzusuchen gedachte. Sie sollten in dem geräumigen Palast des Erzbischofs untergebracht werden, wo die Mutter des Königs ihrem Astrologen, dem gefeierten Michel Nostradamus, eine Audienz gewähren würde. Ein Kurier überbrachte mir die Aufforderung, mich am siebzehnten Oktober bereitzuhalten, um der Königin zu Diensten zu sein. Ich neigte den Kopf und biß mir auf die Lippen, um nicht hohnzulachen. Ich haßte diese Frau, tief und unversöhnlich. Ich wußte nicht, wie ich ihr gegenübertreten sollte. Es war mir nicht möglich, ihr zu schmeicheln, sie zu ermutigen und ihr die glorreiche Zukunft zu prognostizieren, die sie sich erhoffte. Ich erwog sogar, einen kleinen Dolch in meinem Gewand zu verbergen oder auch eine vergiftete Nadel. Da mein Leben sinnlos geworden war, hatte ich nichts zu verlieren und konnte ebensogut als letzte Tat auf Erden noch blutige Rache üben. Doch bin ich nicht aus dem Stoff, aus dem die Helden sind, und alte Gewohnheiten wirft man nicht leicht über Bord. Zwanzig Jahre lang war ich gehorsam gewesen. Meine Herren hatten kein solches Opfer von mir gefordert.

Was sie zu wissen wünschte, war ganz klar. Wann würde ihr Lieblingssohn Henri (›der Perverse‹, wie man ihn heimlich in Kneipen und übel beleumundeten Gegenden nannte) den Thron besteigen?

Ich hatte auf eine Nachricht des Kardinals von Lothringen oder eines Geheimboten des weitgespannten Netzes gewartet, das unsichtbar und doch allgegenwärtig ganz Frankreich überzog. Doch nichts geschah. Da beschloß ich, mir ein paar hundert Goldtaler zu verdienen und meinem Ruf alle Ehre zu machen. Ich würde Katharina von Medici genau das sagen, was sie zu hören wünschte, und mich wieder auf den Heimweg machen.

Seit der Belagerung Orléans hatte der Orden sich nicht mehr gerührt. Vielleicht hat man mich fallengelassen, dachte ich hoffnungsvoll, weil man mich nicht mehr braucht. Man glaubt wohl, ich sei nun nicht mehr von Nutzen. Doch als ich eine entsprechende Andeutung machte, lächelte Jean-Aimé de Chavigny und schwieg. Was mein eigenes Horoskop im Hinblick auf das bevorstehende Ereignis besagte, war der reinste Hohn. Der königliche Besuch würde mir sehr zur Ehre gereichen. Zweifellos würde man mir einen Titel verleihen – Königlicher Leibarzt oder dergleichen – in Anerkennung meiner Verdienste um das Haus Valois. Ich war mir nicht mehr so sicher, wem ich all die Jahre hindurch nun wirklich gedient hatte.

Um die Mitte des Monats September begann das Gefolge in die Stadt zu strömen. Wie wild machte man sich daran, das große Schloß für die hohen Herrschaften auf Hochglanz zu bringen. Überall herrschte große Geschäftigkeit. Höflinge, Handwerker, Baumeister und Stadtväter waren vereint in dem Bemühen, das alte Salon so aufzupolieren, daß sie mit ihrer Stadt vor dem König und seinem Gefolge Eindruck erwecken konnten.

Über den Stadttoren wurden riesige, mit Tuch verkleidete, hölzerne Triumphbögen errichtet. Aus allen Fenstern hingen Banner, Flaggen und Tapisserien. Alle Schaufenster waren fürstlich geschmückt. Die Straßen waren mit duftenden Kräutern und Binsen bestreut. Das Land ringsum war aller Blumen beraubt. Sie verströmten jetzt in Salon ihren Duft und schmückten den Eingang zum Schloß. Überall wurden Kästen und Kübel mit Blumen aufgestellt, um die königlichen Nasen von dem Gestank der Gosse abzulenken. Ich legte mir neue Kleidung zu, mit weißer Halskrause nach der neuesten Mode und erstand ein schwarzglänzendes, mit Halbedelsteinen besetztes Barett. Doch die ganze Zeit über brodelte in mir dieses tödliche, morbide Gelächter.

Eine Woche bevor der König erwartet wurde, erhielt ich endlich einen Brief von dem Kardinal von Lothringen. Von dem Konzil zu Trient zurückgekehrt hatte er – von einem wilden Haß auf die Hugenotten und einem mörderischen Rachedurst erfüllt, seine diplomatischen Toleranzbestrebungen sofort wieder abgelegt und ins Gegenteil verkehrt. Er war nicht nur ein Leidtragender, sondern völlig verwaist. Es ging das Gerücht, daß er es sich seit der Ermordung des Herzogs zur Gewohnheit gemacht hatte, unter seiner Robe ein Kettenhemd zu tragen. Und das ganz zu Recht, dachte ich verbittert; denn er ist derjenige, der hätte sterben sollen. Manchmal war mir zumute, als könne ich ihn selbst ohne die geringsten Gewissensbisse töten. In vieler Hinsicht machte ich ihn für die fürchterlichen Auswirkungen seines Ränkespiels verantwortlich.

Doch obwohl ich einen tiefen Groll gegen ihn hegte, hoffte ich inständig, er möge mich rufen lassen. Er war das einzige Bindeglied zwischen dem Herzog und mir, war Blut von seinem Blut.

Den Tod seines Bruders erwähnte er mit keinem Wort. Im

Gegensatz zu den meisten Botschaften, die er mir zukommen ließ, war diese lang und ausführlich:

›Die Mutter des Königs sorgt sich um diesen sogenannten Frieden und das Schicksal des Herzogs von Anjou, ihres dritten und gemeinsten Sohnes. Ich habe ihr versichert, daß für eine Frau in ihrer Lage, auf deren armen Schultern die ganze Last des Staates ruht, eine Unterredung mit dem vertrauenswürdigsten Astrologen in ihrer Einsamkeit und Hilflosigkeit nur von Vorteil sein könne.

Man muß sie vor der Gefahr warnen, die Henri von Navarra für ihren Lieblingssohn bedeutet. Natürlich möchte ich nicht, daß Ihr der edlen Mutter unseres Königs die Unwahrheit sagt. Man hat mir jedoch schon vor geraumer Zeit zu verstehen gegeben, daß Henri von Navarra in der Tat eine Bedrohung für ihre und unsere Pläne ist.

Stellt Euch vor, was für ein lustiges Spiel man mit unseren drei Henris treiben kann.‹

Wenn ich der Mutter des Königs den Aufstieg des jungen Königs von Navarra prophezeite, würde sie sich womöglich dieses militanten, kleinen Hugenotten sogleich entledigen. Unermüdlich neue Intrigen ausbrütend, hoffte der Kardinal auf eine Zirkusvorstellung, in der sich Valois und Bourbon in der Arena wie Gladiatoren gegenseitig ausrotten würden. Dann wäre der Weg endgültig frei für den jungen Sproß des Hauses Lothringen.

Sollte sich das bewahrheiten, würde das französische Volk sehr zufrieden sein. In den Adern des jungen Herzogs von Guise floß das Blut Ludwigs des Heiligen und auch Ludwigs XII. Obgleich dieser junge lothringische Fürst erst vierzehn Jahre alt war, hatte er schon die faszinierende Ausstrahlung seines Vaters. Auch er war von hohem, aufrechtem Wuchs, hatte ein feingeschnittenes Gesicht und bewies den gleichen unbezähmbaren Mut wie sein Vater. Wenn er heranwuchs, würde er ein zweiter François de Guise – ohne Narbe – sein. Die Herzen der katholischen Bevölkerung hatte er bereits im Sturm erobert.

Was ich in Blois gesehen hatte, ging unter in dem Meer der dunklen Ängste und Begierden, die mich nun beherrschten.

Ich hatte ausweichend in den *Centuries* darüber berichtet; doch die würde bis zu meinem Tode niemand zu Gesicht bekommen.

Paris conjure un grand meurtre commetre
Blois le fera sortir en plein effet...

So manches Mal sann ich darüber nach, ob ich diese Schreckensvision nicht Charles de Guise enthüllten sollte – schon um der bitteren Befriedigung willen, auf diese Weise vielleicht Zeuge des Verlustes seiner Selbstachtung zu werden. Doch ich brachte es nicht fertig. Obgleich ich ihn nun zur Genüge kannte, schlug er mich durch den seltsamen Zauber, der von ihm ausging, nach wie vor in seinen Bann.

Da die königliche Familie ausdrücklich hierher kam, um ihren Propheten aufzusuchen, stand ich mit den Honoratioren der Stadt auf einer Ehrentribüne mit weißem und violettem Damast vor dem Stadttor von St. Lazare. Majestätisch lenkte die glitzernde Prozession ihre Schritte in die Stadt. Der junge König, den ich zuletzt als sechsjähriges Kind im Kinderzimmer von Blois gesehen hatte, ritt in der vordersten Reihe der Kavalkade auf einem grauen Araberhengst mit einer schwarzsamtenen, goldbestickten Schabracke. Er war prächtig gewandet – trug einen Umhang aus lila Samt, mit Silber bestickt, eine doppelte Halskrause um den Hals und eine über und über mit Diamanten besetzte Kappe. Aus der Ferne sah er verletzlich, wunderschön und romantisch aus mit seiner dunkel getönten Haut und der bezaubernden, knabenhaften Würde. Als er näherkam, sah man jedoch den Wahnsinn in seinen Augen auflodern.

Hinter ihm saß auf einem prächtigen, weißen Hengst sein ein Jahr jüngerer Bruder Henri, der Herzog von Anjou. Er hatte sich offenbar Mühe gegeben, noch prunkvoller als sein Bruder zu erscheinen. Doch hätte man sich zwei gegensätzlichere Brüder kaum vorstellen können. König Charles war das genaue Abbild seines Vaters – hatte den gleichen scheuen, bedächtigen und empfindsamen Blick. Henri von Valois dagegen schlug ganz seiner Mutter nach – er hatte ihre schmalen, undurchdringlichen Augen, ihre katzenhafte Geschmeidigkeit, die gleichen geschwungenen Lippen, das gleiche fliehende Kinn und die bleiche Gesichtsfarbe, die krankhaft sein, aber auch von der Kosmetik herrühren konnte. Man sagte ihm nach, er befasse sich überaus gern mit den Cremetiegeln und Schönheitswässerchen seiner Mama.

Katharina von Medici selbst folgte in einer mit lila Samt und Goldtuch ausgeschlagenen Sänfte. Wie immer seit dem Tode ihres Gatten trug sie Trauerkleidung. Ihr schwarzes Kleid war so dicht mit Juwelen übersät, daß ihr plumper Leib wie in einem Panzer steckte. Da kam die furchterregende, schwarze Spinne mit dem scharlachroten Maßwerk auf dem Leib, deren Biß stets tödlich war.

Hinter dieser dünkelhaften, aufgeblasenen Gestalt ritt Charles de Guise, der Kardinal von Lothringen – die Gelassenheit selbst. Er wirkte edel und glatt wie eine griechische Marmorstatue. Er trug eine mit einem silbernen Kreuz bestickte, rote Samtrobe, Diamanten in den Ohren und zahlreiche Ringe an den Fingern, die wie Sterne glitzerten. Er saß mit würdevoller Anmut auf einer grauen Stute, hatte die strahlend blauen Augen vor der grellen Nachmittagssonne zusammengekniffen und sah wie aus großer Höhe auf die Menge hinunter, die sich in den mit Blumen bestreuten Straßen drängte. Unmittelbar nach ihm kam bunten Schmetterlingen ähnlich der Hofstaat daher. Dazwischen der junge König Henri von Navarra, den Lehrer und Erzieher zur Seite. Als ich diesen Knaben so betrachtete, dem die Sonne hell auf das dunkle, zottige Haar schien, wußte ich, daß er eines Tages König von Frankreich sein würde.

Es folgten vier Kompanien Soldaten, ein Regiment der leichten Kavallerie und schließlich eine endlose Reihe von Wachen, Lakaien, Köchen und Reitknechten, Jägern und Priestern zu Fuß, zu Pferde, in Kutschen und Sänften – achthundert der Edelsten Frankreichs waren gekommen, um den merkwürdigen alten Mann zu sehen, der nachts nicht wie andere Leute in seinem Bett schlief, sondern in den Himmel starrte, Prophezeiungen in seinen langen Bart murmelte, der den Tod König Henris vorausgesagt hatte, der auf so schreckliche Weise ums Leben gekommen war, und der auch um das traurige Ende des rührend jungen Königs François gewußt hatte.

Als der König die Tribüne erreichte, verneigten sich die Konsuln und der Magistrat, murmelten Begrüßungsworte und strichen ihre Kleidung glatt. Dem jugendlichen König sollte sich das erbauliche Bild treuer Ergebenheit bieten. Er blieb vor ihnen stehen. Auf seinem empfindsamen Gesicht spiegelten sich die widerstreitendsten Gefühle. Die eiserne Schule, durch die er gegangen war, hatte ihn gelehrt, keinerlei Gefühl zu zeigen. Doch sah man auch, daß er sich sehr geschmeichelt fühlte und knabenhaften Stolz empfand. Der Bürgermeister verlas seine Lobrede – ein plumpes Machwerk, überladen mit blumenreichen Phrasen und an den Haaren herbeigezogenen Anspielungen auf den jungen Adonis und Theseus. Seine Majestät langweilte sich dabei ebenso wie bei all den Elogen, die er in kleinen und großen Städten auf seinem langen und mühseligen Weg durch ganz Frankreich zu hören bekommen hatte.

Endlich war der Bürgermeister am Ende seiner Rede angelangt und verneigte sich tief. Die Ratsherren folgten seinem Beispiel. Es gelang mir, mich auf meinen Stock zu stützen und mich gleichzeitig mit den anderen zu verneigen. Alles schwieg. Da räusperte sich der König. Der Bürgermeister richtete sich auf. Mit stolzgeschwellter Brust stand er da, seines Lobes gewiß. Doch er wurde enttäuscht.

»Ich bin gekommen, um Nostradamus zu sprechen«, erklärte König Charles IX. kurz und bündig mit der schwankenden Stimme eines vierzehnjährigen Knaben.

Flüstern wurde laut, erstaunte Ausrufe, die Leute stießen sich an, man hörte Fußgetrappel. Eine allgemeine Unruhe entstand. Die Leute reckten die Köpfe, um den Propheten zu sehen, dem solche Ehre vom König zuteil wurde. Ich hielt den Kopf gesenkt und hatte alle Mühe, mein finsteres Gelächter zu unterdrücken. Es war noch gar nicht lange her, da hatte man mir die Fenster eingeworfen und Zettel mit wüsten Verwünschungen und ganz eindeutigen Drohungen unter der Haustür durchgeschoben.

Ich erstickte das konvulsivische Lachen im Keim und vertrieb die schattenhaften Geister und kichernden Gestalten, die aus der dunklen Tiefe meiner Verbitterung aufzusteigen drohten. Ich blickte starr auf den weißen Damast unter meinen geschwollenen Füßen.

Niemand wagte dem König zu widersprechen. Schätzte er seinen Propheten hoch, wollten sie es ebenfalls tun. Wenn dieser königliche Besuch schon zu nichts anderem gut war, so würde er doch zumindest die wenigen mir noch verbleibenden Jahre in Salon erträglich machen. Ich betrachtete das sanft geschwungene, junge Gesicht, sah den scheuen Blick einer gejagten Hirschkuh und die ergreifend würdevolle Haltung des jugendlichen Königs. Trotz meiner Abneigung gegen sein Geschlecht konnte ich nicht umhin, tiefe Trauer und ein überwältigendes Mitleid mit diesem armen Sproß des Hauses Valois zu empfinden, den eine verdrehte Mutter hoffnungslos verdorben hatte und dessen Lebensfaden jäh abgeschnitten werden sollte, kaum daß er fünfundzwanzig Jahre alt war.

Ich murmelte einen höflichen Dank für diese außerordentliche Ehre. Der jugendliche König, der mit einer anderen Mutter ein liebenswerter, kunstbegabter König, wenn nicht gar ein tapferer Herrscher hätte werden können, gab nicht viel auf solche Floskeln. Seit Wochen hatte er mehr als genug davon über sich ergehen lassen müssen. Er wandte sich an seine Leibwache.

»Besorgt Maître Nostradamus ein Pferd«, befahl der König. »Er soll mit uns zum Palast reiten.«

Ich protestierte. Ich versicherte ihm, ich würde die mir damit erwiesene Ehre bis an mein Lebensende zu schätzen wissen, doch plage mich die Gicht so sehr, daß zu befürchten sei, ich könne kein Pferd mehr besteigen.

»Unsinn«, erwiderte seine Allerchristlichste Majestät, König Charles IX. »Wenn Ihr erst einmal im Sattel sitzt, werden Eure Füße nicht so sehr belastet. Dann werdet Ihr keine Schmerzen mehr haben.«

Mühselig hob man mich in den Sattel einer braunen Stute, die mir ein freundlicher, höchst amüsierter Gardist zur Verfügung stellte. Nach einigen Minuten der inneren Abwehr hatte ich mich wieder gefaßt. Ich richtete mich würdevoll auf und strich meine Kleidung glatt. Da traf mein Blick auf den spöttisch lächelnden, prunkvoll gekleideten Kardinal von Lothringen, dessen Schlangenaugen blitzten. Er nickte mir höflich zu, sagte aber nichts. Die Diamanten in seinen Ohren blitzten in der Sonne wie strahlendhelle Flammen. Flöten, Trommeln und Kornette erklangen, und die Prozession zog langsam weiter, durch gewundene Straßen zum Hauptplatz, der in ein Meer von duftenden Rosen und Gräsern verwandelt war. Dann den steilen Hang hinauf bis in den Hof des Palastes, wo der Erzbischof von Arles den langen Zug schon mit seiner Garde und seinen Gefolgsleuten erwartete.

Das alte Gebäude nahm die königliche Familie und ihren Hofstaat auf. Die Reitknechte und Lakaien, die Wachen und die Dienerschaft hingegen stürmten die Wirtshäuser und Tavernen der Stadt. Ich durfte mich auf den Heimweg machen. Die Bewohner der Stadt, die siebzehn Jahre lang alles getan hatten, um mir das Leben hier schwerzumachen, traten ehrerbietig beiseite, als ich auf meinen Stock gestützt an ihnen vorbeihumpelte.

Schon früh am nächsten Morgen ließ mich die Mutter des Königs zu sich rufen. Ein paar Minuten verbrachte ich noch ganz allein in meinem Observatorium und flehte den Gott oder Dämon, der mich leitete, um die Kraft und die Findigkeit an, die ich brauchte, um dem Wunsch des Kardinals entsprechen zu können. Dann ließ ich mich zu Katharina von Medici bringen – Zorn, Haß und Verbitterung im Herzen, doch mit dem wärmsten Lächeln auf den Lippen. Ich blickte ihr in die schmalen, farblosen, so unergründlichen Augen. In all den qualvollen Jahren erbitterter Eifersucht, Demütigung, Intrigen und fast übermenschlicher Selbstbeherrschung hatte sie immer darauf geachtet, sich nicht durch ihren Blick zu verraten. Ich versicherte ihr, es sei mir eine große Ehre und ein Vergnügen, sie wiederzusehen, sie sähe sehr gut aus, und auch für unsere kleine Stadt sei es eine große Ehre, sie begrüßen zu dürfen.

Meine jahrelange Übung in der Kunst der Heuchelei verfehlte ihre Wirkung nicht. Ihre Augen blickten sanfter, und sie verzog die schweren, hängenden, einstmals sinnlichen Lippen zu einem koketten Schmollmund. Sie glaubte mir wahrhaftig.

»Maître Nostradamus«, redete sie mich mit tiefer Stimme an und konnte die Italienerin immer noch nicht verleugnen, so stark war ihr Akzent, »Ihr habt mir mehrmals sehr geholfen – einmal in St. Germain und dann auch in Blois. Auch habt Ihr meinem Gemahl, dem verstorbenen König, einen großen Dienst erwiesen, indem Ihr versuchtet, ihn vor der Gefahr zu warnen, in der er schwebte. Es war der Wille unseres Herrn, daß seine Zeit gekommen war. Doch ich habe Eure Treue nicht vergessen.«

Ich neigte den Kopf.

»Jetzt möchte ich Euch bitten, mir noch einen Dienst zu erweisen«, fuhr sie fort. »Es muß jedoch wie bisher so auch diesmal unser Geheimnis bleiben. Es geht um die Sorge einer liebenden Mutter um ihr Kind. Ich möchte vermeiden, daß das Gerücht umgeht, ich armes, hilfloses Wesen sei überängstlich und verhätschele meine Söhne.«

Armes, hilfloses Wesen, klang das Echo ihrer Worte in mir nach. Ich erwiderte ruhig ihren leeren, grauen Blick. Sie kämpfte sichtlich mit sich. Es widerstrebte ihr, auch nur einer Menschenseele zu vertrauen. Doch sie hatte eine abergläubische Furcht vor meinen seherischen Fähigkeiten. Deine eigene Seele ist schwarz und vergiftet von den Toden, die du bewirkt hast. Wenn du dein Horoskop richtig liest, wirst du erkennen, daß du noch von dem unschuldigen Blut Tausender befleckt sein wirst. Wenn es wirklich eine Hölle gibt, magst du bis in alle Ewigkeit darin schmoren.

»Es wird mir eine Freude sein, Eurer Majestät helfen zu können«, sagte ich statt dessen. »Es ist mir eine Ehre, daß Ihr Eurem bescheidenen Diener die Sorgen eines liebenden Mutterherzens anvertrauen wollt.«

»Dann wollen wir beginnen.« Sie nahm eine mir vertraute Pergamentrolle vom Tisch auf. »Dies ist das Horoskop des Prinzen Henri, das Ihr vor acht Jahren in Blois für mich erstellt habt.«

Sie hielt es mir hin. Es war noch frisch und gar nicht abgegriffen, ganz so, als sei es neu. Also muß sie solche Angst vor mir haben, daß sie es seitdem nie wieder angerührt hat, ging es mir durch den Kopf.

Sie neigte sich mir entgegen. Ihre Haut war faltig, auf der Oberlippe sproß dunkles Haar, und unter den Augen hatte sie schwere Säcke. Trotz meiner Haßgefühle empfand ich Mitleid mit dieser Frau, die einst als junge Katharina mit gebrochenem Herzen nach einer unglücklichen Liebe von Florenz aus dem jungen, unbekannten Gemahl entgegengeritten war. Sie hatte davon geträumt, von ihm geliebt zu werden, doch er hatte sie verschmäht und hintergangen, bis ihr nichts mehr blieb als das Streben nach Macht. Diese besaß sie nun. Ich fragte mich, ob es wirklich von Grund auf schlechte Menschen gibt, oder ob wir alle den Keim des Bösen in uns tragen, ihm durch den brutalen Umgang miteinander Nahrung geben, bis er Früchte trägt.

Dann dachte ich an François de Guise, der sich vor Schmerzen wand und doch so stoisch die erbarmungslosen Untersuchungen zahlloser Ärzte über sich hatte ergehen lassen. Bis zum bitteren Ende hatte er stolz und mutig auf Wiedergenesung gehofft. Diese Frau hatte ihm mit salbungsvoller Miene heißen gewürzten Wein gereicht. Und er trank in dem Wissen, daß der Wein sein Blut war und daß in seinem Bodensatz die Trümmer seines Lebens und seiner Träume lagen.

Ich vertiefte mich in das Horoskop des Prinzen Henri von Valois und wartete geduldig. Die Stille wurde nur gestört durch ihre schweren, keuchenden Atemzüge.

Schließlich brach sie das Schweigen und sagte: »In Blois habt Ihr davon gesprochen, daß Ihr vier Kronen seht. Wird er einmal König sein?«

Ich sah ihr in die Augen. »Ja, Majestät, er wird König werden.«

Sie stieß einen langen Seufzer der Erleichterung aus. »Doch wann wird das sein?«

Ich schluckte heftig, starrte wieder auf das Horoskop. »Ein Jahrzehnt muß er sich noch gedulden, länger nicht.«

»Und der König?«

»Wird eines natürlichen Todes sterben, Majestät. Wie Ihr ja wißt, hat er nicht die kräftigste Konstitution. Er ist von zarter Gesundheit, ganz wie sein Bruder, der verstorbene König François.«

Unsere Blicke kreuzten sich. Es gab kein Entrinnen. Quälend lange starrten wir einander an. Sie versuchte, aus meinem völlig ausdruckslosen Gesicht abzulesen, was in mir vorging. Aus eisigen, grauen Tiefen flackerte Furcht auf.

»Droht dem Prinzen Gefahr?« fragte sie ganz abrupt.

»Der einzige, sichtbar schlechte Einfluß droht von Saturn. Doch das kann vieles bedeuten. Zum Zeitpunkt der Geburt des Prinzen stand er im Zeichen von Aquarius, des Wassermanns. Vielleicht droht ihm Gefahr für Leib und Leben durch die Knöchel oder den Blutstrom. Erkältungen könnten ihn gefährden oder auch...«

»Von *wem* droht ihm Gefahr, Maître Nostradamus?« fragte sie mit scharfer Stimme.

Ich sah sie lange aufrichtig mit einem flehentlichen Blick an. Ich ließ meine Oberlippe erbeben und rang verzweifelt die Hände.

»Majestät«, flüsterte ich dann tonlos, »mit einer solchen Frage bringt Ihr mich in die allergrößten Schwierigkeiten. Ich wage es nicht, gegen irgend jemanden Anklage zu erheben. Ich müßte ja um mein Leben bangen.«

»Das müßt Ihr allerdings, wenn Ihr meine Frage nicht beantwortet, Maître Nostradamus«, fuhr mich Katharina von Medici an. Ihre Augen blitzten vor Zorn. »Vor wem muß ich mich hüten?« Doch ihr Blick wurde sogleich wieder weicher. Ihre Wut wich tiefer Sorge. »Ich möchte nicht grob erscheinen. Doch ich bitte Euch sehr, mir Einblick in das, was Ihr saht, zu gewähren. Das ist von größter Wichtigkeit für mich. Ich bin um die Sicherheit meines Sohnes besorgt. Ich weiß um Eure Loyalität und bitte Euch, sie mir jetzt zu beweisen.«

Ich senkte den Kopf. »Majestät, meine Loyalität Euch gegenüber ist über jeden Zweifel erhaben. Doch ich möchte niemanden schuldig sprechen. Ich muß mit meinem Gewissen leben.«

Wieder lächelte sie kokett, die schweren Lippen zu einem Schmollmund geformt. »Dann müßt Ihr mir eben auf Umwegen einen Hinweis geben. Ich werde Euch einmal verraten, wen ich in Verdacht habe, dann braucht Ihr nur mit ja oder nein zu antworten. Spielen wir also ein Ratespiel. Dann wird Euch auch Euer Gewissen nicht mehr zu schaffen machen. Habe ich noch irgend etwas von dem Hause Lothringen zu fürchten?«

»Der Kardinal von Lothringen ist entmachtet«, gab ich ihr vorsichtig zu verstehen. »Von ihm droht Euch und Eurem Sohn keine Gefahr.«

»Dieser Mann ist absolut tödlich!« zischte sie, und ihr Gesicht verzog sich zu einer Grimasse. »Einen schlimmeren Lügner kann man sich kaum vorstellen. Er trägt die Schuld an dem Zustand dieses armen Volkes.«

»Mit seiner Laufbahn ist es aus, Majestät. Ihr habt dem Lande Frieden gebracht.«

Wie leicht wäre es, ihn zu verraten, dachte ich flüchtig. Jetzt könnte ich Rache üben, es wäre ganz einfach.

Doch ich brachte es nicht fertig. Warum nur? fragte ich mich. Die Antwort wurde mir durch Mathias Delvaux zuteil, dessen sanfte Stimme mir in den Ohren klang: *Es sind Bande der Seele.*

»Ich möchte Euch noch etwas fragen, Maître Nostradamus. Wer wird Frankreich regieren, wenn mein Sohn Henri tot ist?«

Ich betrachtete sie forschend, und die ganze, verwirrende Vergangenheit zog an mir vorbei und enthüllte sich mir wie eine Reihe winziger Miniaturen. Wir hatten einen seltsamen Tanz miteinander getanzt, diese Italienerin und ich. Ich hätte keinen Finger gerührt und nicht mit der Wimper gezuckt, hätte sie stöhnend vor mir am Boden im Sterben gelegen. Und doch fühlte ich mich auch mit ihr durch starke Bande verbunden.

»Navarra«, sagte ich leise.

»So«, sagte Katharina von Medici.

Ich wechselte zu einem so pedantischen Tonfall, als habe das bisherige Gespräch nicht stattgefunden. »Ihr müßt dafür sorgen, daß sich der Prinz nicht erkältet«, riet ich ihr. »Saturn steht in Quadratur zur Venus im Skorpion; Mars im Zeichen der Waage in Quadratur zu Jupiter im Krebs. Er ist ein tatkräftiges, energiegeladenes Kind und braucht viel Bewegung. Doch muß er Hals und Lunge vor Erkältungen schützen.«

Da sie nun wußte, was sie zu erfahren gewünscht hatte, wirkte sie nur noch gelangweilt. Die Audienz war beendet.

»Ich bin Euch sehr dankbar für Eure Hilfe, Maître Nostradamus. Ihr habt mir einen unschätzbaren Dienst erwiesen. Nun brauche ich mir nicht mehr solche Sorgen um meinen Sohn zu machen. Ich werde die Gesundheit des Prinzen unter Einsatz meines Lebens zu schützen suchen.«

Würde es Euch nur das Leben kosten, Majestät, dachte ich, als ich mich tief vor ihr verneigte und ihr die Hand küßte. So schnell mich meine Füße trugen, humpelte ich aus den königlichen Gemächern und hatte alle Mühe, das allgegenwärtige, schwarze Gelächter zu unterdrücken, das aus der Tiefe meiner Seele aufzusteigen drohte. Ich hatte meine Pflicht getan.

Doch das besagte nichts. Vor meinen Augen tanzte das Bild König Henris von Navarra – gedrungen, liebenswert, ungestüm. Mit fröhlichen, dunklen Augen blickte er in die Welt. Sein Schicksalsstern war noch nicht aufgegangen. Die Gelegenheit war ungenutzt geblieben. Jetzt würde durch Navarra Bourbon die Krone und das Szepter tragen, bis es keine Krone und kein Szepter mehr zu halten gab, bis die Insignien und der Thron von einem Blutstrom hinweggespült wurden... Der junge Henri de Guise mit seiner blondlockigen Löwenmähne und den klaren, dunkelblauen Augen, wie sie auch sein Onkel hatte, kam mir in den Sinn.

Mutig und zäh, entschlossen und scharfsinnig, von einer jetzt schon unwiderstehlichen Anziehungskraft, besaß er alle Voraussetzungen für einen König. Doch unabänderlich wie der Lauf der Sterne würde ihn das Schicksal in Blois ereilen.

Le rang Lorraine fera place à Vendôme,
Le haut mis bas et le bas mis en haut...

Stellt Euch vor, was für ein lustiges Spiel man mit unseren
drei Henris treiben könnte!

XXXI

Der Kardinal von Lothringen begrüßte mich mit ausgesuch-
ter Höflichkeit, den hellen Strahl seines berühmten, unwiderstehlichen Charmes voll auf mich gerichtet. Doch im
Schein des Feuers verriet sein bleiches Gesicht, daß weder
die Zeit noch das Unglück spurlos an ihm vorübergegangen
waren. Tiefe Linien hatten sich neben der edlen Nase eingegraben, und die Augen mit den schweren Lidern waren
schwarz umschattet. Haare und Bart waren schon von Silberfäden durchzogen, und sein arroganter Mund zeugte von
seiner Verbitterung.

Kein Wunder, dachte ich, er hat nicht nur seinen Bruder
verloren. Mit dem Tode des Herzogs war auch sein Lieblings-
traum von der Tiara des Papstes ausgeträumt. Die würde er
nun niemals tragen.

Wir schwiegen eine ganze Weile. Ich sah gebannt dem
Tanz der Flammen zu. Unbeweglich saß der Kardinal im
Schatten, während die Flammen züngelnd die wächserne
Bleiche seiner Haut erhellten und die scharlachrote Seide sei-
nes Kasels aufleuchten ließen. Seine Juwelen schimmerten
matt. Unter schweren Augenlidern hervor sah er mich prü-
fend an. Er wollte wohl meine Gedanken erforschen, um zu
erfahren, ob ich ihm ebenso treu ergeben war wie seinem
Bruder. Rastlos bewegte er seine schlanken, weißen Hände,
öffnete sie und ballte sie zur Faust, immer und immer wieder.
Unter den weisen, alten Schlangenaugen lagen bläuliche
Schatten – Spuren des Verfalls und eines ausschweifenden
Lebens. Er war erst neununddreißig Jahre alt und glich doch
einer feingemeißelten Marmorstatue, die abzubröckeln be-

gann. Risse und Spalten taten sich auf und enthüllten ein unbekanntes, bislang verborgenes Wesen. Doch es war immer noch wunderschön, wenn auch schon vom Untergang gezeichnet.

»Die Mutter des Königs«, brach er schließlich das Schweigen, »hat mir gegenüber erwähnt, daß Ihr ihren Glauben an die Zukunft wieder gefestigt habt.« Er lächelte überaus gütig und entblößte seine kleinen, weißen Zähne. »Ihr seid ausgesprochen diplomatisch, Maître de Notredame. In der Kirche hättet Ihr es damit weit gebracht.«

Ich erwiderte nichts darauf. Ich war hin- und hergerissen zwischen der alten Faszination und dem Groll, den ich neuerdings gegen ihn hegte.

»Ist es möglich, daß Ihr immer noch um meinen Bruder trauert?« murmelte er nach einer Weile.

Was sollte ich dazu sagen? Ohne Eure bösen Intrigen, die Spinnennetze, mit denen Ihr alles überzogen habt, ohne Eure sinnlosen Fantastereien und Träume von großen Eroberungen, Eure Grausamkeit, Duplizität und kleinliche Rachsucht hätte ihm alles gelingen können... Doch das Horoskop hatte von Anbeginn an alles gezeigt. Und ohne die Skrupellosigkeit, mit der dieser Mann den Weg seines Bruders vorgezeichnet hatte, hätte es gar keine Bühne für die heroische Rolle des Herzogs gegeben. François de Guise wäre ein kleiner, deutscher Höfling geblieben, sehr anziehend zwar, doch ohne jede Bedeutung.

»Ihr glaubt wohl, ich trüge die Schuld an seinem Tod, Maître de Notredame? Ist es Euch nie in den Sinn gekommen, daß auch ich meinen Bruder geliebt haben könnte?«

»Ich halte Euch nicht für schuldig, Monseigneur. Als wir uns vor zwanzig Jahren in Joinville zum erstenmal begegneten, habe ich Eurem Vater gesagt, daß Euer Bruder laut seinem Horoskop eines gewaltsamen Todes sterben würde. Ich glaube, dieses Schicksal war ihm vorgezeichnet. Trotzdem müßt Ihr den Groll begreifen, den ich hege. Ganz ohne Zweifel ist es leicht, dort zu stehen, wo ich stehe und niemals eine solche Last tragen zu müssen. Ich habe niemals überlegen müssen, ob der Bürgerkrieg vermieden worden und er noch am Leben wäre, wenn ich eine andere Entscheidung getroffen und mich den Hugenotten gegenüber versöhnlicher gezeigt hätte.«

»Die Frage habe ich mir oft gestellt, Maître de Notredame. Ich habe in mancher schlaflosen Nacht darüber nachgegrübelt und auch an manchem trüben Tage. Wo habe ich mich falsch entschieden, worin liegt der Irrtum begründet? Immer wieder habe ich mich das gefragt.«

»Vielleicht habt Ihr das Menschenleben nicht genügend in Betracht gezogen«, sagte ich kalt. »Ihr habt Kriege entfesselt, die Tausende von Menschen das Leben gekostet haben, und um den blassesten Schimmer des Ruhmes willen habt Ihr dieses Land völlig ausgeblutet.«

Der Kardinal bedachte mich mit seinem charmantesten Lächeln. »Was macht das schon? Man sollte weder das Leben noch den Tod allzu ernst nehmen. Ich habe mir längst verziehen. Ich sehe wenig Sinn darin, Schuldgefühle mit sich herumzutragen. Wir müssen an die Zukunft denken, die in unseren Händen liegt.«

»Selbst wenn es Euer eigen Fleisch und Blut das Leben kostet?«

»Jedes Ding hat seinen Daseinszweck, Maître de Notredame. Wenn uns das auch oft Kummer macht. Welch närrische Blindheit mag meinen Bruder veranlaßt haben, mitten im Krieg ohne Harnisch durchs Land zu reiten? Und das, obwohl Ihr und auch andere ihn gewarnt hatten und er wußte, daß er sich in Gefahr befand? Nie wissen wir beim Tode eines Menschen, ob dies Bestimmung war oder er ihn freiwillig gewählt hat. Doch vielleicht ist es ein- und dasselbe.«

Ich ertrug es nicht mehr. Wie ein von einem giftigen Leibe ausgestoßenes, ekelerregendes Kind entströmten die Worte meinem Munde wider meinen Willen.

»Seid Euch der großen Zukunft nicht so sicher, Monseigneur. Das Schicksal des Henri de Guise hat mir eine Schreckensvision enthüllt. Ich habe ihn im Königsschloß zu Blois in seinem Blute liegen sehen, von einem halben Dutzend Dolchen wie von Nadeln durchbohrt. Er wird die Krone Frankreichs niemals tragen. Auch niemand sonst aus seinem Geschlecht.«

Schweigen senkte sich über den Raum. Der unwillkommene und doch so anregende Zorn schoß durch meine Adern wie neues, frisches Blut. Doch Charles de Guise lächelte nur sanft und sah mich mit Raubtierblick an.

»Ich will Euch nicht um die Befriedigung des Hasses bringen, Maître de Notredame«, sagte er seelenruhig. »Doch ich habe das schon längst aus seinem Horoskop ersehen. Auch mein Bruder François wußte davon und hat mir darüber berichtet. Ihr habt nie begriffen, daß wir nicht ans Ziel gelangen, sondern uns bemühen müssen. Das wird von uns verlangt. Der Versuch, nicht das Ergebnis zählt, will man die Zukunft heraufbeschwören.«

Ich wandte den Blick ab. Ich versank in einem Morast von Verzweiflung und Kummer, verfing mich fester wie ein Insekt in einem seidigen Netz. Wer bist du, fragte ich mich, daß es in deiner Macht steht, selbst das herabzuwürdigen?

Der Kardinal sann eine Weile nach und drehte dabei die Ringe an seinen schmalen Händen. Nach wie vor kräuselte ein sanftes, spöttisches Lächeln seine Lippen. Er war immer noch verführerisch. Aber kalt, schrecklich kalt.

»Bei Eurem Einblick in die Dinge könnt Ihr mir vielleicht eines verraten, Maître de Notredame. Was an meinem Bruder bewirkte diese fanatische Liebe bei Euch und so vielen anderen? In der Geschichte dieses Landes hat es schon viele tapfere Soldaten gegeben. Doch als er von Vassy nach Paris geritten kam, gerieten die Massen so völlig außer Rand und Band und umjubelten ihn, wie ich es nie zuvor gesehen habe. Mein Erscheinen bewirkt nichts als Haß und Furcht. Ich bin es zufrieden. So kommt man eher an die Macht. Durch Furcht und nicht durch Liebe; denn die ist wechselhaft und unbeständig. Doch habe ich mich oft gefragt, worin das Geheimnis seiner Anziehungskraft lag.«

Ich zuckte die Achseln und schüttelte versonnen den Kopf. »Ich kann es Euch nicht sagen, Monseigneur. Gefühle lassen sich schwer erklären. Es mag daran gelegen haben, daß er nicht unfehlbar war. Für gewöhnliche Menschen wie mich, die niemals eine wahrhaft große noch eine wahrhaft böse Tat vollbrachten, verkörpert Euer Bruder vielleicht die Widersprüchlichkeit des Menschen. So auf uns selbst zurückgeworfen erkennen wir, was aus uns hätte werden können – ein Mensch in seiner höchsten Form. Manche haben die Gabe, schon zu Lebzeiten ein Mythos zu werden. Als ob sie, indem sie wahrhaft Mensch sind, die ganze Skala des Menschseins mit ihren Widersprüchlichkeiten durchlebend, zu Übermenschen werden.«

Ich hielt inne und suchte nach Worten; denn es war unsagbar mühsam, noch in den Anfängen steckende Dinge in Worte zu fassen. Ich wunderte mich darüber, daß der Kardinal von Lothringen, gegen den ich eine solche Abneigung hegte, mich nichtsdestotrotz dazu brachte.

»François de Guise ist seinem eigenen Mythos erlegen«, sagte ich zögernd. »Daher war er zum Scheitern verurteilt. Auch das ist nur menschlich. Vermutlich habe ich ihn geliebt, weil er so edel und doch so verwundbar war. Er erschien mir irgendwie als die Epitome der armseligen Kreatur, die wir Mensch zu nennen pflegen.«

Der Kardinal schwieg, beobachtete mich nur aus weisen, alten, halbgeschlossenen Reptilienaugen. Verwundert lauschte ich dem Echo dessen, was ich soeben gesagt hatte. Es klang noch immer in mir nach. Ich starrte ihn verständnislos an.

Schließlich murmelte ich: »Jetzt begreife ich. Deshalb muße er geopfert werden.«

»So ergeht es ihnen immer«, sagte der Kardinal von Lothringen und lächelte sanft. »François de Guise ist nicht gescheitert. Und auch nicht seinem eigenen Mythos erlegen. Er ist eins mit ihm geworden. Was dem Menschen als Tragödie erscheint, bewirkt bei den Göttern und in seiner eigenen Seele vielleicht nur leises Gelächter.«

Er lud mich ein, mit ihm zu speisen; denn wir hatten endlich Frieden geschlossen. Zwanzig Jahre lang war ich der Überzeugung gewesen, er würde von den gleichen Dingen geleitet wie andere Menschen auch. Erst jetzt erkannte ich die große, uralte Weisheit, die aus kalten Tiefen aufstieg. Menschliche Empfindungen waren ihm fremd, keines Menschen Liebe konnte ihn erreichen.

Durch mehrere Gläser Wein gestärkt, wagte ich schließlich die Frage: »Ist Madame de St. Clair noch bei Hofe?«

»Madame de St. Clair ist im Kindbett gestorben«, erwiderte er. Bestürzt sah ich ihm in die verschleierten, undurchdringlichen Augen.

Kennst du die Geschichte von dem Tempelritter nicht, Michel, der die wunderschöne, reine Jungfrau Yse liebte? Da ihm sein Gelübde verbot, sich ihres lebendigen Leibes zu erfreuen, tötete er sie, grub die soeben bestattete Tote wieder aus und befriedigte seine furchtbare Leidenschaft an ihrem erkalteten, fühllosen Leib, während der Mond wie ein großes, weißes Auge spöttisch auf ihn herabstarrte. In jener Nacht hatte er eine Vision. Er sah die wunderschöne Yse, nun keine Jungfrau mehr, aus Rauch und Flammen auferstehen. Sie befahl ihm, in neun Monaten an ihr Grab zurückzukehren und ihren Leib noch einmal zu betrachten. Der Ritter hielt die Verabredung ein. Nach Ablauf der Frist schaufelte er mit aufgerissenen, blutigen Händen die schwarze Erde beiseite. Er stieß den Sarg auf und hob den ehernen Deckel. Da sah er die stinkenden, fauligen Knochen und zwischen den gekreuzten Schenkeln – schon in Verwesung übergegangen und von Maden nur so wimmelnd – das totgeborene Kind...

Wir speisten an dem großen Eichentisch vor dem Kamin. Bevor er selbst aß, ließ der Kardinal stets einen Diener die Speisen probieren. Ihn quälte die übertriebene Furcht, er könne vergiftet werden. Wegen der Vorkoster und des Kettenhemdes, das er stets trug, stand er in dem Ruf, ein Feigling zu sein. Ich selber hielt ihn für weise.

Endlich überwand ich mich und stellte ihm die Frage, die mich schon seit über zwanzig Jahren quälte.

»Monseigneur, ich zählte neununddreißig Jahre, als ich zu der Abtei von Notre Dame d'Orval gelangte. Seit dieser Zeit habe ich, ohne eine Frage zu stellen, einem Orden gedient, dessen Sinn und Bedeutung ich höchstens erahnen konnte. Organisation, Ziele und Struktur desselben sind mir jedoch auch jetzt noch ein Rätsel. Ich weiß ja nicht einmal, wer an seiner Spitze steht und wer bestimmt hat, was geschieht. Ich habe nur nach bestem Wissen und Gewissen stets getan, was ich für das Gebot des Ordens hielt.«

Er lächelte und blickte bewundernd auf einen breiten Goldring mit einem riesenhaften Rubin am Zeigefinger seiner rechten Hand.

»Warum habt Ihr denn dem Orden die Treue gehalten?« fragte er mich.

»Diese Frage habe ich mir selbst schon oft gestellt. Auch heute weiß ich noch keine Antwort darauf. Vielleicht wegen meiner Träume. Vielleicht empfand ich den Fingerzeig des Schicksals. Vielleicht auch, weil ich Euren Bruder liebte. Ich weiß es wirklich nicht.«

»Habt Ihr Euch denn je die Frage gestellt, was mein Bruder und ich getan hätten, wären unsere Pläne Wirklichkeit geworden?« Er wandte gleich darauf den Blick ab und zog sich in sich selbst zurück. Es war, als hinge er seinen Träumen nach. »François, der Herzog von Guise, als François III., König von Frankreich und Anwärter auf den Thron des Heiligen Römischen Reiches... Charles de Guise, der Kardinal von Lothringen als Papst... Hätte ich das erreicht, so hätte ich wohl den Namen Jean gewählt. Ich wäre der dreiundzwanzigste Papst dieses Namens gewesen.«

Er hob den Blick und starrte mich eindringlich an. Als er mich mit seinen kalten, strahlenden Augen, die mir wie Lapislazuli schienen, wie gebannt ansah, lief es mir eiskalt den Rücken hinab.

»Habt Ihr gewußt«, fragte er leise, »daß es eine uralte Weissagung gibt, wonach der dreiundzwanzigste Jean auf dem päpstlichen Thron der Antichrist selber sein wird? Stellt Euch das einmal vor, Maître de Notredame. Und denkt einmal nach. Warum sollten wir diese Macht, diesen allumfassenden Thron anstreben?«

»Macht ist reiner Selbstzweck, bedarf wohl keiner Rechtfertigung. Ich wäre nie auf den Gedanken gekommen, daß es um mehr gehen könnte als um die Rechte des heiligen Blutes und die Erneuerung des alten Gelöbnisses.«

Er schüttelte den Kopf. »Es mangelt Euch an Fantasie, mein Freund. Wir sind schon im Besitz der Macht.« Er hatte die Stimme gesenkt und sprach jetzt fast in einer Art Singsang. Mir war, als entferne ich mich aus dem Gemach, in dem wir gerade speisten, und befände mich in einem dunklen, archaischen Tempel, in dem der von den Flammen und den Kerzen aufsteigende Rauch weiß und Blütenstaub gleich zur Decke emporstieg, und die müden, alten Augen mich gefangenhielten.

»Der Orden ist sehr alt, mein Freund. Viel älter, als Ihr Euch vorstellen könnt. Er bestand bereits, als die kalabrischen Mönche in den Wald von Merlanvaux kamen, um den jungen Gottfried von Bouillon zu unterrichten. Es gab ihn schon, als König Dagobert unter der Heiligen Eiche erschlagen wurde. Es gab ihn auch schon vor Jerusalem, als Pilatus seine Hände in Unschuld wusch, und vor Pythagoras, der hörte, wie sich der komplizierte Mechanismus des Universums durch die schwarze Leere des Weltalls bewegte. Auch in Arkadien, wo der verbannte Stamm Benjamins Zuflucht suchte, war der Orden schon alt. Den Zeitströmungen angepaßt, hat er immer wieder andere Gestalt angenommen, wie auch die Götter der Antike immer wieder in anderer Gestalt aufgetreten sind. Aber die Kenntnis davon ist das fundamentale Wissen des Menschen, sein wahrer Daseinszweck. Habt Ihr denn nicht gewußt, daß vor dem Vater die Mutter da war? *Am Anfang und Ende war Notre Dame. Unsere Liebe Frau... Es gab sie schon, bevor die Berge und Meere erstanden, bevor es Leben auf Erden gab...* Es ist dem Menschen bestimmt, in sich selbst hineinzusehen. Selbsterkenntnis ist sein oberstes Gebot. Doch am Ende ist Sie alles, was er weiß.«

Die Stimme des Kardinals schien anzuschwellen und wieder abzuebben. Sie umgarte mich, durchdrang mich ganz und gar und schien mir doch unendlich fern. Allmählich verblaßte seine Gestalt. Nur seine Augen mit dem merkwürdigen Meerwasserblick sah ich noch überdeutlich vor mir.

»Der Tempel wurde geschaffen, weil die Welt nach Macht verlangte. Doch die Macht wurde entbehrlich, sie verbrauchte sich, wurde aufgezehrt. Der heilige Bernhard gründete den Zisterzienserorden, weil die Heilige Kirche nach Macht verlangte. Wir haben die Universitäten, die Regierung, das Militär, die Geistlichkeit und die Künste beeinflußt und durchdrungen. Es wird noch andere Orden geben, in anderen Verkleidungen, in gänzlich anderen Erscheinungsformen. Wessen Sendbote war der Gekreuzigte wohl *in Wahrheit*?«

»Aber weshalb nur?« flüsterte ich, und meine Stimme schien aus weiter Ferne zu kommen. Durch Schwaden von Rauch drang sie ganz leise an mein Ohr.

»Begreift Ihr denn nicht?« fragte Charles de Guise milde. »Seit mindestens dreitausend Jahren regiert Gottvater im Himmel. Könnt Ihr Euch denn keine Welt vorstellen, in der Sie ihren rechtmäßigen Platz wieder einnimmt?«

Rauch und Schweigen hüllten mich ein. Nun fehlte kaum noch ein Steinchen in dem Mosaik.

Nun endlich begriff ich, weshalb es nicht ins Gewicht fiel, daß François de Guise nicht mehr unter den Lebenden weilte. Es war auch nicht wichtig, ob sein Sohn Henri seine Pflicht erfüllte. Denn auf ihn würden andere Söhne, andere Generationen folgen. Andere Zweige würden dem großen Weinstock über alle Zeiten hinweg bis in alle Zukunft liebevoll aufgepfropft werden.

Die Zukunft war vor mir aus Rauch und Flammen aufgestiegen, viel Blut war dabei geflossen. Sie aber warteten mit der unendlichen Geduld und Beharrlichkeit, die der Weisheit des Schoßes entspringt, der Weisheit der Nacht, der Dunkelheit und der Geburt. Nicht die strahlende und doch so brüchige, hinfällige Klugheit des Menschen, sondern die immer wiederkehrenden Phasen des Mondes – Warten und Warten im Schoße der Zeit. Vor mir und hinter mir lagen Äonen. Ich sah, wie das illustre Haus der Guise mit strahlendem Glanz aufstieg und wie ein großer Stern zerbarst und dann zwischen anderen Sternen, Planeten und Sonnen ins Dunkel eintauchte, während der ewige Kreislauf seinen Fortgang nahm...

Doch da war noch etwas. Wieder unterbrach der Kardinal

auf seine sonderbare Art den wirren Strom meiner Gedanken.

»Ihr wünscht zu erfahren, wessen Hand uns auf das Ziel hin lenkt«, sagte er.

Ich nickte, schon längst um Worte verlegen, und konnte ihn nur mit weitaufgerissenen Augen anstarren.

»Nun gut, Ihr sollt es erfahren. Zu Lebzeiten Eures Großvaters war es König René von Anjou, der seine Hand über uns hielt. Als Ihr geboren wurdet, war es Sandro Filipepi, der Maler. Als Ihr in Avignon studiertet und mein Onkel Jean von Lothringen im Papstpalast die *biretta* des Kardinals erhielt, hielt Charles, der Konnetabel von Bourbon, die Fäden in der Hand.«

Er hob sein Glas, als wolle er einen Toast ausbringen. Seine Lippen waren zu einem sanften, spöttischen Lächeln gekräuselt.

»Charles von Bourbon war ein großer Soldat«, sagte er. »Doch noch weit größeren Ruhm erlangte er durch sein herrliches Lautenspiel.«

Vielleicht werde ich Euch eines Tages bitten, Euch das Horoskop eines armen, fahrenden Spielmanns anzusehen, dem nach dem Verlust seiner Ehre nichts als die Laute und das Schicksal geblieben ist, das seiner harrt . . .

Meine Augen füllten sich mit Tränen. Sie trübten meinen Blick. Ein geisterhafter Nachhall der alten, längst begrabenen Trauer.

»Als Ihr alles verloren hattet«, fuhr der Kardinal fort, während ich seinen Blick suchte, »und ziellos durchs Languedoc und die Provence nach Italien zogt, wurde das Handeln bestimmt von Don Ferrante von Gonzaga, dem Grafen von Guastalla und Generalleutnant des Hauses Habsburg in Italien. Wenn wir den Thron der Valois nicht erringen, Maître de Notredame, winkt uns noch immer der Thron Habsburgs. Vergeßt das nicht. Könnt Ihr Euch eine Verbindung Habsburgs mit Lothringen nicht vorstellen? Vielleicht wird eines Tages ein Prinz von Lothringen namens François deutscher Kaiser sein. Die Zukunft birgt viele Möglichkeiten.«

Ich bemühte mich nach Kräften, seinen quälenden Höhenflügen zu folgen. Manche der wirren Fäden folgten dem Blut. Andere hingegen mußten dem Horoskop entsprechend entwirrt und verfolgt werden. Natürlich hatte auch mein Großvater dank seiner Weisheit eine große Rolle gespielt. Und auch Luc Gauricus. Ich hätte gern gewußt, wer sonst noch vor mir meine Stelle innegehabt, meinen Platz eingenommen hatte.

»Wem aber diene ich jetzt, Monseigneur? Die Spur des Ferrante de Gonzaga verlor sich vor sieben Jahren in Flandern. Es heißt, er sei tot.«

Wieder betrachtete er mich spöttisch mit dem schläfrigen Blick einer Schlange und füllte mein Weinglas erneut, während der Rubin an seiner weißen Hand im Schein der Kerzen Funken zu sprühen schien. Doch eine Antwort bekam ich nicht.

XXXII

Spät nachts ist der Vollmond im Zeichen des Steinbocks am Himmel aufgestiegen. Sein kaltes, klares Licht fließt durch das offene Fenster zu meinem Haupte herein und bildet einen milchig weißen See – bleich wie Gebeine – auf dem Boden meines Zimmers. Fast erscheint es wie das Tor zu einer anderen Welt. Es zwingt mich, die Pforte zu öffnen und die leuchtende Schwelle zu überschreiten. Das Licht lockt mich, meinen kranken, geschwollenen Leib zu vergessen und in die Welt der Träume einzugehen. Diesen Schritt werde ich bald genug wagen müssen.

Jean-Aimé de Chavigny hat mir wie jeden Abend einen Besuch in meinem Arbeitszimmer abgestattet und mir noch einen Stapel Briefe gebracht, in denen man mich um Rat ersucht. Ich habe mich aber nicht bemüßigt gefühlt, sie zu lesen. Er hat mir Glühwein und meine Medizin gebracht und einen Kerzenstummel brennen lassen. Anne hat mir ein Fußbad bereitet und mir das Abendessen serviert. Im Haus ist jetzt alles still, die Kinder und die Bediensteten haben sich schon zur Ruhe begeben. Ich habe Jean-Aimé gesagt, daß ich die Nacht nicht überleben werde. Er hielt das für eine Ausgeburt meiner üblichen, trüben Stimmung und Melancholie.

Jetzt halte ich den Kelch in Händen, den mir der Kardinal von Lothringen geschenkt hat – den Kelch aus echtem Bergkristall, durch das das Mondlich dringt und milchig weiße Muster zaubert. Ich halte den Kelch, aus dem dereinst der niedergemetzelte König trank. Ich habe ihn mit Wein gefüllt; denn es ist das letzte Glas.

Dies ist mein Blut...

Ich lese noch einmal die Inschrift, die von Menschenhand vor Urzeiten in den Kelch eingraviert wurde, auf daß jene die Inschrift lesen, die sehend geworden sind.

> Qui bien beurra
> Dieu voira.
> Qui beurra tout d'une baleine
> Voira Dieu et la Madeleine.

Ich werde den Kelch auf einen Zug lehren. Was werde ich zu sehen bekommen? Der Wein im Glas ist rot wie Blut. Wenn ich den Kelch ins bleiche Mondlicht hebe, wird der Wein schwarz – der Bodensatz des Lebenssaftes, das Lebensblut geweihter und ungeweihter Menschen. Das Gefäß, das das Lebensblut enthielt, ist jetzt zersprungen, und der Bodensatz läuft aus. Denn das Geschlecht wird sterben, und ein anderer Zweig muß seinen Platz einnehmen.

Strömen die Toten herbei, um uns zu begrüßen, wenn wir die Schwelle überschreiten? Oder werde ich wieder erwachen und feststellen müssen, daß ich von einem kranken, alten Manne geträumt habe, der gern ein Höfling gewesen wäre? Und der ein Buch schrieb, das niemand – nicht einmal er selbst – verstand.

Jean-Aimé de Chavigny hat genaue Anweisungen vom Kardinal von Lothringen erhalten und weiß, was er zu tun hat. Die *Centuries* sind gottlob beendet. Mein Testament habe ich längst gemacht. Meine Papiere und Briefe werden verbrannt. Kein Mensch wird je erfahren oder zu Gesicht bekommen, was mich mit dem Hause Lothringen verband. Jean-Aimé wird mein Biograph und Lobredner sein, mein getreuer Schüler, mein Freund und mein Jünger. Er wird dafür sorgen, daß sich die Nachwelt meiner erinnert. Er wird ein Vermächtnis hinterlassen, das nichts erklärt, nur Schatten vor einem Hintergrund von Schatten enthüllt.

Wer bin ich?

Wer war ich?

Von der flackernden Kerze vor mir tropft Wachs auf dieses Pergament und meine zittrigen Hände. Meine Seele ist aus Wachs, und die sich stetig drehende Welt hat sich ihr eingeprägt und ihren Abdruck hinterlassen – wie Wellen am Strand, der sich dadurch beständig verändert –, mit Fußabdrücken, Ablagerungen und Knochen übersät. Manches liegt dort auch begraben. Tief eingeprägt hat sich meiner Seele der feierliche Zug majestätischer und tragischer Gestalten auf ihrem Weg von der Wiege zur Macht bis zum Tode: Könige, die den Opfertod starben und deren Blut die Welt nun düngt, grimmige Krieger-Mönche, die einsam auf Berggipfeln hausen und die Winde beschwören, und mit Rubinen, Onyx und Jaspis geschmückte Fürsten, deren Lenden Kriege und Seuchen erzeugen. Feierliche Päpste und lachende Kardinäle, deren schmale Hände auf den Kopf gestellte Kruzifixe streicheln. Die Geister von Wasser, Feuer, Erde und Luft, die Wasser in unsichtbaren Kelchen in Wein verwandeln. Solche Menschen habe ich gekannt, gehaßt, geliebt. Sie sind sie selbst und doch auch wieder nicht sie selbst, edel und unedel, mit dem dichten Geäst des Mythos verflochtenes, unbedeutendes Leben. Einst war ich ein Mann, dann nur noch Sprachrohr. Aber für was? Die endlose Prozession tanzt ihren Tanz, und der Tanz ist immer der gleiche: Licht und Dunkel, Gott und Göttin, Hybris und Bescheidenheit, vor allem aber Leben und Tod. Endlich sehe ich die Antwort klar vor Augen, jetzt durch die langen Jahre voller Hoffnung, Träume, Kämpfe und Offenbarungen schmerzhaft erkannt. Liebe und Leid waren immer von unerbittlichen

Schicksalsschlägen bestimmt. Viele Jahre hindurch hatte ich immer wieder Visionen, in denen sich mir der Tod offenbarte, auch Visionen, die sich erst lange nach meinem Tode erfüllen werden, weil ich es so bestimmt habe. Ich habe über Vergangenes berichtet, damit es nicht in Vergessenheit gerät; von der Gegenwart geschrieben, um zu täuschen und zu verwirren. Ich habe aufgezeigt, was die Zukunft bringen wird, Hoffnungen erweckt und zunichte gemacht, Ratschläge erteilt, gewarnt, erschreckt und getröstet. Ich bin jetzt ganz ruhig und lebe in Frieden. Einst glaubte ich, ich hätte versagt. Ich glaubte, alle seien gescheitert. Währenddessen habe ich mein Wissen um ihr Unglück neben meinen Hoffnungen in mir verborgen. Jetzt, in der Stunde meines Todes, sollen diese seltsamen Zwillinge endlich das Licht der Welt erblicken. Ich hatte geglaubt, es ginge einzig darum, einen Thron zu gewinnen. Jetzt weiß ich es besser.

Es gibt Uhren, die von der Stunde künden und gedruckte Bücher. Ein neuer Kontinent ist ausgeplündert worden und der Fels der Kirche geborsten wie eine überreife Frucht. Der Thronerbe Frankreichs hurt mit seinen Kammerdienern herum. Schon ist die Fruchtblase geplatzt. Die Wehen beginnen, die Schmerzen. Was für ein Kopf wird ans Tageslicht kommen?

Die Zukunft entschwindet wie eine lange Straße im Nebel, windet sich über Bergeshöhen und verliert sich im Dunkel. Ich habe von Feuer und Blut, Seuchen und Umwälzungen, großen Veränderungen, Kriegen und Tod berichtet, den Wechselfällen des Lebens, von Städten und Staaten, vom Volk und von Königen – den langen, fünfhundert Jahre andauernden Geburtswehen. Für wen aber habe ich all das geschrieben?

> D'un rond, d'un lys, naistra un si grand Prince,
> Bientôt et tard venu dans sa Province...

Schweigend wartet der *roi perdu*. Es wird noch ein halbes Jahrtausend dauern, bis seine Zeit gekommen ist. Wir haben die Gelegenheit verpaßt. Doch hat sich eine Gelegenheit eigentlich nie ergeben, nur die unbedingte Notwendigkeit, für eine solche zu sorgen. Menschen sind wir, keine blinden Tiere, die das Schicksal einfach so hinnehmen, da sie nichts wissen und um nichts kämpfen. Jetzt wird der unaufhaltsame Verfall beginnen, ein ödes, graues Dasein ohne König, während der zweite, der dunkle Fisch, in den unergründlichen Tiefen der Seele wütet. Königreiche und Eroberer werden aufsteigen und wieder ins Nichts hinabgleiten. Am Ende wird sich dann ein entsetzlicher Gifthauch, eine unheimliche Finsternis über die Welt legen. Aus der Erde Deutschlands wird ein Pestatem aufsteigen, die Geister verwirren und sich in einem nachtschwarzen Strom über den Rhein hinwegwälzen, um die Welt zu vergiften. Durch den Schatten, den Europa wirft, wird die Pestbeule schließlich platzen. Eine gnadenlose, bejammernswerte Säuberung wird stattfinden. Danach wird eine neue Welt erstehen, wenn Wasser aus dem roten Kelch des Wasserträgers strömt und der Große Prinz erscheint, um die Fäden der vereinten Nationen Europas in seinen Händen zu halten. Dann beginnt der Kreislauf von neuem, eine Wiederauferstehung erfolgt. Unter der Erde wächst der Weinstock kräftig weiter, und die verdorrten Zweige bergen insgeheim den Lebenssaft, der sich im Frühling zeigen wird.

Ich war ein getreuer Diener. Doch keiner wird sich dessen erinnern; denn alle, denen ich diente, sind tot. Alle, außer dem einen. Wem aber habe ich gedient, welcher Sache mich verschrieben?

Im Tanz der Flammen habe ich auch seinen Tod gesehen, jedoch in ferner Zukunft. Ich weiß nicht warum, doch erfüllt mich sein Tod mit tieferer Trauer als alle bisherigen Tode. Wider meinen Willen brennen mir Tränen in den Augen. Doch stirbt er eines ganz einfachen Todes. Das Fieber rafft ihn dahin.

Welch sanfter, unschuldiger Tod. Ich sehe ihn jetzt von Nebel umwallt. Allmählich entschwindet die edle hohe Gestalt in der roten Robe im Schatten. Als Schatten geht er in die Welt der Schatten ein.

Ich muß mich zu der Bank bei meiner harten Couch bemühen, um mich dann mühsam aufs Lager gleiten zu lassen. Ich fürchte fast, mein wassersüchtiger Leib wird mich nicht mehr bis dahin tragen. Ich bin so müde, zu Tode erschöpft. Was steht mir bevor? – Was soll aus mir werden?

Ich habe diesen Kelch, den *graal*,
tout d'une baleine bis zur Neige geleert.
Sie hat sehr lange auf mich warten müssen

Susan Kay

Die bisher ungeschriebene Lebensgeschichte des
»Phantoms der Oper«. »Ein gründlich recherchierter und
packend geschriebener Roman, der einen magischen
Schleier aus Realität und Phantasie webt.«

NORDDEUTSCHER RUNDFUNK

01/8724

Wilhelm Heyne Verlag
München

Gisbert Haefs

"Erzählwerke… die einem beim Lesen wirklich die Zeit vergessen lassen, die eigene und die, von der die Rede ist."
SÜDDEUTSCHE ZEITUNG

01/8881

Außerdem erschienen:

Hannibal
Roman
01/8628

Pasdan
Roman
01/9146

Wilhelm Heyne Verlag
München

Mary Higgins Clark

Ihre psychologischen Spannungsromane sind ein exquisites Lesevergnügen. »Eine meisterhafte Erzählerin.«

Sidney Sheldon

Schrei in der Nacht
01/6826

Das Haus am Potomac
01/7602

Wintersturm
01/7649

Die Gnadenfrist
01/7734

Schlangen im Paradies
01/7969

Doppelschatten
Vier Erzählungen
01/8053

Das Anastasia-Syndrom
01/8141

Wo waren Sie, Dr. Highley?
01/8391

Schlaf wohl, mein süßes Kind
01/8434

Mary Higgins Clark (Hrsg.)
Tödliche Fesseln
Vierzehn mörderische Geschichten
01/8622

Wilhelm Heyne Verlag
München

Nostradamus
Seher - Magier - Wunderheiler

Die vielfältigen Facetten des bekannten Propheten der Apokalypse, vom Astrologen und Zukunftsdeuter bis zum Humanisten und Heiler, beschrieben von bekannten Autoren und Nostradamus-Experten.

Wilhelm Heyne Verlag
München